명예, 부, 권력에 관한 ——————————————— 사색

# 명예, 부, 권력에 관한 ———————— 사색

무미건조한 세계에서
작가와 독자가
살아남으려면

글항아리

일러두기
·이 책의 원제는 '명예, 부, 권력에 관한 단순한 사색'이다.
·작은 글씨로 부연 설명한 것은 옮긴이 주다.

# 차례

# 설명

이 책과 관련해 내게는 량원다오梁文道 1970~, 홍콩의 유명한 작가이자 TV 진행자에게 서문을 써달라고 청할 만한 정당한 이유가 있다. 그것은 내가 줄곧 하고 싶었던 일이다. 량원다오는 나보다 훨씬 젊긴 해도 나는 항상 그를 존경해왔다. 그렇다. 도를 깨달은 순서가 따로 있고 시간에는 갖가지 기묘한 가능태가 있다. 누가 더 오래 살았느냐가 다가 아닌 것이다. 다른 것은 몰라도 그가 오랫동안(실로 한결같이) 책이라는 이 귀찮은 것을 위해, 그리고 독자들을 위해 해온 일만 생각해도 나는 놀랍고 감사하기 그지없다. 그것은 쉽지 않은 일이다. 가장 어려운 점은 계속 이야기하고, 계속 생각할 거리를 갖기 위해 평소에 소모하는 시간보다 더 빨리 한시도 쉬지 않고 뭔가를 보충해야 한다는 것이다. 그러려면 언제나 일종의 순정한 상태를 유지해야 한다. 마음가짐부터 하루하루의 실제 생활에 이르기까지 거의 엄숙해야 하고 자신을 부르는 갖가지 목소리를 수도 없이 거절해야 한다. 또한 이보다 더 어려운 점은, 그로 인해 늘 마음 편할 리 없는 모든 현실의 진상을 지켜보면서 책의 세계 전체의 하방 압력을, 몸에 직접적으로 작용하는 그 힘을 감당하고 버텨내야 한다는 것이다. 우리 세대 사람들은 공교롭게도 책이라는 것의 반환점에 서서 그 역사적 호선弧線 전체를 고스란히 겪었다. 그것이 반짝이다가 꺼져가는 것을 맨눈으로 보았고 그것이 별이라고 믿었다가 한낱 떨어지는 돌멩이일 뿐이라는 것을 알았다.

2010년 홍콩도서전에서 량원다오는 일부러 우리 둘이 담배를 피우며 대화할 수 있는 장소를 찾았고 우리는 이미 거의 사라져버린 책의 범주인 '소책자'에 관해 이야기하느라 대부분의 시간을 보냈다. 소책자의 발생지는 유럽 대륙이며 그때는 어떤 일이 일어나서 사람들이 뭔가를 해야 했던, 혹독한 현실의 어느 시점이었다. 소책자는 한때 어디에나 존재했는데 대표적인 것은 옛날 영국 페이비언 협회의 출판물이었다. 현실 세계에 뜨거운 관심을 갖고 스스로 인내와 평정과 이성을 유지하려 했던 몇몇 독서인이 한 권의 책에서 단 한 가지 문제를 집중적으로 철저히 논함으로써 세계 전체를 하나하나 낱낱이 파헤치며 대응했다. 내 기억에는 우리도 같이 소책자를 써보자며 진지하게 약속을 했다. 홍콩, 타이완, 중국, 이 세 지역은 각기 난제를 갖고 있고 또 그것들은 서로 뒤엉켜 있다. 물론 그 약속은 량원다오가 제안했으며 나는 그러자고 했다.

우리는 둘 다 그 일을 해내기 어렵다는 것을 알고 있었다. 량원다오에게는 온전한 시간이 많이 부족했고 내게는 열의가 부족했다. 나는 뒤로 반 발짝 물러나 있거나(계속 이랬을 것이다) 방관하는 데 습관이 들어 있었다. 하지만 2010년 홍콩에서 맺은 그 약속은 언젠가는 지켜야만 하는 것이었다.

그래서 이『명예, 부, 권력에 관한 사색』은 그 뜨거운 오후 홍콩 노천의 커피숍에서 탄생했다. 얼마 후면 내가 써야 할 소책자를 머릿속에 담고 있은 지 꼭 6년째이기도 하다.

단지 이렇게 하는 것이 제대로 된 결과 보고인지, 또 량원다오의 최소한의 요구에 부합하는지는 잘 모르겠다.

단순함은 소책자 쓰기의 기본 원칙이다. 소책자는 글쓰기의 위치를 더 낮게, 더 가깝게 설정한다. 그래서 나는 이『명예, 부, 권력에 관한 사색』을 쓰면서 나 자신을 일반적인 상식의 층위에 두었다. 글의 내용, 단어의 선택 그리고 인용한 예와 텍스트에 이르기까지 심오한 것은 전혀 없다(솔직히 나 자신이 심오하지도 않다). 이번에 나는『월든』『몬테크리스토 백작』『80일간의 세계일주』같은, 누구나 읽어봤거나 적어도 기억나는 책들을(더 통속적인 책을 고르는 것은 곤란했다. 정말 인용할 만한 것이 없기 때문이다) 최대한 골라 인용했다. 이런데도 분명하게 글을 못 풀어낸다면 단순함은 능력의 문제가 돼버린다.

상식은 공교롭게도 량원다오의 중요한 저서의 이름이기도 하다(특히 그가 쓴 서문을 꼭 읽어보기를 추천한다). 나 자신은 상식에 대해 이런 생각을 갖고 있다. 먼저 그 연원을 보면 본래는 대부분 하나하나가 다 심오하고 고매하여 심지어 사람을 경악하게 만드는 것이었다. 그것은 보통 예지의 영역에서 상식의 영역으로 필수적인 변화를 겪었다. 아주 오랫동안 어떤 사람이나 일부 사람의 추측, 관찰, 반복적인 사색과 수정 속에만 존재했고, 또 일반인은 오랜 시간을 들여야 겨우 이해되거나 여전히 잘 모르는 상태에서 받아들이던 것이었다. 갈릴레이를(그 전에도 여러 지혜로운 이들을) 죽을 뻔하게 만든, 지구가 태양 주위를 돈다는 오늘날의 상식이 그예다. 상식의 결정結晶이 출현하면 그것은 대체로 결론적 성격을 띠며 사색과 발견의 과정은 생략돼 있다. 그렇다는 것만 알려주고 왜 그런지는 알려주지 않는다. 결국에는 공허하고 고립된 한 마디 말, 하나의 교훈, 하나의 명령이고 서로 연결되지 않은 이 상식과 저 상식 사이에는 온통 공백뿐이다.

사실 상식들은 단지 서로 연결되지 않은 것뿐만이 아니다. 하나하나가 특정한 사유의 말단인 그 결론들은, 필연적으로 온갖 우상이 충돌하는 이 인류 사회 속에 존재하기 때문이다. 예컨대 리카도에게서 비롯된 기본 상식과 마르크스에게서 비롯된 기본 상식이 서로 맞서 논쟁을 벌인다면 우리는 어느 쪽을 따라야 할까? 물론 우리는 철저히 실용주의적인 편이라 어느 것이 지금 쓸모 있고, 또 간편하거나 유리한지 따져서 택할 것이다. 하지만 내 생각에 살다보면 그렇게 적당히 넘어가기 힘든 특수한 순간과 특수한 문제가 생길 수 있고, 조금 진지해지지 않을 수 없는 문제나(최근 몇 년간 내가 좋아하고 골몰해온, 벌거벗은 임금 같은 솔직한 문제는 "타이완은 정말 계속 이렇게 나아갈 작정인가?"이다) 더 분명하게 인식해야 하는 순간과 부딪힐 때도 있다.

상식의 생성 과정을 돌아보면 아마 상식이 부족할 수도, 틀릴 수도 있고 눈치 채기 어려운 시대적 제약일 수도 있다는 생각이 들 것이다. 그런데 너무 많은 사람이 그것을 참이라고 믿으면 자동적으로 정확성을 획득할 것이기 때문에 우리는 어느 정도 그것이 틀릴 수도 있다는 것을, 그리고 방해받지 않는 그것의 강력하고 부적절한 힘을 경계해야만 한다. 상식은 끊임없이 업데이트돼야 한다. 그것의 진정한 가치는 사람들이 믿는 데 있을 뿐만 아니라 스스로 명철함을 유지하고 개방적이며 불편부당한 데 있기 때문이다. 그런데 어떤 특정한 말은, 무도함에 바짝 따라붙는 상식은 더 적합한 이름을 갖고 있다. 그것은 어리석음, 집단적인 어리석음이다. 상식도 한계가 있다. 인류 인식의 진전에 비해 지나치게 이른 마무리, 지나치게 이른 결론인 것도 있다. 그것의 경계는 바로 인간의 집단적인 최대공약수적 인식으로서 다른 각도에서 보면 결함투성이여서 인류의 올바른 사유의 성과와는 거리가 멀다. 또한 우리는 우리를 위해 상식을 발견하고 가장 먼저 말한 사람을 떠올리며 조금이라도 감사한 적이 있었던가? 아울러 그것을 끊임없이 설명해온 사람들에게는? 나아가 오늘날 여전히 더 깊고 더 정확한 부분을 탐문하는 이들에게 조금이라도 양보하고 최소한의 경의와 지지를 보낸 적은 있었던가? 하지만 이것은 급한 일이 아니다. 하나하나씩 해나가기로 하자.

이 『명예, 부, 권력에 관한 사색』의 성격을 소책자이 책은 소책자이면 서도 소책자가 아니다. 서문을 제외하고 88개의 짧은 단상으로 명예, 부, 권력의 문제를 집중적으로 다룬 것은 일견 소책자 형식을 의도한 듯하지만, 그 내용의 심오함과 14만 4000여 자에 달하는 분량은 우리가 생각하는 소책자 개념과는 거리가 멀다. 이런 모순은 『명예, 부, 권력에 관한 단순한 사색』이라는 이 책의 본래 제목에도 담겨 있다. 이 책의 사색은 결코 '단순하지' 않기 때문이다. 따라서 이러한 모순 또는 역설은 저자 탕누어의 의도적인 설정이며 그 의도에 대한 해석은 독자 개개인의 몫이다로 정하고 스스로를 일반 상식의 층위에 한정시킨 채 나는 상식적인 자료로 작업하며 단순하면서도 그리 진지하게 생각해본 적 없는 문제를 수시로 나 자신에게 물었다. 그런 글쓰기는 대단히 즐거웠다. 내가 이렇게 얘기하는 것이 조금 이상할지도 모르지만 거기에는 확실히 수공예 장인이 느낄 법한 즐거움이 있었다. 마치 정확히 배를 몰아가서 정확히 고기를 낚아 올리는 듯한 느낌이었다. 일본의 한 도예 거장의 감상이 떠오르기도 한다. 그는 말하길 "단지 예술 작품만 계속 생각하고 있어서는 안 된다. 가끔씩 일상적인 물건들을 불에 태우면 그 작품이 자기도 모르게 심드렁해지는 일을 피할 수 있다"고 했다. 그해 내내, 내 머릿속에 꽂혀 있던 단어는 '조밀함'이었다. 그것은 이탈로 칼비노가 생각해놓고도 미처 얘기하지 못한 주제이기도 했다(그는 뭐라고 말할까). 나는 내가 잘하는 방식으로 사방에 흩어진 그 상식들을 모으고, 연결하고, 뭔가를 찾아 그 사이의 공백을 메우고, 가능한 한 단단하게 다지고자 했다.

그리고 그것들이 각자 자신에게 알맞은 위치로 '돌아가기를' 바랐다. 그 인식과 판단들, 그 하나하나의 권고와 명령들이 더 이상 흐리멍덩하게 확장되어 쓰이지 않고 그것들 본래의 크기로 축소되었을 때, 과연 천재 바둑기사 우칭위안吳淸源이 말한 것처럼("바둑돌이 정확한 위치에 놓이면 하나하나가 다 반짝반짝 빛난다") 훨씬 명철해졌을 뿐만 아니라 온화하고 적확한 빛을 띠었다. 그래서 특정한 사람들 혹은 특정한 처지와 순간에 처한 사람들에게 들려줄 만하게 되었다.

다만 이 『명예, 부, 권력에 관한 사색』은 진정한 소책자가 되지는 못할 것이다. 소책자는 기본적으로 논증적이고 설득적이며 뭔가를 바로잡고자 하는 확고한 의도를 갖고 있어야 한다. 하지만 나는 그것을 해낼 수 없다. 아주 일찍부터(논증은 진정으로 남을 설득하지 못한다고 한 에머슨의 말을 안 것보다 훨씬 일찍) 논증과 설득을 그리 믿지 않았고 한참 뒤에야 겨우 '설명' 정도나 믿게 되었기 때문이다. 하지만 설명조차 어떤 조건이 전제돼야 한다. 사람들이 언어에 대해 최소한도의 신뢰와 선의를 갖고 있어야 하고, 또 그들이 어떤 전통적인 것들(보르헤스의 용어로), 다시 말해 인간의 사유와 담론이 기나긴 시간 속에서 응결된 '규범'(그 경로이기도 한)을 공통적으로 마음속에 새기고 있어야 계속 설명을 해나갈 수 있다. 내 관찰이 틀리지 않는다면 그것은 우리가 지금 끊임없이 잃어버리고 있는 것으로서 우리는 어떤 의미에서는 옛날의 부족 시대로 회귀하고 있다. 우리처럼 부족주의tribalism를 가장 혐오하고 해소시키고자 하는 이들조차 불가피하게 한 부족, 폐쇄적이고 계속 축소되는 부족으로 몰아넣어지고 있는 것이다.

언젠가 토크빌은 오해하기 쉽지만 대단히 빼어난 발언을 한 적이 있다. "나는 어떤 일이 진리라고 생각되면 그것을 논증의 위험에 휘말리게 하고 싶지 않다. 그것이 등불처럼 이리저리 흔들리다 꺼질 것 같기 때문이다"라고 말이다.

"모든 말은 일종의 공동의 경험을 필요로 한다"는 보르헤스의 말을, 나는 『셰익스피어의 기억』이라는 그의 기묘한 책에서 발견하고 주목했다. 간단하면서도 심오했다. 사람의 경험은 단지 실제로 겪은 일만을 가리키지는 않을 것이다. 경험의 획득과 소유는 일이 발생할 당시, 그 사람의 심리 상태, 의식 상태 그리고 얼마 후의 회상과 정리에 달려 있게 마련이다. 그리고 사람이 계속 망각하는 것은 자연스러운 일이며 당연히 유익한 일이기도 하다. 기억은 어느 정도 고의와 강요의 성격을 지니며 곧잘 고통과 과부하의 느낌을 준다. 그래서 상식조차 공동의 경험, 공동의 기억이 잊힘에 따라 얻었다가 다시 잃어버리는 일이 발생한다. 상식은 늘기만 하고 줄지는 않으며, 새로워지기만 하고 유실되지는 않는다는 우리의 낙관적 고정관념과는 정반대로 말이다.

그러면 왜 계속 글을 쓸까? 지금 나는 인간의 글쓰기와 인간의 지적 성과를 작은 연못으로 상상한다(과거에는 다들 바다라고 말했지만 나는 적절히 연못으로 축소했다. 그래야 뭘 시도할 엄두가 날 것 같다). 우리는 한 사람, 한 사람 그리고 한 세대, 한 세대, 계속해서 자신들의 글쓰기 결과를 그 안에 집어넣기만 했다. 일방적이었고 그 뒤에 어떻게 될지는 따지지 않았다. 그 효과는 우리 개개인과 개별 작품에는 나타나지 않는다. 그것은 더 크고 더 장기적인 순환에 속한다. 그런데 어쩌면 진실은 정반대일지도 모른다. 저자는 예외 없이 독자이고 우선은 독자였다. 우리는 모두 먼저 보상을 가져갔다. 마음대로 사용해도 되는 그 연못에서 자기가 필요한 것을 계속 가져갔고 그로부터 지금의 자신이 만들어졌다. 따라서 주는 것이 아니라 돌려줘야 하는 것이다.

일종의 의무에 가깝다.

# 시작은 한나 아렌트의 분노로부터

발터 벤야민 때문에 한나 아렌트는 '사후 명예'라는 것에 대해 분노해 마지않았다. 그녀는 확실히 그렇게 화를 내고 심지어 구역질을 할 만한 이유가 있었다. 벤야민이 죽은 뒤 여러 해가 지나서야 한꺼번에 밀어닥친 그 때늦은 찬사와 숭배(그중 상당수는 진심이었을 것이다)가 아주 일부라도 그의 생전에 존재했다면 그는 그렇게 평생을 곤궁하게 살 필요가 없었을 테고, 또 50세가 되기도 전에 프랑스와 스페인의 접경인 피레네 산악 지역에서 절망해 자살할 리도 없었을 것이다. 물론 그가 스스로를 구원하도록 직접적인 도움을 줄 수 있었던 것은 명예가 아니라, 명예에 뒤따르거나 명예와 맞바꿀 수 있는 얼마간의 돈이나 비자였다.

사실 우리는 이와 비슷한 이야기를 수도 없이 알고 있다. 고흐도 그랬고 에드거 앨런 포도 그랬다. 마르크스의 장례식장에는 각국의 정계 요인도, 전 세계에서 단결해 홍수처럼 몰려온 노동자들도 없었다. 참석자는 실제로 총 11명뿐이었다. 예수의 마지막 만찬에 참석한 인원보다 1명이 모자랐지만 아마도 우리는 딴 마음을 품고 스파이 노릇을 했던 유다는 제외해야 할 것이다. 그럼으로써 11은 우리가 꼭 기억해둬야 할 숫자, 사후에야 명예를 얻은 이들의 생전 상황을 상징하는 역사적 상수가 된다.

한나 아렌트는 사실 발터 벤야민에 관한 글과 나란히 놓고 생각해볼 만한 글을 또 한 편 썼다. 그것은 로자 룩셈부르크에 관한 글이다. 벤야민처럼 50세도 안 돼서 죽었지만 벤야민보다 훨씬 용감하고 강한 생명력을 지녔던 그 여성은 비참하게 살해당했다. 룩셈부르크가 죽은 곳에 세워진 비석에는 이런 글이 새겨져 있다. "1919년 1월 15일, 카를 리프크네히트 박사와 로자 룩셈부르크 박사가 기병, 보병 방위대의 폭력으로 암살당했다. 당시 이미 죽었거나 중상을 입은 로자 룩셈부르크는 리히텐슈타인교 근처 운하에 버려졌다."

룩셈부르크도 사후에 명예를 얻긴 했지만 당연히 벤야민보다는 훨씬 뒤졌고 그리 진실되지도 못했다. 이에 대해 아렌트는 말하길 "러시아 혁명 초기의 볼셰비키 정권에 대한 정확하고 놀랄 만한 비판을 제외하고는 로자 룩셈부르크가 쓰거나 말한 모든 것은 소실되었다. 겨우 남은 것도 "하나님은 실패했다"는 논조를 보인 이들이 그것을 편리하고 전혀 타당치 않은 무기로 삼아 스탈린을 공격하지 않았다면 남지 못했을 것이다. 그녀의 새로운 숭배자들은 그녀를 헐뜯은 자들보다 그녀 본인과 일치하는 점이 더 많지 않았다"고 했다. 이것은 사후 명예라는 것에 대한 그녀의 또 다른 분노로서(혹은 분노가 이미 헛되이 사그라져 낙담이 돼버렸다) 결국에는 너무 늦었을 뿐 아니라 정확하지도, 후련하지도 않다.

룩셈부르크의 『자본의 축적』은 길이 남을 저서다. 자본주의가 자체의 경제적 모순으로 인해 스스로 붕괴될 것이라던 마르크스의 낙관적 예언이 시종일관 전혀 실현될 기미가 없었던 것과 관련해, 룩셈부르크는 매우 일찍(너무 일렀고 너무 이른 것은 보통 그 자신을 곤경과 위험에 빠뜨리곤 한다) 자신의 견해를 말하고 제시했다. 그 책에서 그녀는 헤겔과 마르크스의 불완전한 변증법을 비판하고 자본주의의 재생산이 결코 하나의 폐쇄 체계 안에서 진행되지는 않는다고 했다. 자본주의는 계속 밖으로 확장해 지구상의 다른 지역, 다른 국가들을 집어삼킴으로써 생산력과 생산관계의 모순을 완화시킬 것이며 이를 통해 대립의 상황이 혁명으로 치닫는 일을 피할 것이라고 생각했다(예컨대 룩셈부르크는 "현대의 프롤레타리아가 확실히 가난하기는 하지만 아직 절대 빈곤 상태에 이르지는 않았다"고 지적했다). 룩셈부르크는 자본주의가 끊임없이 외부의 양분을 흡수하여 순조롭게 운행될 것이고, 스스로 파멸하더라도 그것은 지구 전체를 정복하고 점유한 뒤일 것이라고 예상했다.

100년이 지난 지금 돌아보면 당연히 룩셈부르크가 옳았다. 룩셈부르크는 언제나 상대적으로 옳았다. 소비에트 혁명에 대한 갖가지 우려와 관련해서도 그녀는 '도덕의 붕괴'를 예견했고 "혁명의 왜곡이 혁명의 실패보다 더 공포스럽다"고 지적한 바 있다.

오늘날 벤야민에 대한 우리의 기본 인식은 정확한 편이다. 깊이와 세밀함에는 다소 문제가 있긴 하지만. 그러나 룩셈부르크에 대해서는 100년의 시간이 지났는데도 여전히 아렌트가 말한 대로 오해가 가득하다. 그녀는 아직도 '붉은 로자'라고 불리며 난폭하고, 걸핏하면 자제력을 잃는 데다, 말을 그칠 줄 몰랐던 무서운 여자로 알려져 있다. 사실 룩셈부르크는 부드럽고 차분했으며 새와 꽃을 사랑했다. "순진하고 감동적인 인자함과 시적 아름다움의 소유자로서" 그녀는 문학과 시에 대해 빼어난 감상 능력과 독서 습관을 갖고 있었다. 그래서 아렌트는 말하길 "그녀는 선천적인 '책벌레'일 뿐이었으므로 만약 이 세계가 자유와 공정함에 대한 그녀의 감수성을 건드리지만 않았다면 동물학이나 식물학 혹은 역사학이나 경제학, 수학에 더 몰두했을 것이다"라고 했다.

사후의 로자 룩셈부르크에 대한 가장 근사한 찬사는 레닌에게서 나왔고 이미 역사적인 발언이 되었다. 그는 "오래된 러시아 속담에, 매는 닭보다 낮게 날 때도 있지만 닭은 영원히 매보다 높이 날지 못한다는 말이 있습니다. 로자 룩셈부르크는 비록 과오도 있었지만 예나 지금이나 항상 매였습니다"라고 말했다. 하지만 흥미롭게도 룩셈부르크 자신이 택한 것은 매가 아니라 평범한 박새였다. 1917년 2월, 그녀는 베를린의 감옥에서 마틸다 야코프에게 이런 편지를 썼다.

제 묘비에는 'zwi-zwi' 두 음절만 적어주세요. 이 두 음절은 박새가 지저귀는 소리예요. 저는 이 소리를 꽤 그럴싸하게 흉내 내죠.

제가 이 소리를 내기만 하면 즉시 박새들이 날아오곤 해요. 한번 생각해보세요. 이 두 음절은 보통 빛나는 쇠못처럼 솔직하고 담담한데 요 며칠은 조심스러운 떨림과 미세한 가슴 소리가 섞여 있었어요. 미스 야코프, 당신은 그게 무엇을 뜻한다고 생각하나요? 그건 곧 다가올 봄이 살며시 보내오는 첫 번째 숨결이랍니다. 얼음과 눈, 외로움의 고통을 겪고서도 우리(박새와 저)는 봄이 오는 것을 느꼈어요! 만일 제가 조급한 나머지 그날까지 살지 못한다면 부디 잊지 말아주세요. 제 묘비에 'zwi-zwi'라고 새겨주는 것을 말이에요. (…) 이것 말고는 다른 어떤 말도 적지 말아주세요. (…)

박새이고 싶었던 로자 룩셈부르크는 1871년 3월 5일에 태어나 (그래서 남쪽물고기자리였다) 1919년 1월 15일에 죽었다.

부디 한나 아렌트의 분노를 오해하지 말기를 바란다. 그녀는 명예라는 그 쓸모없는 것을 깨부수려던 게 아니었다. 정반대로 마음에 두고 또 지키려 했다. 아렌트는 그것이 대단히 중요한 어떤 것, 기본적인 진상과 그 진상에 뒤따르는 정의와 공정함에 대한 역사적 중시 등과 관련 있고 긴밀하게 연결되어 있다는 것을 전적으로 이해했다. 그리고 최대한 정확하고 정당한 명예에 의지해야만 우리가 비로소 어떤 기억할 만한 사람들과 그들의 행동, 작품 따위를 기억하고 찾아낼 수 있다는 것도 알고 있었다. 바로 그렇기 때문에 아렌트는 어쩔 수 없이 마음이 달지 않았을까? 그들이 아직 살아 있을 때, 서둘러 그들이 자기가 무슨 일을 해냈는지 마음 편히 돌아보게 하고, 또 좀더 잘 살 수 있게 해야 한다고 생각한 것이다.

# 소멸 중인 사후 명예

이 지점에서 우리는 어떤 일이 신경 쓰일지도 모른다. 그것은 바로 그처럼 생전에는 거의 알아주는 사람이 없다가 사후의 어느 날 (몇 년이나 몇십 년 뒤) 세상 사람들을 깜짝 놀라게 하거나, 심지어 온 세계를 뒤흔든 비극적인 예가 조금 오래된 일인 것 같다는 사실이다. 예컨대 벤야민 이후에 한 명이라도 더 생각나는 사람이 있는가? 이것은 뭔가가 변했음을, 또 뭔가가 우리에게서 멀어지고 있음을 의미하는 듯하다.

명예, 부, 권력 중에 가장 종잡을 수 없는 것은 당연히 명예다. 부와 권력은 생전에 완성되고 산 사람의 것이다. 하지만 명예는 다르다. 오랫동안 사람들은 그것이 인간의 상대적으로 짧은 삶에서 다 이뤄지지도, 확정되지도 않은 상태에서 우리가 다 해내지 못했거나 평생을 바치고도 이해 못 한 것들과 함께 후대로 넘겨진다고 보편적으로 믿어왔다. 이것은 추측이 아니라 헤아릴 수 없이 많은, 거의 예외가 없었던 사례들을 통해 실증된 사실이다. 그래서 '진정한' 명예는 죽은 자의 특별한 영예이면서 동시에 어떤 '진상'이 마침내 전모를 드러냈음을 뜻한다. 그것은 역사의 거대한 강 속에서 결정을 이루고 마모되어 나온 어떤 성과이자 눈부신 빛으로서 우리는 그것이 왜 찬양받아 마땅한지 그 사람에 의해 알게 되거나 혹은 우리가 그 진귀한 성과를 확인하고 보유하기 위해 그것을 그 사람에게 귀속시킨다.

지금 이 순간 지연된 명예의 본질에 관하여 사실 여러 시대, 여러 곳에 살았던 사람들이 각자의 말로 거듭 생각을 밝히곤 했다. 인류학자들은 저마다 자신이 연구한 사회와 사회 집단에서 유사한 격언을 찾아낼 수 있었다(어느 사회나 그 일을 깊이 기억해두려 한다는 것을 뜻한다). 예컨대 중국인은 습관적으로 "사람의 평가는 관 뚜껑을 닫은 뒤에야 정해진다"(정말로 정해지기는 할까)고 말하고, 영국인은 "진실은 시간의 딸이다"라고 해서 진실이 시간에 의해 낳아진다(불임이거나 유산될 수도 있지 않나)고 말한다. 또한 이번 세기에 이르러 우리도 이런 유의 신중한 깨우침을 읽곤 한다. "매체의 신속한 반응에 의한 '비합법 법정'에서 그것을 판정해서는 안 되고, 더딘 역사의 법정에서 마음을 가라앉히고 이용 가능한 모든 증거를 검토해야 한다."

만약 '사후 명예'가 정말로 소멸 중이라면 그것은 분명 둘 중 한 가지 이유에서일 것이다. 첫째, 우리는 더 강력하고 효율적인 식별 능력을 발전시켜 이미 어떤 사람이 살아 있을 때 때맞춰 명예를 부여할 수 있게 되었다. 더는 한나 아렌트를 화나게 할 필요가 없는 것이다. 그리고 둘째, 우리는 이미 '사후 명예'라는 것을 취소하고(타인의 것을) 포기했다(자신의 것을). 그것의 허망함을 간파했기 때문이다("모든 것이 헛되고 바람을 잡으려는 것이다"[성경 「전도서」]). 우리 배후에 있는 세계의 갖가지 것을 취소하고 포기함과 더불어 우리는 인간이 사후에는 지각이 없다고 믿는 쪽으로 기울어졌다. 젊은 시절에 소설가 장아이링張愛玲은 유명해지려면 일찌감치 유명해져야 한다고 장난스레 말한 적이 있다. 젊을 때 유명세를 누려야지, 잘 다니지도 못하고 연애도 못 하고 이것저것 먹지도 못할 때 유명해지면 무슨 의미가 있으며, 또 그렇게 되면 허망해져 허영 밖에 더 남는 게 있겠느냐는 것이었다. 그렇다. 명예는 나이든 사람에게는 이미 쓸모가 별로 없고(쓸 만한 것으로 바꿀 수 없다는 뜻이다) 많이 궁리해봤자 다소 저속한 생각만 들 뿐이다. 그러니 이미 죽은, 아무것도 필요 없어진 사람에게는 어떻겠는가.

둘 중 어느 이유일까? 아니면 둘 다일까?

말은 사후 명예이지만 사실 그것은 당연히 산 자의 세계에 속해 있다. 그래서 한나 아렌트의 분노도 산 자의 세계를 향했으며 문제 삼을 만한 일들도 죄다 산 자의 세계에서 일어났다.

조금 더 보충해보기로 하자. 우리는 또 시험 삼아 이렇게 생각해볼 수 있다. 명예, 권력, 부는 각기 세 가지 분야, 즉 역사학, 정치학(이미 매스 미디어로 전향한 듯하다), 경제학(이미 금융이 된 듯하다)에 대응하고 우리는 이 세 분야의 성쇠로부터 명예, 권력, 부의 현실적이면서도 상호 연관된 변동을 더 분명히 살필 수 있다. 이를테면 명예는 더 이상 역사에 귀속되지 않고 매스 미디어에 의해 결정되고 있다. 이것은 명예, 권력, 부에 대한 우리의 기본 인식이 대폭 수정돼야 함을 의미한다. 예컨대 이 삼자는 이미 나란히 놓고 볼 수 없게 되었다. 모종의 종속과 의존 관계를 띠고 있다.

역사는 우리가 살고 있는 세계에서 정치, 경제와 비교해 일찌감치 인기 없는 몰락한 분야가 돼버렸다. 그러니 매스 미디어, 금융과는 더 비교할 필요도 없다. 이것을 못 알아차린 사람이 있다면 아마도 산 사람이 아닐 것이다.

# 체호프의 웃음소리

시간을 좁혀 명예를 산 자의 세계에 국한시키면 어떨까?

한나 아렌트의 분노는 100년 전 안톤 체호프의 소설 속에서 한 바탕 웃음소리로 변한다. 그 소설의 이름은 「발견」이며 1886년 체호프가 26세에 쓴 작품이다. 5등 문관이자 기술자인 바흐롬킨의 이야기를 다루었는데, 그는 52세에 마치 "뱀에게 물린 것처럼" 불현듯 자신이 본래 화가로서 천부적인 재능을 지녔으며 또한 시인이 될 수도 있었다는 것을 깨닫는다. 그래서 그는 한나절 내내 깊은 생각과 상상에 빠져 있다가 황혼녘에 바로 잠이 든다.

1000편을 헤아리는 체호프의 소설은 대부분 핵심을 바로 찌른다. 한 번에 한 가지 문제만 처리하는 것 같은 이 스타일은 르네 데카르트나 롤랑 바르트를 연상시킨다(혼란하고 부푼 인생을 철저히 분해하면 한 조각 한 조각이 각기 한 편의 소설이 될 수 있지 않을까). 그런데 체호프는 보통 분명하고 자주 일어나는 의외의 사건을 서두에 제시해 촉발제로 삼으며 그 뒤에 전개되는 이야기는 평범한 인간 생활의 우연한 갈림길, 엉뚱한 생각, 물보라, 나아가 한바탕 꿈일 뿐이다. 그 희극성은 무해하고, 매일 반복되는 인간의 진짜 삶을 대체하지는 못해서 마음 놓고 깔깔 웃어도 무방하다. 그래서 그의 소설은 우리가 말하지 못하고 남들도 알아차리지 못하는 생각의 흐름처럼, 또 우리 마음속의 웃음소리처럼 자유롭다.

바흐롬킨은 그날 오후, 어떤 집에서 연 무도회에 갔다가 그가 20년이나 25년 전쯤에 사랑했던 여자와 우연히 만났다. 그런데 그 과거의 미녀("그녀는 자신의 미소 띤 얼굴로 막 꺼져가는 촛불도 되살릴 수 있었다")는 지금 마르고, 허약하고, 또 수다스러운 노파가 돼 있었다. "어떻게 이럴 수가 있을까. 어떤 흉악한 의지도 대자연처럼 이렇게 사람을 망가뜨려놓지는 못한다. 만약 애초에 그 미인이 훗날 자기가 이토록 초라하게 변할 줄 알았다면 경악을 금치 못했을 것이다." 바흐롬킨은 이런 생각을 하면서 무심코 종이에 그림을 그렸다. 그리고 놀랍게도 자기가 한때 사랑한 적이 있는, 이제는 기억 속에만 남은 그 아름다운 여자의 얼굴을 생생하게 그려냈다는 것을, 그리고 잠시 후에는 또 지금 그녀의 늙은 얼굴을 그려냈다는 것을 깨달았다.

이때부터 바흐롬킨은 (하인의 시중을 받으며 꿩고기 한 마리를 다 먹고 값비싼 프랑스 부르고뉴 적포도주 두 잔을 마신 그 만찬 후에) 온몸이 노곤해지도록 깊은 생각에 빠져 자기가 화가나 시인이 됐으면 어땠을지 꿈을 꾸듯 상상한다. 우선은 남들과는 달리 자유로운 삶을 살았을 것이라고 생각한다. "어떤 관직과 훈장의 구속도 받지 않았을 것이다. (…) 오직 비범한 인물만 그들의 활동을 평가할 수 있다." 그러고 나서 영예와 명망이 떠오른다. "내가 관청에서 하는 일이 아무리 뛰어나도, 또 내가 아무리 높은 직위까지 올라가도 내 명망은 그 개미굴을 벗어나지 못한다. (…) 그들은 다르다. (…) 시인이나 화가는 평화롭게 잠들 수도 있고 곤드레만드레 취할 수도 있다. 어쨌든 그들 자신도 알지 못한다. 어느 도시나 산골에서 누가 자신들의 시를 읊거나 그림을 감상할지. (…) 누구든 그들의 이름을 모르면 남에게 교양 없고 무지하다는 소리를 듣겠지……"

결국 바흐롬킨이 침대에 누운 순간, 그 짧은 상상이 모이고 완성되면서 어떤 온전하고 구체적인 화면이 연속해서 펼쳐진다. 마치 한 편의 다큐멘터리처럼. 그 화면 속 남자는 화가이거나 시인으로 어둠 속에서 터덜터덜 집으로 돌아가고 있다. 재능 있는 사람은 흔히 마차가 없어서 원하든 원치 않든 걸을 수밖에 없다. 그는, 걷고 있는 그 가엾은 사람은 퇴색한 홍갈색 외투를 입었고 부츠는 못 신었을 것이다. 아파트 문가의 문지기가, 그 우악스러운 짐승이 그를 본체만체하며 문을 열어준다. 거기서, 사회 인사들 중에서 시인이나 화가의 이름은 존중을 받긴 하지만 그런 존중은 그에게 전혀 좋을 게 없다. 문지기는 그것 때문에 공손하지는 않고 하인들도 그것 때문에 부드럽지는 않으며 가족은 더더욱 너그럽지 않다. 그의 이름은 존중을 받지만 그 자신은 냉대를 당한다. 지금 그는 허기지고 기진맥진한 채 겨우 어둡고 답답한 자기 방으로 들어갔다. 뭐라도 먹고 싶고 뭐라도 마시고 싶지만 아아, 꿩고기도 부르고뉴 포도주도 없다. 그는 너무 졸려서 눈꺼풀이 감기고 머리도 가슴께로 축 늘어진다. 하지만 그의 침대는 차갑고 딱딱한 데다 여관 냄새가 난다. 그는 손수 물을 따르고, 손수 옷을 벗고서 맨발로 얼음 같은 바닥 위를 서성인다. 그러다가 바들바들 떨면서 잠에 빠져든다. 그는 자신에게 시가가 없다는 것을, 마차가 없다는 것을 안다. 책상 중간 서랍에 하나의 훈장과 스타니슬랍스키의 훈장도 없고, 그 아래 서랍에 수표책도 없다.

바흐롬킨은 잠들기 직전, 이런 말을 한다. "빌어먹을! 다행이야, 내가 젊었을 때 내 재능을 발견하지 못한 게……"라고.

흥미롭게도 체호프는 26세에 이미 이런 사실을 간파하고도 훗날 망설임 없이 계속 쉬지 않고 글을 썼다. 그도 일찌감치 직업을 바꿔야만 하지 않았을까?

# 어느 예언적인, 시대의 진상

이 소설은 얼핏 보면 조금 이상하다. 1886년이면 아직 국호가 러시아였고 차르의 치하였으며 또 E. M. 포스터가 "전 세계에서 가장 소설을 잘 쓰는 이들은 거의 러시아인이다"라고 칭찬한 그 시대였는데, 당시 러시아 대작가들이 전부 잘 못 살았단 말인가? 예컨대 푸시킨, 톨스토이, 투르게네프, 게르첸 등이 말이다. 하지만 도스토옙스키조차 기본적으로는 가난뱅이가 아니었다. 자기가 소설 속에서 묘사한 그런 비참한 생활을 그가 해봤을지는 몰라도 그것은 그의 무절제한 생활과 자기 파괴에 가까운 성향 때문이었다.

체호프의 이 소설은 이런 사실의 진상을 우리로 하여금 깨닫게 해준다. 알고 보면 제정 러시아의 그 대작가들이 당시 사람들에 비해 한 차원 높은, 특수한 삶을 누릴 수 있었던 것은 물려받은 부와 권력 덕분이었다. 그들은 모종의 특별한 소명을 받은 부자와 귀족으로서 시를 쓰고 소설을 쓴 것이지, 시를 쓰고 소설을 써서 얻은 수입과 명예로 일약 부자와 귀족이 된 것이 아니었다. 하지만 나는 결코 조소와 경멸의 의도가 있어서 이런 시대의 진상을 지적하는 것은 아니다. 반대로 나는 그들이 대단하다고 생각한다. 그들은 본래 계속해서 부와 권력을 축적할 수도 있었다. 하지만 각자 개인의 부와 권력보다 더 중요하고 더 절박한 것들을 보고 나서 삶의 갈림길로 빠져나가 갖가지 위험이 도사리고 있고, 심지어 되돌이킬 수 없는 좁은 길로 들어섰다. 망명과 죽음으로 향할 수도 있었고(게르첸이 그랬다), 사회 최하층으로 굴러떨어져 빈털터리 삶을 살 수도 있었다(황족이었던 크로포트킨이 그랬다). 오늘날 우리가 잘 아는 부자와 권력자 중에도 이런 예가 있는가? 톨스토이의 『부활』은 네흘류도프라는 젊은 귀족의 '참회'를 다룬 작품이다. 그는 단지 불공정한 재판을 받고 시베리아 유배 판결을 받은 매춘부 카추샤를 구하기 위해 모든 것을 버린 채 곧장 그 춥고, 곤궁하고, 절망적인 세계로 쫓아간다. 이런 이야기는 오늘날 다시 쓰이기 힘들다. 성립될 가능성이 전혀 없기 때문이다. 우리는 그것이 너무 가식적이고, 너무 주관적이고, 또 견디기 힘들 정도로 너무 극적이어서 막장 드라마에도 그런 사람, 그런 일은 안 나온다고 말할 것이다.

이는 우리에게, 같은 부자이고 권력자여도 오래된 귀족과 자본주의의 신흥 부호들은 크게 다르다는 생각이 들게 할 것이다. 마르크스와 엥겔스가 『공산당 선언』에서 지적한 것처럼 많은 좋은 것이 그 역사의 교체 과정에서 추락하고 말았다. 레비스트로스 역시 자본주의 시대의 가장 뚜렷한 현상 중 하나는 바로 '미덕'(그는 정말로 이 오래되고 반듯한 단어를 사용했다)의 지속적인 상실이며 승리자인 자본주의는 다른 어떤 요구도 하지 않고 오로지 계속 투자하고, 확장하고, 돈을 버는 것만을 유일한 가르침으로 내세운다고 말했다.

체호프는 진짜 가난한 집 출신이어서 오늘날 우리가 그의 서간집을 볼 때 그가 걸핏하면 원고료 수입을 계산하면서 한 줄에 몇 카페이카러시아의 화폐 단위로 100분의 1루블 운운하는 것을 확인할 수 있다. 그래서 그는 당시의 어떤 작가보다 시, 소설 혹은 명예의 진정한 물질적 가치를 잘 알고 있었다. 이로써 그의 소설은 역사적 예언이 되었다. 나라와 사회마다 시기는 달라도 조만간 여기에 이르러 그 진상이 나타나리라는 것을 미리 암시했다. 여기는, 밀란 쿤데라의 발언을 응용해 말하자면, 바로 포스트 시, 포스트 소설, 포스트 명예의 시대다.

# 갈수록 빠져들기 어려운 함정

그래서 우리는 어째서 바흐롬킨의 깨달음이 "뱀에게 물린 것 같았"는지 알게 된다. 그 뱀은 동시에 최초의 뱀, 성경 「창세기」에 나오는 그 뱀이었다. 정확히 말해 그는 뱀에게 물린 것이 아니라, 뱀에게 유혹당해 사람의 눈을 맑게 해주는 금단의 과실을 깨문 것이었으며 부와 권력의 에덴동산에 사는 사람들에게 그것은 용서받을 수 없는 죄였다.

체호프 본인은 평생 가난했다. 그의 할아버지는 농노였고 아버지는 자유를 얻기는 했지만 파산해 빚쟁이를 피해 다닌 소상인이었다. 체호프는 16세에 모스크바로 가서 두 가지 일을 했다. 하나는 의대 공부였으며 다른 하나는 돈을 벌어 집에 부쳐서 가족을 부양하고 빚을 갚는 것이었다. 그 후, 40세가 돼서야 서서히 가난에서 벗어나게 됐지만 그의 인생은 파란만장한 드라마에 나오는 착한 인물과 흡사했다. 만약 드라마가 30부작이면 그런 인물은 앞의 29부 내내 고생과 억울한 일만 겪다가 마지막 30부에서도 겨우 5분을 남기고 행복을 얻는다. 시청자들은 행복이 오자마자 드라마가 끝나는 것에 분노한다. 이러면 다들 나쁜 인물이 되고 싶어하지, 왜 좋은 인물이 되려 하겠는가. 체호프는 겨우 44세에 고

질인 폐병으로 죽었다. 그 병은 그 추운 나라에서 일종의 가난병이었다.

그런데 정신적으로나 심리적으로나 그처럼 밝고 건강한 사람은 실로 보기 드물었고(그래서 체호프는 내 삶에서 가장 중요한, 자해와 자기연민의 치유자였다) 어쩌면 그를 대체할 만한 사람은 없다고 말한다면 너무 비관적이거나 냉소적인 것일까? 체호프가 진지하고 겸손하게 써내려간 글에는 웃음소리가 가득하다. 따스하고 즐거운 그 웃음소리는 음습하고 더러운 구석에 산뜻하게 피어난 꽃과도 같다. 그는 프로이트의 비현실적인 이론을 파괴한 인물이었다. 어린 시절의 그 많은(한 가지, 한 종류에 국한되지 않은) 상처들은 그의 소설 창작의 바닥나지 않는 견실한 재료일 뿐이었으며 그것을 활용해 그는 남을 이해하고 동정했다. 그리고 귀족 출신 작가들은 보기도, 이해하기도 힘든 러시아의 거대한 하층민의 세계를 포착하여 "행복한 시로 변화시켰다". 보르헤스가 말한 문학 창작처럼 말이다. 단지 유일한 치명적인 상처가 폐에 있어서 그의 목숨을 앗아가고 말았다.

체호프는 줄곧 내가 가장 좋아하는 소설가였다. 혹시 '소설가' 뒤에 '들'을 붙인다 해도 5명을 넘지 않는다(타이완의 소설가 장다춘張大春은 3명이라고 말했으며 그 역시 체호프를 대단히 좋아한다). 나는 그의 소설에 관해 자주 이야기하지는 않지만 언제나 되풀이해서 읽어왔다. 재미있는 데다 내 정신의 건강을 유지시켜주는 삶의 벗인 것처럼 말이다. 나는 이미 그의 수명을 훌쩍 넘어 그보다 훨씬 나이 많은 사람이 되었지만 갈수록 그 젊은이가 정말 대단하다는 생각이 든다.

엄격히 말하면, 체호프는 벤야민보다 훨씬 '불행'했다. 벤야민의 불행은 어느 정도 자신에게 책임이 있었지만(성격과 행동 때문에) 그의 불행은 삶 자체의 불공정에서 비롯되었기 때문이다. 체호프가 자신의 불행에 휘둘리지 않은 것은 내가 가난했던 적이 있어(벌써 30년도 더 지난 일이다) 나의 탐욕을 당연시한 것과 달랐고, 내가 '상처' 받은 적이 있어 억지를 부리고 자신의 악행을 합리화한 것과도 달랐다(40년도 넘게 그랬다). 체호프는 심지어 그런 사람을 업신여기지도 않았다(부끄럽게도 나는 그러지 못했다).

바흐롬킨이 진정으로 깨달은 것은 발휘할 기회를 놓친 자신의 재능뿐만이 아니었다. 그 깨달음이 가져다준 백일몽에서 천천히 깨어나 현실의 삶으로 돌아온 뒤, 사실 우리 스스로 그리 깨닫기 어렵지 않은 더 많은 것을 깨달았다. 결국 바흐롬킨은 유혹을 떨쳐냈고 마치 아무 일도 일어나지 않은 듯 계속 자신의 편안한 5등 문관의 삶을 살았다. 150년이 지난 지금, 우리는 역시 누가 그런 아름다운 함정에 빠지는 것을 볼 일이 없다. 오히려 정반대로 젊은 나이에 자신에게 소설가로서의 비범한 재능이 있다는 것을 깨달은 이들이 몸부림쳐 빠져나와 5등 문관 같은 새로운 인생을 향해 힘껏 나아간다. 그들은 젊은 날의 그릇된 깨달음으로 인해 뒤처진 것을 만회하려고 더 굳세고 더 적극적인 태도를 보이곤 한다.

　나아가 부와 권력의 소유자는 대부분 자녀를 키워 자신의 후계자로 삼는 데 열성적이다(다행히 꼭 성공하는 것은 아니다). 자자손손 영원히 물려주려 하는 것은 부와 권력의 '세습화' 경향이 갖고 있는 가장 근본적인 추동력이다. 그러나 내 주변의 한가락 하는 작가 친구들을 둘러보면 다들 될 수 있으면 자식들은 자신의 일을 잇게 하지 않으려고 노력한다. 이것은 다소 서글픈 일이 아닐 수 없다. 그들은 자신들이 평생 해온 일을 회의하고 있는 것일까? 설마 그렇지는 않겠지만 그 착잡함은 이루 다 말하기 힘들다.

　사람들의 행위가 이토록 일치하는 것은 아마도 개개인의 선택만으로는 설명하기 힘들 것이다. 심지어 어느 특수한 사회에만 해당되지도 않는다. 여기에는 분명히 더 항구적이고 더 보편적인 이치가 존재한다.

# 행복은 그 자체가 목적이다

노년의 보르헤스는 말하길, 문학 창작은 인간 세상의 불행을 행복한 시로 변화시키며 행복은 그 자체가 목적이라고 했다.

이 말은 본래 자명한 기본 이치에 가까웠지만 갈수록 권고와 깨우침처럼 돼가고 있다.

행복은 그 자체가 목적이라는 말은 대체로 행복이야말로 궁극적이면서도 진정으로 인간 자신에게 귀속되는 것으로서 이미 완성되어 더 이상 우리 밖에 있지 않은 일종의 '아름다운 상태'임을 뜻한다. 무릇 명예, 부, 권력은 모두 그것이 아니거나 그것을 포함하지 않는다. 다시 말해 행복은 다른 것으로 변하거나 다른 것으로 대체될 필요가 없다. 정반대로 다른 것이 (자연스러우면서도 현명하게) 행복으로 변하고 행복에 도움을 주는 어떤 것이 돼야만 한다. 마치 구름이 비가 되어 대지에 내리는 것처럼.

만약 우리가 보르헤스의 말에서 깨달음을 얻는다면 행복을 대체할 수 있을 듯해도 우리 몸에 직접 '흡수'되지는 않는, 비구름처럼 생긴 것들에 머무르고 집착하지는 않을 것이다. 나아가 인간에게 필요한 것은 결코 물질적인 것만이 아님을 떠올릴 것이다. 그렇지 않다면 오늘날 우리가 고민할 것이 뭐가 있겠는가. 물질의 종류와 수량과 품질과 관련해서는 우리가 사는 이 시대는 천국까지는 아니더라도 최소한 인류 역사상 가장 천국에 가까운 지점에 이르렀다(물론 아직까지 연옥과 지옥인 곳도 존재한다). 그런데도 여전히 우리는 인류 역사상 미증유의 보편적인 고민과 불안과 허무를 안고 있는 것에 대해, 그리고 우리 시대가 곧잘 행복과는 거리가 먼, 살아가기 힘든 시대라고 느끼는 것에 대해 해명해야만 한다.

보르헤스는 시가 사람들이 불행을 극복하게 도와주고 또 그들이 행복해지는 데 꼭 필요하다고 말했는데, 오늘날 이런 말은 다소 웃기고 케케묵은 소리로 들릴 것이다. 하지만 사실은 맞는 말이다. 단지 그러기가 어려워졌을 따름이다. 이는 과거로 거슬러 올라가보면 훨씬 분명해진다. 인간은 불행을 막지 못하는데, 예컨대 고대 그리스인은 불행이 변덕스러운 천상의 신들에게서 비롯되므로 인간은 그저 시시때때로 닥치는 불행을 참고 견딜 수밖에 없다고 보았다. 그리고 혹시 가능하다면 불행에서 어떤 가치를 끌어내 쓸모 있는 삶의 재료로 삼는 것이 최선이며 그것이 바로 불행에 대한 시의 '처리 방식'이라고 생각했다. 그래서 그들은 한술 더 떠 "신들이 인간 세상에서 갖가지 불행을 초래하는 것은 시인에게 읊을 만한 것을 마련해주기 위해서다"라고까지 말했다. 이것은 당연히 비아냥거리는 말이 아니다. 불행에 처한 이들이 분발하여 발견해낸 이치다.

앨프리드 테니슨도 "못 견뎌낼 슬픔 따위는 없다. 슬픔을 이야기 속에 두거나 혹은 슬픔에 관한 이야기를 간절히 풀어낸다면"이라고 말한 적이 있다.

불행이 삶의 재료가 되면 모두가 다 일치하지는 않는 의미와 그 형체들이 생긴다. 사람은, 특히 일을 하는 사람은 그 재료를 지극히 자연스럽게 인식하고 그 부담과 피해 그리고 불결함과 번거로움을 상당히 많이 감당해낼 수 있다. 그것은 심지어 사람이 스스로 찾고, 발견하고, 수집해야 하는 것이기도 하다(그럼으로써 자아는 점차 타자에 이르고 세계로 진입한다). 그것은 '쓸모 있는' 것이고 가치를 낳기 때문에 우리가 다른 데서 얻기 힘든 갖가지 이해와 의미를 생성하기도 하며 슬픔은 단지 필요한 대가이거나 심지어 독특하고 심오한 오솔길이 되어 일상의 날들에서는 다다를 수 없는 어떤 지점, 즉 머나먼 곳이나 몸속 깊은 곳으로 우리를 인도하는 것인지도 모른다. 사람은 그저 단순히 고통을 당하는 게 아닌 것이다. 불행은, 특히 일이 끝나고 완성품이 나타나는 순간에는 이미 감싸여 날카로운 모서리는 사라지고 묵직한 느낌만 남은 일련의 추억들일 뿐이다. 홍일弘一 법사1880~1942, 속명은 리수퉁李叔同이며 톈진의 거상 가문에서 태어나 일본 유학 후 돌아와 음악, 미술 교사로 일하다가 1918년 항저우 링인사靈隱寺에서 출가해 엄격한 고행승으로 여생을 보냈다. 음악, 연극, 서예, 회화에 모두 능했던 중국 현대화 초기의 선구적 예술가인 동시에 불교 이론의 대가였다가 임종 전에 남긴 '비환교집悲歡交集' 온갖 슬픔과 기쁨의 교차, 이 유명한 네 글자야말로 행복에 대한 묘사로서 가장 합당하다.

시가 사람들을 행복하게 해준다는 보르헤스의 말은 주로 시를 읽고 읊는 사람에게 해당되는 것이지 시를 쓰는 사람에게는 해당되지 않는다. 시를 읊는 사람은 상대적으로 적은 고통을 대가로 거의 동일한 효과와 위로를 얻는다.

우리가 보르헤스의 말을 진부하게 느끼는 것은 단지 불행에 대응하는 그 오래된 예술을 보편적으로 망각한 나머지 더 이상 중요하게 생각하지도, 신뢰하지도, 또 쓰지도 못하게 되었기 때문이다.

보르헤스가 「공범」(시인은 대자연의 불행한 공범이다)이라고 이름 붙인 시에는 다음과 같은 구절이 있다.

나는 우주와 굴욕과 환락의 무게를 감당하고 있다
나는 나를 해치는 모든 것을 위해 변명해야 한다
나의 행운과 불행은 전혀 중요치 않다
나는 시인이다

사람들은 갈수록 행복을 오직 물질에만 걸고 있다. 이것은 그 나름대로 일리가 있지만 확실히 충분치 않다.

# 절대 수요라는 것

How do you catch a cloud and pin it down? 영화 「사운드 오브 뮤직」의 OST인 「마리아」의 한 구절. "어떻게 구름을 잡아 고정시킬 건가요?" 물질에 저당잡히는 것은 역시 인간의 가장 근본적인 생물적 필요 때문인데, 우리는 명예, 부, 권력, 이 세 가지 비구름 중 어느 것이 가장 땅과 가까운지 검토해볼 필요가 있다.

체호프의 「발견」에서 바흐롬킨은 본래 화가나 시인의 명예를 얻는 것이 곧 행복이라고 여겼지만 잠들기 전에 결국 그 양자 간의 거리를 파악하는 데 성공했고 또 그 사이에는 뭔가 빠진 부분이 있었다. 그것은 바로 부, 직접적으로 말하면 갖가지 물질적인 것들(꿩고기, 부르고뉴 적포도주, 따스한 방, 푹신푹신한 침대, 마차, 시가, 수표 등)이었다. 마치 명예가 향유 가능한 삶의 행복으로 바뀌기 전에 먼저 부라는 필수적인 수속을 거쳐야 하며, 적어도 부분적으로 그러지 않을 수 없다고 말하는 듯하다. 이것이 행복의 기본 교환 법칙의 가장 엄격한 조항인 것처럼 말이다.

이것은 아마도 인정하지 않을 수 없는 하나의 진상으로서 막스 베버가 말한 '불편한 진실'에 속한다. 이것을 인정하지 않고 처리하면 다른 사람과 세상에 대한 우리의 모든 선의와 배려는 피치 못하게 경박한 모습으로 비친다. 궁극적인 행복으로 바뀔 수 있는 모든 좋은 것 중에 부는 확실히 행복에 가장 근접한 것으로서 최우선적인 동시에 가장 많은 것을 아우른다. 이것을 인정해야만 우리는 가능한 미래를 포함한 여러 일을 보고 이해할 수 있다. 특히 부와 명예와 권력이 점차 통일되는 경향을, 그중에서도 부가 핵심이 되고 부를 통해 통일이 이뤄지는 것을 말이다.

적어도 일부는 먼저 물질적 재화로 바뀌지 않을 수 없다. 그것은 바로 삶이 필요로 하는 것으로서 경제학에서는 이를 제1수요 혹은 더 강조해서 절대 수요라고 부른다. 예를 들어 케인스는 말하길 "인간의 수요는 아마도 한계가 없을 테지만 대체로 두 가지로 나뉘는데, 하나는 어떤 상황에서도 필수 불가결하다고 느끼는 절대 수요다. 그리고 다른 하나는 상대적인 의미에서 남을 능가할 때 우월감과 자존감을 느끼게 하는 수요다. 즉, 인간의 우월감을 만족시키는 수요는 영원히 한계가 없는 것이다. (…) 하지만 절대 수요는 그렇지 않다"고 했다.

절대 수요를 초과하는 부분을 가리켜 경제학자들은 그것을 인간이 자유롭게 지배할 수 있는 부분이라고 하거나 혹은 직접적으로 자유라고 칭한다. 그러나 자유롭게 지배하는 그 부분도 케인스에 의하면 줄곧 제한되고 유도되어 "남을 능가하게 만들 수 있는" 경쟁에 투입된다(마땅히 '투입'이라는 적극적인 단어를 사용할 수 있다). 케인스의 이 주장은 전적으로 사실이다.

# 절대 수요와 자유

'절대 수요'라는, 절충조차 불가능한 이 엄격한 한계선을 예로부터 지금까지 사람들은 단 한순간도 잊은 적이 없다. 겨우 반세기 전의 인물인 마틴 루서 킹 목사도 예외가 아니었다. 흑인의 자유라는 집단적인 꿈을 꾸었던 이 인물은 미국의 각 주에 적용되는 '인권법'을 미 국회에서 성공적으로 통과시킨 후, 한시도 도취되지 않고 즉시 목표를 경제 분야로 돌렸다. 자신의 과업이 완수되려면 한참 멀었다고, 흑인의 자유를 막는 다음 장애물은 바로 부라고 생각했다. 그는 빈민굴에서 살다가 숙명처럼 범죄의 거리에서 스러지는 이들이 여느 흑인 가정에나 존재한다는 것을 너무나 잘 알고 있었다. 법률도 흑인이 자유롭게 버스의 좌석을 택하고 수영장과(미국은 줄곧 수영 종목에서 전 세계 챔피언이었지만 다른 스포츠 종목, 심지어 가장 귀족적인 성격의 골프 및 테니스와 비교해서도 지금까지 괜찮은 흑인 수영 선수를 배출한 적이 없다) 식당과 백화점에 입장하는 것을 보장해주지 못했으며 "메이시스 백화점의 문은 누구에게나 열려 있습니다"라는 말 뒤에는 당연히 "당신이 돈을 치르기만 한다면"이라는 전제가 숨어 있었다.

안타깝게도 킹 목사는 얼마 지나지 않아 백인 미치광이에게 암살당해 꿈을 이루지 못했다. 하지만 그럼으로써 실패를 면했는지도 모른다. 어쨌든 그 자유의 장애물을 없애는 것은 미 국회에서 민권법을 통과시킨 것보다 훨씬 어려웠을 것이다. 부는 권력보다 상대하기가 한층 더 어렵기 때문이다.

"내게 큰 근심이 있으니, 그것은 내게 몸이 있다는 것이다吾之有大患唯吾有身"라는 구절에서 노자는 우리 신체의 존재에 관해 이야기한다. 다시 말해 우리가 신체를 최소한도로 유지하는 것은 절대 수요와 같아서 사유로도, 의지로도, 정신적인 힘으로도, 심지어 철저한 깨달음으로도 그것을 대체할 수 없다는 것이다. 활달하고 자유로우며 강인한 정신까지 소유한 장자조차 정말 버티기 힘들었을 때 할 수 없이 오랜 친구 혜시惠施를 찾아가 그런 것들을 요구한 적이 있었다고 한다. 그러면서 자신을 마른 도랑에 갇혀 목숨을 잇기 위해 물을 갈망하는 물고기에 비유했다. 그 얼마 안 되는 물이 바로 "어떤 상황에서도 없어서는 안 된다고 느끼는" 절대 수요다.

절대라는 이름이 붙은 이 한계선은 이처럼 엄격하게 그어져 있으며 사람을 실망시키고 고통스럽게 한다. 하지만 다른 한편으로는 사람의 정신을 맑고 단순하게 만들어 명확히 목표를 정하고 희망에 부풀게 하기도 한다. 그렇다면 인류 문제의 관건은 사람들의 이 절대 수요를 만족시켜주는 데 있지 않을까. 이를 완수하기만 하면 우리는 어떤 일에 지나치게 신경 쓸 필요가, 심지어 좋아 보이지 않는 일에도 지나치게 신경 쓸 필요가 없게 되지 않을까. 나 바호족은 어떤 부류의 사람을 가리켜 "그는 양들이 어느 풀을 뜯어 먹어야 할지 가르치는 사람이다"라고 말했다.

사람은 생존의 사슬을 끊어버리면 자유로워진다. 개인적인 자질, 능력, 의지, 흥미에 약간의 운만 더해지면 멀리멀리 나아갈 수 있으며 이에 뒤따르는 어떠한 성취도 전부 여분의 것이자 금상첨화에 해당된다. 사방팔방 어디로든 갈 수 있는 자유로운 개인들과, 그래서 너무 자연스럽게 끊임없이 풍요를 누리는 인간 사회는 긴장도, 강요도, 갈등도, 어찌할 수 없는 갖가지 스트레스와 꼬임과 기만도 없다. 카를 마르크스는 이런 사유에 가장 가까이 갔던 인물이다. 여러 차례 생존의 한계에 부딪혔고 외견상 난폭하고 음울해 보이는 이 대철학자는 사실 낙관적이고 편안한 마음의 소유자였다. 훗날의 사회주의자들은 반대편의 자본주의자들이 항상 발전을 명분으로 떠받든 것처럼 분배의 문제에 가장 관심을 갖고 그것을 기치로 삼았지만, 마르크스는 잘 알려져 있듯 분배에 관해서는 거의 이야기하지 않았고 또 그럴 필요도 없었다. 단순히 말해 그는 인류의 생산력 발전에 대해 무한한 신뢰를 가진 사람이었으며(상대적으로 가장 음울하고 비관적이며 끝이 얼마 안 남았다고 생각한 사람은 토머스 맬서스였다) 앞으로 그것이 더 빨라지고, 더 규모가 커지며, 더 문제없어질 게 분명하다고(다시 말해 생산력이 인류의 절대 수요 전체를 한참 넘어설 게 분명하다고) 보았다. 아울러 문제가 생길 것은 생산관계뿐인데 그것도 구조만 손보면 된다고 생각했다(원리와 기술 면에서 완벽하므로 도덕적 힘을 동원할 필요도 없다고 보았다). 그래서 마르크스는 미래의 이상세계를 묘사하는 데 신경을 쓰지도 않았다. 단지 모호하게(혹은 더할 나위 없이 가볍게) 오전에는 시를 쓰고 오후에는 낚시를 하는 식으로 노동이 '취미'에 가까워질 것이라고 하면서 노동이 낳은 대규모 잉여가 노동을 개인화, 취미화할 것이라고 말했다. 이는 인간이 완전히 빈곤에서 벗어나 자유로워지고 누구나 거의 무한대로 자신의 가능성을 발현하게 된다는 뜻인데, 우리는 지금도 이런 예상을 할 수 있을까? 마르크스에게는 미래에 관한 어떤 유토피아적 청사진도 없었다. 하지만 그럼에도 그는 인류에게 과거에도 없었고 미래에도 없을 가장 근사한 유토피아적 청사진을 갖고 있었다고 말할 수 있다.

# 공자, 자로, 안연

여기서 우리가 (잠시) 명예, 부, 권력을 비구름에 비유하고 있는 것은 결코 그것들이 다 속 빈 강정이라고 비판하기 위해서가 아니다. 다만 "아직 비가 되어 내리지 않은", 어떤 동경의 형태임을 지적하는 것일 따름이다. 사람들은 아주 오래전부터 경험을 통해 구름과 비의 관계를 알고 있었다. 구름은 시각적 환상이 아니고 사람들이 고대하는 비를 데려오거나 머금고 있으며 구름층의 고저와 특정 형태에 의해 비의 유무와 많고 적음이 결정된다. 중국의 '夏' 자는 무당이 비가 오기를 빌 때 추는 춤을 직접적으로 묘사한 글자로서 春, 秋, 冬, 세 글자가 대자연의 경관이 변화하는 모습(예를 들어 싹이 났거나 가지가 얼어붙은 모습)에서 유래한 것과 달리 특이하게도 사람의 행위를 강조하여 모종의 긴장감을 띠고 있다. 마치 그 춤이 1년 중 석 달간에 벌어지는 생사의 크나큰 일과 관련이 있어 사람들이 그것을 위해 갖가지 보물을 아낌없이 바치고 심지어 동물과 사람까지 죽인다는 것을 말하고 있는 듯하다.

물론 비는 너무 많이 내려서도 안 된다. 그것은 또 다른 재난임을 사람들은 역시 경험을 통해 알고 있었다.

구름의 비유라고 하면 바로 공자가 떠오른다. 그렇다. 2000여

년 전의 현인 공자는 이런 일들을 어떻게 생각했을까?

공자의 말은 매우 경쾌했고 약간 유머러스한 겸양이 느껴졌으며 솔직히 자기 생각을 밝히면서도 결코 상대방을 누르거나 설득하려 하지 않았다. 그리고 부귀(부와 권력)는 그에게 뜬구름과도 같은 것이었다. 가능하다면 그도 그것을 원했겠지만 아무래도 다소 거리가 멀었고 억지로 불편한 일까지 해야 해서 웬만하면 염두에 두지 않았다. 당시 그에게는 하고 싶고, 좋아하고, 어서 해야 하는 일이 산더미처럼 많았다. 확실히 그는 언제나 다재다능한 이였고 다른 사람에 대한 호기심이 가득했다. 그의 사유 속에는 '타자'가 가득했으며 거의 (하늘이나 마음으로부터) 소명을 받은 듯한 책임감과 삶의 소박한 의무들을 갖고 있었다.

이런 경쾌한 느낌은 마르크스와 매우 흡사하다. 나는 이것이 어느 정도 그들의 '구사일생' 경험과 관련이 있다고 본다. 인간 세상에서 절대 수요라는 생존의 한계선을 계속 위아래로 넘나들며 몸부림치다보면 진정으로 편안할 틈이 없고 천재지변과 인재(전쟁이나 통치자의 증세)와 불운이 단지 작은 부주의만으로도 사람을 깊은 수렁에 빠뜨리곤 한다. 그럴 때 마치 질곡처럼 사람을 옭아매는 절대 수요를 만족시키고 그것에서 벗어나면 당장 눈앞이 확 트이면서 세상에 다른 어려움은 더 없다는 느낌을 갖게 된다.

하지만 마르크스와 달리 공자는 사람이 생존의 질곡에서 벗어난 뒤, 무엇을 할 수 있는지를 묘사하는 데 많은 노력을 기울였다.

이 부분에서 그는 마르크스보다 더 섬세하고 이성적이었으며 또 비관적인 동시에 실제적이었다고 말할 수 있다. 인간 세상은 생존 한계선 위쪽에 있어야 비로소 흔들흔들 위태롭게 나아갈 뿐이며 그것은 결코 천국이 아니라는 게 그의 생각이었다. 인간은 가장 기본적인 수요가 충족된 후에도 더 심화된 온갖 수요로 인해 고민하고 분주하다는 것이다. 대단히 흥미롭게도 이 점에서는 더 오래전 인물인 공자의 말이 오히려 오늘날 우리의 시대와 더 잘 맞아떨어진다.

공자의 일생은 우리가 아는 한도 내에서는 좌절과 고난의 연속이었다. 하지만 절대 수요가 그의 고민거리였던 적은 (진陳, 채蔡 지역에서 제자들과 함께 적에게 포위되어 굶주렸던 며칠을 제외하고는) 없었을 것이다. 그는 확실히 자신의 그 장점 혹은 행운을 잘 이용했고, 그래서 자신의 시대에 가장 많은 일과 행동을 통해 스스로 늘 위험과 마주했다.

이미 생존 한계선 위쪽에 자리한 채 "선비가 도에 뜻을 두고서 나쁜 옷과 나쁜 음식을 부끄러워한다면 그와 더불어 이야기할 수 없다士志於道而恥惡衣惡食者未足以議也"고 말한 것은 지극히 이성적이다. 어디에나 적용되는 한계효용 체감의 법칙은 배불리 먹고 마시며 따뜻함을 유지하려는 인간의 생물적 욕구에서 가장 잘 드러나는데, 그 효용은 빠른 속도로 제로가 되거나 심지어 마이너스까지 떨어진다(일본 TV의 푸드파이터 시합에서 빠지지 않고 나오는, 그 고통스럽기 짝이 없는 장면을 참고하기 바란다). 공자는 스스로를 그런 단순한 데에 한계 짓지 말고 시간과 지혜 같은 유한한 삶의 자원을 마땅히 다른 곳으로 돌려 삶의 효용가치를 극대화하라고 권했다.

절대 수요의 한계에 대한 공자의 태도와 대응을 더 확실히 알고자 한다면 그 자신보다 그의 두 제자, 제일 가난했던 안연顏淵과 제일 효성스러웠던 자로子路를 살펴봐야 한다.

자로 자신의 생존 수요는 사소하고 일시적이었다(이렇게 말하면 조금 불경하게 들릴까). 왜냐하면 연로한 부모를 봉양해야 했기 때문이다. 공자는 말하길, 이럴 때는 두말없이 일자리를 찾아 돈을 벌고 일도 고르거나 가리지 말며 아무리 큰일이 생겨도 먼저 참고 미뤄두라고 했다. 자로는 과장하지도 투덜대지도 억울해하지도 않았으며 화를 낼지언정 왜 삶이 계속 이 모양이냐고 말하지는 않았다. 일들이 꼬여 성가시게 돼도 더 참고 신중을 기해 원만하게 만들었고 무엇보다 핑곗거리를 대는 법이 없었다.

안연은 그 생존의 한계선에 겨우 걸쳐 있던 인물이다. "한 소쿠리 밥과 한 표주박의 물로 살면 남들은 그 걱정을 이겨내지 못할 텐데 안회顏回는 그 즐거움을 바꾸지 않는다一簞食一瓢飮, 人不堪其憂, 回也不改其樂"라는 공자의 말에서 우리는 그가 더는 열악하기 힘든 생활의 한계선에 있었음을 알 수 있다. 그 한계선은 가장 엄격한 의미에서의 절대 수요에 가깝다. 그런데 이 말을 통해 또 그런 생활은 안연 자신의 선택이었고 그에게는 걱정이 불필요했을 뿐만 아니라 심지어 낭비였음이 드러난다. 『논어』를 보면 안연은 결코 사람만 좋은 멍청한 이가 아니었으며(아마도 증삼曾參이 그런 사람이었을 것이다) 모든 일에 서투른 아스퍼거 증후군 환자도 아니었다. 그는 매우 똑똑해서 기지가 번뜩였고 자주 날카로움을 드러내기도 했으므로(무심코 옆의 자로와 자공에게 손해를 입힌 게 한두 번이 아니었다) 무난하고 안전한 삶을 누릴 능력이 없었다고 하면 오히려 이상할 것이다. 공자는 그의 집중력을 높이 평가하고 거의 존경하기까지 했다. 그늘과 잡티 없이 맑고 고요한 그의 거울 같은 마음의 상태는 늘 한결같았다. 공자는 이 점에서는 누구도 그를 따라갈 수 없다고 생각했다. 항상 걱정이 많은 자기 자신도 예외가 아니었다.

만약 우리가 (이상적이거나 독단적으로) 이른바 그 절대 수요의 선을 쭉 긋고 누군가 그 선 위쪽에서 완전한 자유를 누리게 한다면, 그런 사람에 가장 가까운 이는 아마도 안연일 것이다. 다만 안타깝게도 여기에는 허점이 하나 있는데 그것은 바로 안연의 요절이다. 안연의 요절이 꼭 그의 삶의 방식과 관련 있다고는(영양실조 같은 것) 말할 수 없는데도 사람들은 그런 의심을 하곤 한다. 스스로 조금 선망하거나, 또 자기는 할 수 없다는 것을 알 때 특히 더 그렇다.

# 즉시 부각되는 두 가지 문제

이 지점에서 적어도 두 가지 큰 문제가 부각된다.

첫째, 케인스처럼 개념적으로 칼로 케이크를 자르듯 그 절대 수요의 선을 긋는다면, 우리 개개인의 실제 생활로 돌아와 생각할 때 삶의 기본 수요를 유지한다는 것은 과연 어떤 의미가 있을까? 타이완의 단수이강淡水河에서 떠낸 물 한 잔은 칠레 아타카마 사막(세계에서 가장 건조한 사막이라 불리는 이곳은 400년간 비 한 방울 내리지 않은 적도 있다고 한다!)에 갇힌 어떤 사람에게는 반갑고 그 수요의 정의에 부합하겠지만 우리에게는 그렇지 않다.

단테의 『신곡』에서는 35세를 인생의 딱 절반이자 삶이라는 여행의 반환점이라고 말했다. 이 서사시를 쓸 당시, 단테는 바로 그 언저리를 넘고 있었다. 시 속에서 그가 지옥과 연옥과 천당에 들어선 것처럼. 어쨌든 그래서 인간의 수명을 35 곱하기 2인 70세로 보았다. 아주 오랜 세월(아마 수천 년은 될 것이다) 70세는 사람들이 대체로 동의하는 인간의 한계 수명이었다. 그보다 더 사는 사람은 '고희古稀'라는 말 그대로 매우 드물었다.

하지만 70세라는 수명은 사실 인류 세계의 관점에서 나온 것이고 훨씬 오래된 생물 세계의 차원에서는 그렇지 않다. 고고학과 인류학의 발굴 및 현지 조사 보고서를 검토하면서 보조로 생식 능력의 상실이 대체로 생명의 종결점과 같다는 생물계의 일반 법칙을 참고하면 50세 전후로 보는 게 합리적일 것이다. 하지만 오늘날 모두가 살아가는 데 전력투구하는 이 신세계에서는 80, 90세까지 올라갔다고 해도 과언이 아닐 것이다. 그러면 절대 수요는 결국 50년, 70년 혹은 90년간 한 신체를 유지하는 것인가.

둘째, 시종일관(아마도 영원히 맬서스의 유령이 배회할 것이다) 우리는 인류 세계가 절대 수요의 문제를 이미 해결했고 거기서 완전히 벗어났다고 말할 방도가 없다. 이에 대해서는 굳이 증거를 대는 것이 불필요하며 또 이로 인해 더 진전된 논의를 하는 것은 곤란하고 어색해진다. 인간 세상의 발전은 여태껏 균일하게 이뤄진 적이 없어서 세계에는 두터운 화석층처럼 '정상 수명'이 50세, 70세, 90세인 이들 그리고 100세를 안 넘으면 이상한 몇몇 사람이 동시에 존재한다(각 층의 높이가 기본적으로 부의 수치와 정비례한다는 것을 모른다면 바보일 것이다). 이 점은 우리의 말문을 막고 생존 한계선 위쪽 세계의 각종 까다로운 난제들을 반성하게 유도하지만, 부나 경기 확장 현상에 대해 필요한 언급만 해도 아직 생존 한계선 밑에서 몸부림치는 이들에게 무례를 범하게 되고 머릿속에서 "어찌 고기죽을 먹지 않는가?何不食肉糜『진서晉書』의 한 구절로 부자가 가난한 이의 사정을 헤아리지 못하고 묻는 말이다"(중국), "왜 케이크를 안 먹는 거지?"(프랑스) 같은 도덕적 책망의 목소리가 자동으로 메아리친다.

하지만 부의 정점에 있는 이들은 이에 대해 잘 이해하고 있다. 그들에게 가장 비참하게 괴롭힘을 당하는 이들은 동시에 그들의 인질이기도 한데, 사람이 허기와 추위에 시달리면 어떻게 계속 부를 창출하겠는가.

진지하게 민주 정치의 문제를 논의할 때도 마찬가지다. 도덕은 강력한 자기 제약의 힘이어서 그것을 의식하는 사람은 그것을 의식하지 않는 사람을 말로 이기기 어렵다. 어쩔 수 없다. 이것은 사람들을 매우 불편하게 하는 또 하나의 일반적인 역사 법칙이다.

# 절대 수요에 관한 어떤 실험

사실 그 절대 수요의 한계선에 관해 이야기한 책이 있는데, 그냥 이야기하는 것만이 아니라 실제 삶으로 우리에게 보여준다. 그래서 이 책의 진정한 설득력은 작가의 다소 가벼워 보이는 설명이 아니라 행동 그 자체와 그로 인한 결과에서 비롯되며 마치 탱크처럼 강력하게 우리의 회의와 불안을 깔아뭉개며 지나간다. 작가는 그렇게 일종의 완전무결한 삶을 3년간(1844년 7월 4일부터 1847년 9월 6일까지) 영위하는데, 그 삶의 기록인 이 책은 바로 누구나 잘 아는 『월든』이다. 작가인 '미국의 안연'은 젊고 정력적이며 느낌상 은사라기보다 개척자에 가까웠던 헨리 데이비드 소로였다.

그런데 『월든』이 "누구나 잘 아는" 책이라는 게 맞나? 아직도 그럴까?

『월든』은 제1, 제2차 세계대전 이전에 아직 탈바꿈하지 못하고 궁벽한 지역에 머물렀던(문화적으로 특히 그랬다. 바르고 성실한 청교도들에게 무슨 문화가 있었겠는가) 미국의 얼마 안 되는 자랑스러운 문화유산 중 하나다. 그 밖에 너새니얼 호손과 마크 트웨인의 소설, 허먼 멜빌의 『백경』, 소스타인 베블런의 『유한계급론』 등이 있으며 보르헤스가 우리를 위해 에드거 앨런 포, 랠프 월도 에머슨,

월트 휘트먼, 이 세 사람을 추가해주었다. 물론 이 책과 저자들은 전부 다 훌륭하다. 하지만 역시 훗날 미국의 중요도가 비할 데 없이 높아져 이 강국을 이해하는 게 전 세계인들의 필수 과제가 되면서 이 책과 저자들도 덩달아 소급되어 주목을 받고, 읽히고, 해석되고, 동경의 대상이 된 것(사후 명예)을 잊지 말아야 한다. 꼭 그 속에서 미국이 강대해진 비밀을 찾을 수 있는 것도 아닌데 말이다.

『월든』은 오늘날 타이완과 중국에서 전혀 다른 대접을 받고 있다. 타이완에서는 기본적으로 이미 사라진 책이 되고 말았지만, 중국에서는 최대 인터넷 서점 당당닷컴當當網에서 몇 가지 판본이 줄곧 문학 베스트셀러 순위에 나란히 올라 있고 수시로 10위권 안에 진입하며 베스트셀러이자 스테디셀러(이것은 모든 출판사가 바라 마지않는 판매 형태다)가 된 상태다. 이것은 곧 중국인들이 여전히 『월든』을 '꼭 읽어야 할 책'으로 보고 지금 자신들이 사는 사회의 모든 '알아야 하며 참여해야 하는 사물' 속에 포함시키는 동시에 실제로 그것을 어떻게 읽든 간에(사기만 하고 안 보든, 5쪽만 보든, 아니면 봐도 모르든 간에) 어떤 공공 영역과 공공 공간을 의식하고 있음을 뜻한다. 이 지점에서 나는 표현을 바꾸는 것이 옳을 듯하다. 어떤 책이 타이완에서 사라진 것이 아니라 타이완에서 '꼭 읽어야 할 책' 같은 개념은 점차 사라지고 있다고 말이다. 이렇게 표현을 바꾸면 유익하게도 우리 시선은 어떤 책의 운명에 대한 애석함과 애도에서 우리가 사는 사회에 대한 여러 확실한 인식 쪽으로 옮겨진다. 이를 통해 우리는 또 위의 사실이 타이완에서 공공 영역과 공공 공간이 지속적으로 쇠락하고 있고 공공적인 것 중 남은 것은 거의 시장밖에 없으며, 아울러 실질적인 내용의 공동화가 시작되어 겨우 충동과 감정만 남음으로써 계속 생각하고 논의할 거리가 제공되지 못하게 되었음을 뜻한다는 것을 깨닫는다.

"정말 이렇게 쭉 가려나?" 이 말은 내 오랜 친구가 타이완의 미래에 대해 웃으며 던진 질문이다. 요 몇 년간 우리도 점점 똑똑해져서 정색하지도, 초조해하지도, 또 기대를 품지도 않고 무슨 일이든 웃으면서 말하곤 한다.

아마 타이완과 중국이 전혀 다르지는 않을 것이다. 다만 각기 현대사회의 서로 다른 시간대에 처해 있을 뿐이다. 타이완에서도 과거에 의무처럼 열렬히 이 책을 사고 들춰보던 때가 있었기 때문이다. 솔직히 나는 중국이 이런 추세에 대해 어떤 특수한 저항력과 막고자 하는 바람이 있는지 잘 모르겠다. 그저 지연시키는 게 고작일 것이다. 더구나 늦게 출발한 쪽이 보통 더 빠르게 달리는 법인 데다 이 세계는 확실히 전체적으로 서로 닮아가는 경향이 있다.

타이완에서 『월든』은 초창기에 본래 『호반 산문』이라는 꽤 아름다운 제목을 갖고 있었다. 이 제목에서 알 수 있듯이 당시 사람들은 대부분 이 책을 인생에 대한 지혜의 잠언이 담긴 전원적이고 목가적인 산문(전형적인 베스트셀러 유형이다)으로 잘못 알고 잘못 읽었다. 『월든』은 당연히 급진적인 책이고 특히 그 시대 타이완의 우파 독재 체제의 민감한 기준으로 보면 더더욱 그럴 수 있었다. 좌파적이다 못해 무정부적이기까지 한 『월든』의 사유는 놀랍고 유해한 게 당연했다. 그런데도 이 책이 성대하게 출판될 수 있었던 것은 출판의 주체가 타이완 주재 미국 공보원이었고 그 뒤에 막강한 CIA가 있었기 때문이다. 다시 말해 미국의 국위를 선양하기 위한 용도로 출판되었던 것이다. 이 사실은 역사의 아이러니가 아닐 수 없다. 『월든』은 본디 미국의 문제를 지적하는 책으로서 저자 소로는 당시 미국 정부에 의해 하룻밤 투옥을 당한 적도 있었기 때문이다(멕시코 전쟁에 항의해 인두세 납부를 거부한 것이 원인이었다). 하지만 세월의 신기한 작용으로 이 책은 '독소'가 희석되었으며 타이완에 와서 우리에게 '오독'되었다. 오독된 덕분에 중독도 발생하지 않았다.

최근에 또 우연히 『시민 불복종』 때문에 저자 소로의 이름이 타이완에서 다시 거론되었다. 그러나 사람들에게 필요했던 것은 그저 '시민 불복종'이라는 다섯 글자짜리 주문뿐이었기 때문에 실제로 1848년의 그 강연 원고를 찾아 읽은 사람은 거의 없었다. 아울러 더더욱 그 책을 논할 필요가 없었던 까닭은, 책에 담긴 저항의 사유와는 무관한 상황이 현실에서 펼쳐졌기 때문이다. 나는 당시 학자 양자오楊照가 노파심에 '시민 불복종'에 대해 해설한 글을 보았다(과연 아무 내용 없는 비난만 잔뜩 불러일으켰다). 물론 그것은 그저 정당한 반란의 선언이 아니고 예외적인 위법의 허용은 더더욱 아니며 역사적으로 고대 그리스 소크라테스의 재판까지 거슬러 올라간다. 다시 말해 일찍이 2000여 년 전에 이미 사람들은 그것이 매우 곤란하면서도 진퇴양난에 빠지기 쉽다는 것(예컨대 법치수호와 개인적 신념의 충돌과 그 경계)을 깊이 헤아리고 있었다. 소크라스테스가 음독자살을 택한 것은 바로 어느 한쪽을 희생시키거나 훼손하는 것을 원치 않았기 때문이다. 2000년 전 사람이 지금 우리보다 더 많이 알고 이성적이었으니 정말 체면이 말이 아니다. 마르크스가 역사의 반복과 관련해 처음은 비극이고 끝은 희극이라고 말하긴 했지만 나는 "인류 역사의 마지막 선택은 자신을 만화로 그리는 것이다"라는 말을 더 좋아한다.

시민 불복종에 관해서는 적어도 한나 아렌트의 정리된 논의를 볼 필요가 있다. 시보時報출판사에서 나온 그 책은 당연히 『월든』보다 훨씬 어렵다. 그리고 분명 절판되었을 것이다.

"1845년, 거의 3월 말이 되었을 때 나는 도끼를 빌려 월든 호수의 숲으로 갔다. 그리고 내가 집을 짓는 곳과 가장 가까운 지점에서 목재용으로 크고, 곧고, 수령樹齡이 높지 않은 백송을 베기 시작했다. 물건을 아무것도 안 빌리고 일을 시작하기란 매우 어렵다. 하지만 물건을 빌리는 것은 누가 자기 일에 흥미를 느끼게 하는 가장 좋은 방법이다. 그 도끼의 주인은 내게 도끼를 주면서 그게

자기가 애지중지하는 물건이라고 했다. 하지만 나는 그것을 빌렸
을 때보다 더 잘 들게 해서 돌려주었다."

# 인간에게는 많은 것이 필요 없다

소로가 자신이 짓던 오두막에 입주한 날이 하필 7월 4일 미국 독립기념일이었던 것은 그저 우연이었고(오두막은 벌써 그런대로 사람이 살 만했다) 공사는 추운 겨울이 오기 전에 마무리되었다. 그는 전체 공사비를 꽤 자세히 나열한다. "판자, 지붕과 벽에 쓴 널빤지, 윗가지, 유리가 끼워진 헌 창문 두 짝, 벽돌 1000장, 석회 두 통, 솜, 아궁이 철제 틀, 못, 경첩과 나사못, 빗장, 백묵, 운반비" 등 열세 가지 항목에 모두 27달러 94센트를 지출했다고 설명한다. 그는 왜 그랬을까? 바람과 비를 피할 만한 집을 한 채 짓는 것이 사실 얼마나 간단하고 저렴한지 증명해 보임으로써 누구나 따라할 수 있게 한 것이었다(오늘날에는 이것이 어째서 불가능한지 그에게 설명해줘야 할 듯하다. 세계는 이미 변했다). 그는 대단히 의기양양한 어조로 "언제라도 기분만 내키면 콩코드가의 가장 화려하고 사치스러운 주택 같은 집을 지을 생각이다. 그래도 지금 이 집보다 비용이 더 들지는 않을 것이다"라고 말했다.

더 말할 것도 없이 『월든』은 평범한 전원생활이 아니라 계획된 실험이었다(소로는 "나의 실험을 통해……"라는 식으로 말했다). 나아가 그 혼자가 아니라 전체 사회에 적용 가능한 보편적 프로그램에 관한 실험으로서 처음부터 목표와 시간이 설정돼 있었고 시간이 다 되었을 때 그는 떠났다.

나는 숲에 들어갔을 때와 같은 이유로 숲을 떠났다. 아마도 내게는 살아야 할 여러 다른 형태의 삶이 있어서 숲속의 삶을 더 유지할 시간적 여유가 없다고 생각했던 것 같다. 사람이 얼마나 쉽게 특정한 길에 빠져들고 그것이 습관이 되는지 생각해보면 정말 놀라운 일이다. 내가 숲속에 들어가 산 지 일주일도 안 되어 내 집 문가에서 호숫가까지 내 발자국으로 길이 났는데, 이미 5, 6년이 됐는데도 여태 그 윤곽이 뚜렷하다. 누군가 또 그 길에 습관이 들어 그 길을 유지시키고 있는 게 아닌가 싶어 두려운 생각이 든다. 땅의 표면은 부드러워서 사람의 발자국에 흔적이 남게 돼 있으며 사람의 마음이 가는 길도 마찬가지다. (…) 비록 공중에 누각을 쌓을지라도 그것은 헛된 일이 아니다. 누각은 본래 공중에 있어야 하니까. 이제 그 밑에 토대를 받치면 된다.

소로는 호숫가에서 3년을 살았지만 『월든』에는 첫해의 일들만 기록되어 있다. 그가 책의 말미에서 "둘째 해는 첫해와 비슷했다"고 말했듯이 역시 한계효용 체감의 법칙이 구현된 것이다. 이 무정한 법칙은 어디에나 적용된다. 게다가 문학적 글쓰기 영역에서는 보통 다른 영역에서보다 그 영향력이 훨씬 더 무자비하고 사람을 압박한다.

월든 호수에서의 그 실험은 이상적인 삶의 추구가 아니라 이상적인 삶의 추구를 위해 필요한 조건과 기초에 관해 이야기한다. 소로는 "내가 월든 호수에 간 것은 생활비를 적게 들이거나 사치스럽게 살기 위해서가 아니라, 최대한 장애물 없이 내 개인적인 업무를 처리하기 위해서였다"라고 말했다. 따라서 이 책의 핵심 사유는 이른바 진정한 '생활필수품'은 어떤 것들이냐는 것이다. 그리고 그 필수품들을 얻기 위한 가장 간단한 방법은 무엇이냐는 것, 다시 말해 최소한도로 얼마나 인간의 노동량과 삶의 시간을 들여야 하느냐는 것이다. 여기서 핵심어는 "최대한 장애물 없이"다. 인간은 확실히 그 노동량과 시간을 줄일 자유가 있다. "사람들은 생활필수품을 마련한 다음에는 계속 그 여분의 것을 더 장만하는 대신에 다른 일을 할 가능성이 생긴다. 그것은 당장 삶을 위한 일을 시작하는 것이다."

소로의 지나치게 흥분된 문체(스승인 에머슨보다 휘트먼에 더 가까운)는 가끔 부득이하게 부자유한 부분을 가리기도 한다("우리는 우리 안에 동물이 있다는 것을 인식할 수 있다. 그것은 우리의 높은 본성이 잠들어 있을수록 정비례하여 깨어난다. 그 동물은 파충류와 같고 육욕적이며 우리는 그것을 완전히 몰아낼 수 없는지도 모른다. 그것은 우리가 건강하게 살아 있을 때도 우리의 몸을 차지하고 있는 기생충과도 같다. 우리는 그것을 좀 멀리할 수는 있어도 그것의 본성까지 바꾸지는 못한다"). 장애물은 가능한 한 줄이고 없애야 한다. 소로가 자주 자문 자답한 것처럼 사실 더 줄이고 더 단순화할 수 있어야 한다. 집과 옷도 꼭 필요하지 않을지도 모른다. 특히 위도가 낮은 비교적 따뜻한 지역에 산다면 말이다. 맹물만 마셔도 마찬가지로 다른 부작용이 없을지도 모른다. 술, 커피, 차 그리고 똑같이 사람을 취하게 만드는 음악이 없어도 말이다. 나아가 하루 세끼가 아니라 한 끼만 먹어도 될지도 모른다. 꼭 세끼를 먹어야 한다는 법칙 같은 게 있을 리 없지 않은가. 마지막으로 육식도 안 해도 될지 모른다. 소로는 잠시 그럴 수 없었고 사냥과 낚시를 즐겼지만, "인류는 점차 개선되는 과정에서 필연적으로 육식에서 멀어질 것이다. 야만인이 더 문명적인 문화와 접촉한 뒤로 더는 사람을 안 먹게 된 것처럼" 이라고 말했다.

곡식과 맹물, 한 소쿠리 밥과 한 표주박의 물로 끝까지 버틴 사람은 바로 안연이었다.

이와 관련해 『월든』에서 가장 인상적인 부분은 소로와 어느 밭 갈던 농부의 대화다. 이 대화는 내가 중학교 2학년 시절 처음 이 책을 읽었을 때 기억 속에 깊이 남았다. 당시 같은 반 친구(지금은 머리가 다 벗겨진 은퇴한 노인이 되었다)가 그 책을 잘못 사서 며칠 저녁을 끙끙대다가 흔쾌히 내게 선물했다. 그 식견 있는 농부는 소로에게 "채소만 먹고 살 수는 없지요. 뼈를 만들어줄 만한 음식이 아니니까요"라고 조언했다. 그래서 그 농부는 뼈의 원료를 몸에 공급하는 데 매일 일정한 시간을 바쳤다. 그는 얘기를 하면서 쟁기질하는 소를 뒤쫓았다. 한데 채소만 먹는 소는 농부와 무거운 쟁기까지 끌고 가는데도 아무 장애물도 없어 보였다. 이때 소로는 "어떤 물건은 늙고 병든 사람에게는 필수품이지만 어떤 이들에게는 사치품일 뿐이며 또 어떤 이들에게는 알려져 있지도 않다"라는 생각이 들었다.

"삶을 위한 일을 시작"하는 데 있어 월든 호수는 종점이 아니라 기점이었고 소로의 삶은 좀더 먼 곳에서 계속되었다. 하지만 그는 안연과 비슷한 결말을 맞았다. 링컨이 미국 대통령에 당선된 1860년, 밖에서 찬바람을 맞고 당시에는 속수무책이었던 기관지염에 걸려 1년 반 뒤 사망했다. 겨우 45세의 나이였다. 이 나이는 고고학 연구로 밝혀진 초기 인류의 평균 수명과 상당히 가까우며, 동시에 인류가 자신의 독특한 세계를 구축하기 이전의 생물적인 천연 수명과도 대체로 같다. 아마도 인간의 생활필수품은 역시 좀더 필요한 듯하다.

하지만 어쨌든 소로는 확실히 한다면 하는 의지의 인물이었다. 말과 행동이 다르지 않았고 남들은 단순하게 살라고 하면서 자기는 복잡하게 살지 않았으며(요즘 베스트셀러 작가들은 이와 정반대다) 입만 열면 '시민'을 칭송하면서도 뒤에서는 정계와 재계의 유명인을 추종하지도 않았다(요즘 이른바 참여적 지식인들은 이와 정반대다). 물론 아직 사람들이 진리와도 같은 굳건한 신념을 지니고 있었고 지구도 다소 휑했던 그 시대에는 삶의 실험을 해보기가 상대적으로 용이했다. 그렇게 호수에 가서 도끼 한 자루를 빌려 곧장 숲으로 들어가는 행동은 오늘날에는 너무나 불가사의하고 돈이 덜 들지도 않을 것이다. 또한 사람들의 마음을 움직여 무슨 명성을 얻기는커녕 미치광이로 오인되거나, 더 심하게는 홈리스나 루저 취급을 받을 것이다.

# 구부러지고, 모호해지고, 사라지는 생존 한계선

『월든』에서 소로는 마치 혼자 무인도에 떨어진 로빈슨 크루소처럼 (한때 필독서였던 대니얼 디포의 『로빈슨 크루소』를 사람들은 여전히 보고 있을까) 수시로 자신이 가진 물품을 점검한다. 그리고 제왕이 천하를 순행하는 것처럼, 자기가 천하를 다 가진 것처럼 만족스러운 어조로 말한다.

현재 미국에서 의식주의 필수품 다음으로 필요한 것은 내 경험상 칼, 도끼, 삽, 손수레 등의 몇 가지 도구이며 읽기와 쓰기를 좋아하는 사람 같으면 등잔, 종이와 펜, 몇 권의 책을 추가하면 거의 다 갖춰지는 셈이다. 그리고 이 모든 것은 약간의 돈만 들여도 손에 넣을 수 있다.

그는 집을 짓기 전에 이 말을 했는데, 입주하고 나서는 또 다음과 같이 말했다.

내 가구 중 일부는 내가 직접 만들었고 다른 것들은 돈을 주고 산 것이어서 전부 내 명세서에 넣었다. 침대 하나, 탁자 하나, 책상 하나, 의자 셋, 직경이 3인치인 거울 하나, 부젓가락 한 벌과 석탄 선반 하나, 주전자 하나, 작은 냄비 하나, 프라이팬 하나, 국자 하나, 대야 하나, 나이프와 포크 두 벌, 접시 셋, 컵 하나, 수저 하나, 기름 단지 하나, 당밀 단지 하나 그리고 도자기 램프 하나다.

사실 이런 단서를 따라 다른 책을, 특히 소설을 읽으면 대단히 흥미롭다. 일종의 인류학적 독법이라 할 수 있는데, 이를 통해 우리는 서로 다른 나라와 시대, 사회 형태, 나아가 서로 다른 계층에 속한 사람들의 이른바 생활필수품과 더 많은 삶의 진상을 반드시 파악할 수 있다. 예컨대 찰스 디킨스의 영국, 도스토옙스키의 제정 러시아, 제임스 조이스의 아일랜드, 가브리엘 가르시아 마르케스의 콜롬비아, 그레이엄 그린의 하바나와 포르토프랭스와 사이공 그리고 콩고의 밀림 등에서 우리는 조금만 더 시간을 보태면 드러나는 삶의 진상을 통해 더 진한 감상을 얻을 수 있다.

가장 마음에 드는 점은 그것이 무심코 드러난다는 것이다. 무심코 드러난다는 것은 우리의 이 의심 많은 시대에는 신뢰성을 상징한다. 여기서 우리는 오노레 드 발자크의 명저 『고리오 영감』(서머싯 몸은 이 책을 인류 역사상 가장 위대한 10대 소설 중 하나로 꼽았다)을 살펴보기로 하자. 이 소설의 무대는 프랑스 파리이며 시점은 1819년, 즉 소로의 실험이 시작된 해보다 딱 25년 전이고 이치상 인류의 발전이 25년 뒤졌던 때라고도 볼 수 있다. 하지만 파리는 당시 전혀 다른 경관을 지닌 세계의 중심지 혹은 최첨단의 장소였다. 아래 대화는 세상사에 통달한 것 같고 열정적이긴 하지만 어딘지 신비로운 40세 전후의 보트랭 씨가 법과 대학생 라스티냐크에게 해준 말이다. 앙굴렘 시골 출신의 그 젊은이는 당시 파리의 상류사회에 꼭 들어가고 싶어했다.

자네가 파리에서 제대로 행세하려면 말 세 필은 꼭 있어야 하네. 낮에는 이륜마차 한 대, 저녁에는 2인승 사륜마차 한 대를 타야 하는데 마차에만 도합 9000프랑은 들지. 그리고 양복점에 3000프랑, 향수 가게에 600프랑, 구두 가게에 300프랑, 모자 가게에 300프랑을 쓰는 것만으로는 크게 모자라. 옷 세탁비만 해도 1000프랑은 드니까. 첨단을 걷는 젊은이는 셔츠도 허술해서는 안 돼. 사람들이 가장 뜯어보는 게 그것 아니던가? 사랑과 교회는 모두 자기 제단에 순백의 보를 덮기를 원하지. 자, 그럼 벌써 지출이 1만4000프랑 아닌가. 도박, 내기, 선물 등에 쓰는 돈은 아직 계산에 넣지도 않았네. 용돈도 최소 2000프랑은 넘고. 나는 이런 생활을 해봐서 돈이 얼마나 드는지 정확히 알고 있다고. 이런 필수 지출 외에 식비 3000프랑과 집값 1000프랑도 더해야지. 자, 젊은이, 이러면 1년에 2만5000프랑이고 이 정도 돈을 안 쓰면 남들의 웃음거리가 돼. 우리의 미래도, 성공도, 사귀는 여자들도 다 물거품이 돼버리고 말이야. 하인과 시종을 또 까먹었군. 설마 자네의 연애편지를 크리스토프 같은 녀석을 시켜 전하지는 않겠지? 지금 쓰는 그런 종이를 편지지로 쓰지도 않을 것이고 말이야. 그건 자살 행위나 다름없지. 경험이 풍부한 이 늙은이의 말을 좀 믿어보라고. 아니면 고결한 지붕 밑 방으로 이사를 가서 책이나 붙들고 있든가, 그것도 아니면 다른 길을 택하게.

이제 우리에게는 두 개의 대단히 구체적인 숫자(모두 화폐 단위로)가 생긴 셈이다. 그런데 소로의 27달러 94센트는 일회성 지출이었지만(월든 호숫가에서의 농사와 낚시, 채집으로 소로는 흑자를 보았다. 그는 말하길, "나는 1년에 6주만 일해도 생활에 필요한 것을 다 얻을 수 있다는 것을 깨달았다"고 했다) 대학생 라스티냐크의 2만5000프랑은 매년 반복되는 비용이었다. 양자가 25년의 시간 간극이 있음을 감안해 총 격차가 얼마인지는 굳이 따지지 않겠다. 끈질긴 사람은 19세기 당시의 달러와 프랑의 상호 환율도 알아낼 수 있을 것이다.

작년, 주톈신朱天心 1958~, 타이완의 저명한 여성 소설가이자 탕누어의 아내은 한 가지 재미있는 일을 겪었다. 그녀는 현재 공개 강연을 하러 다니느라 바쁜데, 대부분은 주제가 동물 보호이지 문학 보호가 아니다(문학도 보호가 필요한데 말이다). 그런데 어느 강연이 끝난 뒤, 젊은 여학생이 믿지 못하겠다는 듯이 그녀가 너무나 용감하다고 칭찬했다. 이에 주톈신이 겸양의 말을 하려는 순간, 여학생은 너무나 진지한 어조로 "어떻게 마스카라도 안 하고 밖에 나오실 수 있죠?"라고 물었다.

이와 비슷한 일이 얼마 전 내 주변에도 일어났다. 로스앤젤레스에 정착한 오랜 친구가 딸을 데리고 타이베이에 돌아왔는데(부모님 문안 겸 임플란트 치료를 위해 왔다. 타이완의 전 국민 의료보험은 세계적으로 우수하다) 딸이 실내에 처박혀 밖에 나가려고 하지 않았다. 깜박하고 여분의 마스카라를 가져오지 않은 것이 그 이유였다. 이 때문에 그녀의 어머니는 부리나케 시먼딩西門町으로 달려가 관련 제품을 싹쓸이해와야 했다. 친구는 내게, "걔는 마스카라를 안 하는 게 벌거벗고 밖에 나가는 것보다 더 창피하대"라고 말했다. 사실 1819년 당시 파리 대학 학생이었던 라스티냐크도 유사한 생각을 했다. 『고리오 영감』을 보면 "그 대학생은 자기 옷보다 모자에 훨씬 더 공을 들였다"는 구절이 있다.

나는 청년들을 비판하는 게 아니다(청년들은 비판해서도 안 되고 비판받을 대상도 아니다. 마땅히 '우리 사랑스러운 타이완 청년들'이라고 말해야 한다). 나는 어느 일본 여대생의 아래와 같은 주장을 알고 또 전적으로 동감한다. 일본의 윗세대가 늘 요즘 젊은 세대의 소비 방식이 사치스럽고 비이성적이라며 못마땅하게 생각하는 것에 대해 그녀는 멋지게 반격했다.

우리야말로 가장 이성적이고 가장 인내심이 강한 사람들이에요. 어떻게 절약해야 하는지도 가장 잘 알고 말이죠. 당신들만큼 우리는 자유롭게 쓸 돈이 많지 않아요. 그래서 옷과 신발과 명품 백 혹은 꿈에도 그리던 새 휴대전화를 살 때마다 먼저 자세히 계산하고 계획을 짜야 해요. 절대 충동 구매를 안 할뿐더러 때로는 3개월, 6개월을 허리띠를 졸라매고 기다리죠. 그리고 당신들은 생각지도 못할 방식으로(점심을 굶거나 차를 안 타고 걸어서) 돈을 짜내요. 어디 그뿐인가요. 반드시 관련 정보를 샅샅이 뒤지고 도쿄 전체, 심지어 전 세계에서 가격 비교를 한 뒤, 마지막으로 짧은 할인 특가 타임을 노려 구매를 하죠. 금세 물건이 동나는 바람에 평생 땅을 치며 후회하게 될지도 모르는데도 말이에요.

정말로 은행 절도를 모의하듯 끈질기고 용의주도하다. 자칫 실수라도 하면 좋은 기회를 놓칠 테니 그럴 만도 하다. 주톈신은 유사한 주제로 「티파니에서의 아침 식사第凡內早餐」라는 소설을 쓴 적이 있다. 그 소설 속 젊은 아가씨도 다이아몬드 반지 하나를 사기 위해 별의별 궁리를 다한다. 그것은 자기를 노예에서 자유인으로 만들어줄, 반 캐럿도 안 되는 조그만 다이아몬드 반지였다.

일본 여대생의 이야기는 『장자』 「도척盜跖」편의 논리와 마찬가지로 전혀 반박할 여지가 없다. 그녀를 질책하는 사람들에게 도덕적으로 추호도 꿀리지 않는다. 그리고 우리로 하여금 되돌이켜 생각하게 만든다. 도대체 무엇이 생활필수품이고 사람에게 절대 없어서는 안 되는 걸까? 점심 식사 혹은 마스카라인가?

절대 수요는 케인스와 다른 경제학자들이 말한 것처럼 하나의 유용한 개념으로서 매우 명확하고 직선적이며 이것 아니면 저것이다. 때문에 유연성이 부족한 듯싶다. 사람은 배부르고 따뜻한 상태에서 조금만 정도가 심해지면 즉시 고통스러워지지 않는가(너무 배부르거나 너무 뜨거워서). 『월든』에서도 이 문제가 거론된다. 소로는 독일의 유기화학자 리비히의 견해를 끌어와서 인간의 몸은 난로이고 적절히 통제된 상태에서 서서히 타오르며 '동물적 열'을 잘 유지한다고 말했다. 또한 음식은 내부 연료이고 은신처(동굴이나 집)와 옷은 그 열의 보존을 책임질 뿐이라고도 했다.

하지만 인생의 현실 속으로 들어가 일단 하나하나 구체적인 실제 사물(특정한 음식이나 집, 옷, 나아가 마스카라, 다이아몬드 반지까지)을 떠올려보면 우리의 마음속 그 직선은 당장 구부러지고, 모호해지며, 심지어 사라지고 만다. 이른바 인생의 현실이란 바로 우리가 사는 이 인류 세계를 가리킨다. 이것은 약 1만 년 전부터 4000년 전까지 신비하게 구축되었으며 마치 단 하루와도 같았고 다시 돌아가기 힘든, 그 전의 200만, 300만 년에 걸친 순純 생물 세계와는 전혀 다르다. 본능적이고 서로의 행동이 고도로 일치하며 투명했던 생물종 중 하나가 지금은 한 점도 똑같은 게 없는 눈송이처럼 각자 어둡고 비밀스러운 마음을 가진(조지프 콘래드) '인간'이 되었다. 인간은 그 자체로 이질적인 존재이자 변수로서 그

지능과 상상력을 파악하기 어려우며 흔히 근거도 단서도 없이 노출되는 그 비이성과 어리석음은 더더욱 가늠하기 힘들다. 올더스 헉슬리가 말한 것처럼 새롭게 '어린 짐승'이 되어 다시 출발한 인간은 미완성이며 고정돼 있지 않은, 도대체 어디로 튈지 모르는 존재다.

생물의 세계에서 버티는 것은 어렵지 않다. 사실상 아무것도 안 하면 된다. 죽음에 저항하지 않고 사유와 희망을 지운 채 그냥 시간만 흘려보내면 된다. 하지만 인류 세계에서 버티는 것은 어떨까?

2000, 3000년 전의 『예기禮記』에서는 사람이 어떤 나이에 이르면 먹고, 입고, 쓰는 것을 다 조절해야 한다고 말했다. 예컨대 원단이 가볍고 부드럽지만 보온성이 좋은 옷(당연히 희귀하고 비쌀 것이다)을 입고 항상 고기와 술을 섭취하며 초상이 나도 무리해서 몸을 상하는 일이 없게 하라고 했다. 이것은 물론 이미 칠순에 이른 사람을 두고 하는 말이다. 오늘날 우리는 『예기』를 읽으면 여전히 다소의 흥분과 모색의 느낌이 깃든 반짝임을 감지하게 된다. 비록 주제는 죽음과 상례喪禮이지만 그때는 진정한 어려움이 아직 안 닥친, 보르헤스가 초승달이나 새 트럼프처럼 참신했다고 말한 인류 세계의 초창기였기 때문이다.

# 굶어 죽은 사람도 얼어 죽은 사람도 없는
비극적인 이야기

『고리오 영감』의 배경인 1819년은 어떤 시대였을까? 시간상 가까우면서도 가장 눈길을 끄는 연도는 바로 1789년(우리가 중·고등학교를 다닐 때 교과서에 있던 마술 같은 숫자로 그때부터 머릿속에 박힌 듯하다)이다. 30년 전, 파리 사람들은 바스티유 감옥을 열었는데 그것은 곧 단칼에 역사를 분절시킨 프랑스 대혁명이었다. 그 밖에도 2년 뒤인 1821년에는 나폴레옹이 사망했다. 폭풍우가 몰아치던 그 시절에는 왕정과 공화정이 반복적으로 교차하며 서로를 처단하면서 전 세계가 불안하기 그지없고 사람들이 의지할 만한 어떤 것도 거의 남아나지 않았다. 발자크는 인류 문학사상 최대 편폭의 소설들로 눈앞의 그 세계를 간파하고, 이해하고, 조합해 기록으로 남기려 했다("한 시대를 살아가는 2000, 3000명의 비범한 인물의 형상을 묘사하는 것은 절대 용이한 일이 아니다. 왜냐하면 이것은 어쨌든 한 세대 사람들의 풍부한 전형이기 때문이다"). 그는 결국 말로 설명하기 어려운 '인간 희극'이라는 제목을 그 소설들에 붙였다. 혹은 더 정확히 말하면, 얼마 후 그 제목이 스스로 그 소설들 속에서 떠올랐다. "이 작품들을 쓴 지 벌써 30년이 돼가는데, 이제 '인간 희극'이라는 제목을 덧붙이기로 한다."

발자크는 경험에 근거하여 말하길, "사회의 여러 부류를 묘사하는 것이 동물을 묘사하는 것보다 두 배는 더 힘이 든다. 어쨌든 동물들 사이에서는 비참한 사건이 별로 안 일어나고 또 그런 사건에 무슨 복잡한 스토리가 있지도 않기 때문이다. 동물들은 서로 쫓고 쫓기는 게 전부다"라고 했다. 힘이 두 배밖에 안 든다니, 이것은 엄청난 과소평가다. 순전히 숫자만 보더라도 본능에 따라 움직이는 동물은 단 몇 마리의 묘사로 전체를 다 보여줄 수 있다. 당장 지금의 종만이 아니라 1000년, 1만 년 전의 종도 마찬가지다. 그러나 인간은 2000, 3000명의 각기 다른 형상, 심리, 운명을 자세히 묘사해야 겨우 몇 년, 몇십 년에 걸친 특정 시기의 면모를 구현할 수 있다. 그 장대한 소설 기획을 발자크는 거의 신비에 가까운 믿음을 갖고 혼자 힘으로 완성했다. 마치 소로의 『월든』에 등장하는, '세상에서 가장 완벽한 지팡이'를 만드는 데 전념하는 장인처럼 시간은 어쩔 수 없이 그를 기다려주었다. "시간은 탄식만 하며 한쪽 편에 서 있었다." 발자크는 그의 출판사 사람들이 자기 얘기를 할 때마다 "하느님, 그를 장수하게 하소서"라고 기도할 수밖에 없었다는 것도 알고 있었다.

고리오 영감은 그 2000, 3000명 중 한 명인 동시에 모든 문학사에서 가장 성공적이라고 평가한 인물이다. 왕년에 잘나가는 국수 제조업자였던 그 69세의 노인은 본래 보케 하숙집에서 제일 사치스러운 하숙인이었지만 몇 년 안 돼서 그의 부는 금붙이, 은 그릇, 현금, 채권까지 모조리 눈송이가 녹듯이 싹 사라지고 말았다. 사람도 풍채 좋은 고리오 선생에서 꾀죄죄한 고리오 영감으로 쇠락했다. 그것은 다 그가 미친 듯이 사랑하는 두 딸이 상류사회로 시집을 갔기 때문이다. 큰사위는 귀족 가문의 레스토 백작이었고 작은사위 뉘싱겐은 막 남작으로 봉해진 신흥 은행가였다. 그 두 딸이 새 신분에 걸맞은 호화로운 생활을 누리게 해주려고 고리오 영감은 마지막 남은 동전까지 탈탈 털어야 했다. "고리오 영감은 주인의 손이 피에 물든 것만 보면 가서 핥아주는, 살인범이 키우는 개와 흡사했다. 말다툼도 안 하고, 판단도 안 내리고 그저 사랑하기만 했다. 그 자신이 말한 것처럼 자기 딸들과 가까워질 수만 있으면 라스티냐크의 구두도 닦아줄 수 있었고 자기 딸들에게 돈이 궁하면 은행을 털 수도 있었다. 그러니 자기 딸들에게 행복을 못 주는 그 두 사위한테 어떻게 화가 안 났겠는가? 그가 라스티냐크를 좋아한 것도 자기 딸이 라스티냐크를 사랑했기 때문이다." 이 소설은 고리오 영감의 초라한 장례식으로 끝난다. 그 비용조차 대학생 라스티냐크와 다른 하숙인들이 추렴한 돈으로 치러야 했다. 그사이, 대학생은 영감의 두 사위 집에 각각 찾아가 부고를 전했지만 모두 문전박대를 당했다. 그래서 어쩔 수 없이 자기와 정을 통한 영감의 둘째 딸 델피(뉘싱겐 남작 부인)에게 "패물을 팔아서 당신의 아버지가 제대로 묻힐 수 있게 해주세요"라는 쪽지를 남기지만, 그 쪽지는 곧장 그녀의 남편에 의해 불 속에 던져져 영감의 돈처럼 사라지고 만다. "라스티냐크는 혼자 묘지 안쪽의 높은 곳으로 몇 발짝 걸어 올라가 멀리 파리를 보았다. 천천히 등불이 켜지기 시작하는 센강의 양쪽 기슭을 따라 파리가 구불구불 누워 있었다."

고리오 영감을 포함해서 아무도 굶어 죽거나 얼어 죽지는 않았다. 보케 하숙집도 매달 하숙비 45프랑 한도 내에서 계속 식사를 제공했으며 비극 전체가 사람들의 모든 꼴사나운 양상과 함께 전부 먹고 마시는 문제를 넘어서, '여분의' 자유로운 장소, 자유로운 시간에 발생했다. 그리고 인간에게 본래 없었던 그 수많은 생각과 행위와 표정은, 옛날에 노자가 말했듯이 인간이 생존 한계선 위쪽으로 올라간 뒤에야 생긴 그것들은 오직 인류 세계에만 있으며 너무 참혹해 차마 응시하기 힘들 때도 많다. 아마 그런 것을 너무 많이 봐서 사람들은 돌이켜 자연을 얘기하고 찬미하는 동시에 인류 세계가 잘못되고, 허망하고, 범죄적일 뿐 아니라 자기 파괴를 향해 나아가고 있다고 생각하는지 모른다. 그런 처연한 주장과 각종 담론은 지난 수천 년간 멈추지 않고 계속 존재해왔다.

# 그저 다른 사람과 똑같아지려는 것일 뿐

케인스는 앞서 인용했던 것처럼 생존 한계선 이상의 수요는 한계가 없고 생물적 만족의 제한을 받지 않으며 "남을 능가하고 우월감과 자존감을 느끼려" 하는 것으로 인해 완전히 새로운 경쟁을 촉발한다고 말했다. 이것은 상당히 정확한 견해이지만 나는 더 훌륭한 견해가 있다고 생각한다.

그것은 알렉시스 드 토크빌의 견해다. 토크빌은 당시 북아메리카 인디언을 관찰한 뒤, 인디언은 가난하지만 절대 비참하지도 비열하지도 않다고 말했으며 단지 백인들의 생활에 물든 인디언만 비참하고 비열하게 변한 것에 주목했다.

토니 힐러맨의 소설 『시간의 도둑』에서 나바호족 부락의 경찰 조 리프혼(내가 가장 좋아하는 탐정 중 한 명이다)은 실종된 인류학자 일리노어 프리드먼-버널을 찾아 특수한 도자기들의 경로를 따라 뉴욕까지 쫓아간다. 그러던 어느 비 오는 날 오후, 그는 뉴욕 현대미술관 밖에 앉아 비가 오는 것을 즐기다가("건조 지역에서 온 다른 사람들과 마찬가지로 리프혼은 비가 오는 것을 좋아했다. 그것은 보기 드물고 오래 갈망해온, 하늘이 내린 신선한 복으로서 사막에 꽃을 피우고 다시 생기를 불어넣는다") 피카소의 그 염소 조각상이 비에 젖어 반짝이는 것을 목격한다. 그것은 그와 그의 죽은 아내 엠마의 추억과 관련이 있었다. 젊은 시절 두 사람은 뉴욕에 여행을 갔다가 함께 그것을 본 적이 있었다. "딱 우리 나바호족의 초상이네요"라고 그녀는 말했다. 그리고 "굶주리고, 초췌하고, 마르고, 못생겼어요. 하지만 강인하고 고통을 참을 줄 알죠"라고 했다. 그녀는 그 조각을 본 것이 기뻐서 그의 팔을 꽉 붙잡았다. 그런 아름다움을 리프혼은 다른 데서 또 본 적이 없었다. 당연히 그녀의 말이 옳았다. 그 비쩍 마른 염소는 완벽한 아름다움의 상징으로서 대 위에 놓고 전시할 만하다. 비참하고 굶주린 것이 생생하게 느껴지지만 동시에 그것은 임신한 채 모든 것을 오만하게 지켜보고 있다.

물론 피카소가 나바호족의 운명을 생각하며 그 암염소를 조각했을 리는 없다. 그가 포착한 것은 단지 대자연에서 생존을 위해 몸부림치는 어떤 생명이었고 나바호족이 마침 거기에 속했을 뿐이다.

토니 힐러맨은 추리소설가였을 뿐만 아니라 말년까지 줄곧 뉴멕시코주에 거주하면서 나바호족에 관해 연구하고 그들을 도왔다. 나바호족 부락 회의에서는 그에게 '가장 진실한 친구'라는 칭호를 정식으로 부여했다. 사실 추리소설에서는 어떤 사람(피해자나 혐의자)의 거처를 수색하거나 CSI 과학수사대처럼 관련 물품을 정리하고 증거를 찾아내는 장면이 많이 나오기 때문에 우리는 그의 작품에서 나바호족의 실질적인 생활상을 거듭 엿볼 수 있다. 나바호족이 보통 갖고 있는 생활용품은 간단한 명세서 한 장에 다 담길

만큼 간소해서 150년 전의 소로와 별 차이가 없다.

괴팍한 소설가 커트 보니것은 백인들이 아메리카 대륙에 건너오기 전까지 수백만의 인디언은 줄곧 그 대지에서 "가난하지만 고귀하고 상상력이 풍부한 삶"을 살고 있었다고 말했다. 이것은 토크빌이 한 말을 되풀이한 것에 불과하지만 토크빌은 한발 더 나아가 인디언의 퇴락과 참상은 가장 먼저 인디언과 백인이 섞여 살던 지역에서 나타났음을 지적했다. 그는 또한 인종과 도덕적 문제에만 머무르지 않고 침착하게 인간의 보편적 층위로 돌아와 유럽의 가난한 이들도 (본래) 그랬다고, 결코 비열하지 않았다고 말한다. 그들이 비참해지고 절망스러워진 것은 부자들과의 접촉 때문이었다. 도시의 변두리와 도시 속 빈민굴이야말로 우리가 아는, 지옥에 가장 가까운 인류 세계의 후미진 곳이었다.

토크빌과 발자크는 비슷한 시대를 산 프랑스인이자 파리 거주민으로서 틀림없이 동일한 모습의 세계를 봤을 것이다. 『고리오 영감』은 또 우리에게 어떤 증거를 제공해주는 듯하다. 파리에 와서 상류사회 바깥을 배회하며 어떻게든 그 안으로 비집고 들어가려 했던 라스티냐크는, 그가 시골집에 두고 온 그의 어머니나 누이동생과는 이미 완전히 다른 인간이 돼버렸다.

생존 한계선 위쪽에서 어떻게든 남을 능가하고 정상에 서려는 이들을 가리켜 우리는 만족을 모른다고 편하게 말할 수도 있다. 하지만 그들 중 대부분은 그저 다른 사람과 똑같아지려는 것일 뿐이며 그런 바람은 속되다고 할 수 없다. 그저 '정상'일 뿐이다. 토크빌은 이 문제를 회피하기 힘든 일반인의 세계 안으로 끌고 와, 더 이상 어떤 특수한 도덕적 문제가 아니게 만들었다.

토크빌은 (역시 『미국의 민주주의』라는 책에서) 또 보편적인 평등의 원칙이 눈에 띄는 거대한 사조로서 시간이 흐름에 따라 점차 강력해져 "그것을 막을 만한 것은 찾을 수 없을 것"이라고 말했다. 나는 그가 자신의 이 두 견해를 하나로 결합했는지 알지 못한다. 만약 결합했다면 사태가 단지 부자들의 세계와 가난한 자들의 세계가 만나는 직선적인 접경지대에서만 발생하지 않고 점차 이른바 '전선前線'이라는 것이 사라지리라는 것을 깨달았을 것이다. 그것은 바로 오늘날 전 지구화의 기본 풍경이며 우리는 타이완에서 그것을 똑똑히, 매우 똑똑히 보고 있다.

# 실행되지 못할 승인

오늘날 타이완에서 그 풍경이 유난히 또렷하게 보이는 것은 부의 분배가 특별히 더 악화됐기 때문이 아니라(분배의 악화는 확실히 전 지구적인 현상이며 이는 자본주의가 점차 세계를 접수하면서 빚어졌다. 상대적으로 타이완은 아주 나쁜 편이 아니다. 지니 계수를 봐도 홍콩이 타이완의 3배다) 작은 타이완 섬 전체가 전 지구화의 폭풍에 완전히 노출되었기 때문이다. 다시 말해 섬 전체가 부자들의 세계와 가난한 자들의 세계의 접경지대가 되었고, 이로 인해 경제 수치로는 설명할 수 없는 원한의 분위기와 모종의 실의, 결코 절박하지는 않은 모종의 절망이 자리하고 있다.

사람과 사람 사이에서 꼭 "남을 능가하고" "우월감과 자존감을 느껴야"만 하는 것은 아니지만, 적어도 비슷하거나 20, 30퍼센트 모자란 수준은 돼야 한다(람보르기니는 못 사도 도요타나 다른 일본차는 사야 한다). 이것은 불변의 진리나 마찬가지다. 가난한 자는 부자보다 유혹을 덜 받는다거나 '한계가 없는 수요' 때문에 부심할 일이 없다고 말할 만한 근거는 없다. 우리는 이것을 기본적인 인성으로 봐야 한다(즉, 어떤 일을 생각할 때 이것을 전제나 조건으로 봐야지 변수로 봐서는 안 된다). 결코 나중에 출현한 보편적 평등 사상으로 인해 일깨워진 것이 아니다. 사실 인간 평등의 사상은 그런 사람들이 더 이상 못 참게 된 시점부터 응집돼 형성되었고(비교적 명확한 역사적 시점은 곧 발자크, 토크빌 등이 살았던 자유, 평등, 박애의 프랑스 대혁명 전후였다) 갈수록 강화되고 상승하여 결국에는 거의 보편적으로 승인되기에 이르렀다.

우리는 인류 세계의 구축이 본래 그 자체로 '독소'를 숨기고 있었는지, 아니면 처음부터 끝까지 오류였는지 다시 생각해볼 필요가 있다. 근본적으로 '한계 없는 수요'는 마치 판도라의 상자를 여는 것처럼 우선 사람을 긴장시키고 또 겁에 질리게 할 만하다. 그래서 그 승인은 누구도 실행하지 못할 성격의 것이었다. 설사 하느님이라 할지라도, 정확히 말하면 하느님이라면 더더욱. 소로는 『월든』에서 "누군가의 소득은 곧 다른 사람의 손실이 아닌가?"라고 말했다. 이 말은 상당히 논쟁적이다. 자본주의는 시장 메커니즘이 어느 쪽에나 이롭고 호혜적이며 어떤 '여분의 것들'(실물 생산이든 사용가치든)을 창조해낸다고 주장해온 반면, 반대 측에서는 사회 현실을 가리키며 그 안에 널린 각양각색의 불공정, 직접적으로 말하면 사기와 착취와 약탈을 누가 안 보이는 척할 수 있느냐고 물었다. 그러나 우리가 여기서 이야기하려는 것은 더 오래되고 더 해결하기 어려운 난제다. 그것은 바로 부자가 끊임없이 인간의 삶과 생활의 '규격'(이 규격은 일단 형성되면 하향 조정되기가 매우 어렵고 고통스러워서 '철의 규율'이라고도 불린다)을 끌어올리고 그 한계 없는 수요와 유한한 세계, 유한한 지구의 근본 모순을 가속화하고 악화시키는 것이다. 이 모순은 수천 년간 은밀히 지속되고 가까워져 오늘날에는 이미 우리에게서 멀지 않은 곳에 이르렀다. 결국 맬서스가 틀릴 일은 없을 것이다. 유한한 것은 토지뿐만이 아니라는 사실을 제외하고는.

　미셸 몽테뉴의 책에서 나는 어떤 한 구절을 찾았다. 그는 명확히 설명하기 어렵다는 어조로 "좋은 일에도 한도가 있다"고 말했다. 여기 두 가지 통계 조사 결과가 있다. 하나는 다들 알고서 잠시 세태를 혐오해본 적이 있는 것인데, 1인당 국민소득이 겨우 1400달러인 부탄이라는 나라가 전 세계에서 가장 행복한 나라라는 것이다. 이에 경제 잡지 『포브스』가 '우아하게 사는 신사'로 선정한 타이완의 몇몇 인사는 매년 혹은 적어도 일생에 한 번은 인도에 가서 하룻밤에 3달러인 여관에 묵어봐야 한다고 대중에게 권했다(하지만 그래도 그들은 틀림없이 TV 광고에 나오는 것처럼 타이완 중화항공 일등석을 타고 갈 것이다). 한편 다른 하나는 아는 사람이 별로 없을 것이다. 오늘날의 행복한 나라에 관한 조사에서 뜻밖에도(정말 뜻밖일까) 막 경제 발전이 시작된 아프리카의 몇몇 나라가 가장 높은 자리를 차지했다는 것이다. 전 국민 중 85퍼센트가 자기는 행복하며 행복한 상태에 있다고 생각한다고 한다. 나는 이 조사 결과가 확실히 맞고 누가 숫자를 조작했을 리는 없다고 생각한다. 행복감은 사람들이 상승 곡선 위에서 희망에 가득차 선량해지고 흥분되었을 때 발생하기 마련이니까 말이다. 이런 행복감은 사실 우리도 직접 겪은 바 있고 그것을 마치 실낙원처럼 그리워하는 사람도 자주 볼 수 있다. 타이완에도 똑같이 그런 시절이 있었으며 얼마 후 회생한 상하이에서도 나는 비슷한 광경을 목격했다. 실제로 오늘날 낙담과 절망과 원망만 가득하고 내일 더 나빠지지 않기만을 바라는(그러나 소득은 부탄의 20배, 30배, 40배에 달하는) 여러 나라도 다 길든 짧든 그런 아름다운 과거가 있었다. 덧없이 흘러가버리긴 했지만.

이 두 가지 조사 결과는 우리에게 몇 가지 일을 상기시키고 또 성찰하게 한다. 그것은 형용할 수 없이 복잡하긴 하지만 경박하고 반가운 결론일 리는 없다. 아마도 연민과 우려의 색채가 짙을 것이다. 마치 노인이 기뻐 날뛰는 젊은이를 보고 있는 것처럼 말이다. 우리는 그 행복한 나라들 앞에 무엇이 기다리고 있는지, 그것이 얼마나 스산한 바람과도 같은지 잘 알고 있다. 나는 『하드리버그를 타락시킨 사나이』라는 소설이 떠오른다. 마크 트웨인의 작품 중 가장 씁쓸하고 우울한 이 소설은 이야기 전체가 음모이며 빛이 없는 한밤중에 진행된다. 하드리버그는 본래 정직하고 성실한 사람들이 행복하게 살아가는 마을이었지만 엉겁결에 한 나그네의 미움을 샀고 그는 그곳을 파멸시키기로 (혹은 내막을 들춰내기로) 마음먹는다. 그 일은 매우 간단했다. 덫은 재물이었는데, 시가로 약 4만 달러에 해당되는 160파운드 4온스짜리 금화 한 포대면 충분했다. 마을 사람은 모두 레밍 떼가 바다에 뛰어들듯 한 명의 예외도 없이 차례로 타락하고 만다. 마지막에 하드리버그 사람들은 크게 뉘우치고 명예를 회복하기로 결정하면서 자신들의 관인에 새겨진 "우리를 시험에 들게 하지 마소서"라는 잠언을 "우리를 시험에 들게 하소서"로 바꾼다. 마크 트웨인은 "그래서 하드리버그는 더욱 성실한 마을이 되었다"고 썼다.

부탄과 아프리카의 그 몇 나라는 이 세계와 자본주의의 미움을 사지는 않았지만 이 세계와 자본주의는 역시 그들을 가만 놔두지 않을 것이다.

인간은 그렇게 되지 않을 수 없다.

# 부를 견제할 만한 것은 이제 없다

『고리오 영감』은 풍부하고 다원적인 소설이어서 서로 다른 방법과 마음가짐으로 읽음으로써 역시 서로 다른 것을 보게 된다. 이번에 우리는 이 소설을 부와 관련된 이야기로 논의했다. 재물은 이 소설의 가장 중요하고 핵심적인 사물이다.

언뜻 보면 부는 당시 (여전히) 어떤 비천하고 가엾은 위치에 처해 권력과 명예 밑에 꼼짝없이 깔려 있는 듯했다. 마치 돈 많은 고리오 영감이 자기 돈을 물 쓰듯 쓰는 두 딸과 두 사위의 집들을 멀리서 도둑처럼 지켜봐야 했듯이. 하지만 그것은 정확한 진상이 아니었다. 진상은 정반대였다. 적어도 그때 프랑스 파리에서, 세계의 수도처럼 권력과 명예가 집중돼 있던 그곳에서 진정으로 믿을 만하고 결정적이며 누구나 어떻게든 손에 넣으려 했던 것은 이미 부였다. 권력과 명예는 여전히 한 단계 높은 곳에 버티고 있기는 했지만 어느새 허장성세의 포즈를 노출하고 있는 상태였다. 아마도 다음과 같이 이야기해야 옳을 것이다. 고리오 영감은 비록 딸들의 집에서 열리던 성대한 파티에 자주 초대받지 못했지만, 그 파티의 푸짐한 요리와 와인 같은 겉치레 물건과, 권력과 명예를 상징하는 딸들의 장신구는 죄다 고리오 영감의 돈으로 마련한 것이었다. 결코 권력과 명예로 얻은 것이 아니었다(누가 주겠는가). 다시 말해 권력과 명예의 그 파티는 아름다운 공중누각으로서 돈으로 마련한 것들로 쌓아 올린 것이었다. 고리오 영감의 돈이 없었다면 "남보다 우월하거나" "적어도 남들과 같은 수준의" 그 파티는 없었을 것이다. 두 딸은 그 사실을 잘 알고 있었다. 그래서 파티를 열기 2, 3일 전이면 꼭 평복을 입고 몰래 보게 하숙집에 가서 돈을 받아왔다. 그렇다. 부야말로 지진을 막는 하부 구조이면서 권력과 명예보다 대지에 더 가까웠다. 이 진상은 훗날 더 명확해지고 더 숨길 수 없게 되었다. 부는 권력과 명예 밑쪽에서 위로 떠올라 사람들의 주된 목표가 되었다.

한편 당시 파리에는, 프랑스 대혁명이 발발한 지 이미 30년이 된 파리에는 두 가지 방식의 역사 운동이 동시에 나타나고 있었다. 첫 번째는 순환 운동으로 역사가 끊임없이 반복되었다. 눈앞의 현실 세계 속 질서가 느슨해져 와해되기 시작한, 일종의 '해체의 시점'이었다. 기댈 곳이 없어진 권력과 명예는 스스로를 보존하기 위해 도움이 필요했지만 그 대가가 나날이 비싸졌으며 사람들은 방향을 바꿔 더 단단하고, 더 실질적이며, 보관이 편리한 데다 어디에 가도 통용되는 것을 노리게 되었다. 그래서 필리핀의 마르코스는 돈을 갖고 도망쳤고 아이티의 '베이비 독' 장클로드 뒤발리에 역시 그랬다. 집집마다 뒤져봐도 땡전 한 푼 안 나오는 아프리카의 몇몇 빈국의 독재자들도 마찬가지로 수십, 수백억 달러를 갈

취해 망명길에 올랐다. 물론 우리 타이완의 전임 총통 천수이벤도 예외가 아니었다. 권력은 나라 밖으로 갖고 나갈 수 없었고 명예도 이미 더럽혀질 대로 더럽혀진 상태에서 지지자들까지 모두 흩어져 적대 진영에 합류한 것이 그들의 처지였다. 하지만 돈만은 충성스럽게 그들 곁을 지켜주며 밝게 빛을 발했다. 비록 쌓인 지 오래되면 불가피하게 곰팡내가 나긴 하지만 말이다. 타이완의 총통 관저는 한동안 호흡기 건강을 해칠 만큼 악취가 진동했다고 한다.

두 번째 역사 운동은 직선적이고 변화를 돌이킬 수 없어서 권력은 이때부터 본래대로 돌아갈 수 없게 되었다. 프랑스 대혁명은 당연히 인류 세계의 민주주의 역사에서 결정적이면서도 극적인 순간이었다. 민주주의가 겨냥한 것은 당연히 권력이었다. 지나치게 크고 지나치게 집중된 권력을 어떻게 처리하느냐가 관건이었다. 가장 간단하고 효과적인 방법은 그것을 쪼개는 것이었다. 바로 분권이었는데 권력을 작게 분산시키고, 나아가 권력을 어떤 유한한 공간(예를 들면 관할 범주)과 시간(예를 들면 임기) 속에 가둬두었다. 민주주의 제도는 명예에는 대응하려 하지 않았다. 단지 은연중에, 하지만 필연적으로 명예의 내용 및 그 형성과 수여 방식 등을 변화시켰을 뿐이며 그에 따라 명예의 '질'이 하향 조정되는 추세를 보였다. 그리고 민주주의 제도는 부의 추구와는 '친화성'을 유지했다. 자유방임이 양자가 공유해온 근본 사유이며 본래 같은 뿌리에서 생겨나 각자 자라다가 또 연리목처럼 자연스럽게 합쳐져 함께 거대한 나무를 이뤘다.

사실 좀더 단순하게 이런 식으로 말할 수도 있다. 한쪽의 권력을 누르는 바람에 다른 쪽의 부가 솟아올랐고 이제는 부를 견제할 만한 것이 없다. 권력과 부는 인류 세계를 지배하는 양대 축으로 서로 연합하기도 하고 끊임없이 다투기도 하지만 명예는 거기에 어울리지 못한다. 명예는 그럴 만한 힘을 가져본 적이 없다. 우리가 아무 일도 하지 않을 때 명예는 의존적인, 어떤 빛이나 그림자에 지나지 않는다. 그런데 우리가 옳은 일을 하려고 노력할 때 명예가 해줄 수 있는 일은 역시 어떤 부분의 보완일 뿐이지만, 그것은 곧 자기 성찰과 반성을 가리킨다. 이를 통해 우리는 세상이 단조로워지지 않게, 사람들이 한꺼번에 어떤 관성이나 생물적 본능에 끌려가지 않게 하고 현실 논리가 지배하는 이 무미건조한 세계에 조금이라도 당위적인 것을 남기고자 노력한다.

# 마르케스의 기상천외한 아이디어

명예의 힘과 관련하여 한 가지 흥미로운 사건을 이야기하려 한다. 뭔가를 증명하려는 의도는 없다. 증명은 좀더 엄밀해야 하니까.

그 사건은 가브리엘 가르시아 마르케스가 기상천외한 아이디어(1975)를 떠올린 데서 비롯되었다. 당시 칠레의 피노체트 독재 정권을 몹시 싫어한 그는 세워지지 말아야 했던 그 정권이 오래 못 갈 것이라 여기고 스스로 그 정권의 붕괴를 앞당기는 역할을 하기로 마음먹었다. 그래서 그 위대한 소설가는 피노체트 정권이 교체되기 전까지 무기한 절필하겠다고, 자기 말로는 '문학 파업'을 하겠다고 공개 선언했다. 다시 말해 누구든 자기 소설을 더 보고 싶으면 그 정권을 무너뜨려야 한다는 뜻이었다. 그는 이렇게 딱 방침을 정하고 권력과 명예의 기묘한 정면 대결의 구도를 형성했다.

다윗 대 골리앗의 대결이었다. 그런데 누가 다윗이고 누가 골리앗이었을까?

마르케스는 자기가 승자가 될 것이라고 굳게 믿었다. 어쨌든 그것은 B급 권력과 A급 명예의 별로 공정치 않은 대결이어서 그랬다. 명예 쪽은 이미 극치에 달한 상태였다. "라틴아메리카에 내 독자가 몇 명이나 있는지는 계산하기 어렵지만 어쨌든 내 작품이 크게 환영받은 것은 사실이다. 『백년의 고독』만 500만 부가 팔렸으니까"라고 마르케스는 말했다. 그리고 얼마 후에는 또 "나는 이 콜롬비아라는 나라에서 명예를 가장 많이 쌓은 인물임이 거의 확실하다"고 했다. 이 말이 허풍이 아니라는 것을 우리는 잘 알고 있다. 나아가 그의 문학적 명성은 여전히 지리와 국경을 초월해 건재한 상태였다. 반면에 권력 쪽을 살펴보면, 피노체트 정권은 이미 평판이 나빠질 대로 나빠진 데다, 안데스산맥의 좁고 긴 고랭지(유머러스한 여행작가 빌 브라이슨은 "이렇게 좁고 긴 나라에 살면 틀림없이 재미있을 것 같다"고 말한 바 있다)에 한정되어 있었다. 솔직히 칠레 국내에서도 그 정권을 정말 좋아하는 사람은 별로 없었을 것이다.

결과는 당연히 가엾은 그 정권의 승리였다. 뿔에 모기가 물린 소처럼 끄떡도 하지 않았다. 어쩔 수 없이 마르케스는 호기롭게 외쳤던 맹세를 이렇게 고쳐 말해야 했다. "나는 피노체트 정권이 무너지기 전까지 한 권 분량의 단편들을 쓸 수 있기를 바란다." 그 책의 이름은 『하루하루 지나가는 날들이 곧 삶이다』로 정해졌다. 콜롬비아의 이미 죽은, 사람들이 잘 모르는 시인 아우렐리오 아르투로의 시에서 따온 이름이었다. 마르케스가 이 발언을 했을 때는 그가 문학 파업을 한 지 벌써 4년이 흐른 시점(1979)이었다.

마르케스가 이어서 또 한 말은 보기보다 훨씬 더 침중하고 슬프게 들린다. "정치적 사무에 너무 바빴던 탓에 나는 진정으로 문학이 그립다는 생각이 들었다."

(보충: 지금 마르케스와 피노체트는 모두 고인이 되었다. 사후, 마르케스는 쉽게 피노체트를 압도했고 계속 그래왔으며 아마도 그럴 수밖에 없었을 것이다. 이처럼 우리도 사후 세계를, 기억에 속하는 세계를 갖게 될 것이다.)

# 권력은 정말 필사적으로 지킬 가치가 있는가

영원히 이별했네

옛날 아황娥皇과 여영女英 두 자매가

바로 동정호 남쪽

맑은 상강湘江 물가에서.

바다 같은 물속으로 깊게 깊게 내려갔으니

누군들 그 이별의 아픔을 얘기하지 않을까

遠別離, 古有皇英之二女, 乃在洞庭之南, 瀟湘之浦.

海水直下萬里深, 誰人不言此離苦?

이 시는 이백의 한 악부시 중 일부로 무대는 음산하고 귀기 서린 초나라 땅이고, 내용은 남편인 순임금을 잃은 아황, 여영 자매의 절망과 그리움을 담고 있다. 남행을 간 순임금의 족적을 따라 그들은 그 지역 밀림까지 들어가 남편의 무덤을 찾아 헤맸다. 하지만 그곳은 어두침침하고 산들이 다 비슷했으며 나무까지 모양이 전부 똑같았다. 툭하면 방향 감각을 잃었을 뿐만 아니라 자기가 앞으로 가고 있는지도 분간이 안 됐다. 하물며 순임금의 무덤은 어디에 있는지 아무 좌표도 실마리도 없었다.

위의 시는 매우 훌륭하다. 소리 내어 읽으면 느낌이 더 좋다(당나라 이백 시대의 발음을 복원하지 못해도 그렇다). 하지만 여기서 우리가 또 봐야 할 시구는 가장 분위기가 어두운, "요임금은 감옥에 갇혔고 / 순임금은 들판에서 죽었다고 하네相傳堯幽囚, 舜野死"이다. 아마도 요임금은 권력을 잃고 감금되어 죽었으며 순임금은 새 통치자 우임금에 의해 남쪽 끝으로 귀양을 갔다는 의미로 읽힌다. 그러면 당연히 중국 상고시대의 가장 아름다운 미담인 선양禪讓이 의심의 대상이 되어, 잔혹하지만 흔하디흔한 권력의 침탈과 박해의 이야기로 대체된다. 이백은 확신하지 못했지만 세상에는 확실히 그런 설이, 지극히 일리 있는 추측이 나돌았다. 그 이유는 수천 년간 반복돼온 역사적 사례와 인류의 실제 경험을 참고하든, 인간성과 무관하게 객관적 통계학을 동원하든 백이면 백, 예외가 없었기 때문이다. 그때 이후로는 어느 누구도, 어떤 제왕도 그렇게 순순히 남에게 권력을 넘긴 적이 없지 않은가.

옛날 사람의 인간성에 대해서는 굳이 논박할 필요가 없다고 본다. 이 일을 더 따져보려 한다면 세계의 실제 변화에서 그 원인을 찾아야 한다. 똑같은 인간성의 경향도 서로 다른 삶의 상황 속에서 우리가 생각지도 못한 행위와 습관으로 나타난다는 것은 일종의 상식이다. 우선 내게는 선양의 신화를 변호하고 그것이 진실임을 증명할 의도가 전혀 없음을 말해둬야겠다. 아래의 이야기도 무슨 논증 따위와는 무관하다. 나는 순수하게 그저 호기심을 느낄 뿐이며 이 호기심도 보통 문학 영역에 속하는 것일 뿐이다. 인간이 어떤 특이한, 불합리해 보이거나 인간성에 부합하지 않는 듯한 행위를 하는 데에는 허위와 광기, 이 두 가지 이유 외에도 틀림없이 어떤 심상치 않은 이유가 있게 마련이다. 그리고 그것은 우리로 하여금 인간성의 경계를 살필 수 있게 하는 어떤 특수한 실마리를 제공해줄 것이다.

조금 황당하긴 하지만 먼저 우리 집 고양이 루루에 관한 이야기부터 해보려고 한다. 루루는 흑백의 털이 난 덩치 큰 고양이로 똑똑하다 못해 조금 교활하기까지 하지만 무척 공평해서 10여 마리에서 20마리에 이르는(그때그때 다르다) 우리 집 고양이들의 왕 노릇을 하고 있다. 의심이 많은 성격이라 주톈신은 녀석을 별로 안 좋아하지만 셰하이멍謝海盟 1986~, 탕누어와 주톈신의 자식으로 역시 유명한 극작가다. 트랜스젠더로 2017년 남성으로 성전환수술을 받았다. 탕누어는 본명이 셰차이쥔謝材俊이다과 나는 녀석이 우리 집 고양이 역사에서 당 태종이나 청나라 강희제 같은 최고의 명군名君이라는 데 의견을 같이 한다. 루루는 한 가지 고민 또는 불행을 갖고 있는데, 그것은 바로 고양이 왕의 지위를 도저히 못 내놓고 있는 것이다. 한두 차례 내놓은 적이 있지만 되돌려받았고 10여 년간 몇 마리 계승자를 골라 맹렬히 훈련시킨 적도 있지만 성격에 문제가 있었거나(너무 게으르거나 촐랑댔다) 급환으로 요절하고 말았다. 그래서 구내염에다 나이 때문에 이빨이 거의 빠졌는데도 루루는 여태 고양이 왕의 직무를 매일 열심히 수행하고 있다.

고양이 왕은 무슨 일들을 해야 할까? 녀석은 싸움을 막고 말썽꾸러기 고양이에게 작은 벌을 가하는 등 집안의 질서를 유지한다. 매일 거리 두 곳을 순회하며 침입해온 길고양이들을 을러 쫓아내기도 한다(사실 그 길고양이들도 우리가 먹여 살리는데, 루루는 틀림없이 우리가 자기 일을 늘린다고 골을 낼 것이다). 그리고 집 안의 새끼고양이가 없어지거나 어떤 곳(지붕, 빈방, 공사장이나 수풀 속)에 발이 묶여 있어도 한숨을 쉬면서(정말이다) 책임지고 데려온다. 그러면 그 대가로 고양이 왕은 무엇을 얻을까? 솔직히 녀석의 의무와 전혀 걸맞지 않다. 더욱이 우리는 일괄적으로 먹이를 주는데 먹이의 양과 종류가 모두 똑같으며 고양이들을 전부 거세해서 무슨 번식권도 챙길 게 없다. 그래서 편안히 졸고 있는 온 집 안의 고양이들을 보면 우리는 그저 두 눈을 반짝거리는 루루를 토닥거리며 정말 고생한다고 위로해줄 뿐이다.

루루를 보면 나는 레비스트로스의 현지 조사 보고서가 떠오른다. 그가 언급한, 브라질 내륙 우림 지역의 남비콰라족 추장이 루루와 매우 흡사하기 때문이다. 레비스트로스는 말하길, 항상 우울한 표정을 짓고 있던 그 중년 남자(하지만 그들의 수명은 겨우 50세 전후였을 것이다)는 추장의 과중한 업무에 짓눌려 있는데도 원시부족 형태의 그 채집 위주의 사회에서 누리는 특권은 고작 종려나무 열매 몇 개와 거미 몇 마리뿐이었다고 했다.

이 지점에서 순임금을 유배 보냈다고 알려진 우임금을 떠올려 보자. 그가 너무 바빠서 정강이의 털이 홀랑 빠졌다는 전설은 그가 집 앞을 세 번 지나치면서도 겨를이 없어 못 들렀다는 전설보다 훨씬 더 실감이 난다. 그리고 역시 상고시대에 자기를 '군왕'으로 초빙하려 한다는 얘기를 듣자마자 지명수배범처럼 허겁지겁 달아나버린 몇몇 현인의 얘기도 있다. 장자는 그런 사람들의 일화에 이런저런 이론을 만들어 부여하는 것을 좋아했다.

따라서 권력이 모든 것을 무릅쓰고 차지할 만한 가치를 지니게 된 것은 조금 나중의 일일 것이다. 인류 세계가 구축되고 나서도 꽤 시간이 흐른 뒤였다. 특히나 권력의 직계 혈족 계승은 더더욱 인류 세계에만 있는 것으로서(서너 살에도 왕위를 계승했다) 점진적인 과정을 거쳤을 것이다. 예를 들어 이른바 형제 상속(나라든 형수든)의 횡적 계승 방식이 세계 각지에서 보편적으로 존재하다가 다시 한꺼번에 사라진 것은 권력이 한 가문의 한 명에게 지속적으로 집중되는 과정의 한 단계였을 것이다. 그리고 권력이 그토록 체면도 인정도 안 돌아보고 필사적으로 취할 만한 가치가 있게 된 것은 주로 부 때문이었다. 부의 축적이 끊임없이 권력에 실질적인 내용을 채워넣었다. 재화의 소유와 향유는 이제 더 이상 정신적, 심리적 차원의 만족과 우월감에 국한되지 않았다.

그래서 아마도 전체를 거꾸로 놓고 봐야 해답을 얻을 수 있을 것이다. 우리가 부의 힘이 충분히 강해진 이후의 세계에서 과거를 돌아보며 훗날 천하를 소유한 군왕의 양태로 상고시대 사람들을 이해하려 한다면 풀기 힘든 모순을 느낄 수밖에 없다. 당시 사람들에게는 합리적이었던 행위가 도저히 믿기지 않는 것이다.

그래서 아마도 권력에 대한 민주주의 제도의 여러 제한 중에서 가장 중요하면서도 숨겨진 핵심은 역시 권력과 부의 연결을 상당 부분 끊고 가능한 한 권력을 권력에 머무르게 하는 데 있다. 인간성은 보편적으로 이를 달가워하지 않지만 말이다.

유일하게 골치 아픈 문제는, 그와 동시에 부가 점차 권력의 통제를 벗어나 더는 권력에 기대어 축적되고 보호받을 필요가 없어진 것이다. 부는 독립적으로 존재하며 자신의 게임을 벌이면서 거꾸로 권력을 통제하게 되었다.

# 국가 단위의 권력과 세계 단위의 부

여기에는 또 한 가지 명백한 문제가 있다. 부유하기 짝이 없는 그 정치 망명자들을 한 명 한 명 떠올려보면 그 많은 돈을 모으기까지 역시 상당한 시간이 걸렸으리라는 생각이 든다(공금유용죄로 투옥된 전 타이완 총통 부인 우수전吳淑珍에게 물어본다면 아마 여기저 기서 영수증을 그러모아 돈과 바꾸는 것이 무척 힘들었다고 할 것 같다. 거의 중노동 수준이지 않았을까). 게다가 권력이 아직 튼튼하고 유효 할 때 모으지 않았으면 틀림없이 때를 놓쳤을 것이다. 권력의 거대 한 게임은 전부 아니면 무無의 경향이 있다. 마르케스의『미로 속 의 장군』을 보면 가난한 소국이 아니라 라틴아메리카 대륙 전체를 해방시킨 볼리바르 장군도 그 무의 순간에 가져갈 수 있었던 것은 겨우 옆에 있던 물건뿐이었다. 그 외에는 추억과 몽상, 몇 명 안 남 은 이들의 마지막 충성 그리고 "무덤으로 들어가기 딱 좋은" 너덜 너덜한 몸뚱이가 다였다. 소설의 서두에서 볼리바르 장군은 마치 익사한 것처럼 약초가 가득한 욕조 속에 몸을 담그고 있는데, 벌 거벗은 그의 모습은 거의 은유나 다름없다.

현실에서 권력을 쥔 자는 동시에 부를 취한다는 것을 우리 모 두는 알고 있고 보편적이라고 생각한다. 하지만 거꾸로 그렇게 안

하는 사람을 찬양하는데(명예로 보상해주는 셈이다) 이는 그런 사람이 보기 드물고 범상치 않으며 역사에 기록될 만하다(사후 명예)는 것을 뜻한다. 세 군주의 수석 집정관을 지냈지만 재산도 보물도 없었고 집의 여자들도 명품 옷을 안 입었던 춘추시대 노나라의 계문자季文子가 바로 그런 사람이었다. 이에 관해 이른바 인간성을 비판하거나, 권력과 돈이 자석처럼 늘 하나로 붙어 다닌다고 주장하는 것은 이제 진부하기 그지없다. 부에는 권력이 할 수 없고 대체할 수도 없는 어떤 성질이 있으며 그 성질은 평상시나 위급할 때나 늘 한결같다는 것을 굳이 지적할 필요가 없는 것처럼 말이다.

평상시에 돈은 권력보다 "쓸모 있다". 권력은 너무 요란스럽고 마치 탱크처럼 생활 현장의 구석구석까지 밀고 들어와 파괴를 일삼거나 최소한 사람들을 성가시게 한다. 또한 지나치게 거대한 데다 나눠 쓸 수도 거슬러 받을 수도 없어서 일용품과 바꾸거나 일상 소비하는 데 쓰기가 매우 불편하다. 예컨대 마크 트웨인의 유명한 단편 「백만 파운드 지폐」를 보면 귀족들의 악질적인 내기 대상이 된 미국 청년 '나'가 등장한다. 그는 조난으로 영국에 떠내려온 상태여서 완전히 무일푼이었는데 무려 100만 파운드짜리 지폐를 건네받는다. 수상쩍은 외국인인 그가 그 큰 액수의 지폐를 갖고 런던에서 한 달을 무사히 생존할 수 있는지가 그 내기의 내용이었다. 결국 그는 1실링, 1펜스도 못 치르고 매번 외상을 지거나 선물을 받게 된다(마크 트웨인은 가장 혐오스러운 일을 우스꽝스럽게 바꾸는 데 천부적인 재능이 있었다). 그래서 권력은 삶의 최전선에서 사람들과 맞닥뜨리면 항상 위협적이고 탐욕스러우며 약탈을 일삼는 동시에 공정치 못하고 불균형적인 데다 누구에게나 불편함을 느끼게 해 오래 지속되기 어려운 방식이다. 이와 정반대로 지불 가능하고, 조용하고, 자연스럽고, 순탄하고, 주고받는 쌍방이 억울할 일도 노할 일도 없이 물 흐르듯 진행되는 것이 부(혹은 화폐)의 본질에 관한 설명이자, 상징으로서 돈이라는 것은 곧 샘泉이다. 하지만 오늘날, 조금 괜찮은 국가와 조금 괜찮은 정치적 인물이라면 전부 물건을 사면 돈을 줘야 하고, 나아가 많이 줘야지 적게 주면 안 된다는 것을 알고 있다. 그것은 대중 앞에서 꼭 다른 사람의 아이를 안아 드는 간단한 속임수처럼 이미 관례적인 규칙이 되었다. 잔인하게 사람들을 해치는 권력의 오랜 부정적인 인상도 권력이 기꺼이 자기 돈을 쓰면서(지금 그 돈의 내력을 캐묻는 이는 별로 없다) 다소 개선되었다. "우리 아빠가 리강李剛이야" 사건2010년 중국 바오딩시保定 허베이대학 앞에서 한 젊은이가 몰던 승용차가 여대생 2명을 치어서 1명이 죽고 다른 1명은 중상을 입었다. 그런데 그 젊은이는 피해자를 돌보지도 않고 사람들에게 "능력 있으면 신고해, 우리 아빠가 리강이야!"라고 큰소리를 쳤다. 리강이란 사람은 현지 경찰서 부국장이었다의 그 젊은 멍청이를 우리가 어리석다고 생각하는 것은 역시 그가 꺼내든 것이 돈이 아니라 권력이었기 때문이다. 또한 우리는 분노하면서도 지금이 어느 시대인데 아직 이러는지, 너무 황당하고 사리 분별을 못 한다는 생각을 더 많이 하게 된다.

그런데 평상적이지 않을 때, 그러니까 가장 힘들고 가장 무정하게 사물의 본질과 그 제한이 들춰질 때 우리는 권력의 성질이 기본적으로 고착적이어서 언제나 한계선을 못 넘는다는 것을 깨닫는다.

권력과 관계된 크고 작은 한계선, 즉 집, 마을, 성, 국가 등에 관한 문제들은 아마도 이론적으로 타당하게 설명될 수 있을 것이다(예컨대 권력의 위계적 체계 역시 극복할 수 없는 최종 수치상의 한계가 존재하는가? 권력은 조금씩 팽창할 때마다 새롭고 돌발적이며 난이도가 거듭제곱으로 높아지는 난제들과 부딪히는가? 권력은 마지막에는 스스로를 붕괴시키고 마는가? 이른바 "극복할 수 없다"는 것은 결국 일종의 자연적이고 근본 원리적인, 인간이 개입할 수 없는 모순으로서 괴테가 자서전에서 "하늘은 한 그루 거목이 하늘을 떠받치는 것을 용납하지 않는다"고 말한 것과 같다). 적어도 현실에서 명백히 확인되는 것은, 지금까지 인류 세계가 지구 전체를 포괄하는 단일 국가나 단일 권력 체계를 만든 적이 없으며(기독교와 프롤레타리아 계급, 유엔 등이 시도한 적이 있긴 하지만 할리우드 영화에서밖에 성공한 적이 없다) 그것에 조금이라도 근접해본 적조차 없다는 사실이다.

역사상 가장 광대한 영토를 장악한 단일 국가는 몽골인의 것이었지만 거의 통치가 이뤄지지 못했고 소련은 우리 세대의 눈앞에서 해체되고 말았다(영토로서 큰 의미가 없던 동토의 땅 시베리아까지 포함하고 1867년 차르가 알래스카를 미국에 팔아치우지만 않았다면 소련은 좀더 컸을 것이다. 그리고 방대한 그린란드가 오랫동안 덴마크에 예속된 상태이지만 덴마크를 대국으로 간주하는 사람은 없다). 한때 라틴아메리카를 거의 통일했던 볼리바르는 자신의 경험을 토대로 개탄하길 "이 대륙을 통치하는 것은 바다의 수면 위에 농사를 짓는 것과 같다"고 했다.

권력은 자신의 경계 밖으로 벗어나지 못하고 명암이 존재하며 횡포하거나 순식간에 전락한다. 이 점은 권력의 도저한 동물성을 보여준다.

하지만 부는 여태껏 경계가 존재한 적이 없고 아무리 먼 곳도 가고 싶은 대로 갈 수 있다. 이 점에서 부는 흐르는 물과 흡사해서 사람이 사는 곳이면 어디든 (이르든 늦든) 흘러간다. 다른 나라의 이질적인 사회에 진출할 때 언제나 맨 앞에 서는 이는 상인이다. 이것은 줄곧 부가 권력의 비위를 가장 상하게 한 점이기도 하다. 분수를 모르고 질서도 안 지키며 심지어 충성스럽지도 않기 때문이다. 부는 본래 세계적이고 전 지구적이며 권력의 속박을 받는 것을 싫어한다. 그리고 지금은 더 그렇게 되었거나, 그런 상태의 완성을 목전에 두고 있다. 역사적으로 부의 흐름을 막는 갖가지 장애물은 대부분 권력에 의해 조성되었다. 부는 그 제한들과 은밀하게, 하지만 한순간도 쉬지 않고 전쟁을 벌이면서 일일이 뛰어넘고, 파괴하고, 제거하는 데 성공했다(예컨대 국가의 관세와 보호무역 조치 등을 무력화시켰다). 전 지구화의 핵심은 곧 부이며 전 지구화의 과정은 곧 부의 유통의 역사다. 그리고 부의 마지막 장애물은 곧 국경, 다시 말해 권력이 통치하고 관리하는 경계다.

여기서 가장 핵심적인 것은 화폐로서 이미 수천 년 전에 출현하여 날로 완벽해져온 존재다. 권력과 명예는 이와 비슷하거나 상응하는, 쓰기에 편리한 것을 발명한 적이 없다.

# 돈을 계승하는 것이 권력을 계승하는 것보다 쉽다

그래서 권력은 조금 기이하게도, 이론적으로 아직 그렇게 부가 필요치 않고 손만 뻗으면 뭐든 취할 수 있어 보이는 때인데도 어김없이 부를 축적하기 시작한다. 동서고금, 어느 곳에서든 마치 똑같은 부름을 받은 것처럼 그랬다. 그리고 그 부름에는 미래에 대한 어렴풋한 불안감이 포함된 절실한 경계심이 깃들어 있다. 위에서 말한 갖가지 극복할 수도, 방비할 수도 없는 약점들 외에도 권력은 저장할 길이 없어서(즉, 오늘 절약해봤자 소용없고 내일 더 늘어날 리도 없다) 자손에게 넘기려면 상상외로 어려움이 많다는 약점을 갖고 있다. 이것은 모든 권력이 다 골치 아파하는 문제로서 조금만 잘못해도 당장 권력에 타격을 입힐 수 있다. 신분 세습이 허용되던 고대(예를 들어 서한西漢 때는 세습이 가능했다)에도 권력의 계승자는 부의 계승자보다 따져야 할 조건이 많아서 더 오랜 시간 고심하지 않으면 계승하기 힘들었다. 달랑 유언장 한 통을 남기는 것만으로 해결되는 문제가 아니었다. 당시 많은 권력의 계승자가 향유한 것은 사실 부였고 그 일부(권력이 아래쪽으로 교환된)는 보장을 받는, 독점 형식의 부로서 가장 흔한 것은 토지세의 수취였다. 이로 인해 할 일 없이 투계, 투견이나 즐기는 부호들(지금도 여전히 이런 살아 있는 화석이, 편안하게 사는 화석이 있다)이 줄줄이 생겨났다. 하지만 그들 역시 권력을 계승하고 싶으면 일찍부터 관료가 될 준비를 하거나, 남보다 유리한 위치를 슬쩍 선점하거나, 정말로 많은 것을 공부해야만 했다.

그런데 서한은(사실은 서한만) 이른바 '억상抑商'의 시대, 다시 말해 상업을 억압하던 시대가 아니었나? 이것은 또 어찌 된 일까?

# 억상

역사라는 이 기괴한 존재는 윌리엄 포크너가 말한 것처럼 순서대로 볼 때보다 거꾸로 볼 때 훨씬 뚜렷하게 잘 보인다. 미래를 예견하는 일은 매우 어렵고 위험한 데다 사기꾼이 많아서 조금이라도 현명하고 책임감 있는 사람은 괜히 그러지 말라고 늘 우리를 타이른다. 그런데 우리는 과거를 돌아보면 놀라 기뻐하는 일이 많다(물론 슬퍼하기도 하고, 못 견뎌하기도 하고, 분노하기도 하는데 아쉽게도 그런 감정은 상쇄되는 일이 없다). 그리고 지금 이 시각, 이미 떠오른 세계의 모습에서 알고 보니 그런 일이 있었고, 그런 뜻이었고, 당시 누가 생각했고 얻거나 되려 했던 것은 그것이었고, 혼란하고 임의적이며 비이성적으로 보였던 행위와 동작들이 모두 정확하게든 부정확하게든 계속 그것을 지향하고 있었음이 똑똑히 관찰된다.

한나라 왕조의 억상 정책은 부에 대한 권력의 가장 전면적인 선전포고와도 같았다. 후대에는 상인이 "수레를 타고 비단옷을 입는 것乘車衣帛"을 금지한 것으로 먼저 기억되었다. 이 조치는 부가 아래쪽으로 교환되는 경로를 거칠고 난폭하게 단절시켜, 돈이 향유 가능한 특수한 실체로 바뀌지 못하게 하고 또 허기와 추위를 해결하지 못하는 무용의 상태에 머물게 하는 것을 뜻했다. 그래서 대부분의 부를 비구름으로 공중에 붕 뜬 채 행복의 대지에 떨어지지 못하는, 순전히 감상을 위한 그림으로 만들어버렸다. 이 밖에 상인과 그 자손은 관리가 될 수 없다고 규정하기도 했는데, 이것은 동시에 부가 위쪽으로 권력과 교환되는 경로를 단절하는 것을 뜻했다. 얼마 후에는 또 갑자기 상인들에게 갖가지 새로운 명목의 증세 혹은 세제를 고안해 부과했다. 하지만 그것은 정말로 부에 대한 권력의 압제와 박멸의 소행이었을까? 당연히 아니었다. 정확히 말하면 사실 그것은 거꾸로 부의 쟁탈과 점유였으며 부야말로 진정한 표적이었다. 간단히 말해 금전의 강탈이었던 것이다. 권력이 선전포고를 한 대상은 상인이었다. 상인은 갑자기 강대해진 미증유의 위협적인 적수였다. 그 전까지 400년간 이어진 전란과 무정부 상태로 인해 그 신흥 세력은 누구의 간섭도 받지 않고 위력을 과시했다. 전국시대 말에 이미 성과 이름을 갖고서 한 나라의 재정에 버금가는 부로 권력을 조종하는 대상인들이 나타났으며 그들은 전혀 새로운 경로와 더욱 효과적인 방식으로 부를 취하고 늘렸다. 만약 부를 없애고 억제하려 한 것이었다면 수레와 비단옷의 금지는 천자를 포함한 모든 사람을 대상으로 삼았을 것이다. 토머스 모어가 『유토피아』에서 모든 나라에 금이 쓸모없어지게 만들어 죄인의 수갑과 차꼬를 제작하는 데만 쓰게 하려고 한 것처럼 말이다. 생각해보면 아마도 서한 왕조 전체에서 오직 한 문제文帝만 그 금지령에 응했을 것이다. 출신이 보잘것없었던 그는 뜻밖에 황제가 되었고 또 근검절약하는 생활 습관을 계속 유지하며 노장의 사상을 신봉했다. 그래서 가능한 한 인위와 간섭을 삼가는, 전형적인 작은 정부의 사유를 실천하면서 부뿐만 아니라 권력도 꺼렸다. 그래도 그의 재위 기간은 서한 초 상인들에게 살기 좋은 시절이었다. 자유방임의 분위기로 인해 다시 거부들이 속속 등장했다. 한 문제의 고결한 제왕의 명예는(중국의 제왕들 전체를 통틀어 가장 고결한 사람일 가능성이 크다) 바로 권력과 부, 양자를 다 꺼린 그의 태도에서 비롯되었다.

서한의 억상 정책이 정점을 이룬 시기는 초창기 고조 유방의 시대와 권력의 대규모 확장을 실천한 무제 유철劉徹의 시대였다. 두 사람은 다 재정 부족에 시달렸지만 정말로 가난했던 황제는 유방이었다. 황제의 마차를 끌 털 색깔이 같은 말 네 필도 못 구할 정도였다. 초楚 지역 농촌에서 태어나 갑자기 천하의 주인이 된 이 황제가 상업을 억압한 데에는 "왜 너희는 부자이고 나는 가난뱅이인가?"라는, 침탈 및 제로섬의 의미와 함께 다소 옹졸한 보복 심리가 깃들어 있었다. 그래서 사마천司馬遷은 『사기史記』에서 "고조는 상인들에게 비단옷과 수레 타는 것을 금하고 무거운 조세를 부과해 곤욕을 치르게 했다高祖乃令賈人不得衣絲乘車重租稅以困辱之"고 말했다. 이것은 장기간 집행할 수 있는 정식 법규가 아니었다. 하지만 무제 유철은 치밀하면서도 전면적으로 억상 정책을 밀고 나갔다. 권력을 확대하려면 더 튼튼한 하부 구조가 지탱해줘야 했기 때문이다. 그중 가장 흥미로우면서도 혁명적이었던 것은 그가 상인들을 상대하고 상인들에게서 돈을 강탈하도록 도운 이들이 역시 상인들, 그것도 가장 능숙하고 경험이 많으며 수단을 갖춘 상인들이었다는 사실이다. 그중 핵심은 희대의 상업 귀재이자 중국 역사상 가장 과소평가된 인물인 상홍양桑弘羊과 제齊 지역의 대규모 염상鹽商 동곽함양東郭咸陽 그리고 남양南陽의 대규모 철상鐵商 공근孔僅이었다(『염철론鹽鐵論』에 나오듯이 소금과 철을 국유 산업으로 귀속시킨 것이 바로 무제의 가장 중요한 경제 개혁 혹은 강탈의 수법이었다). G. K. 체스터턴의 명탐정 브라운 신부가 말한 것처럼 내가 범인을 알아낸 비밀은 내가 바로 범인 자신이기 때문이다. 아, 내 말인즉슨 나스스로 범인처럼 생각해야 한다는 뜻이다.

만약 우리가 이것을 권력자와 부자의 전쟁으로 묘사한다면 권력자와 부자가 서로 경계를 긋고 어느 한쪽만 살아남을 때까지 벌이는 사투가 아니라, 권력이 보호하고, 받쳐주고, 보장해주는 부로 부를 상대하거나 혹은 심판 겸 선수로서 수시로 게임의 규칙을 바꾸는 부로 고립된 부를 상대하는 국면이 그려질 것이다. 그렇다면 그 시대는 부의 암흑기였을까, 아니면 부가 인류사의 보편적 과정과 부합하지 않는, 별도로 기묘한 발전의 경로를 걸었던 시기였을까?

무제 시대에 나타난 실질적인 결과를 보면 부가 무용해지지 않고 오히려 너무 유용해져 경악할 만한 지경에 이르렀다. 부가 무소불위의 존재가 되기까지 얼마 안 남은 오늘날 우리 시대보다 어떤 점에서는 훨씬 심하기까지 했다. 예를 들어 부로 직접 관직을 살 수 있었는데 이것은 지금 우리가 할 수는 있어도 말할 수는 없는, 어느 정도 우회해야 하는 일이다. 그런데 무제 때는 국가가 이를 명문화하여 얼마에 어떤 관직을 살 수 있는지 가격표를 공표했다. 마치 오늘날 게임 사이트에서 무기와 장비의 가격표를 제시하는 것처럼 말이다. 다시 말해 부가 위쪽으로 권력과 교환되는 경로를 국가가 마련하고, 인증하고, 보장해준 것이다. 후대에도 존재했던 어떤 매관매직 제도조차 마치 중대한 정책이라도 되는 양 이렇게 노골적이지는 못했다. 다른 한편으로 부는 죄를 줄이거나 없앨 수도 있었고 마찬가지로 명문화되어 매매처럼 가격표로 제시되었다. 이것 역시 지금 우리가 할 수는 있어도 말할 수는 없는 일이다. 오늘날 세계 각국의 형법에도 돈으로 죄를 바꾸고 형을 낮추는 몇몇 특수한 법조문이 있긴 하지만 대부분 경미한 죄에만 해당된다. 그렇다. 법 앞에서는 모두가 평등하며 지금까지 줄곧 그래왔다. 적어도 법을 유린하면서 무제 때처럼 인질범같이 돈을 요구하거나 돈을 표적으로 삼지는 않았다.

『사기』는 당시의 그런 현실과 관련해 "거상들은 재물을 모으고 가난한 이들을 부렸으며 수많은 수레로 물건을 옮기는 한편 집과 부지를 싼값에 사서 비싼 값에 팔았다. 봉국封國의 군주들도 모두 그들에게 고개를 숙이고 도움을 요청했다而富商大賈, 或蹛財役貧, 轉轂

百數, 廢居居邑, 封君皆低首仰給"고 서술했다. 당시 부자들이 물가를 조종하고 부동산 투기를 하는 수준을 넘어서 봉국의 군주들이 고개 숙여 그들과 결탁해야 하는 정도에 이르렀음을 알 수 있다. 그들은 확실히 돈으로 명예도 어느 수준까지 충분히 높여줄 수 있었던 것이다. 훗날 프랑스 파리에서 같은 목적으로 돈을 썼던 고리오 영감도 그들에게는 한참 못 미쳤다.

# 상홍양이 되려는 사람이 거의 없다

한 무제의 경제 정책은 천년간 누적된 오늘날 우리의 지식과 경험에 근거해 옳은 것들과 위험해서 거의 사고가 날 게 분명한 것들 그리고 기상천외할 정도로 엉망인 것들로 구분할 수 있다. 이것은 조금 가혹한 일이기는 하지만 어쨌든 당시의 현실적인 국면에서는 완전히 새로운 것들(화폐 통일, 국영 체제, 상업세 등)이 많아서 사람들은 충분한 인식과 경험의 부족 때문에 어쩔 수 없이 조심조심 더듬으며 열심히 앞으로 나아갔다. 또한 급박한 단기 정책과 원대한 장기 정책이 뒤섞이곤 했으며 종종 경제적 사유가 옳은지 스스로 입증할 시간이 모자라 착오가 빚어지기도 했다.

나는 줄곧 상홍양이 심각할 정도로 과소평가된 인물이라고 믿어왔다. 이 책에서의 표현을 빌린다면 우리는 줄곧 그에게 '사후 명예'를 빚져왔다. 그리고 이런 과소평가로 인해 2000년 뒤의 사람들이 '상홍양 같은 사람'이 되고 싶게 하는 유인 요소가 줄어든 게 아닌가 싶다.

그 당시의 시대적 핵심 과제는 본래 단일한 권력 체계의 구축이었다. 그런데 젊고 성급했던 한 무제는 시간을 앞당기거나 혹은 속도를 내려 했다. 한꺼번에 너무 크고 많은 일(사적인 욕망의 충족도 포함하여)을 하려는 바람에 아직 미비했던 권력 체계가 버텨내기 힘들었으며(서한의 관료 제도는 아직 단순했고 규모, 분업, 위계와 관련 체계가 다 부족했다) 정확하고 의미 있는 계획도 간혹 착오를 일으켜 실제 수행 과정에서 어그러지곤 했다. 그리고 그 때문에 권력 체계의 어떤 부분적인 진상 혹은 한계가 미리 노출되었을지도 모른다. 권력 체계의 작동은 단지 돈을 쓰는 것만으로는 안 되고 돈은 또 손을 뻗는다고 얻어지는 것이 아니다. 그리고 경제는 '반드시' 그 체계의 떼려야 뗄 수 없는 일부이거나, 더 심각하게는 마르크스가 전체적인 기초라고 말한, 이른바 하부 구조로서 권력 체계는 한 걸음씩 확장하거나 더 많은 일을 하려 할 때마다 자신의 한계에 가까워지는 동시에 상황이 호전될 때까지 한층 더 부의 힘에 도움을 요청하고 연합을 꾀해야 한다.

당시 화폐는 통일되게 국가가 주조하여 실물 화폐에서 신용 화폐로 나아가고 있었는데 이것은 필요한 동시에 화폐의 필연적인 역사적 진화 방향이었다. 그리고 상인에게 징수하는 새로운 상업세의 발명은 오늘날 우리 시각에서는 절대적으로 옳고 공정했다. 안 그랬으면 세수는 토지에 붙박인 일반 농민에게만 부과되었을 것이다. 다만 여기에는 줄곧 집행상의 어려움이 뒤따랐다. 2000년이 지난 오늘날에도 크게 나아지지 않았으니, 오늘날 타이완의 세수도 마찬가지로 '현대의 농민'인 샐러리맨에게 지나치게 집중되어 그들은 한 푼도 모면할 수 없는 반면, 대기업은 여전히 미꾸라지처럼 잘도 빠져나가며(한나라 상인들은 벨리즈나 케이맨 제도의 이름을 못 들어봤을 것이다. 아, 파나마도 있다) 입법과 행정에 대한 강력하고 안정적인 로비력도 갖추고 있다. 한국 삼성그룹의 로비 대상이 얼마만한 규모인지, 또 변호사는 몇 명을 고용하고 있는지 알고 있는가? 인터넷을 찾아보면 아마 깜짝 놀라 금세 머리가 맑아질 것이다. 어쨌든 한 무제의 대규모 경제 개혁은 단지 돈이 부족하다는 작은 불씨에서 시작되어 예기치 않게 요원의 불길로 번지고 말았다. 그래서 절기에 안 맞게 너무 일찍 피어버린 꽃과 같아, 거기서 '정확한 역사적 교훈'을 얻는 것은 힘들어 보인다.

시기가 너무 일렀던 데다 권력의 네트워크도 상대적으로 조잡하고 원시적이었기 때문에 상식적으로 생각해도 그 개혁은 정확히 수행되기 어려웠다. 평상시에는 그저 형식적이었고 가끔 신속하며 엄격하게 수행될 때는 공포와 혼란을 조장했다. 무제 시대에 장탕張湯을 시작으로 혹리酷吏들이 연이어 출현한 것은 결코 우연이 아니다. 경제 범죄를 수사할 때마다 수만에서 수십만 가구가 줄줄이 연루되었다. 어느 슬픈 폴란드인의 유머처럼 말이다. 폴란드의 한 소형 민항기가 묘지에 추락했는데 현장에서 이런 보도가 나왔다고 한다. "사고 현장은 너무나 참혹합니다. 이미 3000여 구의 시신이 발굴되었지만 수색 작업은 계속 박차를 가해 이뤄지고 있습니다."

# 오프라 윈프리는 무엇을 꺼냈을까

명예, 부, 권력이라는 이 세 가지 비구름을 다시 돌이켜 생각해보자.

라틴아메리카의 한 대시인은 언젠가 "나는 이미 전국적으로 유명하지만 결국에는 전혀 알려지지 않은 것과 같다"고 자조한 적이 있다. 나는 타이완의 유명인들(단지 불쌍한 소설가, 시인만이 아니라)도 이 말에 느끼는 바가 많을 것이라고, 특히나 외국에 있을 때는 더더욱 그럴 것이라고 믿는다. 이토록 큰 지구는 그럴 때 더 크게, 너무나 크게 느껴진다. 명예는 그렇게 멀리 전달되지 않는다. 마치 권력의 힘이 국경 밖까지 미치지 못하는 것처럼 말이다. 누구나 어느 국제 공항에서든 카운터나 ATM기 앞에 서면 역시 현지에서 통용되는 명예와 권력을 교환받을 방법이 없을 것이다. 하지만 상대적으로 부는 그런 수속을 면제받을 정도까지 발전했고 많은 경우 자동으로 교환된다. 화폐는 이미 완성됐는데도 계속 진화 중이다.

그래서 타이완에서는 '타이완의 빛臺灣之光' 타이완의 특정 분야를 대표하는 인물이나 사물에게 부여하는 칭호. 예를 들어 음악 분야의 타이완의 빛은 저우제룬周杰倫이다이라는 특수한 용어를 생각해내, 문을 닫아건 채 자기가 자기에게 수여하고 있다. 희망하는 생산량이 너무 많은 탓에 퀄리티 따위는 뒷전이어서 싸게 팔거나, 반은 팔고 반은 증정하는 식이다.

중국의 부상으로 그들의 명예가 바다 건너 전해지는 것도 타이완의 기를 꺾는 부분이다. 기본적으로 부와 권력의 확장 면에서 중국에 한참 뒤처지므로 더 그렇다. 그래서 또 중국은 이 부분에서 상대적으로 적극적이기도 하다. 기꺼이 큰돈을 투자해 명예와 교환하고 있으며 소설가, 시인 등이 그 혜택을 입는다. 나는 줄곧 출판업계에 있어왔기 때문에 그 사정을 잘 알고 있다. 중국 문학 작품의 해외 번역은 출판 시장 및 정상적인 문학적 평가와 무관하게 대대적으로 진행되고 있고 일급 작가들은 이미 국제 문학계를 누비며 또 다른 인생을 사는 인물로 점차 변모하고 있다.

몇 년 전, 실제로 이런 일이 있었다. 미국의 오프라 윈프리가 프랑스 파리의 최고급 패션숍에서 현실에서 일어날 수 있음직한 일을 당했다. 실리에 밝은 직원이(실리에 밝은 것은 이 업종의 본질이며 심지어 업무 준칙이기도 하다. 구체적으로 말하면 척 보자마자 누가 진짜 고객인지 알아보는 것을 뜻하는데, 이것은 좋은 직원의 소양이다) 그 늙고 몸매도 별로인 낯선 흑인 여성을 응대해주지 않은 것이다. 당연히 그것은 사람을 잘못 봐도 한참 잘못 본 것이었다. 오프라 윈프리는 막대한 명예와 권력과 부의 소유자였지만 과연 세상사에 밝았다. 그녀는 무엇을 꺼내 그 눈이 삔 직원을 뒤로 넘어가게 했을까? 바로 '블랙카드'였다. 한도액이 없는 동시에 명예와 권력까지 인증해주는 전설의 신용카드였으므로 싸울 필요도, 설명할 필요도, 거북하게 자기 자랑을 할 필요도 없었다. 실제로 오프라 윈프리는 단 한마디도 하지 않았다. 조금 거칠게 말해 누구든 오바마(이른바 전 세계 최고의 권력자)와 마르케스(전 세계에서 가장 널리 알려진 소설가. 물론 이미 저세상 사람이 되었다)를 몰라보거나, 어렴풋이 알아봐도 자신과 별로 관계없다고 생각할 수 있긴 하지만, 틀림없이 돈은 몰라볼 수 없고 자신과 엄청나게 관계가 많을 것이다.

나는 오프라 윈프리의 이 이야기를 대단히 좋아한다. 우리 눈앞의 세계를 가장 잘 이해하게 해주는 이야기이기 때문이다.

나는 오프라 윈프리가 분명 알렉상드르 뒤마의 『몬테크리스토 백작』을 읽었으리라고 짐작한다. 이 책은 여러 세대의 사람들이 되풀이해 읽어온 고전 통속소설이다. 그녀는 이런 책들을 잊고 잃어버릴 정도로 젊지 않은 데다 그녀가 사는 나라와 사회도 그렇지는 않다(이 책은 타이완에서 점차 사라져가고 있다. 이것은 하나의 의미심장한 상징으로서 『안나 카레니나』나 『카라마조프가의 형제들』이 사라지는 것과 의미가 꼭 일치하지는 않는다. 더 나아가 우리는 한때 『몬테크리스토 백작』이 없는 세상을 상상하기 힘들었다). 다만 그녀가 그 순간에 그 책의 내용을 떠올렸거나 생각해둔 대로 처신했는지는 잘 모르겠다. 그래도 마찬가지로 파리에서, 단지 시간상 200년 앞선 그 시대(고리오 영감과 정확히 같은 시대다)에 화폐 형식은 아직 완성되지 않긴 했지만 역시 의심의 여지가 없었다. 복수를 하기 위해 돌아온 에드몽 단테스는 몬테크리스토 백작의 가면을 쓰고 파리에 들어갔고 여러 해 뒤, 이미 대은행가가 되어 남작의 작위까지 받은 원수 당글라르를 다시 만난다. 그때 단테스가 마찬가지로 두말없이 꺼내든 것은 바로 당시 유럽 세 대국의 최대 은행가 3명이 서명한 한도액 무제한의 신용장으로서 오프라 윈프리가 보여준 '블랙카드'의 전신이었다. 그 3개의 서명은 엄청난 가치를 지니고 있어서 단번에 당글라르 남작과 파리 전체를 굴복시켰다. 그래서 오프라 윈프리가 블랙카드를 꺼내든 순간, 그 패션숍 직원이 지었던 표정을 나는 이미 45년 전 뒤마의 책에서 생생하게 본 셈이다.

어떤 일들은, 아주 오랜 기원을 갖고 있다.

# 부의 힘은 눈에 보일 뿐 아니라 계속 더 강해진다

에드몽 단테스는 매우 대범하게 혹은 별것 아니라는 듯 자신의 몬테크리스토 백작이라는 작위가 이런저런 편의를 위해 돈을 주고 산 것임을, 즉 위쪽에 있는 권력 및 명예와 부를 교환한 것임을 솔직하게 인정했다. 그의 진정한 혹은 유일한 복수의 무기는 곧 그가 말한 대로 "세상 제일의 부를 갖고 돌아온 것"이었다. 당시 파리에서 그는 본래 철저히 낯선 이방인으로서 명예와 권력을 전혀 못 가진 상태였다(하지만 그의 세 원수는 달랐다. 각기 정치가 집안의 검사, 육군 중장 출신의 유력 국회의원 그리고 정경유착의 귀족 은행가였다). 가장 흥미로운 점도 딱 이 지점에 있었다. 부라는, 누구나 알아보고 익숙한 것이 바로 적의와 불안과 의심을 죄다 호기심으로 바꾸는 바람에 파리의 핵심 상류세계 전체가 난리 났고 단테스의 미심쩍은 내력은 거꾸로 전설처럼 입에서 입으로 전해져 사람들이 앞다퉈 그 신비하고 괴이한 부호를 만나러 찾아갔다. 우리는 또 이렇게도 바라볼 수 있다. 『몬테크리스토 백작』은 전체가 부의 화려하고 상상력 넘치는 공연으로서 부는 연달아 손에 땀을 쥐게 하는 교환 행위들을 통해 굳게 잠긴 대문을 하나씩 열어젖히면서 권력과 명예의 가장 높은 지대로, 그리고 인간의 가장 어두운 마음 한구석으로 다가가 각 인물이 오랜 세월 감춰온, 인정할 수 없고 가장 가까운 사람에게조차 말하지 못하는 무시무시한 기억과 비밀(전신불수인 누아르티에 드 빌포르와 당글라르 남작 부인과 재봉사 카드루스와 그리스 공주 하이데 등의)을 소환하고 사들인다.

소설 속에서 단테스는 겨우 20만 프랑으로 가짜 스페인 내란을 성공적으로 조작해 파리의 주식 시장과, 내부 거래를 하던 당글라르에게 큰 타격을 입힌다. 자신의 옛 고용주 모렐 씨의 명예와 목숨도 "돈으로 회수했다". 28만7500프랑의 빚을 다 갚아주고 염료 등의 물건이 가득 실린 새 파라옹 호를 보내주었으며 따로 모렐 씨의 딸 쥘리에게 혼수로 커다란 다이아몬드를 선물하기도 했다. 또한 자신의 연인, 그리스 공주 하이데도 노예상에게서 사들였다. 그녀의 몸값은 매우 비쌌다. 갖고 있던 희대의 에메랄드 2개 중 하나를 써야만 했다.

이 한 권의 소설에 담긴 작가의 상상과 기대는 당연히 그때 파리에서 종횡무진으로 교차하던 명예, 부, 권력의 진상을 직접적으로 증명하기에는 부족하다. 그보다는 차라리 (작가의 상상력의 포착을 통한) 예언에 가까워서 그때보다 그 후의 세계에 대한 설명력이 더 뛰어나다. 아울러 그런 까닭에 적어도 그 후로 200년간 이 『몬테크리스토 백작』은 줄곧 시대에 뒤떨어지지 않았으며 진부하고 불가해하게 변하지도 않았다. 오늘날 타이완에서 더 이상 이런저런 책을 읽지 않는 것은 보통 책이 힘을 잃었기 때문이 아니라 사람 쪽에서 힘을 잃었기 때문이다.

그 200년간 부의 힘은 그 형식과 함께 계속 성장해왔으며 더 자유로워지고, 더 기민해지고, 흐르는 물처럼 어디든 스며들면서 갈수록 더 견고해졌다. 과거의 많은 이들이 발견해낸 약점과 허점도 모두 성공적으로 보완되었다. 인도 불교에서는 모스 경도가 가장 높은 금강석으로 항구불변의 사물을 형용했는데, 권력과 부와 명예 중 부가 금강석에 가장 가깝지 않을까? 실제로 다이아몬드 나석연마를 마쳤지만 장신구에 세팅되지 않은 보석은 오랫동안 화폐의 일종으로서 불법 거래와 돈세탁 그리고 부를 바꿔 은닉하는 일(부를 장부에 기록하거나 소유자의 이름을 부여하는 것에 대한 저항을 뜻한다) 등에 통용되었다. 오늘날 가장 눈에 띄고 또 심원한 영향을 끼칠 게 분명한 부의 진화 형식은 주인이 누구인지 아는 돈과, 잃는 것도 축나는 것도 쉽지 않은 부다. 이것은 사유재산의 최종적인 진화 형태로서 쉽고 간단하게(보통은 분노를 담아) 말하면 부가 세습화되고 있음을 뜻한다. 토크빌의 통찰("상속법은 항상 은연중에 미래 인류 사회의 양태를 결정지었다")에 따르면 이것은 상당한 정도로 인류의 미래를 결정지었다.

부는 이미 파괴하기 어려워졌다. 물론 시간이라는, 모든 것을 파괴하는 무정한 힘이 존재하고 결국 그 목적을 이루긴 하겠지만 그러기까지는 대단히 오랜 세월이 소요될 것이다.

어떻게 운반해야 할까?

『월든』에서 소로는 호수와 숲에만 있는 좋은 것들을 아낌없이 우리에게 보여준다. 이 책의 아름다운 문장에 관한 오해는 아마도 그런 부분의 과장된 묘사에서 비롯되었을 것이다. 소로가 꼭 좋은 의도로 그런 것은 아니었다. 아무래도 우리를 유인할 목적이었던 게 분명하다. "예란, 제자가 선생을 찾아와 배우는 것이지 선생이 가서 가르치는 것이 아니다禮聞來學, 不聞往敎"라고 했듯이 우리는 좋은 것이 스스로 우리를 찾아오기를 바라면 안 된다. 좋은 것이 먼 곳에서 가까스로 우리 쪽으로 오면 그것은 이미 변질되고, 부패하고, 빛을 다 잃은 상태이기 쉽다. 우리가 가야만 하며 그것이 오게 해서는 안 된다.

운반하지 못하는 것은 매우 많다. 대개 즙이 많아 건드리기만 하면 손상되는 딸기 같은 과일, 아침 풀잎 위의 이슬, 호수 속 싱싱하게 반짝이는 물고기, 하늘빛에 따라 색깔이 변하는 수면 위의 구름 그림자, 사계절이 바뀌는 데 따른 변화 등을 예로 들 수 있다.

명예는 바람을 타고 전달되므로 기껏해야 매개체로 공기 분자를 필요로 할 뿐이다. 권력은 심지어 그것도 필요치 않다. 그것은 일종의 관계인 동시에 역학 작용이므로 인력장, 자기장처럼 진공 속에서도 진행된다. 오로지 부만 원래 무거운 실물이자 실체였고 이 점은 본래부터 사람들을 가장 골치 아프게 한 부분이었다. '신체'를 가진 탓에 부는 노화되고 못쓰게 되곤 하며 저장하기도, 운반하기도, 먼 곳에 미치기도 쉽지 않다. 하지만 대단히 흥미롭게도 일단 그런 문제만 극복되면 부는 유일한 실물이자 실체라는 특수한 이점을 드러낸다. 항상 뜬구름처럼 멀리 있는 권력이나 명예와 달리 부는 누구나 만질 수 있고, 볼 수 있고, 쓸 수 있고, 게다가 기꺼이 받으며 또 어떻게 받아야 하는지 알고 있다.

존 로크는 살아생전에 그 사실을 확실히 깨닫고서 화폐를 일컬어 '어려움을 해결해주는 신'이라고 했다. 그러면 어떤 어려움을 해결해준다는 것일까? 빠르게 소모되고 사라지는 인간 노동의 성과를 '가질 수 있고 변질되지 않는 영구적인 사물'로 바꿔준다.

부는 단지 소수(남다른 천분과 능력과 성격과 운을 가진 소수의 사람)의 것이 아니라 모든 사람의 것이며, 단지 삶의 어느 특정 시기나 단계에만 발생하거나 어떤 꿈 혹은 바람에 그치지 않고 인간의 생물적인 절대 수요와 긴밀히 연관된 채 오늘도, 내일도 그리고 모레도 변함없이 요구된다. 마지막으로 부는 사람이 가장 힘들고 마지막 선택을 해야 할 때를 대비해 유일하게 남겨놓는 것이다. 왜냐하면 오직 그것만이 진정으로 치명적이고 또 그것만이 생명과 희망을 연장해줄 수 있기 때문이다(물론 예를 잃느니 굶어 죽는 것이 낫다고 생각하는 사람은 대신 명예와 권력을 택할 수도 있다). 한마디로 부는 '통용'되는데, 시간적으로든 공간적으로든 통용이라는 이 단어는 우리에게 매우 익숙하게 느껴진다.

통용은 바로 화폐에 관한 어떤 주된 설명과 명칭을 연상시킨다. 그것은 곧 '통화'다.

# 민첩해진 부

이 길을 따라 화폐라는 이 가장 평범하면서도 신기한 것에 관해 돌아보기로 하자.

화폐는 통화라고도 불린다. 여러 재화 중 (본래) 모두가 다 필요로 하고 끊임없이 통용되는 핵심적인 사물이기 때문이다. 그래서 통화 팽창은 쉽게 말하면 돈(통화)이 많아지는(팽창) 것으로 화폐량이 실제 사용하는 수요량을 초과해 돈이 환영받지 못하게 되고 살 수 있는(바꿀 수 있는) 것이 줄어드는 것을 넘어 계속 더 줄어든다. 같은 이치로 통화 긴축은 돈이 줄어드는 것이다.

화폐에 관한 또 다른 설명과 명칭은 앞서 언급한 대로 물, 유동적이고 끊임없이 흐르는 물이다. 흐르는 물은 막을 수 없고 어디든 도달하며 한 번 막히면 생명력을 잃는(더럽고 냄새나는 죽은 물이 돼버린다) 성질을 따로 '유동성'이라 부르기도 하는데, 이 단어는 사실 형용사도 부사도 아니고 명사로서 직접적으로 화폐를 가리킨다. 그래서 이른바 유동성 선호란 조금 거칠게 말하면 화폐와 현금에 대한 사람들의 합리적 편애다. 이것은 경제학자가 인정하고 광범위하게 운용해 갖가지 경제 현상과 경제적 선택을 설명하는 하나의 사실적 통칙으로서 그 민첩함과 거절되는 법이 없는 것

그리고 언제든 다른 물건과 다른 형식으로 교환되며 가장 적절한 곳에 투입될 뿐만 아니라 다른 어떤 둔한 물건과 형식보다 소유하면 더 유리하다(다른 실물, 예컨대 자동차, 농작물 등을 대량으로 소유하고 있는 것을 우리는 보통 재고라고 부르는데, 이것은 이미 부로 간주되기 어렵다. 이자도 없고 계속 보관비가 들며 또 자연 손실이 계속 생기다가 결국에는 폐품이 된다. 출판사마다 잔뜩 끌어안고 있는, 재생 펄프가 될 예정인 재고 도서가 그 예다)는 것을 강조한다. 한편 이른바 유동성 함정은 특수한 화폐 현상으로 화폐가 함정에 빠진 듯 더 이상 정상적으로 유동하지 않아서 거래가 정체되고 재고가 쌓여 경제가 급속히 가라앉는 것을 말한다. 화폐가 유동하지 않고 정지하면 비참한 상태가 도래한다. 이것을 우리는 다 알고 있고 어느 정도 겪어본 적도 있다.

부의 힘이 폭발하게 된 데에는 화폐의 발명 혹은 발생이 결정적인 역할을 했다. 화폐는 부를 견고하면서도 유연하게 만들었다. 부는 실체인 동시에 형체도 저항력도 없는 가상으로 바뀌어, 신화 속 쌍두룡처럼 해치우기 힘든 존재가 돼버렸다. 한편, 화폐의 발생과 간단한 진화 과정에 대해서는 누구나 다 알고 있는데, 화폐는 가장 먼저 바로 유통의 문제를 겨냥했다. 혹은 만물의 유통 속에서, 마치 미의 여신 아프로디테가 파도와 물보라 속에서 천천히 떠오른 것처럼 자연스레 모습을 드러냈다.

# 화폐로 쓰기에 알맞은 것

실물을 직접 교환하려면 어려움과 마찰이 많다.

우선 양쪽의 수요가 서로 딱 맞아떨어지기 어려우며(나는 너의 쌀이 필요한데 너는 내가 쓴 책을 읽고 싶어하지 않는 식이다) 그 해결책으로 3자, 나아가 4자, 5자, 6자 사이의 복잡한 거래를 진행하거나(NBA 농구 선수 간의 트레이드도 '실물' 거래이기 때문에 항상 이런 상황이 발생한다) 그런 거래 네트워크를 조직하는 수밖에 없다(그래서 시장이 생겼다). 또한 수요량의 크기도 서로 딱 맞아떨어지기 어려운데(나는 네가 시간을 들여 구운 커다란 질그릇이 필요한데, 너는 동일 가치의 내 신선한 야채 한 무더기를 도저히 다 먹을 수 없는 경우를 생각해보라. 그러면 당연히 나는 네게 1년간 야채를 나눠 공급할 수도 있지만 이것은 깔끔하지도 않고 친한 사람이 상대일 때만 취할 수 있는 방식이다), 이때는 물품을 분할할 수 있느냐 없느냐 하는 거래의 또 다른 핵심 난제에 부딪힌다. 이 밖에 실물의 휴대, 운반, 보관의 불편과 손실도 줄곧 근본적인 난제였으며 거래의 확대와 그에 따른 지연 때문에 더 심각하고 번거로운 문제로 부각되었다. 그리고 물품의 교환과 중개 과정에서의 손상 및 파괴도 본래는 큰일이 아니었지만 역시 거래가 복잡해지고, 잦아지고, 같은 물건이 반복적으로 교환에 쓰이고 직접 사용되지는 않으면서(즉, 화폐화) 점차 골칫거리가 되었다.

이런 문제들에 대응하여 몇 가지 물품이 중요해졌다. 사람들이 보편적으로 받기를 원하고 생활에 꼭 쓰이면서도 스스로 생산·공급하기가 쉽지 않은, 수요의 최대공약수 같은 물건들이 실제 교환 중에 두각을 나타내고 거래 네트워크의 핵심 물품이 되어 그것을 통해 거래가 비교적 순조롭게 진행되기에 이르렀다. 그 자체로 기능성을 갖춘 실물인 동시에 거래를 연결해주는 매개체인 그것을 우리는 훗날 실물 화폐라고 불렀다. 초기 중국 역사에서는 대체로 조개껍질, 직물, 도끼, 칼 등이었다. 그래서 지금도 한자문화권에 있는 사람이라면 누구나 화폐 및 부의 거래와 관계있는 한자를 알아볼 수 있다. 조개, 직물, 도끼의 표식이 남아 있기 때문이다. 특히 도끼 '근斤' 자는 일찍부터 계량(즉 재물의 계산)에 쓰였지만 지금 절대다수는 이 글자가 도끼의 상형문자인 동시에 도끼 '부斧' 자의 원형인 것을 잊었다('斧' 자는 '斤' 자보다 조금 나중에 출현했다. 음성 부호인 '父'를 첨가해 사람들이 이 글자를 어떻게 읽어야 할지 알게 해주었다). 거래에 빈번히 사용되었기 때문에 점차 통상적인 계량 단위로 진화했으며 그럼으로써 본래의 글자 뜻을 '찬탈해' 나무를 베지 않고 사람만 베게 되었다.

소금도 또 다른 유사 물품으로서 역시 사람들이 매일 필요로 하고 보존과 분할이 다 손쉬웠다. 단지 중국에서는 다른 문명과 국가에서만큼 그 비중이 두드러지지 않았다. 예컨대 유대인의 젊은 스승 예수는 사람들에게 세상의 소금이 되라고(세상의 화폐가 되라고) 하지 않았던가.

조개, 직물, 도끼, 소금(여기에 곡식, 찻잎, 보석 등까지)은 화폐로서 각각 시험적으로 사용되었고 역시 각각의 결함이 뚜렷했다. 그런데 여기서 흥미로운 점은 오히려 그것들의 일치성이라고 생각한다. 화폐화된 실물의 종류는 세계 각지에서 고도로 일치했고 진화 방향도 유사했다. 이것은 당연히 우연이 아니었고 인간의 상상력이 부족해서도 아니었다. 부의 성장과 부의 교환이 동일한 요구와 난관을 향해 있었고 또 유사한 과정을 겪으면서 서로 유사한 경험의 성과 내지는 '답'을 얻음으로써 이른바 수렴 진화계통이 다른 생물이 외견상 닮아가는 현상의 양상을 보였기 때문이다. 훗날 각기 다른 사회와 문명이 서로 접촉하고 충돌했을 때도 부에서의 이질성은 극히 적었다. 서로 이해하기 쉬웠으며 또 상대가 무엇을 생각하고, 무엇을 원하고, 무엇을 빼앗으려 주판알을 튕기는지 헤아리기도 쉬웠다. 상인들 사이의 대화는 다른 분야 사람들, 예컨대 시인과 소설가보다 훨씬 간단했다(시인과 소설가는 모두 같은 세계를 향해 있고 함께 공동의 거대한 책을 쓴다고 늘 얘기하고 있긴 하지만). 여기서는 지역, 나라, 민족의 한계가 극히 모호했고 마치 공동의 언어라도 있는 것처럼 전 지구화의 장애물이 극히 적었다. 혹은 시종일관 부는 전 지구적이었다.

마지막 승자는 도끼였다. 더 정확히 말하면 도끼의 재료인 금속이었다. 재료로 환원하여 더 가벼워지고, 더 자유로워지고, 더 다채로워져 쓸 때 보관과 분할도 더 편리해진 것은 화폐 진화의 비약적 진전이었다. 중국에서만 그랬던 것이 아니라 역시 전 세계적으로 마찬가지였다(금속 광산이 균일하게 분포하지는 않았다는 전제 아래). 단지 시기상 빨랐는지 늦었는지, 발명이었는지 학습이었는지 그리고 자발적으로 사용했는지 침입으로 인해 동화되었는지의 차이가 있었을 뿐이다. 아울러 완성된 형태도 전 세계적으로 빠르게 일치를 보였다. 미학적 디자인이 실용성에 의해 제한을 받았기 때문이다. 아무래도 원형이 마찰과 손상이 가장 적고 손에 상처를 입히는 일이 없었으며 휴대하고, 교환하고, 쌓기가 편리했다. 이 시점에서 화폐는 이미 완성됐으며 또 거의 완벽해졌다(움베르토 에코는 인류의 많은 것이 생기자마자 완벽에 가까워졌다고 지적했다). 이때부터 화폐는 인류 세계에서 퇴출되어 독립적으로 존재하는 일이 없게 됐으며 사람들도 더 이상 새로운 사물을 발명해 화폐를 대체할 필요가 없어졌다. 그 후로 화폐의 변화와 조정은 마치 자체적인 생장과 진화인 듯 자신의 규칙과 논리에 따라 그 '내부'에서만 진행되었으며 사람들은 사용 과정에서 화폐에 숨겨진 다른 힘과 가능성(더 가벼운 종이로 금속을 대체할 수 있다든가, 여느 재화들과 달리 보관해도 어떠한 손상도 없고 오히려 이자가 계속 불어난다든가)을 끊임없이 찾아냈다.

이제 화폐를 만들지 않고 사용하게 되었다. 그러면 화폐를 어떻게 최대한 사용했을까?

# 왜 더 쓸모 있는 철이 아니었나

이번에는 화폐의 신용성에 관해 다시 생각해보자. 나는 줄곧 화폐의 신용성에 대한 일반적인 이해가 조금 틀렸다고 혹은 그것을 조금 지연시켰다고 생각해왔다.

실물 화폐는 이치대로라면 전적으로 자연스럽고 자유방임적일 수 있다. 그것이 상징하는 가치와 그 자체의 가치가 완전히 일치하여 넘치는 것이 없고 신용적이지 않기 때문이다. 다시 말해 교환에 쓰이는 화폐이면서도 일상생활에 쓰이는 유용한 재화 혹은 물질인 것이다. 그것의 '가격'은 역시 오르내림이 있긴 하지만 다른 재화 가격의 오르내림과는 상대적 관계가 있을 뿐이어서 화폐적 성격과는 거리가 멀다.

그래서 이론적으로 '관리'가 불필요하므로 실물 화폐는 자유경제의 사유와 시장 자체의 조정 및 결정에 가장 부합한다.

하지만 여기서 또 다른 금속인 철에 관해 생각해보기로 하자. 중국을 비롯한 인류 세계는 일찍이 철을 시험적으로 사용해본 적이 있기는 하지만 보통은 부득이해서 그랬고(예를 들어 금, 은, 동이 부족했을 때) 오래가지도 못했다(산화로 인한 부식, 공급량의 과다 등이 원인이었다. 일반적으로 철전鐵錢이 너무 무거워서 옮기거나 휴대하기가 불편해서 그랬다고 생각하지만 그것은 옳은 견해가 아니다. 철의 비중은 금, 은, 동보다 작다). 이것은 우리가 실물 화폐에 관해 습관적으로 잘못 알고 있는 것과 명확히 배치된다. 실물 화폐는 사람들이 가장 보편적으로 광범위하게 사용할 수 있어서 모두 기꺼이 받고자 하는 것으로 정해지는 게 아니었던가?

철은 가장 쓸모가 많은 금속이 아닌가? 실제로 철은 현재까지 인류 세계에서 사용량이 가장 많고 사용 범위도 가장 넓은 금속이다. 하지만 전체 인류 세계는 빠르게 통일적으로 금, 은, 동, 세 가지를 화폐로 삼아 현지의 거래 현황과 광산의 상태를 참작해 결정했다. 철이 가장 쓸모가 많았던 것은 매장량이 많고 광산 개발이 쉬운 것보다 그 화학적 성질로 인해 각종 실제 수요에 따라 여러 성질의 '합금'으로 만들 수 있기 때문이었다. 금과 은은 다 화학 반응이 원활치 않으며 또 무른 데다 다른 원소와 잘 화합하지 않아서 장식 외에는 실생활에서 별 쓸모가 없다(순철도 무르긴 하지만 다른 물질과의 혼합과 단련을 통해 경도를 높이기 쉽다). 그래도 동은 조금 나아서 청동(동과 주석이 주성분인 합금)기 시대는 인류의 긴 역사 단계였다. 하지만 역시 흥미롭게도 동이 정식으로 널리 화폐로 쓰인 것은 정확히 동 사용의 '공백기', 즉 청동기 시대가 막을 내린 뒤였으며 그 후로 동은 아득한 훗날 전기가 발견되고 나서야 고전도성과 저저항성의 전선 재료로 쓰인다. 다시 말해 동이 금속 화폐 역할을 한 것은 누구에게나 유용했기 때문이 아니라 무용했기 때문이니, 이것은 『장자』의 우화를 연상시킨다.

그래서 화폐는 일찍부터 신용성을 띠었던 게 분명하며 금, 은, 동을 사용하는 금속 실물의 시대부터 그 경향은 시작되었다. 이 말은 사람들이 그것을 기꺼이 받은 이유가 전적으로 그게 유용했기 때문이 아니라 다른 사람도 그것을 기꺼이 받을 것이라고 믿었기 때문이라는 뜻이다. 이는 우리가 몇몇 착각을 떨치고 화폐의 여러 간계, 예를 들어 금 본위제로 돌아가야 하느냐의 문제(지폐는 금의 증빙 자료일 뿐이며 일정량의 금에 맞춰 일정액의 지폐를 찍어야 한다는 뜻이다) 등을 좀더 쉽게 간파하는 데 도움을 준다. 금 본위제로 돌아가자는 요구는 보통 사람들이 현재 화폐의 신용을 극도로 의심하고 불안해할 때, 특히 국가가 경주하듯 대량으로 화폐를 찍어낼 때 대두된다(확실히 불공평한 게, 이익이 전부 채무자와 대규모 화폐 사용자에게 돌아가는 것은 장부기재식의 약탈이다). 그러나 금 본위제로 화폐를 묶어두는 것은 절대로 금의 실물성과 비신용성 때문이 아니라 그저 금의 자연적으로 한정된 수량 때문이다. 이것은 당연히 이쪽 편의 범람하는 화폐량을 제지할 수 있긴 하지만(더 희소한 우라늄 본위제를 쓴다면 상황이 더 빨리 정리될 것이다) 즉시 저쪽 편에 재난을 야기할 것이다. 즉, 금값이 폭등하고, 화폐 공급과 경제 규모가 심각한 불일치를 이루고, 시장이 삽시간에 정체되고 와해될 것이다. 금이 화폐로 기능하는 시대는 이미 옛날이 되었다. 금 본위제는 제한적인 것으로 무제한적인 것을 쫓는 것이나 다름

없다. 수량이 고정적이고 탄력성이 너무 낮은 금은 부단히 확대되는 경제 규모를 진작부터 따라잡을 수 없게 되었고, 특히나 자본주의의 폭발기인 최근 반세기 남짓(즉, 금 본위제가 폐지된 이후)은 더더욱 그러하다. 하느님은 인류의 화폐 재료로 삼으려고 금을 창조하지는 않았다.

화폐는 신용성을 띠며 화폐의 간계는 다 여기에 집중된다. 가상화와 사기와 추상화까지 모두.

오늘날 우리는 여전히 금속을 보조 화폐로 사용한다. 그 무거운 것을 주머니에서 꺼내 살펴보면 모종의 합금으로 재료의 가치가 사용가치보다 낮다. 그리고 그것의 주성분은 그렇다, 바로 철이다.

# 화폐의 간계는 신용에서 생기고 신용 속에 숨어 있다

죄송하지만 폴란드인의 유머(이것은 슬픈 유머이며 슬픈 이들에게서 슬프면서도 훌륭한 유머가 많이 나온다)를 하나 더 이야기할까 한다. 세월이 흘러 세상이 크게 변했는데도 이 오래된 유머는 마치 예언처럼 들린다.

한 시골 은행원이 농부에게 계좌를 개설해 돈을 예금하라고 권했다.

"내가 10즈워티를 예금했다가 만일 당신네 은행이 망하면 어쩌고?"

"우리 바르샤바은행 본점이 책임질 겁니다."

"만일 바르샤바은행 본점도 망하면?"

"폴란드 정부가 책임질 겁니다."

"폴란드 정부도 망하면?"

"우리 소련 큰형님이 책임질 겁니다."

"하지만 소련도 망하면 어떡해?"

은행원은 크렘린궁이 있는 동쪽을 멀리 바라보고는 용감하게 말했다.

"멍청하군요. 겨우 10즈워티로 소련 큰형님을 무너뜨릴 수 있으면 남는 장사 아닌가요?"

오늘날 우리가 사용하는 화폐(지폐)는 대체로 이러하다. 비슷한 크기에 비슷한 원가로 만들어진 종이에 천차만별의 액수인 '가치'가 기재되어 있고 그 배후의 어떤 거대하고 보상 능력을 갖춘 체제와 기제, 두루뭉술하게 말하면 화폐 제작을 책임지는 국가가 그것을 규정하고 보장한다. 비록 일부 비상 상황에서는(비상 상황은 사실 결코 드물지 않다) 국가도 보장할 수 없고 나아가 부의 힘이 고속 성장하면서 갈수록 더 보장할 수 없게 되었지만 말이다. 지금 내 딸이 갖고 있는 짐바브웨의 거액권은 벌써 몇 번이나 가치가 제로로 되었는지 모른다. 그것은 무료한 화폐수집가인 내 오랜 친구, 추안민初安民 1957~, 타이완의 저명한 시인이자 출판인. 잡지 『연합문학』 편집장을 지냈고 지금은 INK 출판사 대표다이 그녀에게 선물한 것이다. 그 지폐는 액면가가 100조 달러인데도 아마 빵 한 개도 사지 못할 것이다. 그래도 미국 달러는 비교적 안정적이고(준기축통화이기 때문에 미 연방정부에서만 지탱하고 보장하는 게 아니다) 또 건실한 편이다. 사람들이 그렇게 신뢰하고 가끔은 우스울 정도로 경건하게 대하는 그 대국의 지폐에는 신이 미국을 보우한다는 따위의 글이 찍혀 하느님이 끝까지 보장한다는 메시지를 전달하려 한다. 확실히 국가는 갈수록 신의 보우가 필요해지고 있기는 하다. 특히나 부의 힘에 맞서는 일에서는 더더욱 그렇다.

이것이 곧 이른바 '신용 화폐'로서 그 전에 1000년 이상 쓰인 실물 화폐와 구별된다. 말하자면 단지 알록달록한 종이일 뿐인데도 그 자체의 가치와 그것이 상징하는 가치가 완전히 분리되어 있다. 초창기에는 그저 수표, 인출 영수증, 채권 증서 같은 종이로 된 증명 자료였으며 처음부터 국가가 고안한 것도 아니고 상인들이 실물 운반의 불편과 위험을 극복하기 위해(종이 한 다발을 숨겨두는 게 금속 한 무더기를 숨겨두는 것보다 훨씬 쉽다) 실제 거래 중에 사용하기 시작한 것이었다. 거래가 확대되면서 무거운 돈도 거추장스러워졌기 때문이다. 이것은 화폐의 또 한 차례의 '비상'(실제로 중국에서는 맨 처음에 지폐를 '비전飛錢', 즉 가벼워서 날아다니는 돈이라고 불렀다)이었고 이로써 불교의 공空의 경계와도 같은, 철저한 가상과 무형과 무저항과 무마찰의 전혀 새로운 단계로 접어들었다. 사실은 금속에서 종이로 바뀐 것이 아니라 실체에서 무형으로 바뀐 것이었고 화폐는 이때부터 무슨 마신 같은 존재가 돼버렸다. 그리고 스스로 그 마신의 힘을 유감없이 발휘하기 시작했다.

일반적으로는 신용 화폐와 실물 화폐의 분기점을 지폐의 출현 시점으로 보기 쉽다. 이론적으로 실물 화폐는 초과 보장이 불필요한데, 그것이 상징하는 가치가 곧 그 물건의 본래 가치이기 때문이다. 다시 말해 그것을 화폐로 보지 않고 옷을 꿰매는 천이나, 농기구와 장례 도구를 주조하는 금속 재료 등의 어떤 '유용한 물건'과 바꿔도 괜찮다는 것이다.

하지만 이것은 틀린 견해일 가능성이 크다는 것을 2000,

3000년이 지난 오늘날에도 우리는 정확히 알 수 있다. 사람들이 정식으로 금속화폐를 쓰고(심지어 좀더 전일 수도 있다) 화폐라는 것의 개념이 정식으로 형성되었을 때부터 화폐는 실물에서 분리되어 신용의 단계로 들어섰다. 예를 들면 서한 초기가 바로 그때다. 아니면 좀더 분명히 말해 화폐는 처음부터 신용과 관련 있었으며 신용은 화폐의 '본성'이다. 이렇게 알아둬야만 우리는 화폐를 정확히 판단할 수 있다.

# 화폐가 창출하는 이익

근본적으로 말해, 만약 화폐가 상징하는 가치와 그 실제 가치가 일치한다면 화폐 주조는 거액의 생산비와, 힘든데도 남는 게 전혀 없는 순수 서비스만 쓸데없이 늘어날 것이다. 그래서 누군가 좋은 마음으로 그 일을 한다고 하면 국가는 크게 환영하며 성공을 빌어줄 뿐, 그를 체포하고 가두는 일은 절대 없을 것이다.

그런데 한 문제 시대에 천하에 화폐 주조를 개방했을 때는 곧장 그것이 폭리 업종인 게 증명되었다. 사람들은 훗날의 골드러시 때처럼 벌떼같이 몰려가 광산을 찾고 동을 캤지만 당연히 그것은 실제 수요와는 무관했고 또 실제 수요를 한참 뛰어넘었다. 그중 가장 유명했던 이는 등통鄧通이라는 사람이었는데, 문제는 그가 굶어 죽을까봐(그가 굶어 죽을 것이라고 술사術士가 예언했다) 큰 구리 광산을 하사해 돈을 주조하게 했고 몇 년 만에 그는 천하에서 으뜸가는 거부가 됐다. 사정은 아주 분명하다. 등통이 경영한 것은 금융업이지 고단한 채광업이나 금속 제조업이 아니었다. 이것은 훗날 금융업의 끝도 없는 이야기에 대한 예언이기도 하다. 타이완의 차이蔡씨 3대제1대인 차이완춘蔡萬春, 차이완린蔡萬霖, 차이완차이蔡萬才의 차이씨 형제를 시작으로 차이씨 3대는 1957년부터 현재까지 궈타이國泰신탁, 궈타이보험, 린위안霖園그룹, 푸방富邦그룹 등 타이완 굴지의 금융 기업들을 설립, 운영해왔다를 예로 들어보자(누가 부자는 3대를 못 간다고 했는가). 그들은 대체 얼마나 대단하고 위대한 일을 했으며 또 인류 세계에 얼마나 비범한 공헌을 했기에 그런 부를 얻을 수 있었을까?

나는 이 질문이 사람들에게 절대적으로 필요하며 계속 마음에 새겨둔 채 시시때때로 돌아봐야 한다고 생각한다. 특히나 경제학의 미궁 같은 이론의 세계에 들어섰을 때와 그 이후에는 더더욱 그래야 한다. 안 그러면 자기도 모르게 전혀 다른 인간으로, 본래는 되고 싶지 않았던 인간으로 변하고 만다.

고삐 풀린 망아지 같은 그 거액의 이익은 그 전(순수히 실물을 교환했던)까지는 없었던, 사람들이 전혀 모르던 것이었다. 그것은 순전히 화폐가 창출해낸 것이었다. 하지만 지금 우리는 알고 있다. 그것은 단지 시작이고 남상濫觴(수량水量이 겨우 작은 잔을 띄울 정도라는 뜻이다)일 뿐이었다는 것을. 미래에는, 밀란 쿤데라의 말을 빌리면, "그것은 거대한 강이었다". 그래서 화폐 주조와 지폐 인쇄는 다시 국유화돼야 했다. 국가가 점유하기 위해서든, 공정함을 기하기 위해서든 오늘날까지 그래왔고 거의 예외가 없다. 하지만 그렇다고 해서 화폐 '조작'에 지장이 있지는 않았다. 사람을 홀리고 어디에서나 부를 빛내주며 거의 끝이 안 보일 만큼 광대한 그 공간은, 화폐가 실물에서 벗어나고 실물을 초월함으로써 열렸고 화폐의 신용 속에 숨었다. 사실 국가가 돈을 찍는다는 것은 혼란한 국면이 오면 최종적으로 책임지고 수습하는 주체가 국가라는 뜻인데, 그러는 편이 더 좋고 더 편리하지 않은가? 오늘날 경제학자들은 낙담한 어조로 화폐는 심지어 이미 경제학과 무관해져 수학의 영역이 되었다고 말한다. 인류가 아는 한도 내에서 수학은 유일하게 실물 세계와 완전히 무관할 수 있는 학문인 동시에, 역시 유일하게 진정으로 무한을 향해 나아가는 순수 사유다.

화폐는 거래의 투명한 매개체가 아니다. 독립적인 전혀 새로운 존재로서 자신만의 내용과 의지를 갖고 과거와는 전혀 다른 새 세계를 만들었고 2000, 3000년이 흐른 지금, 비로소 완전히 성숙해 권력을 휘어잡았다. 또 이제야 그것이 얼마나 많은 일을 할 수 있는지 알았지만 그 끝은 여전히 아득하기만 하다. 전 지구적 경제 위기였던 리먼 브라더스 사태가 단지 특수한 사례 혹은 화폐로 인한 마지막 재난이라고 생각하는 사람은, 그가 누구라도 시각과 지능 혹은 정신에 다 문제가 있다고 봐야 할 것이다. 자본주의의 '소외'에 대한 마르크스의 견해는 대단히 훌륭하며 그의 가장 뛰어난 점 가운데 하나다. 그런데 만약 그가 오늘날의 세계를 계속 지켜봤다면 더 정확하고 분명하게 이야기했을 것이라고 나는 생각했다. 진정한 소외의 근원이자 핵심은 바로 화폐라고 말이다. 그러나 골치 아프게도 우리는 그것을 불러내기는 했지만 보내지는 못한다. 그것을 속여 알라딘의 램프로 되돌려보낼 방법은 없다. 공기와 햇빛이 없는 세상(할리우드 SF 영화에 나오는)을 상상하는 것이 화폐 없는 세상을 상상하는 것보다 좀더 쉽고 또 앞의 세상이 좀더 가능성이 많을 것이다. 혹은 공기와 햇빛이 없는 것은 과학으로 해결할 수도 있지만 화폐가 없으면 눈앞의 세상 전체가 무너져버린다고도 말할 수 있다. 우리는 포기하고 화폐의 일상적인 통치와, 정기적이기도 하고 비정기적이기도 한 광풍과 약탈 아래 살아갈 수밖에 없다. 그것을 고칠 수도 저항할 수도 없는, 마치 지구의 인력 같은 '자연환경'으로 간주한 채 우리의 가치에 대한 신념과 희망 그리고 우리가 줄곧 믿고 견지해왔던 것들을 하나하나 수정하여 그것에 협조할 수밖에 없다.

# 한 무제가 쓴 화폐의 간계

돈에 쫓겼던 한 무제도 최소한 한 차례 화폐의 간계를 쓴 것으로 유명하지만 오늘날의 시각으로 보면 당연히 수준 낮고 매우 야만적이었다. 그는 (틀림없이 어떤 전문가의 건의에 따라) 창고 속 쓸모없는 백금과 상림원上林苑에서 너무 빨리 번식해 생산량 과잉인 사슴의 가죽을 꺼내 진상과 제사에 쓰이는 화폐를 만들게 했다. 그리고 조세로 먹고사는 제후들을 압박해 그들의 현금과 그것을 교환했는데, 환율은 중앙은행 총재를 겸하고 있던 황제 본인이 마음대로 정했다. 그 교환으로 인해 본래는 쓸모없던 백금과 사슴 가죽이 순식간에 거액의 이익을 창출했다. 오늘날 우리는 이런 일에 매우 익숙하다. 월가의 그 사람들이 매일, 매시간, 매분, 매초 하고 있는 일이기 때문이다.

　아마도 비슷한 시기에 지구 반대편에 있는 유대인의 성지 예루살렘에서도 유사한 화폐의 간계가 사용되었다. 따라서 역사적으로 유대인의 평판이 줄곧 화폐 및 금융과 밀접하게 관련되었던 게 이해가 간다. 나라를 잃고 뿔뿔이 흩어진 뒤로 유대인에게는 예루살렘의 성전에 돌아가 참배를 하는 것이 필생의 의무가 되었는데, 이로 인해 사제와 상인들이 손잡은 화폐의 간계가 성립되었다. 멀리서 온 참배객들이 우선 성전에서 통용되는 화폐인 세겔로 환전을 해야만 봉헌할 수 있게 규정한 것이다. 그래서 장엄한 신전 앞이 시장통처럼 번화해졌으며 최초의 월가라도 되는 듯 사방에 돈이 굴러다녔다. 젊은 예수가 처음 나귀를 타고 예루살렘에 입성해서 본 것이 바로 그런 볼썽사나운 광경이었다. 그는 오늘날 월가점령 운동의 참가자들과 똑같거나 혹은 더 격렬한 일을 벌였다. 좌판을 뒤엎고 채찍으로 그 환전상들을 후려갈겼다.

그렇다. 화폐의 간계가 사람들을 피곤하게 한 것은 이토록 유구한 역사가 있다.

# 쓸데없는 일이 사활이 걸린 일이 되다

그래서 『염철론』이라는 서한 시대의 기서를 꼼꼼히 다시 읽어볼 필요가 있다. 우리는 지난 2000년간 살았던 사람들보다 이 책을 어떻게 읽어야 할지 더 잘 알고 있으며 읽고 나서도 훨씬 친근한 느낌이 들 것이다. 마치 어떤 근원을 발견해 모든 것이 어찌 된 일인지 환히 깨달은 것처럼 말이다. 내 오랜 친구 잔훙즈詹宏志 1956~, 타이완의 작가, 출판인, 언론인, 영화인. 수많은 출판사, 잡지사, 언론사의 요직을 역임했고 40여 종의 잡지를 창간했으며 허우샤오시엔侯孝賢의 「비정성시」 같은 기념비적 영화들의 기획, 제작을 맡기도 했다가 젊은 시절 똑똑하게도 그 일을 한 적이 있다잔훙즈의 저작, 『염철론: 한나라 재정 대변론鹽鐵論: 漢代財政大辯論』을 가리킨다. 시보출판사의 고전보고經典寶庫 시리즈 중 한 권이었는데 여태 남아 있는지는 잘 모르겠다. 하지만 그 후로 30년이 흘렀고 빠르게 발전해온 그 세월 동안 우리는 더 많은 것을 알게 되었을 뿐만 아니라, 그중 대부분은 기정사실로 우리 눈앞에 펼쳐져서 더 이상 추론할 필요도, 추측하고 고민할 필요도 없다.

『염철론』은 상홍양이 활약하던 당시 소금과 철을 국가가 전매하는 정책과 관련해 서한의 조정에서 벌어진 논쟁을 환관桓寬이라는 유학자가 기록, 서술한 책이다. 논조가 다 공정하지는 않으며 그들이 이해하지 못했고 이해하려 들지 않았던 것이 많기는 하지만, 그 정도는 지금 여과하기 어렵지 않다. 게다가 환관의 '편견'도 전혀 가치가 없지는 않다. 그 안에는 우리가 잊고 있고 이미 경멸해 마지않는 유익한 가치에 대한 신념, 유익한 세계관이 남아 있기 때문이다.

돌이켜 생각해보면 어째서 조개껍질은 그렇게 일찍 거래의 매개체로 '피선'되었을까? 그것은 실물이긴 해도 생활에 쓸모가 거의 없는데, 어째서 사람들은 목숨과도 같은 곡식이나 땔감과 기꺼이 바꾼 것일까? 이것은 아마도 거래의 (원초적인) 어떤 본질을 암시한다. 자연경제 상태의 거래에서 사람들이 내놓은 것은 본래 서로 남아도는 물건이었고, 그래서 거래는 인간의 생존 한계선 위쪽에서 수행된 특수한 활동으로서 그 목적은 삶을 향상시키고 심지어 케인스가 말한 것처럼 남에게 부러움을 사기 위함이었다. 생존의 측면보다 과시의 측면이 훨씬 강했던 것이다. 그래서 상업 거래는 이른바 '축말逐末' 또는 '축리逐利', 즉 눈앞의 작은 이익을 추구하는 일이었다. 더 풀어서 이야기하면 꼭 필요하지는 않은 일로서, 심지어 인격에 문제가 있는 사람이 이런 일을 하거나, 혹은 이런 일을 하면 마음을 단속하지 못해 인격에 손상이 간다고 간주되었다. 이것은 당시 사람들의 보편적인 견해였다. 특수한 생각과 주장이 아니라 합리적인 실제 느낌이었던 것이다.

반대로 상업 거래가 가장 극단적으로 이익을 추구하고 또 과장된 오늘날에 우리는 더 이상 그런 말을 하지 않는다. 오늘날, 거래가 기본 생존과 관계될 만큼 중대해진 것은(쌀, 기름, 소금, 양념 등을 다 사야 한다) 분업화된 전 세계의 양태이며 사람들은 자기도 모르게 합리, 유리, 편리를 좇는 역사의 일방통행로(인류사 진화의 공통된 방식이다)를 걷고 있다. 이에 사람들의 상호 의존이 심화되어 결국 어떤 부분이 매우 취약해지고 말았다. 생존 한계선 아래쪽과 생존 한계선 위쪽의 일들이 한데 뒤얽히면서 사람들이 볼모가 돼버린 것이다. 이제 부자들에게 타격을 입히려면 먼저 훨씬 더 많은, 생존을 위해 몸부림치는 이들을 타도하고 죽여야만 한다. 그들이 마치 인간 방패라도 되는 것처럼 말이다.

조개껍질에서 금, 은, 동으로 이어진 과정은 화폐에 대한 일반적인 이해와는 동떨어질지 모르지만, 거래의 원초적인 본질을 갖춘 전前 화폐의 길이었다. 그것들의 가장 눈에 띄는 공통점은, 모두 광채가 나고(키틴질과 금속의 자연 광채를 말한다. 여기서 우리는 그리 아름답지 못하다는 것도 철의 문제였을지 모른다는 생각을 하게 될 것이다) 별로 유용하지 않으며 남아도는 실물이면서도 사람들의 눈길을 사로잡았다는 것이다. 직물 화폐의 선택도 똑같이 이해해야 할 것이다. 그것은 옷을 만들어 소로가 말했던 인체의 '동물적 열'을 유지하기 위한 것이 아니라 사람의 마음속 또 다른 부분의 기이한 열을 지닌 신비한 구석에 작용했다. 우리가 오늘날 옷, 새 시즌의 각종 명품 패션을 대할 때의 느낌과 마찬가지로 보온 기능 따위는 중요하지 않았다.

초기 경제학 저작들을 보면 진귀한 보석이 그 대단한 사상가들을 상당히 골치 아프게 했음을 알 수 있다. 보통 그들은 보석을 특수화시키고 따로 항목을 마련해 일반 원칙 바깥에 고립시켰다. 쓸모없지만 비싸기 짝이 없고 누구나 미친 듯이 원하는, 가치와 가격이 완전히 동떨어진 그 물건을 도저히 설명하기 어려웠기 때문이다. 그것은 어렵사리 구축한 거래 이론과 가격 이론을 무너뜨릴 위험이 있었다. 그런데 조개껍질에서 금, 은, 동에 이르러 조금만 더 위로 올라가면 보석이 아닌가? 보석은 겨우 한 발짝 거리의, 좀 더 고가의 물건에 불과했다. 어쩌면 최초의 '고액권', 부를 더 과시할 수 있는 고액권과도 같았다. 그래서 당연히 환산해 현금과 바꾸기가 까다롭긴 했지만 그래도 괜찮았다. 그것을 쓸 수 있고 가질 수 있는 사람이 본래 드물었기 때문이다(타이완의 몇몇 초호화 주택이 경기에 거의 영향을 안 받고 경기 순환 밖에 존재하는 것이 연상된다. 역시 경기에 영향을 안 받는 20, 30명만 있으면 되기 때문에 그렇다). 오늘날에 이르러 보석은, 특히나 그중에서 가격의 시세가 가장 명확하고 근거가 있는 다이아몬드는 여전히 일종의 화폐에 속한다. 휴대하거나 숨기기도 쉽고 공항 세관의 금속탐지기에 반응하지도 않으며 훈련받은 비글이 냄새를 맡지도 못해서 여러 업종의 사람들이 애용하고 있다.

여기에는 시간차가 존재하는데, 거래는 본래 쓸데없는 일이었고 지금도 그렇다. 지금이 훨씬 더 그렇다. 하지만 거래는 지금 생사가 걸린 일이 되기도 했다. 물론 사람들을 당장 굶어 죽게 하고 얼어 죽게 하는 것이 아니라, 인간의 생활 방식을 통째로 파괴하고 와해시킬 수 있다.

## 아편이 아니라 화폐여야 맞는다

"철학자들은 몇 세기에 걸쳐 행복의 진정한 의미에 관해 연구했지만 여태껏 의견이 분분하다. 그런데 알고 보니 그 해답이 여기에 있었다! 이 물건은 1펜스면 살 수 있으며 상의 주머니에 넣어 갖고 다닐 수 있다. 미친 듯이 기쁜 감정을 병 하나에 넣을 수 있고 편안한 마음을 우편 마차에 실어 전할 수 있다." 이 말은 토머스 드퀸시가 서술한 것이며 나는 보들레르의 『인공 낙원』에 관해 이야기하면서 이미 한 차례 인용한 적이 있다. 하지만 애석하게도 드퀸시가 이야기한 것은 아편이다. 마지막으로 그를 지옥으로 처넣은 것은 화폐가 아니었다.

그러나 마땅히 화폐여야 맞는다. 훨씬 더 맞는다.

적어도 아편에 대해 우리는 드퀸시와 보들레르를 통해 거기에 짧거나 항상 기한이 있는 특수한 행복과, 결코 붙들어둘 수 없는 천국(아편중독이었던 드퀸시의 진실한 고백에 의하면 기껏해야 10년, 20년이라고 한다)이 숨겨져 있다는 것을 알고 있다. 또한 효력이 끝날 때면 즉시 태도를 바꿔 원금에 이자까지 붙여 몰아댐으로써 눈앞의 세상 전체가 순식간에 「요한계시록」처럼 컴컴하고 공포스러워져, 그야말로 악마 메피스토펠레스가 파우스트 박사를 대하

는 것이나 다름없다고 한다(사도 요한과 시인 괴테는 유사한 마취 약물의 환각 효과를 빌려 글을 썼을 가능성이 크다). 그런데 화폐는 그저 행복과 천국을 숨기고만 있는 게 아니다. 당신의 삶과 꿈을 당신이 원하는 대로 모두 창조해줄 수 있다. 예컨대 전문적으로 훈련받은 이들을 줄줄이 동원해 당신을 도와줄 수도 있다(가격만 맞으면 얼마든지 가능하다). 마치 일본의 유명한 TV 프로그램, 「만능 인테리어왕」(원제목은 「大改造!!劇的ビフォーアフター」이다)에서 그러듯이 말이다. 그랬을 때 당신이 밝은 햇빛 아래 서면 그것이 환각도 아니고 홀연히 사라지지도 않으며 무슨 큰일이 날 리도 없다는 점을 알 것이다. 그 상황은 똑똑히 존재하여, 사진을 찍을 수도 있고 사람들을 불러 참관을 시킬 수도 있다. 여기에 법률적인 보장도 받고 유산을 자자손손 물려줄 수도 있다. 물론 이 시점에서 마음을 착잡하게 하는, 뭐라 말하기 어려운 견해들이 떠오르기는 한다. 화폐가 창조한 행복과 천당은 결국 불행으로 나아가 안 좋게 끝난다거나, 아편중독의 경우처럼 피할 수 없는 지옥의 함정이 뒤에 도사리고 있다는 것 등인데, 죄다 아무 근거도 없고 경험적 사실도 아니지만 어쨌든 이에 대해서는 차후에 다시 이야기하기로 하자.

생각해보면 거의 모든 사람이 필요로 하는 모든 것, 갖고 있는 모든 것, 나아가 일해온 모든 것까지 전부 작고 얇은 쇠붙이나 종이 한 장에 넣어 몸에 지니고 다닐 수 있다(혹은 이미 '반드시' 그래야만 한다)는 것은 도라에몽의 4차원 주머니와 그 신기한 도구들의 현실 버전이다. 당신이 길에서 지폐 한 장이나 동전 한 닢을 줍는다면 누군가의 한 시간, 하루의 노동 성과가 저절로 당신 게 되는 것이다. 마치 그 한 시간, 하루의 일을 본래 당신이 완수하기라도 한 것처럼(이것이 바로 화폐의 약탈적 성격이 가장 극명하게 드러나는 점으로 화폐의 간계의 '원형'이다). 그리고 당신이 만약 정상적인 부모의 자식이라면 맨 처음 눈을 뜨고 울음을 터뜨린 그 순간, 헤아릴 수 없이 많은 사람이 평생 힘들게 땀 흘려 얻은 노동의 성과를 갖게 된 것이나 다름없다. 이것은 당신의 전대, 전전대 사람들이 무슨 좋은 일을 한 것이라기보다는, 당신의 전대, 전전대 사람들이 틀림없이 불가사의한 일벌레로서 일당백으로 밤낮없이 일해서 그렇게 된 것이 아닐까? 화폐는 경이로운 수용력과 시간의 침식에 대한 저항력으로 아득히 오래된 생사의 윤회설을 지켜냈다. 물론 그 내용을 철저히 다시 쓰기는 했지만.

# 『80일간의 세계일주』의 진정한 복음

그래서 도대체 어떻게 된 일이란 말인가? 그래서 말해보면, 포기하지 않고 가치가 무엇인지, 가치를 어떻게 처리하고 보존할지 고민했던 초기의 그 대단한 경제학자들은 분명히 잘못 생각했다. 경제적 가치는 당연히 (단지) 인간의 노동에 의해 창출되는 것이 아니다. 적어도 화폐가 생겨난 이후에는 더 이상 그렇지 않게 되었다. 더욱이 노동의 성과에 대한 보수 비율의 꾸준한 감소는 가장 고정적인 동시에 돌이킬 수 없는 역사적 추세다. 오늘날에 이것은 기본 상식으로서 대경제학자 폴 크루그먼도 우리를 도와 임금(노동의 보수)은 주요 포인트가 아니고 한계가 있으며(대기업 CEO의 임금 '한계'는 우리가 보기에 천문학적 숫자이긴 하지만) 정말 중요한 것은 이른바 스톡옵션임을 증명해주었다. 이것과 임금은 그 '가치'가 하늘과 땅 차이여서 동일물로 간주되기 어려우며 확실히 동일물도 아니다. 이것은 일종의 열쇠이자 여권으로서 사람을 전혀 다른 세계로, 너무나 생생하면서도 꿈결처럼 환상적인 화폐의 왕국으로 들어가게 해준다. 예컨대 그 세계에서 화폐는 살아 있는 존재, 어쩌면 유일하게 살아 있는 존재로서 스스로 자라고 줄줄이 열매를 맺는다.

노동은 사람이 해가 뜨면 일을 하고 해가 지면 쉬는 것으로 오늘날에는 대체로 하루 8시간을 넘으면 안 된다는 법적 제한(본래는 보호의 취지가 있다)도 있다. 그러나 화폐는 노동 시간의 제한이 전혀 없어서 동화 속 요정처럼 사람들이 달게 잘 때도 계속 부를 축적한다. 24시간 내내 쉬지 않고 단 1초도 허투루 보내는 법이 없다.

『80일간의 세계일주』라는 책은 1873년에 쓰였는데 "Around the world, I search for you……"라고 하여 저자는 자신이 전혀 새로운 세계의 도래를 목도하고 있다고 믿는 흥분된 사람으로서 세상 사람들에게 서둘러 신기한 일들을 알려주고 반성을 유도하려 한다(이것은 한때 흔히 보이던 소설 쓰기의 기획이자 방식이었다). 그래서 이 소설은 "80일 만에 전 세계를 일주할 수 있을까?"라는 내기를 바탕으로 수립되었다. 이 새로운 복음은 틀리지는 않았지만 역시 진정한 포인트는 보지 못했고 더 깊고 의미심장하며 또 더 시간적 항속력<sub>항공기나 선박이 한 번 실은 연료만으로 항공이나 항행을 할 수 있</sub>는 최대 거리을 갖춘 역사적 진전도 알아차리지 못했다.

오늘날(나는 특별히 엄청난 항공기 마니아인 아들 셰하이밍에게 자문을 구했다) 바다를 건너다니는 대형 여객기의 정상 속도(당연히 더 빨리 날 수도 있다)를 보면, 에어버스의 A380은 마하 0.89이고 보잉의 747은 마하 0.85, 777은 마하 0.84이다. 마하 1은 1220킬로미터인데 적도를 한 바퀴 도는 것은 4만75킬로미터이므로 환산하면 이착륙과 급유를 고려하지 않았을 때 36.8시간 남짓 동안 지구 한 바퀴를 돌 수 있다. 80일이 하루 반으로 줄어든 셈이다. 그런데 이 정도면 거의 한계에 이르렀다고 볼 수 있다. 시간을 더 앞당길 수 있긴 하지만 그렇게 될 가능성은 별로 없다. 한편으로는 물리 법칙을 뛰어넘을 수 없기 때문이며 다른 한편으로는 여타 현실적인 문제들을 처리하기가 까다롭기 때문이다. 그중 가장 중요한 문제는 아니나 다를까 경제적 고려다. 기술적으로는 아직 여지가 있지만 상업적으로 허용이 안 되는 것이다. 상업적으로 그렇다면 이미 끝난 얘기다. 그것이야말로 천상의 법률이니 말이다. 그런데 사실 과거에 더 빠른 여객기가 파랑새처럼 날아다닌 적이 있기는 했다. 그것은 바로 비행기 머리가 새의 부리 모양이었던, 인류 세계 유일의 초음속 비행기 콩코드였다. 콩코드의 운항 중단과 퇴역은 더 이상 생생할 수 없는 현대의 묵시록적 이야기다. 그것은 소음 문제를 해결하지 못하기도 했지만 정말 치명적이었던 것은 경영 문제, 즉 원가와 효율성 문제였다. 결국 그 거대한 새는 기술이 아니라 경제 법칙 때문에 멸종되어 정식으로 여행비둘기와 코끼리새의 운명을 이어받고 말았다. 물론 마찬가지로 항속력과 급유 그리고 원가와 효율성의 문제를 고려하지 않는다면 가장 빠른 것은 전투기와 군용기다. 오래전에 이미 마하 3을 넘었다(정찰기인 SR71 블랙버드는 마하 3.35로 날 수 있다). 보통 살인과 방화를 위한 것이 가장 최첨단이고 가장 제한을 받지 않으며 인류의 지혜를 가장 많이 사용하는 동시에 경제 법칙의 제약을 면제받는다. 이것은 또 하나의 실망스러운 역사의 공통적인 법칙이다.

진정한 복음은 『80일간의 세계일주』의 몇 마디 말에 무심코 담겨 있다. 우선 출발 전야에 주인공 필리어스 포그는 새 프랑스 하인에게 "다른 짐은 필요 없고 여행 가방 하나만 갖고 가면 되네. 그 안에는 울 스웨터 두 벌과 양말 세 켤레만 넣고 말이야. 우리가 출발한 뒤 도중에 자네한테도 똑같이 한 세트 사주겠네. 그리고 자네는 가서 내 우비와 모포를 좀 가져오게. 튼튼한 신발을 한 켤레 챙기는 것도 잊지 말고. 사실 우리는 걷는 시간이 적어서 아예 필요 없을 수도 있지만 말이야. 됐네, 이만 가지"라고 말했다. 뒤이어 진짜 중요한 것이 등장한다. "(포그는) 내친김에 알록달록한 지폐를 크게 한 다발 쑤셔넣었다. 그 지폐는 세계 어디서나 사용할 수 있었다." 그 당시의 준기축통화는 영국의 파운드였고 그 지폐 다발은 모두 2만 파운드였다(파운드는 중국의 '냥兩'처럼 본래는 금속의 중량을 재는 단위였다). 그런데 지금 따져보면 "그 지폐는 세계 어디서나 사용할 수 있었다"는 말이 완전히 옳은 이야기는 아니었다. 포그 일행은 걸핏하면 아직 자연 상태에 머물러 있는 지역에 잘못 들어가고 거기서 길을 잃곤 했기 때문이다. 따라서 그 말은 예언에 더 가깝거나, 더 소박하게 말하면 훗날 인류 세계의 지속적인 발전에 대한 묘사다. 그 세계는 하루하루 조금씩 더 실현되어왔다.

이 소설의 결말은 모두가 다 아는 것처럼 포그가 극적으로 내기에서 승리했다. 80일의 기한 내에 런던으로 돌아와 아슬아슬하게 약속 장소인 클럽에 도착했다. 사실 그는 본래 자기가 진 줄로 알았다. 하루가 늦었다고 생각했는데, 그것은 날짜 변경선을 지나며 번 24시간을 빠뜨리고 날짜를 계산했기 때문이다(작가의 득의양양한 마지막 간계다). 포그는 명예를 지키고 부를 손에 넣었으며 보너스로 진정한 사랑까지 얻었다. 빠진 것은 권력뿐이었다.

정말 의미 있는 진전은 (이미) 인간이 더 빨리 어떤 지역을 지나가게 된 것이 아니라 재빨리 어떤 지역에 들어가게 된 것이다. 마치 물방울이 강과 바다에 섞여드는 것처럼(화폐가 물처럼 우리를 데리고 흘러 들어간다는 것을 기억하라). 진짜 신기한 것은 교통수단이 아니라 화폐다. 80일로는 세계일주가 불가능하다고 믿었던 그 클럽 친구들은 교통수단을 준비하고 연계하기가 쉽지 않으며 의외의 사고가 발생할 거라고 주장했다. 그들의 예상대로 확실히 포그 일행은 연이어 사고를 당했다. 그런데 그때마다 어떻게 했을까? 보통은 화폐에 의지했다. 그 파운드 다발로 매번 급하게 구멍을 막았다. 이것은 우리가 여행할 때의 기본적인 경험이기도 하다. 드퀸시의 말을 흉내 내 얘기하면, 철학자들은 몇 세기에 걸쳐 사람과 사람이 나누는 친밀한 관계의 진정한 의미에 관해 연구했지만 알고 보니 그 해답이 여기에 있었다! 화폐는 빠르게 의심과 불안을 제거하여 낯선 사람을 친숙하게, 적대적인 사람을 우호적으로 변화시킨다. 당신은 현지에 친척이나 친구가 있어야 할 필요가 없다. 화폐만 있으면 평생 몰랐던 사람도 알아서 당신을 접대하고 시중 들 것이다. 심지어 자기 부모와 아내, 자식을 대하는 것보다 더 친절하고 살뜰하게 말이다. 나아가 당신이 가는 곳, 먹는 음식은 심지어 현지인도 있는지 몰랐거나, 아니면 현지인은 갈 수도 먹을 수도 없는 곳과 음식일지도 모른다. 그렇게 당신은 자기 몸과 두 손과 마음과 신경까지 자유로워져 보고, 생각하고, 만지고, 느끼게 된다.

이제부터는 좀더 진지하게 이야기해볼까 싶다. 자칫 오해되고 오용되기 쉬운, 여행에서 돈을 쓰는 것도 일리가 있다는 내용이기 때문이다. 사실 나 자신의 제한적인 이국 체험이 바로 그랬다. 은 연중에 많은 것을 접하고 많은 것을 느낀 것은 실제로 현지에서 돈을 지불하고, 실제로 화폐를 사용했을 때였다. 그것은 분명하게 세부적으로 말하기 어려운, 일종의 빠른 통로로서 총체적인 느낌에 더 가까운 모종의 기묘한 방식으로 당신을 낯설고 이질적인 세계와 그곳의 사람들에게 연결시켜준다. 내 오랜 친구 잔훙즈는 언젠가 진열대의 상품(종류, 양식, 수량, 장식 등까지)을 보면 방문한 현지의 진짜 모습이 가장 많이 눈에 들어온다고 말한 적이 있다. 그곳 사람들이 매일 생각하는 것, 하는 것, 쓰는 것, 원하는 것, 강조하는 것 그리고 모자라고 없는 것과 생활의 갖가지 기본적인 사실들까지. 현지에서 돈을 안 쓰면 그곳에 안 간 것이나 다름없을 때가 많다. 아마 우리는 정말로 그러는 것을 좋아하지는 않고 어쨌든 더 순수한 어떤 방식을 선호하겠지만 이 세계는 이미 그런 모양새가 돼버렸다. 화폐를 연결 고리로, 교량으로 삼는다. 물론 그 대전제는 장자가 말한 '매하유황每下愈況', 즉 상황이 날로 나빠진다는 것이다. 그리고 낮은 곳일수록 그런 현상은 더 분명하게 드러난다. 싸고, 일상적이고, 보편적인 것일수록 설명할 게 더 많다(안타깝게도 옛날에는 비교적 똑똑했던 내 오랜 친구 잔훙즈는 이미 '비싼' 논객이 돼서 더는 그렇게 진상을 드러내는 저렴한 것들을 고개 숙여 살피지 못하게 됐다). 여행지의 시장과 슈퍼마켓처럼 말이다. 사실 오성급 호텔은 전 세계 어디나 다 똑같다. 또 그래서 내 아내 주톈신과 나는 중국의 "관이 초청하고 준비하는" 여행에 여태 참가해본 적이 없다. 타이완 작가들은 틀림없이 거의 다 참가해봤을 것이다. 그것은 꼭 구름 속을 지나가거나, 비행기도 안 탔는데 비행기를 탄 듯한 느낌일 것이다.

보잉 747은 1970년대부터 운항을 시작했다. 다시 말해 지난 반세기 동안 여객기의 속도는 계속 멈춰 있었던 것이다. 747을 대신해 쓰이는 777은 1990년대의 산물이기는 하지만 개선된 것은 속도가 아니라 원가와 효율성이다. 더 강력한 2개의 엔진이 본래 있던 4개의 엔진을 대체해 줄어든 것은 승객의 시간이 아니라 항공사의 연료와 관련 비용이다. 무조건 경제성이 최우선인 것이다. 하지만 비행 속도가 제자리걸음을 해온 이 40, 50년은 곧 화폐라는 오래된 존재가 가장 날로 새로워진 역사적 시간대다. 그 기세가 너무나 세차고 엄청나서 거의 폭발적이라는 말로밖에 설명이 안 되며 경제학은 곧 화폐금융학으로 전부 축소될 것이다.

# 사들인 하늘

일본 도쿄의 오쿠타마산 지역에는 네모난 알림판 하나가 서 있다. 거기에는 좀더 안쪽으로 들어가면 패밀리마트, 로손, 세븐일레븐 등의 슈퍼마켓이 없다는 글귀가 적혀 있다. 눈앞에 산봉우리와 흰 구름이 끝도 없이 펼쳐져 있어 굳이 그렇게 알려줘야 하나 싶지만 현대인에게는 그런 친절함이 몹시도 필요하다. 확실히 지구상에는 달랑 화폐만 갖고 들어가서는 안 되는 지역이 아직 남아 있긴 하다. 만약 포그 일행이 남극 대륙에 갔다면 당연히 짐이 스웨터 두 벌과 양말 세 켤레뿐이어서는 안 됐을 테고 그곳에 가서 똑같은 한 세트를 더 살 방법도 없었을 것이다. 그랬었다면 오디세우스의 마지막 항해처럼 죽음을 자초했을 것이다.

그런데 다시 돌아와 생각하면 얼마 안 남은, 화폐가 통하지 않는 그 지역들은 현재 가장 비싸고 훨씬 더 많은 화폐가 소요되는 곳이기도 하다. 그곳들에 이르려면 온갖 장애물을 넘어야 하고 그러려면 많은 돈을 지불해야 하기 때문이다. 나는 이 이야기를 이미 사회 명사급으로 올라선 몇몇 친구에게 전해 들었다(옛날에 처음 만났을 때는 다들 똑같은 처지였지만 부와 권력과 명예가 거침없이 내닫는 이 세계에서 지난 20, 30년간 한마디로 말하기 어려운, 너무나 많은 일이 벌어졌다). 한 번 다녀오는 데 누구는 60만 타이완 달러현재 1타이완 달러는 한화 38~39원이다가 들었다고 하고 또 누구는 150만 타이완 달러가 들었다고 했다. 도쿄, 런던, 뉴욕, 파리 같은 화려한 대도시에 다녀오는 것보다 10배 이상 많은 금액이었다.

월든 호수는 별 탈이 없을까? 소로와 그의 책 덕분에 그 지역은 특별히 보호받아온 편이다(틀림없이 적잖은 경제적 대가를 치렀을 것이다). 실제로 사람들은 소로의 그 27달러 94센트짜리 오두막을 다시 짓기도 했다. 그것은 명예가 우리를 위해 성공적으로 해낸 일로서 명예는 우연히 혹은 잠정적으로 부와 권력을 패배시켰다. 그때 명예가 의존한 것은 부와 권력 밖에 위치한, 그물을 빠져나간 물고기 같은 인간의 가치에 대한 신념이었으며 그 가치에 대한 신념은 역시 그물을 빠져나간 물고기처럼 그닥 경쟁이 치열하지 않은 한구석에 존재하고 있었다. 그러나 더 많은 월든 호수와 소로는 우리에게 이야기해준다. 운반할 수 없는, 우리가 직접 다가가야 하는 좋은 것들은 누구나 아는 것처럼 지금은 가격이 폭등했다고 말이다. 자연 회귀의 이른바 '단순한 삶'은 소설가 아청阿城 1949~, 중국의 소설가, 시나리오 작가, 산문가. 대표작은 「장기왕棋王」 「아이들의 왕孩子王」 등이며 영화 「부용진」의 시나리오 작가로 유명하다이 지적했듯이 사실은 모두 엄청나게 비싸서 화폐의 세계에서 가장 정점에 있는 사람만이 염두에 둘 수 있다. 어떤 물건에 자연이나 활력 같은 마술적인 단어만 붙으면 당장 가격이 뛰는 것과 같다.

돈으로 살 수 없는 물건이 많다는 것은 여전히 진리이긴 하지만 이미 시효가 다된, 더 말해봤자 별로 의미 없는 진리가 돼버렸다. 정말로 의미 있고 책임 있는 것은 두말할 나위 없이 과거에는 돈으로 살 수 없었는데 지금은 살 수 있게 된 것이 무엇이며 그것들을 돈으로밖에 살 수 없는지 혹은 어떤 방식과 어떤 대가로 사야 하는지 묻는 데 있다. 이것을 물어야만 우리는 비로소 지금 자신이 처한 상황을 알고 우리가 어디에서 어디로 나아갈 것인지 판별할 수 있다.

가난하긴 해도 수시로 외국에 가서 먹고 즐기다 오는 내 친구(이런 사람이 늘고 있다)가 한번은 외국 여관을 예약할 때 "당신은 산 쪽 뷰를 좋아하나요, 바다 쪽 뷰를 좋아하나요?"라며 친절한 질문을 받은 적이 있다고 한다. 그녀는 당연히 산 쪽이든 바다 쪽이든 경관이 좋으면 틀림없이 요금이 올라간다는 것을 알고 있었다. 그래서 어쩔 수 없이 흥을 깨는 반문을 했다.

"혹시 뷰가 없는 방은 없나요?"

햇빛과 공기와 물은 고전 경제학의 삼위일체 같은 특별한 것들로서 제일 가치 있기는 해도 전혀 가격을 매길 수 없으므로 살 수도 살 필요도 없이 누구나 마음껏 사용할 수 있다고 했다. 1854년, 시애틀의 인디언 추장도 미국 대통령에게 보낸 편지에서 "당신은 어떻게 하늘을 살 수 있는가?"라고 말했다. 하지만 이제 살 수 있게 되었다. 그 예가 바로 'APEC용 푸른 하늘'이다. 2014년

베이징에서 APEC이 열렸는데, 베이징의 하늘을 푸르게 만들기 위해 중국 정부는 불가사의한 노력을 기울였다. 베이징을 중심으로 사방 6개 성, 시의 범위 안에서 생산이 중단되거나 제한된 공장이 각각 수천 곳에 이르렀고 공사가 중단된 공사장도 수천 곳에 달했으며 차량과 석탄 사용도 전면 통제되었다. 또 그 과정에서 수십 명의 관리가 직위 해제되었다. 그 결과, 베이징에 정말로 오랜만에 푸른 하늘이 출현했다. 그러면 그 경제적 대가는 얼마나 됐을까? 중국 정부 쪽에서는 통계를 내지 않았거나, 혹은 통계는 냈는데 발표를 하지 않았다(틀림없이 후자일 것이다). 각국의 매체들이 각기 다른 방식으로 여러 수치를 제시하긴 했지만 확실한 것은 단 한 가지, 그것이 인류 역사상 가장 직접적이고 가장 비싼, "하늘을 산" 조치라는 것이었다.

그러나 겨우 며칠 동안 산 것임을 생각하면 정말 비싸기는 했다. 일주일 뒤 베이징 환경보호관측센터는 다시 스모그 피해 소식을 전하며 아주 담백하고 정확하게 말했다.

"오염 물질 배출이 정상을 회복했습니다."

물론 너무나 많은 이들이 아쉬워하며 그 맑디맑은 APEC용 푸른 하늘을 붙잡아두고 싶어했으나 그것이 불가능하다는 것을 모르는 사람은 없었다. 그 푸른 하늘을 며칠 임대할 수는 있었지만 영구적으로 사들이는 것은 세계 2위의 경제 대국이자 단호히 집중적으로 권력을 동원할 수 있는 중국조차 할 수 없었다(억지로 행

동에 나선다면 먼저 와해되는 것은 부일까, 권력일까). 낙관적인 예측
으로도 30년간 쉬지 않고 고통스러운 노력을 기울여야 했고 그중
가장 어려운 것은 바로 사람들이 "철저히 현재의 생활 방식을 바
꿔야" 한다는 것이었다.

철저히 생활 방식을 바꾸는 것은 역시 불가능한 일이다.

# 전혀 모순적이지 않은 자본주의의 모순

다음으로 "훼손되고 소모되기 어려운" 일에 관해 생각해보기로 하자. 그것은 자본주의의 '성취'이므로 먼저 자본주의에 관해 이야기해야 한다.

　대니얼 벨의 고전적인 저작 『자본주의의 문화적 모순』은 자본주의가 매우 강력했던 시기인 1976년에 출판되었다. 기본적으로 당시 세계와 역행한, 중대한 반성이자 의문으로서 충분히 진지한 사람만이 시도할 수 있는 일이기도 했다. 이 책은 지금도 여전히 숙독할 만한 가치가 있다. 맞는 말이든 틀린 말이든, 그리고 이미 사라진 것이든 여전히 우리를 괴롭히고 있는 것이든 모두 어떤 실마리를 품고 있다. 일부 판단과 주장이 "시대에 뒤떨어지기는" 했지만 사유 자체는 도도히 흐르는 한 줄기 강처럼 살아 움직이는 상태로, 유구한 역사를 관통해온 사유 하나하나를 성공적으로 연결하고 있다. 그래서 맞는 말이든 틀린 말이든 모두 그 사유의 내력과 내용과 의의를 드러내 보여 사람들로 하여금 깨닫게 하고 그들의 마음을 뒤흔드는 동시에, 그 사유가 성공적으로 꿰뚫어본 지혜와, 미처 알아차리지 못한 숨은 시공간적 제약을 포함하고 있다.

　대니얼 벨은 당시의 자본주의가 벌써 '변질'되었다고 지적하려

했다. 그가 믿던 자본주의는 막스 베버가 말한 것으로 이른바 프로테스탄트의 윤리, 다시 말해 엄격한 금욕과 끝없는 방종이 합쳐진 괴이한 것이었다. 베버는 확실히 자본주의가 인류 세계의 대단히 범상치 않은, 심지어 결코 '정상'이 아닌 진전으로 일반인의 보편적인 인간성의 토대 위에서는 자연적으로 발생할 수 없었다고 보았다. 인간이 그렇게 금욕적이면서도 방종한, 양극단의 모순이 변태에 가깝게 결탁한 행위를 하려고 하면, 반드시 모종의 대단히 특수한 사유가 먼저 발생해 일부 사람을 변화시키고 또 통치자가 그들을 사주해야만 비로소 그렇게 극도로 불균형하고 한 사람에게서는 장기적으로 불화가 없을 수 없는 행위 방식과 생활 방식을 지탱할 수 있다. 이는 자본주의가 어째서 서구라는 협소한 지역에서 발생했는지 설명해주며(혹은 설명하려고 시도하며) 또 자본주의가 유럽 대륙과, 프로테스탄트가 통치한 훗날의 북미 대륙에서 발생할 수밖에 없었고 그 관건은 여타 세계에서는 결코 그런 특이하면서도 심대한 인간성의 전환과 돌변이 없었다는 데 있다는 것을 어느 정도 확신하게 해주기도 한다.

그 후로 100, 200년간 역사는 이 판단을 뒷받침해주는 듯했다. 자본주의는 세계의 다른 지역에서는 성공적이지 못했고 빈곤과 황폐화만 초래했다. 자본주의는 단지 유럽인의 것일 수밖에 없었으며 나아가 프로테스탄트인 유럽인에게만 국한되었다. 아메리카 대륙도 프로테스탄트인 북미와 가톨릭인 중남미가 서로 전혀 다른 경제 상황을 보여 역시 베버의 견해를 입증해주는 듯했다. 그러다가 처음에는 일본, 그다음에는 아시아의 네 마리 용이 이른바경제 기적을 일으키면서 자본주의와 프로테스탄트 윤리의 삼쌍둥이 같은 관계에 비로소 현실적으로 균열이 발생했다. 하지만 그래도 여전히 많은 이들이 베버의 견해를 포기하지 못하고 이 문제를다음과 같이 변형시켰다. 유가는 또 다른 프로테스탄트가 아닐까?마찬가지로 금욕적이면서도 세속적이지 않은가? 심지어 프로테스탄트 윤리를 대체할 수 있는 인류 세계 유일의 윤리 체계가 아닐까? 이것이 바로 중화권에서 한때 저명한 학설로 떠오른 신유가다.한 무리의 인문학 연구자들이 방향을 틀어 경제 이론과 경제 실무 및 통계를 배우고, 탐색하며, 토론했다. 그것은 힘들지만 상당히감동적이었다. 마치 잠을 잘 수 없어 시간이 돌연 남보다 배로 늘어난 뉴욕의 그 스파이로런스 블록의 추리소설 『잠 못 자는 도둑』의 주인공인에반 마이클 태너. 그는 뇌의 수면 중추를 다쳐 10년 이상 잠을 못 잤다가 "나는 실패가 예정된 목표를 좇는 사람이라면 누구든 지지한다. 그것은 대단히 매력적으로 느껴진다"고 말한 것과 같았다.

이것은 우리에게 『월든』의 '중국적 분위기'를 상기시킨다. 확실히 비슷한 심리 상태가 느껴지기는 하는데, 이는 소로가 에머슨에게 가르침을 받았기 때문일 것이다. 그는 에머슨식의 대책 없는 신비주의적 사유와 습관을 갖고 있었고 또 동양과 중국의 책들을일부 읽기도 했다. 그 바람에 이쪽 중화권에서는 기쁜 나머지 소로와 『월든』을 '중국'의 것처럼 여기는 이들까지 있다(상당히 많다).

사실 소로의 기본 출신 성분은 단순한 편이다. 그는 근본적으로 미국식 프로테스탄트로서 유럽 대륙의 프로테스탄트 신앙에 아메리카 신대륙의 개척자적 경력이 더해졌다. 그래서 마찬가지로 금욕적이면서도 방종하고, 근면하면서도 활달하고, 현실의 부를 경멸하면서도 상업 거래를 흥미로워한, 진보적이고 너그러운 가장 건강한 형태의 프로테스탄트였다. 그와 휘트먼이(혹은 『월든』과 『풀잎』이) 그닥 일치하지 않는 것은 그가 동시에 동양철학도 열렬히 사랑한 프로테스탄트이자 미국인이었기 때문이다.

오늘날, 나 자신은 오히려 베버와 벨의 생각이 맞기를 바란다. 자본주의가 그렇게 범상치 않고 또 오래가지 못할 토대 위에 세워져야 했다면, 정말로 그랬다면 자본주의는 너무나 손쉽게 사라지지 않겠는가. 그런데 오늘날 진상을 따져보면 자본주의가 진정으로 대단하고 강력한 까닭은 바로 '특수한 조건'이 필요치 않기 때문이다. 자본주의의 토대는 최대공약수적인 인간과 기본 인성, 심지어 생물적 본능이다. 인류의 어떤 특수한 사유도, 특히나 상달식의, 인간에게 가혹한 요구를 하는 가치에 대한 신념은 모두 근본적으로 자본주의를 견제하고 제한하는 힘이다. 그래서 자본주의는 상대적으로 가치에 대한 신념을 포기하기 쉬운 곳, 예컨대 혁명이나 전란이 일어났던 곳, 이민 사회, 실리적이고 융통성 있으며 스스로 저항력이 부족한 것을 잘 아는 소국 등에서 먼저 발생했다. 장기적으로 봐서 자본주의는 '반反종교적이며(일종의 냉담하고 별로 개의치 않는 방식으로) 필수적인 도그마와 복잡한 의식을 그렇게 많이 담고 있지 않다. 자본주의와 종교가 서로 잘 지내려면 어쩔 수 없이 종교 쪽에서 스스로를 고쳐 자본주의에 협조하는 수밖에 없다.

이렇게 말한다고 해서 프로테스탄트의 윤리와 자본주의에 관한 베버의 역사적 관찰에 전적으로 반대하는 것은 아니다. 다만 그것은 자본주의의 매우 특수한 단계를 관찰한 것일 뿐이다. 자본주의가 갓 시작되어 아직 미약했을 때는 바로 더 강력한 저지력이 (가톨릭) 교단과 국왕의 권력에서 비롯되었다. 그것은 일종의 연합이자 부지불식간에 벌어진 역사의 책략이었다.

# 오직 자본의 형성을 위하여

대니얼 벨이 자본주의에 나타난 중대한 모순이라고 생각한 것은, 그가 직접 보고 몸담고 있는 자본주의가 이미 변질되어 금욕적이고 자기 단속적인 면은 계속 사라지며 부를 쫓고 방종하는 면만 남는 듯한 현상이었다. 만일 자본주의의 이 양면 중 어느 하나라도 없어서는 안 된다고 누군가 생각한다면 이것이 자본주의가 드러낸 어떤 본래적인 면모라고 말하는 대신, 자본주의가 벌써 붕괴하기 시작한 게 아닌지, 적어도 자기 소진의 어떤 내리막 단계에 접어든 게 아닌지 우려할 것이다.

이와 동시에 당시 케인스식의 뉴딜 정책이 시행되어 국가가 적극적으로 개입해 경제 실무를 주도하자, 벨의 걱정은 자본주의가 '찬탈'을 통해 국가자본주의류의 또 다른 괴이한 존재가 된 것은 아닌가 하는 데까지 나아갔다.

벨은 확실히 어느 쪽이 강하고 어느 쪽이 약한지를 오판했다.

오늘날 우리는 인류 역사가 벨이 걱정하던 것과 정반대로 진행되었음을 알고 있다. 국가가 자본주의를 제압한 것이 아니라 자본주의가 점차 국가를 극복했다. 월가는 전 지구적이어서 미국을 비롯한 그 어떤 국가보다 훨씬 더 크다.

우리는 먼저 금욕과 자기 단속이 프로테스탄트만의 것인지(예를 들어 우리는 산서山西 백은白銀 상인의 전통적 가훈에서 거의 완전히 일치하는 점을 발견한다. 더 이르게는 어떤 농가도 오직 아사할 때를 제외하고는 남겨둔 볍씨를 절대 먹어치워서는 안 된다는 것을 알고 또 대대로 이행했다)에 대해서는 신경 쓰지 말기로 하자. 대신 자본주의가 어째서 금욕적이지 않을 수 없었는지를 살펴보자. 맨 처음 금욕은 대체 어디서 어떤 방식으로 경제 성장 및 경제 도약과 연결되었을까? 그 답은 사실 간단하기 그지없다. 바로 이른바 '자본 형성'인데, 특히나 최초의 자본이 무無에서 생겨났을 때 그랬다. 잉여가 얼마 없던 그때 지극한 인내와 고통을 통해, 기본 인성을 거스르면서까지 삶에서 무리하게 추출되었다.

그것은 자본주의 초기의 중요한 시작이었고 세계 각지에서 반복적으로 그 일이 연출되었다. 타이완에서는 제2차 세계대전 이후에 벌어졌으며 우리 세대와 전 세대 사람들이 직접 겪은 바 있다. 우리는 그때 수출공단에서 3교대로 일했던 노동자들, 특히 여공들의 '희생'(내 초등학교 동창 여학생들도 그 대열에 끼었다)을 떠올리며 감사하곤 한다. 그것은 훗날 타이완의 자본 형성과 순조로운 경제 발전을 위한 결정적인 행보였기 때문이다. 하지만 동시에 그것은 그들과 그 세대 전체의 금욕, 다시 말해 물질적 향유뿐만 아니라 각종 기본권에 대한 동결 또는 지연(기나긴 노동 시간, 박한 임금, 열악한 노동 환경, 불균형한 노사관계 등)을 의미했다. 내가 중학교 2학년 때(1971) 농업학교를 졸업한 내 둘째 사촌형은 청과물조합에 취직해 일을 했는데, 설 연휴 전에 직원 복지로 당시 일본에 수출해 외화를 벌어들이던 오렌지를 박스째 살 수 있었다. 그것은 한 알 한 알이 다 노랗고 아름다웠으며 게다가 크기까지 균일해서 꽤 엄격히 골라낸 것임이 분명했다. 그것을 시작으로 나는 당시 타이완에서 생산되던 고급 물건들(거봉 포도, 장어, 다랑어, 생선알, 애플망고 등)을 하나씩 알게 되었다. 하지만 우리는 그것들을 보지도 못한 채 막바로 상자에 담아 배에 실어야 했다.

이런 일에서 곤란했던 것은 원리 그 자체가 아니었다. 원리는 매우 단순해서 누구나 이해할 수 있었다. 우선 칼뱅 교파의 그 구구절절하고, 비틀리고, 억지스럽고, 합리적인 질문 하나에도 무너지고 마는 이른바 '예정설'의 신학적 논증을 배울 필요도 없었다(칼뱅은 당신이 생각하기를 바라지 않고 듣기만을 바랄 것이다. 오늘날의 자본주의 사회에서는 칼뱅파의 교회에서도 예정설을 진지하게 논하는 사람은 별로 없을 듯하다). 진정한 곤란함은 인간성 부분에서 발생했다. 사람들로 하여금 보편적으로 오랫동안 생명의 기본 욕망을 제한하도록 하기 위해 그들 위에 군림하는 권위적인 힘이 필요했다. 그 권위적인 힘은 가부장(예컨대 산시의 백은 대상인)이기도 했고, 계몽적 독재자(예컨대 타이완의 장징궈蔣經國나 싱가포르의 리광야오李光耀) 이기도 했으며, 혹은 말을 안 들으면 사람을 태우거나 목매달거나 못 박거나 돌로 때려죽인 청교도의 법정이기도 했다. 그런데 이 권위적 힘이 단순한 현실 권력의 힘과 조금 달랐던 점은 욕망에 대항하기 위해 도덕에 호소해야 했다는 것이다. 실제로 그런 권위적 힘은 항상 지나치게 도덕을 표방하고 도덕을 가장 가혹하며 냉혈적인 것으로 승화시키거나 단순화시키는 한편, 율법을 명문화하여 삶의 구석구석과 말단까지 파고들었다(예를 들면 장발을 금지하거나 껌을 못 씹게 한다). 그리고 이 단계에서 대단히 기이하게도 '비도덕적'이고 도덕적 추구와 병존할 수 없는 자본주의에 일말의 (가장) 오래된 도덕적 색채를 부여했다. 이로부터 명령을 내리는 권위적 힘 자신도 그런 도덕적 양태를 갖추고(혹은 꾸미고) 유사한 금욕의 요구를 준수해야만 했다.

이것은 아마도 자본주의의 초기 단계가 세계 각지에서 걸핏하면 실패하고 평판이 안 좋아진(보통은 부패와 탐욕, 허위, 무절제 때문이었다) 까닭이 프로테스탄트 윤리가 없어서라기보다, 욕망에 대항하고 욕망을 억제하는 데 필요한 권위적 힘을 갖출 만큼 충분한 시간을 확보하기 어려웠기 때문임을 더 간단하면서도 자연스럽게 설명해준다. 그리고 욕망은 항상 권력이 증가하고 시간을 장악함에 따라 부단히 자라나며 나이든 권력은 꼭 나이든 사람처럼 나태해져 각양각색의 향락에 이끌리고 자제력을 잃곤 한다. 게다가 그들은 일반인보다 좋은 것들을 볼 수 있고 만질 수 있는데 그들의 자녀와 후계자는 더더욱 그러하다. 그래서 베버의 프로테스탄트 윤리설은 여전히 예리하며 그것은 확실히 종교적 신념 내지는 집념을 지닌 일종의 특수한 권위적 힘이어야 한다(본래 프로테스탄트는 극도로 부패했던 당시 로마 교회를 겨냥해 발생했으며 가장 심한 악취는 바로 금전에서 비롯되었다).

최초의 자본은 무에서 형성되었지만 두 번째, 세 번째 자본은 그 후로 점차 불필요해졌고 자본의 순조로운 누적에 따라 자금 취득의 방식도 갈수록 빨라지고, 단순해지며, 다양화되었다. 오늘날에는 그저 잘 작성된 기획서 한 장이나 듣기 좋은 말 한 번으로 남이 10년, 20년 피땀 흘려 번 것보다 더 많은 돈을 얻을 수 있다. 그리고 갖가지 비도덕적이고 부도덕한 수법으로도 더 효과적으로 더 많은 돈을 적시에 손에 넣을 수 있다. 베버가 보지 못한 것을 우리도 못 봐서는 안 된다. 그에게는 아직 짙은 안개 속에 감춰져 있던 인류의 미래가 우리에게는 이미 진상이 뚜렷하게 밝혀진 과거다. 다시 말해 가혹한 금욕의 요구는 자본주의 운행의 필요조건이 아니며 자본주의의 '본성'에도 위배된다. 자본주의의 유일한 핵심은 인간의 가장 원시적이고 본능적인 욕망이며 자본주의는 인간이 마침내 그 거대한 추동력의 욕망을 가동하고 사용함으로써 발생했다. 경제학자들의 근본적 자유방임의 주장은 베버의 금욕설과 정확히 상반된다. 사실 금욕과 자본주의는 역사적으로 한 번 '우연한 결합'을 이뤘을 뿐인 것이다. 자본주의의 어떤 미약하고 특수한 과거의 기술적 수단은 사용되고 나면 바로 폐기되었고 또 폐기되지 않을 수 없었다. 그렇지 않으면 바로 거추장스러운 부담이 되곤 했기 때문이다(예를 들어 소비 부족, 수요 부족으로 불경기를 유발하는 식으로). 베버는 일시적인 사회 현상에서 연결점을 포착했지만 경제학자는 원리를 깊이 파고들면서 인류의 기나긴 경제의 총체적 경험을 바탕으로 파악하고 또 검증한다. 나는 훨씬 더 오래 베버를 좋아하고 그가 어떤 경제학자보다 낫다고 존경해 마지않았지만, 자본주의가 얼마나 괴상망측한 존재인지는 확실히 경제학자가 훨씬 더 잘 알고 있다.

따라서 대니얼 벨이 지칭한 자본주의의 모순은 모순이 아니며 오히려 그것이 바로 자본주의다. 자신을 제한하는 갖가지 힘을 극복하고서야 점차 본래의 면모를 드러내고 회복하는 것, 그것은 자본주의와 각종 인간적 욕망의 정상적인 관계이기도 하다. 그래서 그것은 자본주의 쇠퇴의 징후가 아니라 승리의 징표인데, 우리는 반세기 동안 그 징표가 늘어나는 것을 목도했다.

인간의 방종한 욕망이 축적되는 부를 다 쓰고 먹어치울 일은 없을까? 그럴 리 없고 이미 그럴 리가 없어졌다. 그것은 벌써 인간이 먹을 수 있고 쓸 수 있는 수량을 한참 넘어섰다. 뒤에서 우리는 또 다른 한계선을 지적하게 될 것이다. 부는 쌓이고 쌓이다가 어느 수량을 넘음으로써 더는 우리의 옛날부터 지금까지의, 혹은 과거 삶의 경험으로는 이해할 수도 상상할 수도 없게 되었다. 예컨대 수십억, 수백억을 누가 유한한 일생 동안 다 쓰려고 한다면 그 어려움과 고생이 헤라클레스의 열두 가지 과업보다 절대 못하지 않을 것이다. 게다가 10억, 100억의 부는 그렇게 대단한 부도 아니다. 언제든 우리는 엄청난 거부들의 이름을 줄줄이 열거할 수 있다.

다시 말해 부는 훼손될 리도, 소모될 리도 없는 존재가 되었다.

# 돈이 어떤 점을 넘어서면

이미 사망한 타이완의 경영의 신이자 당시 타이완 최고의 거부였던 왕융칭王永慶은 생전에 어떤 기자간담회에서 추궁을 받고 내가 지금까지도 잊지 못할 한마디를 남겼다.

"그건 여러분이 아직 돈을 충분히 많이 못 벌었기 때문입니다."

이 말은 오만하게 들리긴 하지만 솔직하면서도 상당히 정확하다. 왕융칭은 보수적인 인물이었고 또 부를 과시해본 적도 없다. 그는 돈을 얼마나 벌어야 충분한 것인지는 말하지 않았지만 그래도 어떤 한계선, 어떤 임계점을 분명히 지적하기는 했다. 옛 시 가운데 "뜬구름이 멀리 보는 눈을 가릴까봐 두려워 않는 것은, 몸이 가장 높은 곳에 있기 때문이네不畏浮雲遮望眼, 只緣身在最高層"라는 구절이 있다. 누가 산 정상 같은 높은 곳에 올라가면 세상이 전혀 다른 모습과 형식과 기준과 크기로 눈앞에 펼쳐지고 그가 보고 생각하는 것(근심, 공포, 갈구, 희망까지 전부)도 완전히 달라질 것이다. 내가 믿기로는 부가 어떤 임계점을 넘어서면 사람과 부의 관계(부의 용도, 부의 의의, 부로 할 수 있고 할 수 없는 일 등) 역시 달라질 것이다(이는 그저 합리적인 추리일 뿐이다. 어쨌든 내가 모은 부는, 설사 그 몇 푼을 뻔뻔하게 부라고 칭한다 하더라도 그것은 아래쪽의 또 다른 임계점에 가까울 정도로 형편없으니까 말이다). 왕융칭이 다소 앞서갔고(타이완에서는 그랬다는 것이다) 당시에는 비슷한 부류도 극히 적었기 때문에 그의 말은 별로 호응이나 이해를 얻지 못한 듯했다.

나는 『세상의 이름世間的名字』「부자」라는 제목의 장에서 만약 누가 왕융칭이 말한 것처럼 충분히 많은 돈을 번다면 세계의 법률적 제한이 그의 눈앞에서 하나씩 사라질 것이라고 말한 적이 있다. 가장 엄중하고 또 가장 선천적인, 피부색과 신체적 특징을 증거로 삼는 종족 및 인종의 경계선도 예외가 아니다. 불경의 낙토樂土에서는 누구나 금빛 광채로 목욕을 한다는 이야기를 빌려 말하자면 그런 이들은 금색 피부의 인종에 속한다.

이와 관련해 경제학의 전통적인 유명 저작들은 확실히 우리를 도와줄 수 있는 게 별로 없다. 오랫동안 부에 관한 논의는 그 임계점 밑에서 진행되었기 때문이다(더 정확히 말한다면 그 임계점은 아직 진정으로 출현하지 않았다). 한편으로는 아마도 해설 방식의 선택으로 인해 경제학자들은 늘 문제를 보통 사람이 경험할 수 있고 이해할 수 있는 세계 안으로 끌어들여, "당신이 1부셸(영국과 미국의 밀을 세는 단위. 미국에서는 1부셸이 약 27.21킬로그램에 해당된다)의 밀을 생산하거나 1킬로그램의 철을 생산한다고 가정하면"과 같은 쩨쩨한 방식으로 예를 들어 논의를 전개했다. 근본적으로 말해 그것이 줄곧 이어져온 세계의 실상이기는 했다. 물론 난데없이 어마

어마한 돈을 벌어 개별적으로 두각을 나타내는 사람이 늘 있기는 했지만, 그것으로 인해 세계가 변하지는 않았고 경제학자들은 그나 그들을 특별한 예로 간주할 수 있었다. 그래서 이론에 영향을 미치지 않았고 현실에 방해가 되는 일도 별로 없었기 때문에 거론하든 안 하든 무방했으며 때로는 종교, 문학, 사회학, 심리학, 의학, 나아가 요행히 권력 집단에 진출한 이들에게 넘겨 취급하게 했다.

이른바 부 축적의 임계점은 어떤 개인이 어떤 독특한, 재현하기도 복제하기도 어려운 의외의 요소를 혼합해 달성한 부의 비정상적인 축적을 의미하지 않는다. 오히려 '정상적인 세계'에서 정상적인 규칙에 따라 진행되는 것을 의미한다. 그것은 심지어 개인과는 무관하며 모종의 직위, 직능, 보수와 관계된다. 예를 들어 당신은 상장된 다국적 대기업의 CEO, 할리우드의 주연 배우이거나 테니스 스타일 뿐이다.

다시 말해 신기한 일은 인간 쪽에서 일어나지 않는다(그 수백억, 수천억 부자들의 삶의 경력은 보통 칭찬할 만한 점이 없다). 그것은 부 자체의 진화일 뿐이며 유일하게 신기하다고 할 수 있는 것은 그 임계점, 양적 변화에서 질적 변화에 이르는 그 점을 부의 양적 누적이 넘어서면 부가 완전히 새로운 단계에 접어들어 과거와는 전혀 다른 괴이한 존재가 됨으로써 전체 시스템 및 전체 구조의 호응과 변화를 촉발한다는 점뿐이다. 그렇게 되면 부는 다 쓸수도 훼손될 수도 없고 전체 시스템의 보호를 받게 될 뿐만 아니라, 실패도 징벌도 절제도 모르게 된다(리먼 브라더스의 장난질로 전 지구의 무고한 사람들이 해를 입었지만 누가 징벌을 받았는가). 그런 부가 장기간 존재하며 시간을 관통하면서 그 부를 소유한 개인의 정신과 심리 상태뿐만 아니라 세계 전체가 그것을 어찌할 수 없게 되었으니, 이것이야말로 진정한 역사적 대사건의 근원이다. 이와 관련해 언젠가 경제학자 크루그먼은 부자들이 이미 또 다른 세계를 구축하고 또 다른 세계에 살고 있다고 지적한 바 있다. 지난 10~20년 동안, 당시 사람들을 놀라게 했던 크루그먼의 이 단언은 너무나 상식적이고 범상해진 것을 넘어 다소 시대에 뒤떨어져버렸다. 정말로 지금까지 계속되고 있는 일은 그 또 다른 세계가 점차 변모하며 본래 우리 세계를 대체하면서 인간도 사유부터 행동까지 덩달아 조정과 변화를 겪고 있다는 것이다.

통계부터 실질적인 내용에 이르기까지 나는 이미 사망한 생물학자 스티븐 제이 굴드의 구체적인 견해를 좋아하는데, 그는 개체의 크기가 사람들이 보통 생각하는 것보다 훨씬 의미 있어서 흔히 어떤 개체의 내용과 본질을 이루고 그 개체가 무엇인지 결정한다고 했다. 그리고 어느 동물원에서 무심코 들은 두 아이의 대화가 아주 훌륭했다면서 소개했다.

"왜 개는 코끼리처럼 크지 않지?"

"개가 코끼리처럼 크면 코끼리가 되니까."

굴드는 "그 아이의 말이 더할 나위 없이 옳다는 것을 여러분은 알 것이다"라고 말했다. 부의 개도 코끼리처럼 커지면 코끼리가 된다. 전혀 다른, 완전히 새로운 종이 되는 것이다.

# 하늘에 쌓아둔 보물

부와 관련해 소로는 『월든』에서 성경 「마태복음」의 산상수훈을 인용하고 또 믿었다. 그것은 젊은 예수가 40일간 주야로 단식을 하고(불가사의한 신체 능력이 아닐 수 없으며 일반적으로는 틀림없이 환각이 보일 것이다) 마귀와 함께 (현지에서) 가장 높은 산에 올라가 세상의 부와 권력의 유혹을 뿌리친 뒤에 행한, 급진적이고 더없이 도덕적인 가르침이다. 우리는 그것이 그의 인생에서 최초이자 가장 중대한 결정이었으며 그가 택한 것은 세 갈래 길 중 인적이 드문 좁은 길이었음을 알 수 있다. 한편 산상수훈에서 보물에 관한 부분의 원문은 다음과 같다.

"너희를 위해 보물을 땅에 쌓아두지 말라. 거기에 두면 좀과 녹의 해를 입고 도둑이 굴을 파고 훔쳐가느니라. 너희를 위해 보물을 하늘에 쌓아둬라. 거기에 두면 좀과 녹의 해를 입지 않고 도둑이 굴을 파고 훔쳐가지 못하느니라. 네 보물이 있는 그곳에 네 마음도 있느니라."

나도 고등학교 2학년 때 작문을 하면서 이 부분을 인용한 적이 있다. 하지만 교회 성경책이 아니라 소로에게서 가져왔다. 그런데 나이가 지긋하고 소심했던 국어 선생님은 인용문 전체에 줄을 긋고 한 줄 한 줄 고쳐서 전혀 다른 뜻으로 만들어놓았다. 나는 아직도 그의 코멘트가 기억난다.

"생각이 다소 편벽되긴 해도 글은 조리가 있는 편임."

죄송스럽게도 글이 조리가 있었던 것은 소로와 마태였고 생각이 다소 편벽된 것은 예수였다.

'편벽'이라는 말은 그 시대 타이완의 관용어로서 보통 훈계에 쓰였고 이따금 사소한 죄명이 되기도 했다(훈계가 실패한 뒤의 다음 단계였다). 이 단어가 오늘날 거의 보이지도 들리지도 않게 된 것은 권력에 대한 우리의 저항이 꽤 성공적이었음을 설명해준다.

그런데 사람들을 깜짝 놀라게 할 만큼 흥미로운 사실은 그 위대한 가르침이 신비하게도 위대한 예언이기도 하다는 것이다. 그러면 무엇을 예언했을까? 부와 화폐의 역사적 진화를 예언했다. 부패하기 쉽고 도둑질당하기 쉬운 부가 더는 녹슬지 않고 오래 갖고 있을 수 있는 부로, 이어서 오늘날 이미 훔치기 어렵고 돈이 자기 주인이 누구인지 알아보는 부로 변모했다. 금속화폐에서 지폐로의 신용화, 증빙화, 장부화라는 진일보한 진화는 바로 종이가 금속을 대체하는 그 순간에 이미 운명지어졌으며 '종이 위에 적힌 것'만으로 세상 전체가 눈물 한 줄기조차 흘리지 못하게 만들었다(어떤 존재를 창조하고 사용할 때 인간은 보통 그 존재의 진정한 잠재력과 실현 양태를 즉각적으로 알아차리지는 못한다. 이것은 역사의 공통된 법칙이다). 그리고 최종적으로 부의 소유 방식이 그저 일종의 기록이 됨으로써 부는 지문과 동공처럼 본인에게 못 박혀 있게 되었다. 그러면 부는 어디에 놓인 걸까? 정말로 예수가 한 말이 한 치의 오차도 없이 정확하다. 이른바 '구름' 속에, 즉 '클라우드' 속에 놓였다. 좀도 없고 녹슬지도 않고 도둑이 굴을 파고 훔쳐갈 일도 없다. 그렇다. 바로 천상에 쌓아둔 보물이다.

그래서인지 세상 사람들의 관심이 날로 클라우드에 집중되고 있으며 다국적 대기업들의 눈도 거기에 바짝 쏠려 있다. 클라우드는 전 지구화의 진정한 심장부이자 기업들이 이익을 다투는 주요 전장이다. 사실상 지금 이미 그렇고 미래에는 더더욱 그럴 것이라 예상되며 세계 경제가 최후의 날에 가까워져 더 이상 붕괴를 막을 수 없게 돼야만 그렇지 않게 될 것이다. 이 점은 예수의 말이 역시 옳았다.

부의 축적은 부지불식간에 임계점을 넘었다. 다시 말해 부가 한발 한발 삶의 현실에서 벗어나면서 부가 계산하는 숫자는 이미 우리가 일상생활에서 사용하는 숫자와 달라졌다. 그 숫자는 정말로 애초부터 수량의 변화일 뿐이다. 우리가 사는 현실은 철학자가 말한 대로 어디에나 한계가 있지만 수량이 초과되면 다 담을 수도 쓸 수도 없다. 더 골치 아픈 것은 그것이 어디로 파급되고 어떤 작용을 일으킬지 알 수 없다는 것이다. 이 점은 의학 보고서의 내용과 흡사한데, 기나긴 생물의 진화 속에서 우리는 결핍에 관해서는 충분히 익숙해져 신체에 뭔가가 부족하면 무슨 일이 생길지 잘 알고 있으며 그것을 어떻게 견디고 보완할지에 대해서도 보통은 답을 갖고 있다. 그러나 신체 안에서 어떤 원소나 어떤 성분이 양을 초과하면, 그 새로운 상태에서 초과된 원소나 성분이 어느 부위로 가고, 어디에 쌓이며, 어떤 방식으로 어떤 종류의 새로운 병리적 변화를 일으킬지 보통은 알지 못한다.

대니얼 벨이 생각한 자본주의의 치명적 모순은 부가 아직 임계점에 도달하지 못한 지난날의 세계에서만 성립되었다. 당시 부는 총량이 제한적이어서 여기에 쓰면 저기에 쓸 수 없었고 헤프게 써서 탕진할 수도 있었으며 투자에 필요한 자본도 충분치 않았다. 하지만 오늘날에는 빌 게이츠나 리자청李嘉誠 1928~, 총자산 270억 달러 규모로 세계 억만장자 순위 28위, 홍콩 부자 순위 1위인 아시아 최대 재벌 중 한 명은 물론 10억 타이완 달러한화 약 400억 원를 보유한 자산가(이런 사람은 비록 거리에 넘쳐나지는 않지만 결코 아주 드물지도 않다. 맥빠지게도 10억의 자산으로는 오늘날 자본주의의 거대한 게임에서 자격이 한참 모자란다. 몬테크리스토 백작이 말한 '삼류 부호'인 셈이다)도 개인적으로 사치스럽게 살든 조금 검소하게 살든 부에는 아무 영향을 받지 않는다. 그저 그들의 부의 소수점 이하의 숫자나 변화시킬 뿐이며 그것도 대부분 자동으로 보충되곤 한다. 그들이 극도로 어리석거나 극도로 싱싱력이 풍부하지 않은 한, 영원히 돈을 다 쓸 수 없는 것이다. 임계점 밑에 있는 사람들은 언제나 채우지 못해 들끓는 욕망을 품은 채 찬란한 미래를 벼르며 산다. 그들에게 마음껏 돈을 쓰는 것은 당연히 눈이 번쩍 뜨일 만한 일이며 아무리 써도 다 쓸 수 없는 데다 알아서 빈자리가 채워지는 돈은 그야말로 꿈이나 다름없다. 그러나 임계점 위쪽의 새로운 세계에서는 인간의 모든 기본 수요가 진즉에 한계효용의 제로 포인트에 이르렀기 때문에 굳이 돈을 더 쓰는 것은(특히 합리적으로 의미 있게 돈을 쓰는 것은) 사실 대단히 신경 쓰이고 고되기까지 한 일이다. 이것은 왕융칭이 "아직 돈을 충분히 많이 못 벌었다"고 한 우리로서는 결코 이해하기 쉽지 않고 심지어 누가 뭐라고 해도 믿고 싶지 않은 사실이다.

사치스럽거나 검소한 것은 지금 개인의 생활과 삶의 태도의 문제일 뿐이며 자본주의의 운행과는 무관하다. 그래도 뭔가 다른 말을 덧붙인다면 정말로 자본주의와 모순을 이루는 것은 분명 검소한 것이지 사치스러운 게 아니다. 당연히 경제학자들은 일반적으로 그렇게 인간의 소박한 도덕의식을 건드리는 논법을 사용할 리 없으며 자본주의는 우리로 하여금 소비 부족과 유효수요 부족이라는 염려스러운 현상이 직접적으로 경기 하강 내지는 불경기를 초래한다고 생각하게 만든다. 돈을 쓰고 돈이 끊임없이 시장에 흘러 들어가게 하는 것이 오늘날 인간의 도덕적 의무 중 하나인 것이다.

이어서 돈이 어떻게 스스로 보충되는지 그 화수분 현상에 관해 생각해보자.

# 화수분

여러 해 전, 술과 가라오케를 열렬히 사랑하던 내 오랜 친구에게는 '보잘것없는 꿈'이 하나 있었다. 그는 다른 것은 다 필요 없고 언제나 1만 타이완 달러가 채워진 채 돈을 다 쓰면 자동으로 보충되는 지갑만을 바랐다. 그게 진짜 신기한 지갑인지, 아니면 더 신기한 아내인지는 설명하지 않았지만 말이다.

세계 어느 지역에서든 이른바 화수분이라는 것을 상상해보지 않은 이들은 없었다. 그것은 때로는 식물로서 과일을 따면 바로 다시 열리는 신기한 나무였고 때로는 알아서 진수성찬이 가득 차려지는 식탁이었다. 세계에서 으뜸인(타이완의 빛) 타이완인의 폭식과 탐식 문화는 후자의 현대판이다. 만약 타이완에서 누가 고기구이나 훠궈를 파는 음식점을 차렸는데 손님을 배부르게 해주지 못한다면 빨리 문을 닫는 편이 나을 것이다. 이것은 모종의 심층적인 심리 상태나 콤플렉스를 생생하게 드러내는 듯해 다소 처량한 느낌이 든다.

지금 돌아보면 인류는 참으로 촌스럽고 불쌍했지만 사실 일찌감치 화수분을 발명했는데도 스스로 깨닫지 못했다. 그것은 바로 화폐이며 무슨 단지, 나무, 식탁보다 훨씬 더 훌륭하고 더 광범위하게 사람들의 각종 수요를 보살펴준다. 임계점을 넘어선 부는 곧 그것의 궁극적인 실현이다.

이와 관련해 경제학자들이 가장 먼저 눈여겨본 화수분 현상은 '지대'다. 세습적이고 노동 없이 얻어지며 일반 경제 이론 안에서는 공정하게 설명되기 어려운 이 특수한 이익은 별도의 불안한 단독 항목으로 처리돼야 했다. 사실 그때는 이자(즉, 돈이 낳는 돈)도 벌써 출현한 상태였다. 특히 이탈리아(반도였지 아직 국가는 아니었다)의 은행가가 움에 보관하던 돈을 이자 창출이 가능한 유동 자금으로 전환하는 데 성공함으로써 비용을 지불해야 했던(오늘날에도 비화폐적 성격의 부를 은행 금고를 세내어 보관하면 돈이 들기는 한다) 부의 저축이 반대로 돈을 벌 수 있게 되었다. 그것은 인류의 역사적인 순간이었으므로 본래는 피가 비처럼 퍼붓거나 귀신이 밤에 우는 등의 괴현상이 뒤따라야 마땅했다. 오늘날 금융업의 규모와 운용 폭 그리고 영리 능력과 함께 훗날 기존 경제학의 핵심을 이룬 산더미 같은 화폐 이론들을 생각해보라. 그런데 아주 오랫동안 경제학자들은 이자를 일반적인 합리적 수익으로 설명하려 애썼다. 그것을 인간의 노동과 나란히 놓고서 결코 불로소득이 아니라 사람들이 기꺼이 자신의 욕망을 억제하고 소비를 미룬 것 등에 대한 정당한 보수라고 했다.

이 논리는 그럴듯했고 점차 받아들여지기도 했다. 특히나 자본 취득과 형성이 상대적으로 어려웠던 초기에는 현실적 선택이 이론적 선택을 압도하고 결정지었다(인류의 이론은 흔히 선택적이다. 사람들은 견고한 현실에 따라 영리하게 임기응변식으로 태도를 바꾼다). 게다가 그때 이자는 당연히 물방울처럼 미미했다. 아직은 오늘날처럼 큰 강이나 바다 같지 않았다.

사실 지대도 마찬가지로 누군가의 조상이 욕망을 억제하고 소비를 미룬 것으로 인한 합리적인 결과라고 설명될 수 있을까? 토지는 본래 강제로 점유되고 교묘하게 빼앗긴 것일 가능성이 크다. 과거에는 부도 예외 없이 그러하지 않았던가? 그러면 이것도 동일한 일(화폐나 토지의 형식을 띤)이 아닐까? 더욱이 경제학에 언제 그렇게 강한 도덕의식이 있었다고 남의 집 아득한 조상의 인격과 품행을 따진단 말인가?

기본적으로 이것은 단지 '계승'이라는 것에 대한 인간의 인지에 달렸다. 다시 말해 '공평함'이라는 당위적 개념에 대한 우리의 불확정적이고 변동성이 강한 견해와 그 현실적 타협은 기본적으로 경제의 시장 규칙과 무관하며 다른 사람의 토지를 이용하는 것과 다른 사람의 자금을 이용하는 것은 마찬가지 일로서 역시 똑같이 "사용자가 비용을 부담한다". 현실 세계는 바로 이렇게 매일 돌아가고 있다.

토지가 유일하게 사람들을 불안하게 하는 점은 그 수량이 고정적이고 거의 늘어날 리 없어서 상당히 독점적이며, 배타적인 데다, 제로섬적(경제 거래의 근본적인 요구는 윈윈이다. 비록 이상에 그칠 때가 많긴 하지만)이라는 것이다. 그로 인해 토지의 사유화는 일종의 세습 현상이기 쉬우며 실제로 경제의 순조로운 운행에 지극히 "건강하지 못한" 영향을 많이 끼치게 된다. 이런 현상은 인구 대 토지의 비율이 열악한 동아시아 지역에서 특히 심한데, 홍콩을 예로 들면 토지의 절대량이 그 네 사람 홍콩의 대표적인 부동산 재벌인 리자청, 리자오지李兆基, 궈더성郭得勝, 정위퉁鄭裕彤을 말한다의 수중에 있어서 수십, 수백만의 사람이 오랫동안 근심과 고통에 시달려왔다. 이런 상황이라면 토지의 공공화, 공유화를 '회복'시켜야만 하지 않을까? 이것은 꾸준하긴 하지만 나날이 미약해져온, 현실성보다 저항의식만 강한 목소리다.

하지만 동아시아의 제한된 시각이 아닌, 전 지구적인 시각에서 보면 토지 문제는 명백히 의롭지 못하면서도 가장 까다롭지는 않은데, 그 핵심은 마찬가지로 토지가 고정적이고 늘어나지 않는 데서 기인한다. 이 점 때문에 토지의 영리 추구와 공의公義의 실현이라는 양극 모두 탄력성이 부족하며 영리한 잔꾀와 명철한 조치 역시 마찬가지로 실천될 수 있는 공간이 그리 넉넉지 않아 많은 문제가 그냥 묻혀버리고 만다. 한편, 근본적으로 인구 대 토지의 비율 문제는 완화돼야만 하고 또 완화될 수 있는데, 실제로 동아시아를 포함한 세계 여러 지역에서 완화되는 중이기도 하다(예를 들어 인구 증가의 둔화와 중단 내지는 역성장, 열역학 제2법칙 같은 지속적인 이민과 이주 등이 그 원인이며 메뚜기 군단 같은 여행객이 전 세계적으로 늘어나면서 여행도 단기적인 충격 요인이 되었다). 게다가 금융 상품에 익숙한 사람들은 모두 토지가 금융 상품으로서는 저차원적이고, 원시적이며, 둔하고, 부주의로 큰일을 내기 쉬운 데다 정당성도 시종일관 부족하다는 것을 알고 있다. 토지는 창조성의 공간이 제한적이며 또 너무나 뚜렷하고 절박한 약탈 및 박해의 기억을 지니고 있어서 국가와 사회의 여러 권력과 억제력이 개입하기 쉽기도 하다. 예를 들어 토지에 대한 징수는 보통 법률로 명문화되어 일련의 방법과 절차를 갖고 있는, 국가의 정당한 권력 중 하나다. 그러나 사람들의 화폐에 대한 징수는 그렇지 않다. 그것은 강탈이거나 혁명이다.

그래서 부가 이미 훼손되고 소모되기 어려워졌다는 말은 단지 "돈이 다 쓸 수 없을 정도로 많다"는 것만을 의미하지는 않는다. 또 24시간 쉬지 않고 돈이 돈을 낳으며 그 속도가 사람이 돈을 쓰는 속도보다 훨씬 더 빠르다는 것만을 의미하지도 않는다. 이자는 단지 시작이고 화폐라는 신대륙과 신세계의 발견일 뿐이다. 오늘날 화폐는 이미 얌전히 집에서 생산활동을 벌이지는 않는다(이와 동시에 우리는 이미 전 지구적인 초저리 시대에 접어들었다. 일본이 한발 앞장서긴 했지만 이것은 분명 일본 한 나라만의 특수한 문제는 아니다). 화폐는 전면적으로 시장에 참여하는 가장 속도 빠른 돈벌이 도구인 데다 거의 실패할 일도 없다.

화폐는 바쁘고, 활기 넘치고, 전 세계 곳곳을 넘나들며 노략질을 하는 이상한 화수분이다.

　나의 가난한 몇몇 문인 친구는 정기적으로 로토를 사는데, 한 번만 당첨되면(당첨금이 세전 2, 3억 타이완 달러에서 20, 30억 타이완 달러에 이른다) 인생의 모든 문제가 바로 해결될 것이라고 믿는다. 그리고 당첨이 안 되면 자신들의 팔자와, 조상들이 충분히 덕을 쌓지 못한 것을 원망한다. 10억 타이완 달러면 미화 3000만 달러가 넘는다. 그런데 이 돈은 어떤 사람들의 기본 연봉이나 일회성 업무 소득, 나아가 하루 소득이나 주식과 환율의 순간적인 등락액일 수도 있다. 이것은 무엇을 의미할까? 그 사람들은 매년 수백 번 넘게 로토에 당첨되는 것이나 다름없다.

　사람은 하루 8시간 일해서 돈을 벌고 16시간은 그 돈을 쓴다. 하지만 화폐는 하루 24시간, 밤낮없이 1분 1초도 쉬지 않고 돈을 번다. 그래서 우리가 들으면 이해할 수는 있어도 사실은 틀린 이야기가 하나 나왔다. 빌 게이츠가 거리에서 100달러짜리 지폐를 보고도 허리를 굽혀 줍지 말아야 하는 것은, 그 몇 초간 쓸 시간과 체력이면 1000배, 1만 배의 돈을 더 벌 수 있기 때문이라는 것이다. 이 이야기는 왜 틀렸을까? 부의 화수분 효과를, 부의 '자동적인' 생산과 증식을 몰라서 틀렸다. 빌 게이츠는 역시 돈을 주워 100달러의 자산을 늘려야 한다. 그가 줍지 않는다면 그것은 그가 비합리적이어서가 아니라 단지 그럴 가치를 못 느껴서다.

# 물론 기업은 여전히 실패하기는 한다

부는 확실히 훼손되고 소모되기 어렵다. 오늘날에는 개인의 어리석음, 패덕, 악운, 기상천외함(오랫동안 사람들은 부의 파괴와 해체를 위해 이것들에, 특히 앞의 두 가지에 희망을 걸었다. 인간성과 부의 운명을 연결해 사고했던 것이다)조차 변수가 되지 않는다. 이미 각양각색의 방화벽과 각종 경보, 방어 기제가 생겼기 때문이다. 솔직히 누군가 스스로 파멸할 생각으로 마지막 한 걸음을 내딛기도 쉬운 일이 아니다. 자살보다 훨씬 더 어렵고 또 보기 드물다. 낭떠러지로 통하는 길에서 각종 인물과 힘, 장치가 그를 가로막는다. 이것은 한 사람의 문제가 아니라 체계 전체의 운행과 관련 있다. 모두가 어느 정도 한데 묶여 있어 개인의 의지, 사유, 습관을 초월한다.

그 방어 기제들(법률, 세제, 기업 구성, 시장 규칙, 각종 금융 프로그램과 취급 세칙 그리고 잘 훈련된 일군의 전문가 등)을 하나하나 세밀하게 헤아리는 것은 너무 번거로우며 또 너무 전문적이고 무료할 테니 우리의 상식선에서 다음과 같이 이야기를 풀어가기로 하자. 대경제학자 조지프 슘페터는 말하길(당연히 그 혼자만 말한 것은 아니다), 기업의 실패와 개인의 파산은 곧 힘들게 쌓은 부가 하룻밤 사이에 물거품이 되는 것을 뜻한다고 했다. 그러나 인류 세계는 계속 발전하고 또 계속 새로운 것을 창조해야 하므로(정말 그런가) 어쨌든 누군가는 그 고단하고 위험한 일을 맡아 해야만 한다. 이에 기업가는 용감한 사람 혹은 지혜롭고 인자한 사람으로 묘사되곤 한다. 우리가 못 보는 미래의 가능성과 아직 드러나지 않은 인류의 귀중한 자산을 민감하게 꿰뚫어보고 재산과 행복을 다 건 채 무작정 모험에 나설 뿐만 아니라, 만약 성공하면 그 성과를 아낌없이 전 인류와 나눈다는 것이다. 그렇다면 우리는 이런 훌륭한 사람에게 무슨 일을 해줄 수 있을까? 존경과 갈채 외에도 당연히 실질적으로 그를 도와(우리 자신을 돕는 것과 같으므로) 위험을 낮추고 보상을 높여준다. 이것은 그라는 사람이 아니라 그의 행위를 위한 일이며 앞으로 더 많은 사람이 그를 따라하도록 격려하는 일이기도 하다.

이것은 신화가 아니라 최근 100, 200년간 인류 집단이 실제로 해오고 있는 일로서 어디에서나 꾸준하게 기업의 위험을 낮추고 보상을 높여주었다. 그래서 오늘날 기업은 여전히 실패하고 파산과 청산을 겪기는 해도 이미 실패가 가진 본래의 의미, 예컨대 패가망신, 명예 실추, 무일푼, 야반도주, 구걸 행각 등과는 거리가 멀다. 『몬테크리스토 백작』에서 파산한 모렐 씨는 권총 자살밖에 길이 없다고 생각했으며 그의 아들 막시밀리앙도 그것이 명예롭고 정정당당하다고 생각하는 그를 지지했다. 또 『80일간의 세계일주』

의 포그는 (내기에서 졌다고 생각해) 자신의 부와 명예가 둘 다 사라져 이번 생은 끝이라고 탄식했다. 『고리오 영감』은 은퇴한 제면업자 고리오 영감의 죽음과 아무도 오지 않는 장례식으로 끝난다. 유한회사 출자자의 유한책임 제도의 발명과 그 법률적 보장이 이뤄짐으로써 일찌감치 그런 일은 없어졌으며 오늘날 임계점 위쪽의 새로운 부의 세계에서는(예를 들어 월가의 그 새로운 세계의 선민들 사이에서는) 특히나 더 그렇다. 기업의 파산, 청산, 전매, 합병은 매일, 매시간 일어나는 정상적인 업무, 정상적인 절차일 뿐이고 일종의 선택 가능한 조치이자 정상적인 책략이기도 하다(누구든 2년 전과 현재의 나스닥 상장 기업 명단을 비교해보면 그새 사라진 기업 숫자를 보고 분명 경악할 것이다). 그렇다. 대체로 그것들은 일종의 영리 수단이므로 거기서는 단 한 방울의 눈물도 찾기 힘들다. 우리의 현실 세계에 흔히 나타나는 이런 광경은 결코 환각이 아니다. 누군가의 기업이 실패해 파산해도 그 사람은 가난해지지 않고 평소처럼 멀쩡히 살아가며(심지어 재판을 받고 투옥돼도 다들 그렇다. 꼭 이름을 댈 필요가 있을까) 사회적 명성에도 별로 흠이 가지 않는다.

기업의 실패로 기업가가 잃는 것이 있다면, 그것은 새로운 부의 세계에서 더 위로 올라가는 것이 '야심'으로 그치고 '비참한 부자'가 되는 것뿐이다.

홍콩의 4대 거부 중 일인자인 리자청은 대체로 이런 뜻의 명언을 남긴 적이 있다. "절대 당신이 투자한 사업과 연애하지 말라"고

말이다. 여기까지 말하고 보니 슘페터 등의 그 경제학자들은 정말
마음씨 좋은 풋내기였던 것 같다.

# 커야 안 망한다

'헤지hedge'라는 단어는 오늘날 글자 그대로의 개념(위험에 대한 회피, 보호)과 어떤 경고의 의미로 쓰이지 않는다. 이것은 전 지구적 규모의 방대하기 짝이 없는 기제로서(이익이 가장 큰 업종 중 하나이기도 하다) 수많은 실제 기구와 가장 뛰어나고 똑똑하며 근면하다는 전문가 집단 그리고 복잡한 지식 체계와 정보 네트워크, 조작 경로, 기술 등을 다 포함한다. 지나치게 겸손하거나 지나치게 교활한 이 단어는 우리에게 또 다른 단어를 생각나게 한다. 그것은 전 세계 군사 집단이 다 이름에 갖다 붙이는 '방위'다. 실제로 솔직하게 자기 군대를 '침략군'이라고 부른 국가가 과거에 있었을까?

그 기제에 관해 더 따져보면 사람이 불가사의할 정도로 멍청한 경우에나 그것을 어떻게 사용하는지 알지 못하지만(누가 조금만 부를 저축해도 그것은 즉시 그를 찾아가며 대부분의 경우에는 은밀히 침투해 아무도 모르게 그 부를 이용한다), 그 정도로 정말 멍청한 사람이 또 어떻게 그것을 피하고 그것에 편입되지 않을 수 있느냐는 것, 이것은 어리석음에 관한 오늘날의 패러독스다.

리먼 브라더스 사태가 불러온 전 지구적 금융위기가 남긴 가장 침통한 역사적 교훈으로 향후 기준 업무의 가이드라인이 될 게 분명한 것은 바로 "커야 안 망한다"는 것이다. 리먼 브라더스가 방기되어 마지막 한 걸음이라는 의미의 파산에 이르렀을 때(이로 인해 미국 정부는 실컷 욕을 먹었다) 그 재난을 우리 모두는 목격했고 몇 년간 직접 체험하며 마음속 깊이 새기기도 했다. 커야 망하지 않는다는, 리먼 브라더스 사태가 전해준 신탁의 반대면은 충분히 크지 않으면 망할 수 있다는 것이기도 했다. 여기서 우리는 또 어떤 임계점의 존재를 똑똑히 확인했다. 임계점 아래에서는 자신들이 저지른 일의 결과를 고스란히 감수하며 구세계의 법률, 사회 규범, 경제 법칙, 도덕적 요구를 모두 적용받았다. 그런데 임계점 위에서는 완전히 새로운 세계가, 알라딘의 마법 양탄자를 탄 여정이 펼쳐졌다. 그것은 기존 법률이 모두 파기되거나 협상의 대상이 될 수 있고, 혹은 경제학자 크루그먼이 지적했듯이 가장 기본적인 수요공급의 법칙조차 적용되지 않고 아무 기능을 못 하는 '완전히 다른 세계'였다. 시장이 본래 경제세계의 유일한 상벌 체계라는 것은 경제학자들이 몇 세기 동안 변함없이 주장해온, 거의 눈앞의 사실이나 다름없다. 그런데 시장이 징벌을 못 하게 됨으로써 사람들의 임의적인 행동을 징벌할 어떠한 힘도 기제도 부재하게 되었다. 혹은 더 정확하게 말하면, 시장이 본래 징벌하려 했고 심지어 이미 징벌했는데도 우리는 갖은 방법을 동원해 집단적인 힘으로 그것을 막고 만회하는 한편, 자금을 지키고 계속 보충했다.

자유롭고 훼손되지도 소모되지도 않는 부는, 부자에게만 속한

'도피성'고대 유대에서 실수로 살인한 자의 피난처로 인정받은 6개 성읍이다. 전 지구적 금융위기 시기에 조금 세심한 사람이라면 누구나 확인했을 것이다. 가장 진지하고 똑똑한 경제학자들이 우리에게 뭐라고 충고했는지 말이다. 그들은 먼저 원인과 책임을 규명하지 말자고, 그러면 진흙탕 싸움이 될 것이라고 주장했다(반성도 검토도 못 할 만큼 거대한 기업들이 연루되어 우리가 그 일을 계기로 전 지구적 경제 시스템을 변경하는 것은 애초에 불가능했다). 기업의 긴급 구제와 경기 회복에 집중하는 것이 급선무이니 나머지는 나중에 논의하자고 했다.

내게는 이미 절판된 청나라 승관도陞官圖가 있는데, 이것은 중국에서 여러 왕조에 걸쳐 전해지다가 마지막으로 수정된 판본이다. 들기로는 기윤紀昀 1724~1805, 청나라의 정치가이자 문학가.『사고전서四庫全書』의 편찬관을 역임했고『열미초당필기閱微草堂筆記』의 저자로 유명하다이 수정했다고 한다. 관리 승진을 두고 벌이는 이 게임은 벼슬길이 순탄치 않았던 이들이 즐겼다고 하며 6개의 주사위를 던져 덕德, 재才, 공功, 양良, 유由, 장贓 중 어느 것이 나오느냐에 따라 승진과 강등이 결정된다. 가장 낮은 출신부터 가장 높은 왕작王爵까지 관직은 청나라 전체 관제官制에 있는 정正, 종從 9품(18급과 같았다)과 더 낮은 미관말직 그리고 더 높은 황제 옆의 특수한 직위를 다 포함한다. 이 게임은 청나라 관제와 그 게임 규칙에 훤한 누군가(정말 기윤인 것 같지는 않다)가 수정한 것이 분명하다. 승진과 강등의 경로에 관한 세부 사항이 내가 아는 한도 내에서는 역사적 사실에 상당히 부합된다. 딱 한 가지가 불공정하고도 부정확해 보이는데, 그것은 정1품 이상의 대학사大學士, 군기대신軍機大臣, 오등봉작五等封爵 같은 사람들은 장贓이 나와도 벌칙이 없고 순조롭게 승리를 거두는 것이다. 누구든 그 관직까지 올라가면 주사위를 어떻게 던지든 돈을 따게 돼 있다.

우리는 실제 권력의 역사에서는 그렇게 죽음과 죄를 사면받는 사람이 없다는 것을 알고 있다. 보통 죄가 아주 가벼워도 제왕의 곁을 지키는 고위 권력자는 큰 고초를 치르게 마련이다. 그래서 나는 이 게임의 설계가 실상 풍자적인 게 아닌가 하는 의심이 든다. 벼슬길이 순탄치 않은 사람은 냉소적으로 변하기 마련이기 때문이다.

장이 나와도 벌을 안 받고 무슨 일이 터져도 끄떡없는 것은 권력의 세계에서는 이상일 수밖에 없다. 옛날과 지금, 동양과 서양에서 1000년간 그 이상은 실현되지 않았다. 그러나 우리는 오늘날 그들을 도와 완전히 새로운, 임계점 위쪽에 있는 그 부의 세계를 만들어냈다.

# 어쨌든 물어봐야 한다,
# 한 사람이 어떻게 그 많은 돈을 버는지


리먼 브라더스의 그 원흉들은 지금 어디에 있고 어떻게 살고 있을까? 보유 자산은 각기 얼마나 될까? 정말 불공평하게도 우리는 지하철 치한, 뺑소니 음주 운전자나 기를 쓰며 찾고 있다. 그래도 우리는 진정한 문제의 근원이 오늘날의 금융 체계와 화폐, 부의 세계의 진화 양태이며 개인에게든 대기업에든 그런 금융위기가 정기적이거나 비정기적으로 휘몰아쳐온다는 것을 어렴풋이 알고 있다. 그리고 유일하게 확실한 것은 집을 잃고 천막촌에 들어가는 사람은 그들이 아니라, 그들이 수학적으로 설계해낸 거치식 모기지론이나 변동 금리 모기지론을 못 갚는 이들이라는 사실이다.

월가를 점령했지만 예상대로 흐지부지 그만둬버린 그 열정적인 이들도 이 임계점 현상을 지적했다. 1퍼센트의 사람들과 99퍼센트의 사람들을 나눈 그들의 견해는 부정확하긴 해도 설득력이 매우 강하다. 크루그먼 등의 학자들은 잠정적으로 1퍼센트 사람들의 것으로 계산되는 부의 세계를 '국가 속의 국가'로 묘사했다. 정말로 그렇다면 사실 나쁠 게 없다. 그것은 스스로 폐쇄적인 유토피아가 될 것이고 그에 따라 우리 99퍼센트 사람들의 '정상적인 세계'를 수시로 교란하고 침해할 일이 없어져 우리가 그것의 존재를 모르거나 안 참아도 되기 때문이다. 하지만 사태의 진상은 전혀 딴판인 듯하다. 동시에 두 개의 세계, 두 가지 규칙, 두 세트의 율법, 두 종류의 삶의 태도와 생활 방식 그리고 가장 실질적으로 두 종류의 부, 즉 훼손되지도 소모되지도 않는 부와 하루아침에 증발해버리고 마는 부가 존재하는 것이 괴이한 현대의 경관이자 눈앞의 현실이다.

아이슬란드의 놀라운 신화 『사가』에는 최후의 날에 관한 묘사가 담겨 있다. 신들의 황혼에 망령들이 부활해 죽은 자들의 손톱으로 만든 전함(인류의 가장 상상력 넘치고 또 가장 음산하며 공포스러운 전함)을 몰고 다가온다. 그리고 오늘날 그들도 또 하나의 신화적인 최후의 날을 보여준다. 그것은 훤한 대낮에 누구와도 상관없다는 듯 전국이 순식간에 파산하는 것이다.

그 1퍼센트 사람들의 세계는 99퍼센트 사람들의 세계와 긴밀하게 얽혀 있고 또 모종의 은밀하고 무책임한 방식으로 위에서 후자를 조종한다. 그들은 인류 세계가 산출하는 이익의 절대 비율을 가져가는데, 그렇게 놀랄 만한 비율을 계속 차지하는 것은 일찍이 없던 일이다. 과거 인류 역사에서 가장 포악하고 가장 분별없던 통치자도 그렇게 많이 차지하지는 못했고(중국 역사에서 오랫동안 고집한 세율은 10퍼센트였다. 물론 이것은 저평가된 이상적인 수치일 뿐이었지만 그래도 줄곧 견제력으로 작용하기는 했다) 혹시 그랬더라도 바로 예외 없이 폭동과 혁명에 맞닥뜨렸다. 그런데 지금은 그저 합리적인 분배, 합법적인 소득일 뿐이다. 화폐는 더 이상 이자와, 이른 바 '자본 소득'을 낳는 데 그치지 않는다. 화폐는 지금 가장 신기하면서도 위험한 마법의 도구로서 자신의 마법 왕국을 창출했다. 그리고 그 대마법사들의 손에서(예전의 앨런 그리스펀, 아직 현역인 워런 버핏, 조지 소로스 같은 이들로서 계속 늘어나고 있다) 국가와 도시들을 좌지우지하며 한 사람, 한 집안, 오래 운영되어온 한 기업을 넘어 준비 태세가 부족한 한 나라까지 손쉽게 망가뜨릴 수 있다. 물론 100만 명이 1년 내내 힘들게 일한 노동의 성과도 손가락을 한 번 튕기는 것만으로 자기 계좌 안에 거둬들일 수 있다.

『춘추좌씨전春秋左氏傳』에서 자산子産은 당당하게 맹주인 진晉나라에 이런 질문을 던졌다.

"귀국이 옛날에 분봉分封 받은 사방 70리, 100리의 땅이 어떻게 지금 이렇게 커질 수 있었는지 가르쳐주실 수 있습니까?"

때때로 어떤 일은 결과를 통해 살펴볼 필요가 있다. 간혹 결과를 보면 화려한 간계가 들춰지고 마법의 최면에서 빠져나오는 효과를 거둘 수 있다. 추리소설가는 이 점을 잘 알고 있어서 항상 우리에게 짙은 안개를 흐트러뜨리려면 가장 간단하고 실제적인 질문을 던져야 한다고 조언한다. 그 살인 사건에서 마지막으로 진짜 이익을 취하는 자가 누구냐고 말이다. 우리는 언제까지나 자산처럼 그렇게 물어봐야 할 수도 있다. 마음을 가라앉히고 진상을 추구하며 순전히 지적인 호기심을 품은 채로 말이다. 예를 들면 다음과 같다.

"당신은 도대체 얼마나 노동을 투입하고(이것은 간단히 계산할 수 있다. 초과 근무를 한다면 최고 보수를 적용해도 된다) 얼마나 위대하고 가치 있는 것을 창출하기에(이것은 객관적으로 엄정하게 검토해야 한다) 겨우 3년에서 5년 사이에 100억, 1000억의 보수를 가져가는 겁니까?"

1퍼센트 사람들의 세계와 99퍼센트 사람들의 세계가 이렇게 서로 겹치고 뒤엉켜 있으며 1퍼센트 사람들의 세계에 관한 갖가지 정보가 시시때때로 99퍼센트 사람들의 세계에 들어오는 것은(그것도 가장 눈에 띄고 항상 유혹적인 방식으로) 바로 토크빌이 걱정했던, 사람들을 '부패'시키고 '비천'하게 만들기 쉬운 상황으로 확실히 크나큰 위험을 안고 있다.

이것은 분명 선량함을 증진하는 상태는 아니며 흔히 기존의, 우리가 믿어 의심치 않아온 것들까지 더 지키기 어렵게 만든다. 그래서 인간의 마음속 깊은 곳에 잠복해 있던 것들이 반복적으로 건드려지면서 본래 본분에 만족하던 이들이 보수적이고, 어리석고, 시대에 뒤떨어지고 나아가 무분별한 사람으로 뒤바뀔 것이다. 그토록 빈번하면서도 강렬한 수축과 확장의 격차를 못 견디고 사람들은 천천히 마모돼갈 것이다.

이것은 또한 악인들이 떵떵거리는 사회이기 쉽다. 가장 문제인 것은 아마도 나쁜 사람이 걸핏하면 착한 사람을 혼내고 이기적인

자가 정의로운 자를 혼내며 누구나 어떻게 이기적인 사람이 되고
나쁜 사람이 될지 배우려 할 것이라는 사실이다.

# 부귀열차

최신 뉴스 한 가지를 보태려 한다. 올해(2015) 타이완 대입시험에서 똑똑하고 열심인 젊은이임이 분명한 어느 수험생이 타이완대의대에 갈 수 있는 성적인데도 현명하게 금융학과를 택했다고 한다. 우리의 기자는 서슴지 않고 그가 이상을 가진, 작은 모범이 될만한 젊은이라고 말했다.

정말 그럴까? 몇 년 전, 확실히 나도 어느 글에서 반세기 동안 부동의 대학 지망 1위였던 타이완대 의대가 천천히 하강하고 대신 금융학과가 1위가 될 것이라고 내기를 걸면서 "바보들이나 심장외과 의사가 될 것이다"라고 말했다. 이것은 개인의 고유한 판단이나 선택과는 무관한, 사회의 집단적인 추세다.

금융학과를 택한 것으로 우리는 그가 똑똑하고 심지어 현명한, 시세에 밝고 앞날이 기대되는 젊은이라고 말할 수 있기는 하다. 하지만 그것이 어떻게 '이상'과 관련 있단 말인가? 이 단어의 뜻을 완전히 바꾸지 않는 한 말이다. 이상은 아무리 시들고 위축돼도 최소한의 대의와 최소한의 저항적 성격은 가져야 하지 않을까.

부의 새로운 세계에서는 과거의 몹쓸 역사적 사유와 글쓰기 방식이 답습되고 있다. 그것은 바로 "성공한 자에게 성공의 이유를 찾아주고 실패한 자에게 실패의 이유를 찾아주는" 것이다. 이것은 역사의 기회주의적인 면이다. 누가 동시대 사람들보다 탁월하게 많은 돈을 벌었다면 자연히 어떤 사람이 나서서 그를 위해 어떤 기억이나 하나의 또는 일련의 원인을 창조해준다. 예를 들어 대여섯 살 때 친구들과 냇가의 물고기를 구경할 때도 그의 생각은 다른 아이들과 전혀 달랐다거나, 더 이르게는 그의 어머니가 그를 잉태할 때 해와 달이 떨어지고 큰 새가 날아드는 이상한 꿈을 꾸었다는 것 등이다.

얼마 안 있으면 졸업한 지 40년이 되지만 나는 고등학교 동창회에 딱 한 번밖에 나가지 않았다. 그 모임은 우리의 옛날 반장이 입법위원 선거에 나갈 때 인원 동원을 위해 만든 것이기 때문이다. 우리 2학년 1반은 당시 같은 기수 26개 반 중 유일한 인문계였는데 그중 대부분은 당연히 상업과 법정法政이었고 순수 문과는 겨우 6명에 불과했다. 그것은 기본적으로 당시 엘리트 계급의 시대적 분위기에 따른 정상적인 비율이었다. 그때 우리 50여 명의 다양한 급우 중 과연 몇 명이나 자기 주관이나 이상을 지녔으며 또자기 부모에게 저항을 했을까? 그리고 여러 해 뒤, 그 50여 명은 사면팔방으로 뿔뿔이 흩어져서 과거에 그들이 같은 반, 같은 지점에서 출발했다는 것이 도저히 믿기 어려워졌다. 오늘날에 와서 단지 부와 소득이라는 결과로 보면 그들 간의 차이는 매우 현격하며, 그중 꽤 여러 명은 정말로 큰돈을 벌었다(물론 모두 금융 관련 업종에 진출한 이들이다). 내 생각에는 당시 고분고분 타이완대 의대, 타이완대 전자공학과에 들어간 다른 반 아이들을 월등히 뛰어넘었다. 그렇다면 그들은 당시 그런 성과를 정확히 예측하고 계획적으로 차근차근 나아간 것일까? 그것은 말도 안 되는 소리다. 그 모든 것은 당연히 처음에는 전혀 몰랐던, 신비롭고 변화무쌍한 삶의 흐름이 낳은 결과일 뿐이다.

여기에는 가장 기본적인 '시간차'라는 것이 있다. 중국의 '도룡지기屠龍之技'라는 고사성어가 바로 이 우스꽝스러우면서도 무시무시한 시간 현상을 가리킨다. 누가 열심히 스승에게 용을 죽이는 기술을 배워 다 완성했는데, 하산하자마자 세상에 더 이상 용이 남아 있지 않음을 깨달았다는 것이다.

돌이켜보면 당시 금융학과든 전자공학과든 특정 전공을 선택한 것은 무슨 예지에 따른 판단이 아니었다. 아울러 훗날 자신들이 자지도 쉬지도 않고 열심히 일해서 그런 성과를 거뒀다고 주장한다면 꼭 사실인 것 같지만, 설마 다른 업종, 다른 영역에는 그와 비슷한, 심지어 더 똑똑하고 더 열심히 일한 사람들이 없었단 말인가? 따라서 그만 마음을 열고 인정하기로 하자. 애초에 헤아리기 어려운 그 시간의 유수 같은 변화를 누가 알았겠는가?

나 자신은 그것을 '부귀열차'라고 부른다. 여러 해 전, 내 부친의 다소 굴곡진 인생에 관한 짧은 글을 쓰면서 그것을 제목으로 삼았다. 어느 시대든 한두 편은 있게 마련인 그 열차는 정원이 제한적이고 사실 예측하기 힘들다. 운 좋게 그것을 타고도 마지막에 가서야 그것이 상상조차 할 수 없는 부의 왕국으로 가는 직통열차임을 깨닫는다.

그 1퍼센트의 사람들이 얼마나 슬기롭고 똑똑한지 꼭 이야기해야 한다면 나는 차라리 옛날의 신비한 점성술이나 윤회설을 믿고 따르겠다. 그것은 적어도 맞을 확률은 있기 때문이다.

# 명예는 밧줄일 뿐

잠시 멈추고 설명을 해야만 하겠다. 사실 내가 정말로 관심 있는 것은 명예이며 규명하려는 것도 단지 오늘날 명예의 양상과 그것이 처한 상황이다. 왜냐하면 명예는 홀로 당위의 세계를 탐색하고 당위의 세계에 대한 우리의 필요한 사색 및 그 가능한 수량, 폭, 범주 그리고 내용과 연관되면서 또 그것들을 상당한 정도로 결정하기 때문이다. 나는 우리가 눈앞의 실제 세계만을 가져서는 안 된다고 믿는다. 그것은 사실상 100만 년간 기나긴 밤이었던 생물적인 세계로 환원되는 것이나 다름없어서 사람들이 진정으로 그것을 원할 리는 없다. 게임에만 매달리고 TV 앞에서 연속극만 보고 있는 사람들을 비롯해 모두가 실제 세계에 만족하지 못하며 벗어나고 싶어한다. 그들 사이의 차이는 단지 상대적으로 편한 방식을 쓰거나, 아니면 상대적으로 힘들고 고단한 방식을 쓰는 것뿐이다.

당위의 세계의 끊임없는 실추, 위축 그리고 왜곡과 변형은 현재 인지되지도, 대수롭게 여겨지지도 않지만 인류 미래의 골칫거리인 게 분명하다. 현재는 바로 과거 인간들의 미래였으며 상당 부분은 당위의 세계에 대한 과거 인간들의 추구로 말미암아 쟁취되고 실현되었다. 케인스가 말한 것처럼 사실 우리는 자기도 모르게 모두가 과거의 어떤 사유자나 현자의 신도인 것이다.

내가 염두에 둔 것은 명예인데도 부의 밀림 속에 잘못 빠져들어 거의 벗어날 수 없게 돼버렸다.

하지만 이것도 필요한 과정이 분명하다고 계속 깨닫고 있으므로 어떻게든 빠른 걸음으로 부와 권력을 지나쳐보려 한다. 명예는 바람 속에서 흩날리다가 길의 끝에 가서야 불현듯 나타나거나 진정으로 완성될 것이다(플라톤이 말한 것처럼 훌륭한 것은 항상 길의 끝에 가서야 모습을 드러낸다). 사실 민감하고 취약한 것은 부와 권력에 대한 지금 우리의 편애와 두려움에 흔히(특히 처음에) 더럽혀지고 굴복하곤 한다.

그래서 명예의 이면이자 명예에 가장 큰 타격을 주는 것은 결코 오명과 악명이 아니다. 여태껏 명예에는 오명과 악명이 포함되었으며 또 오명과 악명의 비율이 꽤 높았다. 이것은 항상 흔들리고, 불확정적이며, 이해 갈등이 심한 사람들 각자의 마음과 명예가 만나면서 생기는 필연적인 결과이고 명예가 현재의 권력과 부의 집단적 힘에 대항하는 것에 대한 대가이기도 하다. 따라서 명예를 구성하는 필요 성분으로 간주하는 것이 좋다. 공자는 이에 대해 간단히 "착한 사람은 너를 좋아하고 악한 사람은 너를 미워한다"고 말한 바 있다(물론 지금 세상의 관점은 조금 변해서 이른바 오명과 악명도 똑같이 유명해지는 것이며 빨리 얻을 수 있고 조절할 수도 있는 일종의 명성이어서 마케팅에 도움이 된다고들 한다).

명예의 이면이자 명예에 가장 큰 타격과 위협이 되는 것은 허위인데, 이것은 찬탈과 타락의 성격이 강한 동시에 항상 모든 선인과 악인에게 아첨하고 영합하는 가짜 명예다. 이것은 사실 부 내지는 권력의 세계에 밀착하고 의존해 이익을 꾀하는 명예로서 상업 거래의 어떤 영원한 규칙을 빌려 쓴다. 예컨대 선인과 악인이 똑같이 누군가의 책을 산다면 모두 고객인 셈인데 그 사람이 어떻게 자기 고객의 기분을 상하게 하겠는가?

장기적으로 볼 때는 명예의 궁극적인 이면이자 가장 실망스러운 상황은 잊히는 것이다. 덕이 있는 사람은 자연히 사람들이 따르게 돼 있다는 옛말은 그저 옛말일 뿐이다. 사람들은 말과 연출에 능하고 사시사철 영업을 쉬지 않는 새 얼굴에 끌리게 돼 있다. 이쪽에서 조용히 자라다가 조용히 죽으면 모든 게 애초에 없었던 것과 같다. 보르헤스의 아름다운 표현을 빌리면 그저 꿈을 꾼 것이나 다름없는 것이다.

가능하다면 우리는 명예가 독립적이고, 깨어 있고, 자체적으로 견실하고 일관된 성장 방식과 생존의 토대를 갖고 있고, 이익의 유혹(부)을 받지 않고, 세력의 위협(권력)에서 자유롭기를 바란다. 이른바 명지실귀名至實歸라고 해서 명예가 표시하는 것이 그 내용물에 부합하기를 지향하고 겉만 그럴싸한 것을 원치는 않는다. 사실 명예는 빛처럼 어떤 비범한 가치를 지닌 사람이나 그의 업적을 감싸고 있다. 우리가 더 부여하거나 보탤 필요 없이 그 빛은 사람의 그 완성된 업적 안에서 비쳐나오므로 우리는 그저 보거나 다른 사람에게 보라고 할 뿐이다. 이는 내가 좋아하는, 바둑 고수 우칭위안의 한마디와 같다. "바둑돌이 정확한 위치에 놓이면 하나하나가 다 반짝반짝 빛난다."

이것은 전혀 망상이 아니다. 과거에는 사실에 꽤 가까웠고 적어도 많은 이들이 보편적으로 믿으며 그렇게 되려고 노력했다(예컨대 모든 것이 불편했던 그 시대에 사람들은 잊히고 방치될까 두려워 놀랄 만큼 방대하게 역사를 기록하고 또 읽었다). 하지만 오늘날에는 갈수록 한낱 이상에 불과해져 미심쩍어하고, 불안해하며, 뭔지 모를 걱정에 시달리는 몇몇 사람의 마음속에 남아 있을 뿐이다. 대체 무슨 일이 있었던 걸까? 어떤 일이 있었던 것임이 분명하다.

나 자신은 부와 권력에 대해 그저 아무 흥미도 없으며 나이를 고려하면 앞으로도 흥미를 갖기에는 너무 늦었다. 지금은 솔직히 이런 말을 해도 될 것 같다. 그래도 (도덕적) 자기 과시라는 오해를 받을 리가 없으며 오히려 나 자신이 시대착오적이고 세상의 변화무쌍한 행보를 못 따라가는 사람임을 폭로하는 것일 뿐이기 때문이다.

부와 권력에 대해 호기심을 느끼기보다는 명예가 현재 당면한 상황을 규명하려 노력해야 한다. 언제나 부와 권력이 엇갈리며 거침없이 내달리는 이 세계에서는 말이다.

역사적으로 또 우리는 진심으로 부와 권력을 멸시한 이들이 대부분 명예도 함께 멸시한 것에 눈길이 끌리기 쉽다. 나는 그것도 옳으며 일관성이 있다고 생각한다. 그것은 명예의 취약함과 불확실함 그리고 그 일상적 허위에 대한 필요한 경고인 동시에 명예가 항상 부와 권력에 아양을 떨며 봉사하는 것에 대한 자연스러운 혐오다. 하지만 개인적인 삶의 신념 및 선택과 무관하게 나는 이 명예라는 것을 변호하고 싶다. 우리에게는 아직 이것이 필요할지도 모른다. 결국 그 혐오스러운 위험들을 제거하지 못할지라도 말이다. 여기서 오래된 유머를 또 하나 인용해보겠다.

"왜 관청에 붙잡혀간 거야?"

"남의 집 밧줄 하나를 가져갔거든."

"고작 밧줄 하나로 관청에 신고한 거야?"

"밧줄 끝에 그 집 소가 묶여 있었거든."

명예는 그 밧줄이다. 그 자체는 전혀 무가치하고 포즈에 불과할 수도 있지만 그것은 가치 있는 사람 및 존재와 무수히 묶여 있고 연결돼 있다.

명예는 그래서 이런 역설을 띠기도 한다. 즉, 정말로 명예가 부여돼야 할 사람은 아마도 명예를 신경 쓰지도 좋아하지도 않는 그 사람들일지도 모른다. 그러므로 결코 그들에게 명예를 주지 않는 것은 그저 우리 자신을 위해서다.

## 보상 체계

명예가 단순히 증여되는 것이 아니라 우리 자신을 위한 것이면서 우리 자신과 또 더 많은 사람이 어떤 진귀한 사람이나 업적, 작품 등을 기억하게 하는 것임을 안다면 일정 정도 명예의 허위적인 요소를 낮춰 볼 수도 있을 것이다. 하지만 이렇게 자신을 속이는 게 무슨 소용이 있을까? 물론 자신을 속이는 게 때로 좋은 점도 있긴 하지만(예를 들어 게으름, 휴식, 기분 전환 등에 좋다) 장기적으로 보면 손해다.

나바호족은 거짓말을 금하지 않고 거짓말의 장기적인 대가를 조심하게 하는 지혜로운 처세술을 갖고 있다. 사람은 기본적으로 남에게 무해한 거짓말을 할 수는 있지만 절대로 같은 거짓말을 세 번 이상 하면 안 되는데, 그러면 그 거짓말이 자신을 옴짝달싹 못하게 옭아맨다는 것이다.

마지막으로 속아 넘어가는 사람은 언제나 자신이며 여기에는 거짓말을 업으로 삼는 영업사원, 정치적 인물, 사기꾼이 다 포함된다. 이것은 거의 인생의 통칙이다.

아래에서는 한 걸음 더 나아가 마치 청소 계획을 짜듯 이 명예라는 것을 정리, 확인할 것이다. 그 과정에서 정의定義를 찾기보다는 필요한 사용 설명을 제시하려 한다.

아주 오랫동안 주톈신은 특정 유형의 사람을 가장 혐오해왔다. 그녀는 그런 이들을 '뭐든 다 가지려는 사람'이라고 부른다. 사실 대단히 많은 이들이 그 모양이라 일일이 이름을 거론하면 너무 길어질 테고 기분도 울적해질 듯하다. 그중에는 20년, 30년 된 오랜 친구도 적지 않고 계속 시들기만 해서 이제는 거의 되살아날 리 없는 친구도 있기 때문이다. 쑨원孫文이 영국 런던에서 곤경에 빠졌을 때광저우에서 반청 무장봉기에 실패한 쑨원은 1896년 런던으로 도망쳤다가 청나라 공사관에 억류되어 본국으로 압송될 뻔했지만 제임스 켄틀리, 패트릭 맨슨 등 현지 친구들의 도움으로 풀려났다 사귄 어린 친구 미나카타 쿠마구스가 말한 것처럼 "친구를 사귀는 것도 철이 있는 것이다". 인생의 중년을 넘어서니 우수수 잎이 떨어지는 가을이 다 돼버렸다.

물론 부와 권력을 가진 사람이라고 해서 다 악인인 것은 아니다. 그래도 남을 이롭게 하는 훌륭한 부자와 권력자가 될 기회 및 공간이 없지는 않다(이론적으로 그들은 착한 사람이 될 "더 큰 능력을 가졌지만" 실제로는 쉽지 않아서 수많은 바늘구멍을 통과해야 한다). 그래서 오랜 친구가 부나 권력을 얻으면 우리는 그를 위해 기뻐해주곤 한다. 그런데 만약 그가 말과 행동이 달라서 스스로 물질적 향수를 즐기고 정계 및 비즈니스계의 명사와 사귀려고 공을 들이면서도, 계속 자기는 고단한 대중의 편이라고 떠들며 꼭 경극에 나오는 인물처럼 정기적으로 족보를 주워섬기면서 자기가 ××의 자식(대체로 가난뱅이, 빈농, 광부, 부랑아 등과 같이 하느님이 가장 사랑해서 한꺼번에 너무 많이 창조한 이들이다)이라고 선전을 해댄다면 그것은 정말로 혐오스럽고 심지어 가증스러울 것이다. 만약 당신이 부와 권력, 사람이 가질 수 있는 세 가지 좋은 것 중 훨씬 더 선호되는 이 두 가지를 이미 가졌다면 오늘날 갈수록 쓸모없어지는 명예는 놓아두기를. 주톈신의 말대로 "과부의 마지막 남은 몇 푼은 사기 쳐서는 안 된다". 남겨두고 열심히 일해도 부와 권력의 보상이 돌아갈 리 없는 이들에게 주었으면 한다. 이 세계가 더 엉망이 돼도 어쨌든 우리가 불벼락을 맞고 소멸하지 않게 지켜줄 의인은 고맙기 그지없게도 몇 명 남아 있을 것이다.

궁극적으로 말해, 명예에 대한 이토록 특수한 강조는 눈앞의 현실 세계와 다른, 언젠가 마르케스가 "당신은 내가 사랑하는 그 세계에 속해 있다"고 말하며 눈시울을 적신 어떤 세계를 은밀히 기대하며 부르고 있다.

부와 권력과 명예는 본래 서로를 끌어당겨 표리관계를 이루지만, 주톈신은 매우 분명하게 명예를 따로 분리해내 부와 권력의 후끈거리는 세계 바깥에 고고하게 독립시키려 한다. 이것은 옛 시대의 방법이지만 삶의 현실을 몰라서가 아니라 너무 잘 알아서 이러는 것이다. 단조롭고 불공정한 갖가지 위험에 빠진 인간은 어떻게든 스스로를 구제해야 한다. 우리는 당연히 모종의 더 고상한 지조를 직접 제창할 수 있고 실제로도 그래왔으며 사람들에게 보상을 기대하지 말라고 요구했다. 진정한 보상은 그 자체에 있다고, 그것은 바로 더없이 확실한 성취감과 충실감 그리고 힘든 노동 후에 잘 자고 일어났을 때 느끼는 것과 같은 기분 좋은 피로감이라고 말해왔다. 이것은 모두 진실이며 예수가 산상수훈에서 오른손이 하는 일을 왼손이 모르게 하라고 권고한 것과 같다(그러나 오른뺨을 맞으면 왼뺨은 그것을 알아야 할 뿐 아니라 같이 맞아야 한다). 하지만 이런 방식은 너무 냉정하고 가혹한 감이 없지 않으며 사람을 고독과 철저한 단절감 그리고 현실 세계와의 관계를 포기하는 최종적인 위험에 빠뜨린다. 마치 예수가 죽음에 이르러서, 혹은 천국에 돌아갈 채비를 하면서 "거룩하게 하라"고 실상은 무척 슬픈 데다 처량한 말을 함으로써 우리와 이 세계를 철저히 갈라놓고 서로 증오하게 하여 대화도 상호 공감도 화해도 불가능하게 만든 것과 같다. 이것은 너무나 처연한 결말이자 견해다. 그래도 비교적 인간적으로 가능하고 훨씬 더 현실적이기도 한 방식은 역시 방법을 마련해 어떤 '보상 체계'를 구축하는 것이다. 그래야만 오래갈 수 있다. 물론 부와 권력의 규모와는 비교할 수도, 비교할 필요도 없겠지만 선한 의지, 선하고 귀한 열정에 끊임없이 성장할 수 있는 최소한의 순환을 형성할 기회를 마련해줄 수는 있다. 누구는 봐주고, 누구는 미소 지어주고, 누구는 말을 걸어주는 것은 때로 엄청난 위안이 되며 거미줄처럼 사람을 잡아당기고 떠나는 시간을 늦춘다.

공자는 명예를 마음에 두었으며 칭찬할 것은 칭찬하고 비난할 것은 비난했다. 그리고 좋은 일이든 나쁜 일이든 세상 사람도 다 알게 하려고 애썼다. 새와 짐승과 무리 지어 함께 살 수는 없으므로 그가 선택한 것은 인간의 세계였다. 한편 신을 지향한 예수는 자기 집이 천상에 있다고 생각했다.

상호 공감은 매우 중요하다. 그 중요성은 성과 그 자체에 못지않을 것이다(그게 아니라면 실패를 했을 때 아무 가치도 얻지 못한다. 실패가 소중하고 심지어 잊지 못할 최고의 가치를 지니는 까닭은 그것이 성공보다 인식과 계발의 힘을 더 강하게 지니기 때문이다). 혹은 그것은 본래 성과의 한 목적이며 기대다. 마치 어느 작가가 하나의 작품을 생각하면서 동시에 하나의 세계를 생각하는 것과 같다.

# 명예의 독립에 관하여

우리는 이렇게 생각할 수도 있다. 조금 극단적이기는 하지만 산상수훈에서 말했듯이 '어떤 사람'이 보고 있으며 또 보고, 기억하고, 가장 공정한 보상을 줄 것을 보증한다고 말이다. 그 사람은 바로 신이다. 산상수훈의 이런 가르침은 훗날 기독교를 유지시키고 대대로 신도를 끌어들인 종말론 체계로 발전했다. 그리고 예수의 신도들은 결코 서로 소원하지 않았다. 뉴런의 정보 시스템처럼 오직 일대일 수직관계와 개별적 수평 연결의 단자 모양으로 존재했다 (산상수훈은 본래 그런 경향이 있었다). 그들은 오히려 지나치게 긴밀하고 서로 간에 너무 투명한 단체로서 누가 무슨 일을 하든, 무슨 말을 하든 모두가 금세 알곤 했다. 오늘날의 교회도 보편적으로 이러한데, 그들은 신성한 마음과 부드러운 표정으로 시도 때도 없이 서로의 가정과 프라이버시에 '침입'한다.

다른 면에서 보면 이쪽이 도리어 더 절박하게 보상 체계를 생각하고 만들어낼 수 있다. 그들이 정말 믿지 않는 것은 흔히 허위와 허망함으로 흘러가버리는 명예가 아니라 명예를 허위와 허망함으로 바꿔버리는, 문란하고 불확실하며 더 나아가 부로 귀착되지 않으면 권력으로 귀착되는 이 세계여서 하느님과, 더 고귀하고 더 실수를 안 저지르는 평가자로 하여금 인간을 대체한다. 그래서 "주님의 것은 주님에게, 카이사르의 것은 카이사르에게"라는 산상수훈의 사유는 바로 예수와, 세속의 권력 및 부의 경계선이 명확히 그어진 뒤에 발생했다.

선善은 이런 위험을 무릅쓰지 못하므로 선에는 생존하고 성장할 수 있는 다양한 세계를 제공해야 한다. 플라톤의 공화국 발상도 그렇게 해서 나왔다. 정의가 강권과 같지 않게 하고, 또 선이 말끔히 성립할 수 있게 하려면 하나의 국가를 창조해야 한다.

중국의 역사 기술 작업은 바로 그와 유사한 인위적 보상 체계다. 매우 유사한 경계심과 특수한 주장을 담고 있으며 대체로 뒤늦게 공자로부터 시작되었다고 인정된다. 그는 『춘추』를 쓰면서 정교한 역사 기록에 시비와 선악에 대한 반성을 가미하고 실제로 일어난 사건들을 바로잡았다. 그런데 이상적인 경우에 사관은 스스로 대대손손 이어지는 독립적인 가문이나 학파를 이룩해 권력과 부와는 완전히 거리를 둔 채 자기 전공 업무에만 몰두해야 했다. 이것은 적어도 춘추시대, 다시 말해 역사 기술의 초창기부터 벌써 그러했다. 유명한 제나라의 태사太史 형제 일가와 진晉나라의 동호董狐가 그 예다. 전설에 따르면 얼마 뒤에 『춘추좌씨전』을 지은 좌구명左丘明도 사관 가문 출신이었고 그 가문은 삼대에 걸쳐 노나라 역사의 기록을 책임졌다고 한다. 이 전설이 진실인지 거짓인지는 영원히 알 도리가 없지만, 설령 후인의 날조라고 해도 그것이

사관의 당위적이고 이상적인 표상이었음을 설명해준다.

역사 기술은 지연될 필요가 있었고 중국에서는 곧 뒤의 왕조가 앞의 왕조 역사를 편찬하는 규칙이 생겼다. 이것은 역사 특유의 자연스러운 요구로서 대체로 현실의 소란이 다 가라앉을 때까지 기다려야만 했다. 이것은 동시에 보호 조치이기도 해서 역사 편찬자로 하여금 한나 아렌트가 "흥미가 없고" "이익과 무관하며" "참여하지도 않는다"고 말한, 결백하고 홀가분한 위치에 서게 했다. 그가 기록하고 평가해야 했던 권력과 부는 이미 폐허가 되어서 더는 그에게 다가가 위협하고 유혹할 일이 없었다. 그는 높은 탑 위에서 인공적인 신의 시각으로 과거를 내려다볼 수 있었다. 그런데 당대의 기본 사료의 기록과 보존(이것도 안 했으면 후대의 사관들이 어떻게 일을 했겠는가)은, 예를 들어 제왕의 일상 언행에 관한 기록 같은 것은 수시로 권력과 부의 서슬 아래 노출될 위험이 있었다. 그래서 이상적으로는(그저 이상일 수밖에 없었지만) 사관의 현재 기록은 제왕 본인(권력과 부의 최고 소유자였다. 『정관정요貞觀政要』에 이세민李世民이 몰래 보려다가 신하들에게 집중 공격을 받아 낭패를 당했다는 흥미로운 내용이 나온다)을 비롯해 그 누구에게도 보여주지 않고 타인의 접근을 완벽히 차단할 수 없는 험악한 상황에서도 가능한 한 차단하게 돼 있었다.

또 이런 까닭에 중국의 역대 왕조들이 그토록 역사를 중시했는데도 사관의 일은 수시로 위험에 빠지는 것(본질적으로 부, 권력과 서로 저촉되는 불량한 일이었다)이었을 뿐만 아니라 매우 인기 없는 일(이것이 위험한 것보다 더 치명적이었다)에 속했고 등급과 대우도 일의 중요성과 균형을 이루지 못했다. 게다가 초기 관료 조직은 명확한 분업화가 빨리 이뤄지지 않아서 관리들은 백성도 다스리고 군대도 이끌어야 했으며 경제, 교통, 사법, 문화, 농업, 수리부터 질병 방지까지 안 하는 게 없이 닥치는 대로 겸직을 했는데, 사관은 일찌감치 떨어져나와 일종의 특수 신분인 듯 그 현란한 세상에 못 들어갔고 영역을 넘나드는 승진 기회도 얻지 못했다. 결국 적막한 신세가 되는 게 당연했다. 역사적으로 사관이면서 가장 높은 자리에 오른 사람은 아마도 북위의 명재상 최호崔浩일 것이다. 그는 실로 대단한 인물이었다. 최고의 공훈을 세웠고 글씨도 잘 썼으며(예를 들면 「영묘비음靈廟碑陰」이 있다) 보기 드문 미남이기까지 했다. 그러나 역사를 편찬하다가 탁발씨拓拔氏 황족의 비위를 거슬러 비참하게 참수를 당했다. 이 비극은 특수한 예이자 우연에 불과할 수도 있지만 결코 우연이 아닐 수도 있다. 최호는 신분과 지위가 너무 높아서 권력과 부 속으로 너무 깊이 들어갔고 그 바람에 비이성적인 이민족과 한족 집단의 갈등에 연루되어 벗어날 수 없었는지도 모른다.

아리스토텔레스의 소박한 학설에 따르면 만물은 각기 편하고 알맞은 위치가 있어서 연기는 하늘로 올라가고 돌은 땅에 떨어지는 식으로 자기 위치에 돌아가며 그것이 균형과 안정의 상태라고 한다. 이 간단한 이치(누구는 현대적이면서도 과학적으로 유명한 열역학 제2법칙으로 바꿔 말할 수도 있을 것이다. 엔트로피는 계속 증가하는 경향이 있으며 이는 우리에게 우주가 결국 언젠가 균형을 이뤄 깊이 잠들 것이라고 알려준다)는 때로 굉장히 쓸모가 있고 우리가 미리 어떤 것들을 알 수 있게 도와준다. 예를 들면 사물이 어디 또는 어느 방향으로 기우는지, 또 그런 불균형 상태가 한동안 계속될 수 있는 것은 어떤 특수한 힘이 (잠시) 지탱해주기 때문인지, 그 힘은 또 어떤 기묘하고 심상치 않은 힘인지 등이다. 한편 역사 기술은, 왕조가 그 일을 맡긴 했지만 일과 사관의 지위, 대우, 발전 가능성 사이의 불균형으로 인해 개인의 특수한 의지(부와 권력보다 어떤 것을 훨씬 더 사랑하는 것을 뜻한다. 그런데 이런 인재는 또 왕조에 들어가 일하는 것을 원치 않거나 그럴 필요를 지니지 않을 때가 많다)에 기대야 겨우 유지될 수 있었고 장기적으로 보면 충분히 훌륭한 인재를 끌어들이기가 힘들었다. 중국 역대 왕조의 국사 편찬은 점차 대형 프로젝트가 되었는데, 그것은 명백히 다음과 같은 추세로 진행됐다고 생각한다. 즉, 사관들의 소질은 기껏해야 중간 수준에 머물렀고 입장도 점차 모호해졌으며 역사 편찬은 공동 작업이 돼버렸다. 엄밀한 의미에서 우리가 바라는 그런 역사가는 없었고 마치 신처럼 "처음부터 끝까지 그 자리에 있는 사람"도 없었다(반고班固 이후로는 거의 다 그랬다). 그저 관례대로, 인습을 좇아, 쪼개서 나눈 일을 할 수밖에 없었다. 그 결과, 역사서는 갈수록 두꺼워졌고 끝없는 명세서에 가까워졌으며 말끝마다 칭찬을 붙이는 게 습관이 되었다. 동시에 사람의 판단과 선택이 드물어지고 또 겁이 늘면서 날카로운 지점의 위험하면서도 번뜩이는 것들이 사라져버렸다.

그 후로 1000년간, 역사 편찬으로 인해 누구에게 비극이 일어나는 일은 없었다. 이처럼 위험도가 대폭 낮아진 것은 사실 누구도 더는 위험한 일을 하지 않았음을 뜻한다.

역사서는 소식자사람의 장기에 넣어 상태를 진단하는 데 쓰는 대롱 모양의 의료 도구가 아니라 창고가 되었다. 날카로움이 사라져 사람들이 읽으면서 더는 놀라움과 고통을 못 느끼면서 졸거나 까먹는 데 더 유리해졌다. 그렇다. 낮이든 밤이든 베개로 베기에 딱이지 않은가.

만약 중간 정도의 자질과 평범한 대우로도 역사가 높고도 멀며 세밀하게 뭔가를 간파해내고 또 갖가지 위험을 무릅쓰며 역사를 써내기를 누가 바란다면 스스로 물어볼 필요가 있다. 그게 가능한 일이냐고.

# 단번에 해결할 수는 없다

베버가 말한 심각한 관료제의 쇠우리iron cage에 관해서는 이야기 하지 않겠다(그것은 인류의 가장 정확하고 가장 오래가며 가장 효과적 이면서도 가장 사람들을 슬프게 한 극소수의 예언 중 하나다). 조지 오 웰의 1984년이 지나고도 프롤레타리아 혁명은 계속 봄날의 꿈처 럼 흐릿하고 요원하지만, 베버의 그 냉담한 단언은 어제보다 오늘 이 맞고 오늘보다 내일이 맞을 것이며 컴컴한 오솔길에서처럼 그 끝이 안 보인다. 역사 기술의 일을 왕조가 인수했을 때 그 일에는 눈에 띄는 모순이 너무나 많았다. 예를 들면 큰 사건과 작은 사건 의 모순, 집단과 개인의 모순 그리고 명예와 권력, 부가 예나 다름 없이 뒤엉켜 도저히 풀기 힘든 모순 등이었는데, 이론적으로도 그 랬고 실제로 일을 해나가면 더욱더 그랬다.

전 왕조의 역사를 편찬하는 일은 '그 당시' 권력과 부의 위협에 서 자유로웠을 뿐, 여전히 권력과 부는 멀쩡히 바로 지척에 존재 했다. 그것은 바로 지금 이 순간의 '주인어른'이었다. 사관이 벌써 죽은 사자(헤밍웨이의 말을 빌리면)인 전 왕조의 어떤 고관이나 제 왕을 비판하는 게 무슨 누대의 깊은 원한 때문일 리는 없었다(간 혹 그런 적도 있었지만 그것은 자격 있는 역사 편찬자가 할 일은 아니었고 또 역사 편찬의 성과를 무가치하게 만들곤 했다). 단지 그가 저지른 '모종의' 나쁜 행실과 형편없는 업적 때문이었다. 여기서 '어떤'이 아니라 '모종의'라는 말을 쓴 것에 주목하길 바란다. 그것들은 인간의 깨지 않는 악몽과도 같은, 필연적으로 반복해서 일어나는 악행과 우행愚行이었다. 문제는 바로 여기에 있는데, 권력과 부가 주도하는 세계에서는(특히나 부가 주도하는 세계에서는) 인간의 행위와 사유와 말이 사실 상당히 단조롭고 반복된다(또 이 때문에 우리는 명예를 그 세계에서 벗어나게 하여 다양한 가능성의 세계를 소환하는 한편, 과거에 인간이 가졌던 다양한 가능성을 기억하고 남겨야 한다). 이는 부와 권력이 행사하는 처벌의 힘이 사람들을 동질화시키기 때문만이 아니라, 그 양자의 매혹의 힘이 더 일상적으로 모든 사람에게 미쳐 알아서 제한을 받고 또 알아서 협조하게 만들기 때문이다.

공자는 매우 정확하게 어떤 중요한 연관성을 지적했다. 그것은 바로 인간의 생물적인 면, 즉 욕망의 많고 적음이 인간의 강인함과 반비례를 이루고 인간의 가능한 행동, 사유, 말의 양과도 반비례를 이룬다는 것이다. 인간의 강인함은 대단히 중요해서 처한 상황이 위험할수록 더 필요하고 많은 것이 인간의 강인한 의지가 있어야만 비로소 나타나고 보존된다. 언젠가 나는 타이완의 한 인기 작가에게 '솔직한' 이야기를 들은 적이 있다. 그것은 그의 어떤 안 좋은 행동에 대한 변명이었던 것으로 기억한다.

"어쩔 수 없었습니다. 그 돈 많은 사람을 보자마자 바로 무릎이 풀리더군요."

나는 이미 죽은 에드워드 사이드의 말이 떠올랐다.

"세상에는 당신이 그것 앞에서 큰소리로 진심을 말할 수 없을 정도로 큰 권력은 없다."

비록 그렇게 위태로운 지경에 이를 만큼(사실 그렇게 큰 권력이 있기는 하다) 강경할 필요는 없지만 그 작가처럼 연약한 모습을 보여서도 안 된다. 그래서 나는 즉시 그 작가에 대한 기대를 송두리째 거둬들였다. 그런 사람이 어떻게, 또 무슨 배짱으로 조금이라도 그럴듯한 작품을 써내겠는가? 처음에는 감히 말하지 못하다가 점차 그것이 내면화되어 감히 생각하지 못하게 되고 나중에는 아예 생각할 줄 모르게 되어 사람이 텅 비어서 사라져버릴 것이다.

대대로 그렇게 행동과 사유가 반복되고 말도 무의미하기 짝이 없는 권력과 부의 세계에서는 누가 전 왕조의 제왕을 욕하면 본 왕조의 제왕도 함께 욕하지 않기가 어려웠다. 나아가 더 기막힌 것은 전 왕조의 제왕을 찬양해도 동시에 본 왕조의 제왕을 비판하지 않기가 어려웠다는 것이다. 그러고 나면 1000년간 써먹어온 죄명이 그에게 씌워졌다. 그것은 바로 '차고풍금借古諷今', 즉 옛날의 일을 빌려 오늘날의 일을 풍자했다는 것이었다. 이 죄는 상당히 무거워서 그뿐만 아니라 수많은 관계자까지 참수당할 위험이 있었다.

큰 사건과 작은 사건은 아마도 더욱 근본적인 모순일 것이다. 이것은 본래부터 역사 기술이라는 일 속에, 그리고 역사라는 이 시비와 선악의 보상 체계에 대한 우리의 특수한 기대 속에 존재했으며 왕조의 집단적인 역사 편찬 작업은 그것을 더 과장하고 더 드러낸 것일 뿐이었다. 권력과 부의 소란스러운 세계에서 희미하게 빛나는 낮은 목소리의 어떤 것을 식별하고 포착하려면, 역사를 기술하는 사람은 그에 상응해 자유롭고 기민하면서도 침착하고 집중력을 잃지 않는 상태를 유지해야 했다. 이것은 확실히 정교한 수공업으로 마치 사람 손끝의 미묘한 감촉을 써야 하는 듯한 느낌이었으며 크고 조잡한 형식과 양상이어서는 곤란했다. 우리는 아마 지나칠 정도로 교묘한 분업 방식을 상상할 수 있을 것이다. 누구는 거대한 창고의 축조를 책임지고(그래서 집단적으로 일하는 게 더 효과적이고 완벽하다) 누구는 자료를 수집해 거기에 쌓으며 그런 토대와 정점 위에서 우리가 기대하는 소식자 같은 것이 자라고 발전하는 것을 말이다. 이것은 의미가 있고 도움이 되며 가능하기도 했다. 단지 상상보다 훨씬 못했을 뿐이었다. 게다가 구축하여 완성한 결과물은 보통 자유롭게 취해 쓸 수 있는 공공재의 창고가 아니라 경계가 삼엄하고 출입이 금지된 요새(역대 왕조의 국사관國史館에는 항상 해를 볼 수 없는 것들이 가득 숨겨져 있었다)였으며 정확한 명예로 통하는 길에는 또 반드시 우선해서 제거해야만 하는 장애물과 적들이 줄줄이 출몰했다.

중국 역대 왕조의 정사인 25사는 자못 신기한 역사적 성과이기는 하다. 하지만 다른 면으로 보면, 정부의 입장을 대변하는 그 다음 국사를 지금 누가 또 간절히 기대하겠는가?

어떤 일들은 자료의 수집과 선택, 정리에서부터 시작해야 해서 남의 손을 빌릴 수 없으며 오랫동안 그런 생각을 품고 그런 종류의 일에 몰두해온 사람은 누구나 우리가 무엇을 이야기하고 있는지 안다. 그래서 마르케스는 그것이 전 세계에서 가장 고독한 일로서 누구도 진정으로 도와줄 수 없고 그것에 뒤따르는 직책을 보조해주지 못한다고 말했다. 확실히 사람은 어떤 일을 완벽하게 파악해야만 비로소 정확하게 판단하고 결정할 수 있으며(그러나 철저한 완벽함은 불가능하거나 존재하지 않는다. 나보코프가 "우리는 영원히 사실에 접근할 수 없다"고 말한 것과 같다) 또 어떤 사물에 대해서도 완벽한 이해에 이르러야만 의미를 사색해 "그 의미를 획득할 수 있다". 그런데 완벽함에는 두 가지가 있고 그것들은 서로 모순되며 대립한다. 그중 하나는 한 사물의 가장 중요한 점을 횡적으로 확대하고 종적으로 파고들어 완벽하게 이해하는 것으로 어떤 사람, 어떤 행동, 어떤 성과, 어떤 책 등에 대해 가능한 한 그것들과 관련된 모든 것을 분명하게 파악한다. 다른 하나는 모든 것을 완벽하게 그러모으는 것으로 보통은 생략되는 게 있을 수밖에 없다. 특히 종적인 면에서 그러한데, 수많은 사람과 수많은 행위와 수많은 성과를 무한한 목록으로 이뤄진 책처럼 빠짐없이 하나하나 지적하고 넘어가지만 좀더 깊은 의미에서는 전부 빠뜨리는 것과 같다.

따라서 모든 문제를 단번에 해결하는 것은 대개 환상일 뿐이다. 그런 근사한 일은 없다. 만약 있다면 그 문제들이 수천 년이 지난 지금까지 우리를 줄기차게 괴롭히지는 못했을 것이다. 젊은 시절 내가 잠시 마주쳤던 스승 후란청胡蘭成 1906~1981, 중국의 산문가, 교육자, 문학사가. 소설가 장아이링의 첫 남편으로도 유명하다. 왕징웨이汪精衛 친일 정권에 부역한 탓에 중화인민공화국 수립 후 일본으로 망명했다가 만년에 타이완의 문화학원文化學院에서 교편을 잡아 주톈신, 주톈원朱天文 등의 유명 작가를 길러냈다은 우리에게 말하길, 거꾸로 중대한 일은 사실 땅을 쓰는 것과 같다고, 땅은 깨끗이 쓸어도 다시 더러워지므로 매일 다시 그 일을 해야 한다고 했다.

오늘날 타이완을 대표하는 평론가 양자오는 언젠가 가장 중요한 전공이 사학과 문학이라면서, 다른 사람의 (무의식적인) 오해와 (의도적인) 곡해를 무릅쓰고 말하길, 문학사는 보통 가장 따분하고 읽을 만한 가치가 없는 것이라고 했다. 나는 이 말에 전적으로 동의한다. 문학은 종적인 침투력과 한 사람, 한 사건, 한 사물에 대한 정확한 관심을 요구한다. 그런데 다른 종류의 역사들과 비교해 한층 더 크고 작은 모순에 부딪히곤 하는 문학사는 패러독스에 가까운 동시에 본래는 성립되지 않는 글쓰기 형식에 가깝다. 그 최종적인 결과를 보면 항상 역사만 있고 문학은 없다.

# 쇠락한 종교와 역사 그리고 대시간

우리 눈앞의 양대 보상 체계인 종교와 역사는 이미 어떤 지경까지 힘을 잃어 스스로를 구할 겨를이 없으며 더는 사람들에게 자신들의 원초적인 의지를 떠올리게 하기 어렵다. 사람들은 한때 그 의지에 그토록 정중하고, 소중하고, 심오하고, 절대적인 기대를 걸었는데도 말이다.

만약 내가 잘못 본 게 아니라면 역사가 더 형편이 안 좋은 듯하다. 적어도 타이완에서는 그렇다. 이것은 시기의 차이가 있을 뿐 전 지구적인 현상일 것이다. 그래도 종교는 어쨌든 가장 좁은 의미에서의 개인에게 일대일 관계로 돌아갈 수 있기는 하다. 예를 들어 타이완에서는 한동안 여러 부자와 권력자가 한꺼번에 종교에 빠진 적이 있다. 그들은 신의 가호와, 컴퓨터나 보험 서비스나 비서나 외국인 노동자처럼 곁에 둘 수 있는 지혜와 초월적인 힘 그리고 권력과 부의 세계를 계속 누비고 다닐 수 있기를 바랐다. 또 인생의 수요가 거의 만족된 참에 마지막 남은 살 거리인 '천당의 한자리', 즉 천국에 지어진 호화 별장을 사려고 했다. 그러나 역사는 근본적으로 공공적이어서 종교처럼 서비스업으로 전환되기 어렵고 또 오늘날에는 살아 있는 노인도 존재하지 않는 사람 취급을 받는데 죽은 사람과 유골은 오죽하겠는가? 역사에 관심 있는 사람은 아주 극소수일 뿐이다.

나는 절대로 이를 고소해하지 않는다. 오히려 정반대다. 종교와 역사의 쇠락은 동시에 다른 어떤 것들의 쇠락을 의미하기도 한다. 그것들을 서로 묶어주고 있던 밧줄이 끊어지고 사라지기라도 한 듯 인간은 어느 머나먼 '제자리'로 밀려 되돌아감으로써 천년의 세월이 헛수고가 돼버린 것 같다.

한편 명예의 여러 가능한 허위 중 내가 뛰어나다고 생각하는 것은 맹자가 "오래도록 빌려 돌려주지 않는다면久假而不歸"이라고 칭한 것이다. 이를 풀이해보면, 거짓이 오래되면 물건을 빌려서 오래 안 돌려준 것처럼 부지불식간에 진실로, 자기 것으로 변하며 마지막에는 사람도 따라서 변함으로써 실속 없이 허세를 부리던 본래의 자신조차 까먹게 된다는 것이다. 그래서 이어지는 문장이 "자기가 갖고 있지 않았던 것을 어찌 알겠느냐烏知其非有也"이다. 원래 자기가 쭉 지금과 같은 사람이었다고 생각하게 된다.

이것은 사실 학습의 과정으로 조금 비위가 상해도 필요하기는 하다. 학습은 각양각색의 모방을 포괄하며 사람들의 가벼운 허영과 허세 정도는 해가 없으므로 그냥 눈감아준다. 그리고 누가 다른 사람을 모방하는 것은 그 같은 사람이 되고 싶다는 것을 의미한다. 결국 명예의 전염 효과는 흔히 이런 방식으로 진행된다. 예를 들어 내가 고등학교와 대학을 다니던 시절, 타이완에 갑자기 실존주의 철학이 유행했는데 그 바람에 캠퍼스에서 키르케고르나 니체의 책을 들고 걸어다니는 이들이 자주 눈에 띄었다. 그들은 부자연스러운 포즈로 표지가 보이게 책을 가슴 앞에 대고 다녔다.

"와, 너도 그 책을 보는 거야?"

기왕에 책을 샀으니 그래도 몇 페이지는 읽으려고 노력해야 동급생들의 호기심 어린 질문을 상대하기 좋았다. 훗날 사람들이 더는 키르케고르와 니체의 책을 가슴에 대고 다니지 않는 것과 비교해 이것이 가진 가장 의미심장한 차이점은 역시 키르케고르와 니체를 읽는 것이 훌륭하고 수준 높다고 믿었다는 것이다. 그리고 세상에는 우러러보고 경외심을 품어야 하는 훌륭한 것들이 있다는 것도 믿음으로써 그 훌륭한 것들이 기회를 갖고 사람들 자신도 기회를 가져, 삶의 경관이 그렇게 밋밋하고 황량한 지경에 이르지는 않았다.

종교와 역사는 큰 인수因數를 갖는데, 그것은 바로 대시간大時間, 인간의 수명을 한참 뛰어넘는 대시간이다. 이것은 우리 삶의 기본 사실이 아니라 인간에게 매우 특별한 의식이자 사유다. 이런 대시간은 종교와 역사에 의존해야 한다. 안 그러면 황당하고, 우습고, 미심쩍고, 무의미하게 변하기 쉽다. 대시간 의식의 상실에 관해서는 잠시 후 다시 생각해보기로 하자.

# 우호적인 시간의 소로를 만들자

그래서 우리는 더 나아가 명예와 명성을 나누자. 예컨대 명예를 현실 세계에서 분리해내기로 하자. 명성은 그 세계에 그냥 놔두고 제자리를 찾게 하는 것이 그 세계의 불길한 추적과 치근덕거림을 따돌리는 데 좋다. 그리고 모두가 자기 일에 전념할 수도 있다.

명성에 관하여 나는 여기서 밀란 쿤데라의 정의를 취하려 한다. 절대 지나치면 안 되는 『커튼』이라는 책에서 그는 명성이란 나를 아는 사람이 내가 아는 사람보다 많은 것이라고 했다. 직접적으로 수량의 크기에 호소하는 이 정의는 간단하고 편리한 계산 공식 같다. 예를 들어 3억 명이 나를 아는데 나는 고작 300명을 안다면 나는 엄청난 유명 인사인 게 분명하며 심지어 수행원 없이는 밖에도 못 나갈 것이다. 또 301명이 나를 아는데 나는 겨우 300명을 알아도(이치와 현실을 따져보면 전부 겹치지는 않는다) 나는 역시 유명인, 그리 안 알려진 유명인이라고 말할 수 있다.

이로써 명성이라는 현상은 다음과 같은 원칙을 따른다. 명성을 얻으려면 다른 것은 거의 신경 쓸 필요가 없으며 오직 숫자의 변화에 주목해 본래 나를 몰랐던 사람들이 나를 알게 하면 된다.

그래서 이 정의는 사람들이 가능한 한 현재에 밀착하고 시간(대시간)의 감동적인 효과는 더 고려할 필요도 없게 만든다. 여기서 우리는 쿤데라의 '태도'를, 어떤 비난의 의도를 감지할 수 있다.

쿤데라가 숫자 계산으로 내용을 대체한 것을 통해 나는 그가 세계의 현상태를, 즉 내용의 실종과 경시를 의식한 채 무의미('무의미'는 곧 그의 최근 작품인 『무의미의 축제』에서 표방하는 주제다)에 관해 이야기하면서 과학적, 수학적 중립과 유사한 모습의(거듭 티가 날 정도로 중립적이다) 단정하고 장중한 언어 속에 자신의 웃음소리를 숨겨놓았다고 생각한다. 명성은 본래 자연발생적이고 대부분은 본래 부와 권력의 위협적인 빛과 소리와 그림자(『예기』에서는 길을 걸을 때 존귀한 사람의 그림자를 밟지 않게 조심하라고 주의를 준다)로서 텅 빈, 파생적 존재일 뿐이다. 만약 누군가 애써 보태고, 촉진하고, 정정하고, 이용하지 않는다면 말이다.

『가디언』의 뛰어난 기자 겸 칼럼니스트인 티머시 가턴 애시는 이 분야의 전문가로서 이런 지적을 했다.

"전 세계의 기자들은 모두 어떤 비극적인 모델을 따른다. 즉, 먼저 유명인을 황당할 만큼 높이 띄워주고 곧바로 자신의 토대를 무너뜨린다."

이것이 바로 지금 세계의 실제 상황이다. 오늘날 명성의 발생과 전파는 한층 매스 미디어에 집중되어 더욱더 순수한 빛과 그림자와 소리가 돼버렸으며 게다가 정말로 숫자만 남은 것처럼 숫자가 근거이자 추구하는 결과(시청률 같은)로서 처음과 끝을 다 장식한다. 이런 순수한 숫자의 세계는 인간이 존재할 여지가 없는, 플라톤이 말한 세계와 같다.

이에 매스 미디어에서는 누구나 낭비 없이 딱 두 번 사용되고 두 번의 피크, 즉 등장과 사멸이 있다. 간혹 뒤에서 산이 무너지는 듯한, 더 극적이고 더 눈길을 사로잡는 효과가 발생하기도 하는데, 매스컴은 당연히 이를 선호한다. 그래서 사람 마음의 그 음습한 부분이 '기본적인 인간성'으로 확대, 이해되어 일종의 생활 습관이 되었으며 그런 악의적인 기초 위에서 자라는 바람에 명성도 결국 불결해져버렸다. 설령 그것이 아직 최초의 밝고 깨끗한 시점에 있다 하더라도 사람들은 예외 없이 외설적인 전제 아래 그것이 폭로되고 추락할 다음 순간을 상상한다.

이런 상황은 이미 나타난 지 오래되었으며 매스 미디어가 돌처럼 연기처럼 결국에는 '되돌아가는' 편안한 위치이기도 하다. 만약 사람들이 어떤 신념이나 자율적인 규범을 포기한다면 말이다. 타이완도 '깨진 유리창'깨진 유리창을 가만 놔두면 그 지점을 중심으로 범죄가 확산된다는 이론. 사소한 무질서를 방치하면 문제가 확대된다는 의미다의 임계점을 지키는 것을 전면 포기한다면 아마도 『핑궈蘋果일보』와 『일壹주간』(선정적이기로 유명한 홍콩의 두 언론 매체)이 대거 타이완으로 이식되는 날이 올 것이다.

중국인은 삼불후三不朽, 즉 세 가지 영원히 변치 않는 것에 관해 즐겨 이야기한다. (상상 속에서) 시간의 침식과 망각을 이겨내며 세계의 마지막 날까지 계속될 그 세 가지는 바로 입덕立德 덕을 쌓는 것, 입언立言 가르침을 남기는 것, 입공立功 공을 세우는 것이다. 그런데 자세히 보면 이것들은 모두 부나 권력과는 무관한, 상당히 순수한 명예이며 마찬가지로 조금만 뜸을 들이면 지나가버리는 빛과 그림자와 소리일 뿐인데, 왜 유독 이것들만 시간의 바깥에서 영원히 변치 않는다고 한 것일까? 그것은 사람들이 이것들을 골라내 거룩하게 만들었기 때문이다.

우리는 기억이 인간 신체의 자연적인 현상이자 본능적인 행위라고 말하기 어렵다. 사실 망각이야말로 그렇다. 혹은 이렇게 말해볼 수도 있을 것이다. 기억은 본래 파도가 물러가고 난 뒤의 흔적 같아서 어떤 일이 발생하면 서로 다른 나이, 양식, 성질에 따라 우리 뇌의 서로 다른 부분에 깊이가 일정치 않은 흔적들이 새겨진다. 그런데 새로운 파도가 쉬지 않고 밀려와서 그 전의 흔적들을 반복적으로 지우고 대체한다. 예를 들어 드퀸시는 인간의 뇌가 팔랭프세스트여러 번 지우고 기록한 양피지와 같아서 매번 쓴 글씨가 그 전에 쓴 글씨를 덮어버린다고 말했다. 따라서 회상은 자신이 소중하게 여기는, 어떤 특정한 흔적을 유지하는 방식이고 끊임없는 회상은 특정한 파도를 인공적으로 소환, 복제하여 그 특정한 흔적을 부지런히 보수하고 나아가 본래 모양대로 더 깊게 새기는 것이다. 물론 이것은 의도적이고 선택적인 동시에 지금 밀려오는 파도를 막고 멀리하는 행위다. 바로 이런 까닭에 추억을 떠올리는 것은 마치 칼로 부드러운 재질의 마음에 뭔가를 새기는 것처럼 늘 은은한 아픔을 동반한다. 좋은 추억이든 나쁜 추억이든 모두 똑같다.

그래서 우리가 다른 사람에게 말하곤 하는, "나는 당신을 영원히 못 잊을 거야"라는 상투적인 다짐은 사실 매우 어렵고 자연에 저항하는 것으로 일상생활에서의 끊임없는 실천을 포함한다.

"나는 당신을 회상하고 또 회상할 거야. 지난 기억이 덮이고 사라지기 전에 말이야."

의도가 시간의 최종점까지 쭉 관통하는 것을 이른바 불후不朽라고 하는데, 불후는 곧 위와 같은 다짐의 극대화와 기억의 계승이다. 한 사람이 그다음 사람에게 계승시킴으로써 기억은 사람의 수명을 초월한다. 장자가 말한 신진화전薪盡火傳 불을 전하기 위해 땔감을 다 쓴다는 뜻. 스승이 제자에게 학문을 전하기 위해 모든 것을 바치는 것을 가리킨다인 셈이다. 이것은 한층 더 자연현상도 본능적 행위도 아니다. 인간이 자신에게 부여한 무거운 임무다.

자세히 생각해보면 이것은 정말 대단히 기묘하고 심지어 조금 황당하기까지 하다. 인간은(삼불후를 표명하는 중국인뿐만 아니라 온 세상이 다 그렇다) 뜻밖에도 본래 오래가지도 못하는 몇몇 빛과 그림자와 소리를 인정하고 거기에 삶의 갖가지 중요한 희망을 부여할 뿐 아니라 가장 엄격한 자연 법칙과 시간 법칙을 피하면서 그것들과 가장 상극인 일까지 저지르는 것이다. 그래서 이것은 근본적으로 슬프지 않을 수 없다. 틀림없이 부득이한 일이긴 하겠지만 말이다. 언제나 권력과 부가 통치하는 세계에서 인간은 선택의 기회를 별로 갖지 못한다. 그것조차 권력과 부가 잠깐 깊이 잠들 때까지 기다려야, 그때까지 애써 버텨야 겨우 가능하다. 그러므로 시간은 본래 명예에 가장 불리하지만 이와 같은 현실 속에서 오히려 유일하게 가능한 동지, 유일하게 가능한 경로가 된다. 그래서 인간은 특별히 수많은 일을 해야 한다. 그중 하나가 어떤 특수한, 우호적인 시간의 소로를 만드는 것이다.

# 우리는 두 번 살 수밖에 없다

포위를 뚫는 와중에 명예가 가장 자주 저항하는 상대는 권력과 부가 아니라(맥빠지는 소리이긴 하지만 권력과 부는 보통 정면 대결해서는 안 된다. 피할 수 있으면 피해야 한다) 똑같이 빛과 그림자와 소리인 명성이다. 이것은 필요한 분리이며 아마도 모든 것은 분리에서부터 시작된다. 이것은 자색紫色이 주색朱色을 빼앗는 것주색은 순수한 정색正色이고 자색은 여러 색이 섞인 간색間色이다. 정사正邪와 시비의 관계를 말할 때 쓰이는 표현이다을 미워하고, 정鄭나라 음악이 아악雅樂을 어지럽히는 것을 미워하며, 허풍스럽고 수다스러우며 사방에서 권력과 부에 아부하는 거짓된 인물과 사물을 미워하고, 겨우 남은 우호적인 시간의 소로를 빼앗거나 훼손하고 파괴하려는 것들을 미워하는 것이다. 다시 말하지만 영원히 변치 않는 것은 여태껏 자연적인 결과가 아니었고 어느 누군가가 허락해줄 수 있는 것도 아니며 심지어 진실도 아니다. 물론 어느 시점이 되었을 때 그 몹쓸 빛과 그림자와 소리와 함께 사라질 리도 없다. 단지 어떤 엄선된 결정結晶인 듯 아름다운 빛과 그림자와 소리를 남겨 사람들의 영혼을 뒤흔들 것이다. 영원히 변치 않는다는 것은 다소 지나친(인간의 희망도 그렇다) 의지이자 상상이며 이 때문에 인간이 자기 자신에게 부여한, 대단히 힘든 일이 되었다. 장기적으로 봤을 때 시간이 어느 정도 허락하는 듯싶은 것은 단지 한나 아렌트가 말한, 참여하지 않고 흥미가 없으며 이익과 무관한 기본적인 위치에 인간을 되돌려놓는 것이다. 그럼으로써 세상의 풍파를 무감하게 내려다보게 하고 인간의 특정한 격정, 편견, 광기, 집단적으로 귀신에 들린 듯한 부분을 씻어내며(하지만 새로운 격정과 편견 따위가 또 끊임없이 튀어나온다) 기존의 권력과 부를 깊이 잠재운다(하지만 언제나 그 시점의 권력과 부가 존재한다). 이것은 시간만이 갖고 있는, 역시 불완전하기 짝이 없는 공정함이다. 그러나 또 다른 측면에서 보면 사실 이것은 역시 인류 세계의 현상이어서 자연적이지 않다. 보르헤스의 『알렙』 같은 아름다우면서도 수수께끼 같은 책(입언)은 한국의 아저씨가 발명한 말춤이 순식간에 전 세계 몇억 명을 따라 추게 한 것(이것은 분명 입덕도 아니고 입공도 아니다. 나는 이 책이 나올 즈음에는 세상 사람들이 벌써 그 명성과 인기를 잊었을 게 분명한 이 예를 일부러 택해 내 주장의 진실을 더 두드러지게 할 생각이다)과는 어쨌든 크게 다르다. 『알렙』을 읽을 수 있는 사람이 어느 시대에서든, 어느 나라에서든 많을 리는 없다. 다만 그 흔적은 이상할 정도로 깊어서 몇몇 사람은 계속 그것을 떠올리고 기억 깊은 곳에 간직할 것이다. 그래서 저 말춤 추던 사람들이 금세 지치고, 싫증 나고, 흩어지고, 잊어버렸을 때도 여전히 반짝이며 눈에 띌 것이다. 그래서 시간의 연장은 미립자 같은 그 개인들을 천천히 모으고 수집할 기회를 갖는다. 그것은 시간의 거대한 강이 구부러지거나 휘돌며 잠시 머무는 곳에서 그들의 작은 옥토를 형성하는 것과 같다.

하지만 이 모든 것은 마찬가지로 머나먼 미래에 뜬금없이 생겨날 리 없다. 그것은 사람들이 묵묵히 주워 모은 결과이지, 고대의 유물처럼 출토된 게 아니다. 벤야민의 극적이고 감동적인 사후 명예만 해도 결코 우리 후대인들이 뜻밖에 발견한 게 아니다. 누군가 세밀하고 신중하게 그의 책과 말과 필요한 역사적 실마리를 빠짐없이 그 특수한 시간의 소로에 보내주고 일찌감치 벤야민의 훌륭한 가치를 알아본 몇몇 사람이 지켜낸, 감사하고 감동적인 결과다. 만약 누가 가능하면서도 거의 불가능에 가까운 이 시간의 우호적 효과를 이용하려 한다면 지금 당장 팔을 걷어붙여야 한다. 가장 좋은 것은 생활 습관을 만드는 것인데, 권력과 부의 갖가지 눈부신 광선 속에서도 어떻게든 방도를 찾아 그 어렴풋하고 버려진 것처럼 보이게 마련인 것들을 찾아내 "소유하고 보존해야 하며"(움베르토 에코의 당부다) 또 사람들의 죽음 같은 망각이 도래하기 전에 그것들을 주워 경건하고 희망 어린 마음으로 시간에 맡겨야 한다. 그래서 벤야민이 '넝마주이'라고 말한 것은 사람들이 곤히 자고 있을 때 일하며 허리를 굽혀 줍는 자세가 마치 넝마주이 같기 때문이었고 또 그래서 보르헤스가 "우리는 '또 다른 사람들'이 될 의무가 있다"고 말한 것은 권력과 부 바깥의 또 다른 사람들을 의식했기 때문이다.

(첨언하자면, 본래 내가 희망을 건 적이 있는 타이완의 한 작가는 분명히 이렇게 하겠다고 내게 응답했지만 아니었다. '그들'이 되려 했다. 성실하고 당당하게 권세에 아부하고 빌붙는 것이 우리 시대의 기본 풍경이다.)

보르헤스는 '영원히 변치 않는 것'에 관해 말하지 않는다(그는 그것을 두려워한다). 그의 이야기 스타일은 비교적 실제적이어서 "영원을 향해 몸부림친다"고 말한다. 그는 미래에 예측할 수 없는, 뜻하지 않은 일이 너무나 많이 일어난다는 것을 잘 알고 있다. 시간은 순탄하게 흐르는 강이었던 적이 없다. 실제로 우리는 저마다 머지않은 곳에서 우리를 기다리고 있는 절대적인 난관을 만날지도 모르는데, 그것은 바로 죽음이다. 영원을 향해 몸부림치는 것에는 명예뿐만 아니라 부, 권력 그리고 다른 것들도 포함된다. 그것들은 모두 거기서는 어쩔 수 없이 손을 놓고서 계속 살아갈 사람들에게 넘어간다. 그리고 당연히 그중 일부는 통과하지 못한 채 우리 뒤를 쫓아 사멸한다.

장아이링은 매우 똑똑하게도 자기 할머니가 나중에 두 번 죽는 것을 "할머니는 두 번 사실 수밖에 없어요"라고 말했다. 장아이링은 당연히 매우 똑똑한 사람이었다. 할머니 자신이 죽고 나서 자기도 죽으면 할머니는 따라서 또 한 번 죽는다는 것이었다.

# 명예는 부와 권력 중 어느 것을 더 두려워할까

명예를 떠올리면 권력과 부를 떠올리지 않을 수 없다. 권력과 부는 인류 세계의 주도적인 힘으로서 명예의 기본 환경을 구성하기 때문이다. 우리는 항상 이 명예라는 것이 현재 어떤 상황에 빠져 있는지 점검하고 캐물어야 하며, 따라서 이 지점에서 어떤 문제가 등장한다. 즉, 부가 통치하는 세계와 권력이 통치하는 세계 중 어느 쪽이 명예가 더 곤란을 겪는 현재의 환경일까?

10년 전, 나는 이사야 벌린에 관한 글을 쓴 적이 있다. 그 글의 제목은 「천 명의 사자와 군왕의 책사 사이에서」였는데, 거기서 소크라테스의 재판과 죽음 그리고 훗날 플라톤이 아테네로 돌아가 아카데미를 세운, 전혀 다른 행보에 관해 논하면서 "소크라테스와 정반대로 플라톤이 제창한 토론은 단지 소그룹 안에서 수행되어 시민들의 참여를 막았다"고 했다.

아래의 인용문은 여전히 내 기본 관점으로 그사이 별로 발전한 게 없다.

(플라톤의) 이 단절은 인간 사유의 역사에서 중대한 의미가 있다. 그것이 지킨 것은 단지 토론자 일신의 안전뿐만이 아니었다. 지혜

자체를 효과적으로 지킨 것이 가장 중요했고 이로써 속된 의견들의 아우성에 영향받지 않을 수 있었다. 이 부분의 의미는 근대에 와서 갈수록 중요해졌다. 지혜는 그 자체로 집권 군주에게 위협이 되었을 뿐만 아니라, 소크라테스의 심판이 시사하듯 더 자주 일반 대중사회의 비위를 거슬렀다. 아테네는 시민의 자유로운 토론과 논쟁에 대한 허용을 자랑스러워하는 민주주의 폴리스인데도 그랬다 (10년이 지난 지금이라면 나는 "민주주의 폴리스인데도 그랬다"를 "민주주의 폴리스여서 더 그랬다"로 썼을 것이다). 사실 우리는 다양한 통치 형식을 가진 사회들의 지혜에 대한 관용의 정도를 직접적으로 분류해 판정하기는 어렵다. 집권 군주는 비교적 강력한 처벌의 힘과 간파하기 쉬운, 거스르면 안 되는 약점을 갖고 있기는 하지만 상대적으로 보통은 공감 능력을 꽤 갖췄다. 그런데 민주주의의 틀 속에 있는 사회는 표면상 인간의 사유와 언론의 자유를 인정하는 것처럼 보여도, 그 평균주의의 본질은 근본적으로 지혜를 표방하고 또 지혜에 의존해 조직된 그런 독립적인 세계와는 안 어울린다. 결론적으로 관용은 사회마다 한계가 있게 마련이다. 군주 시대에 지혜에 대한 처벌은 난폭하고 잔혹하지만 간헐적인 경향이 있었고 또 누가 군주의 보좌에 앉아 있느냐에 따라 운이 결정되었다. 만약 러시아의 예카테리나 여황제나 이반 뇌제라면 일단 일이 터지면 목숨을 부지하기 어려웠다. 하지만 정상적인 때라면 지혜는 존경을 받았다. 군주부터 일반 서민까지 인내심을 갖고 귀를 기울이려 했다

(얼마나 알아듣는지는 상관없이). 그리고 광의의 민주주의 사회에서는 확실히 지혜에 대한 처벌이 사람의 신체에 미치는 일은 드물다. 다만 지혜를 성가셔하고 심지어 아예 믿지도, 이해하지도 못해서 저항이 일상화되고 장기화되었다. 특히 대중사회가 매스 미디어라는 거대한 무기를 얻은 뒤로는 속된 의견이 소비적 시장 메커니즘의 강력한 뒷받침을 얻어 그 음량과 파급력이 갑자기 높아지고 쾌속 성장했다. 오늘날에는 또 포퓰리즘이 더 심각한 인터넷까지 가세하여 귀를 찢는 소음이 천지를 꽉 채우고 있다. 이런 상태에서 사람들은 어쩌면 괜찮을지도 모르지만('괜찮다'는 것의 정의를 자세히 생각해봐야겠지만) 지혜에 필요한 고요함, 끈질긴 사색 그리고 경청의 공간은 점점 더 보존하기 어려워지고 있다.

이것은 누구를 민주주의에 반하는 잘못된 결론에 이르게 할 정도의 글은 아니다. 하지만 그 안에서 지적한 위험은 어쨌든 지금도 존재하고 있으므로 좀더 논의할 필요가 있다.

이제 논의가 어쩔 수 없이 민주주의에 대한 문제 제기로 넘어가는 시점에서 나는 먼저 폴 콩스탕이 어쩔 수 없이 루소를 비판해야 한다고 느꼈을 때 겪은 심적인 갈등을 인용해보고자 한다.

물론 나는 위대한 인물을 헐뜯는 사람들과 같은 부류가 되고 싶지는 않다. 만약 내가 실수로 어떤 의견에서 그들과 일치한다면 나는 나 자신을 회의하지 않을 수 없을 것이다. 나는 그들과 의견이 같다는 이유로 자책하고 싶지는 않다. (…) 나는 내가 그 거짓 친구들을 인정하지 않고 가능한 한 거리를 둬야 한다고 생각한다.

나 자신은 민주주의를 100퍼센트 신뢰한다. 혹은 어느 순간도 그것을 신뢰하지 않은 적이 없다. 어쨌든 그것 없이 인간이 어떻게 살아가겠는가? 마음속 가장 깊은 곳에서부터 나는 그것이 삶의 가장 기본적인 양식으로 독립적이고 자주적이며 자기 자신을 책임지는 특성을 띤다고 생각한다. 물론 자유로운 삶은 항상 불가피하게 난관에 부딪히기 마련이어서 그렇게 기본적인 사실처럼 소박하기 그지없는 이 삶의 양식은 이행하고 완성하기가 지극히 어렵기도 하다. 그래서 민주주의(모종의 구체적인 형식으로서의 민주주의)는 인류의 수많은 통치 형식과 사회 형식 중 하나이면서 동시에 하나의 (잠재적이며 당위적인) 목표로서 다른 모든 형식보다 상위에 있다. 또 그래서 나는 인류의 그 밖의 통치 형식과 사회 형식을 연대순으로 연결해보면서 그것들을 인류의 일련의 노력으로 간주하는 한편, 그 목표에 부단히 접근해 가치를 최대화하고 가장 적절하며 가능하게 실현시키기 위한 것이었다고 생각한다. 이렇게 보면 인류는 확실히 진보적이고 큰 성과를 거뒀다.

하지만 민주주의는(혹은 이토록 자유로운 삶의 양식은) 영원히 진정으로 완성되지 못할 것이다. 현실에서 이것은 마치 영원히 이룰 수 없는 그 혁명의 목표들처럼 우리에게도 익숙하고 경험한 바 있는 함정(나아가 간계이기도 하다)을 만들어내는데, 이 함정은 논의하고, 검증하고, 의심하는 일이 매우 어려워져서 언제 어디서나 망설임을 불러일으킨다. 그리고 민주주의는 아직 완성되지 않은 탓에 사람들에게 취약하면서도 우선 모든 힘을 집중해 지켜야만 할 듯한 착각을 주기 쉬우며 악의적으로 죄를 뒤집어씌우기도 간단하다. 그것은 당연히 보수적이고, 퇴영적이고, 반동적이고, 음흉한, 입막음용의 저열한 수법이다.

아래에서는 가장 상식적인 관점에서 이야기하기로 하자. 민주주의는 사람들이 자신의 사유와 느낌과 목소리와 행위를 최대한 해방시킬 수 있게 해주지만 이것은 본래 더 평온하고, 안정되고, 질서정연한 세계의 경관일 리는 없다. 단지 우리가 가치 있다고 생각하는 것이다. 민주주의가 사람들에게 부여한 여러 과소평가된, 처음 예상과는 다른 요구는 어떤 확실한 의미에서 보면 심지어 가혹하기까지 하다. 신들의 충돌에 관한 문제를 예로 들어보면 그것은 상상보다 훨씬 더 참기 어렵고 괴로우며 게다가 사람들의 일상적인 현실이다. 너무나 많은 철학자, 사회학자, 심리학자가 그것을 증명한 바 있고(예컨대 에리히 프롬이 그랬다) 또 너무나 많은 문학가, 소설가가 그것을 묘사한 바 있다(도스토옙스키의 『카라마조프가의 형제들』에 나오는 대심문관 이야기가 그 예다). 사람들은 이런 자유에서 벗어나고 싶어한다. 모든 것이 불확실하고 구심점이 없는 상태를 못 참아하며 정확한 답이 없는 결정을 내리고 책임지는 것을 두려워한다. 사람들은 흔히 어떤 유일신에게 도움을 구하면서 하나의 명령, 하나의 계획에 복종하고 싶어한다.

그런데 여기서 우리가 진정으로 언급해야 하는 것은, 그것이 동시에 어떤 정글의 상태로 돌아가려 한다는 점이다. 민주적 사유에 바짝 달라붙어 있는 평등의 주장(그래서 사람들의 주장이지 사실은 아니다)은 우리에게 곧잘 경솔한 착각을 불러일으키곤 하지만, 여태껏 정글과도 같은 세계에서는 각 개체와 각 세력이 서로 대등하게 모종의 평화로운 정역학적 평형(이것은 반드시 법률과 각종 규범에 의지해 보완하고 방어해야만 한다. 그래야만 비로소 민주주의를 이룰 수 있지 원시적인 정글 같은 곳으로 돌아가는 것은 결코 방법이 될 수 없다. 200여 년 전에 토크빌이 말한 대로 민주주의에는 신앙과 법률과 전통 그리고 가치에 대한 신념이 존재한다)을 이룬 적이 없다. 서로 다른 시공간과 양태를 가진 정글은 각기 압도적이고 침투적인 세력들을 갖고 있게 마련이다. 한 세력이 절대적인 승리를 거두고 통치하는 정글은 단일한 핵심과 단자 같고 오합지졸 같은 개체들로 이뤄진 기이한 권력의 경관을 형성하기 쉽다. 현대의 정치학은 이것(예를 들어 나치의 파시스트 현상)을 관찰하고 이미 충분히 논의했다. 중간 계급의 필수적인 차단, 완충, 냉각, 절제 작용의 결여로 인해 완전히 새로운, 20세기의 그 괴물 같은 독재 형식은 역사상의 그 어떤 군주정보다 더 위험하고, 포악하며, 비이성적이었다. 더욱

이 다수와 집단을 통해 단속과 압박을 일삼은 탓에 시간과 장소를 가리지 않았고 도덕적 부담도 면제받았으며 심지어 항상 도덕을 명분으로 내세우기까지 했다. 그것은 존 스튜어트 밀이 인류 세계의 현실보다 한 발짝 먼저 깨닫고 깊이 우려한 것과 같았다. 그는 1000명의 폭정이든 한 명의 폭정이든 폭정인 것은 매한가지이지만 전자가 사람들을 더 옴짝달싹 못하게 만든다고 생각했다.

또 이런 까닭에 지난 수십 년간 위의 사례를 숱하게 봤는데도 나는 여전히 토머스 홉스가 『리바이어던』에서 제시한 견해에 동의할 수 없다. 그런 결론과 선택은 너무 슬프고 또 과장되었으며 사실상 역사적 사실도 아니다. 많은 이들이 분발해 항거하고 다른 여러 가능성을 탐색하고 있는 것이야말로 역사의 진상이다. 홉스가 한 말은 차라리 날카롭기 그지없는 통찰과 경고로 받아들이고자 한다. 나는 민주주의를 믿지만 그것이 적잖은 대가를 요구하며 추호도 요행이 없다는 것을 알고 있다. 예를 들어 내가 소중히 여기는, 사람들이 가진 가장 훌륭한 것들이 매우 곤란하게 변하곤 하는데, 쿤데라가 거장 페데리코 펠리니에 관해 이야기할 때 말한 것처럼 오늘날 우리는 포스트 문학, 포스트 영화, 포스트 예술, 포스트 가치 운운하는 시대에 처해 있으며(그는 또 자기가 감시 속에서 침묵을 강요받는 프라하가 아니라 자유로운 프랑스의 어느 밤에 존재하고 있어서 이렇게 뚜렷이 느낄 수 있다고 강조했다. 물론 '포스트 가치'는 내가 덧붙인 것이다) 나는 담담하게 이것을 우리의 역사적 환경이자 시대가 우리에게 부여한 난제로 간주해 이것을 이해하고 감당하며 이것의 제약과 조건 속에서 일하고 있는 셈이다. 한편으로 마르크스와 엥겔스가 젊은 시절 다소 허세를 부리며 쓴『공산당 선언』의 한 단락이 떠오른다. 마르크스는 역사의 발전을 누구도 막을 수도, 돌이킬 수도 없다는 것을 믿었다. 그는 그것이 진보라고 생각해서 흥분에 가까운 즐거움을 표출했지만 동시에 중세의 종법적이고 전통적인, 인간의 신념과 교양을 비롯한 단아하고 섬세한 것들이 역사의 재로 화해 거기에 남을 수밖에 없으리라는 사실에도 주목했다. 만약 내가 잘못 읽은 것이 아니라면 마르크스는 그것들이 온전히 보존되지 못하는 것을 아쉬워했다. 그것들이 진부하거나 극악무도한, 버려지는 것이 마땅한 것이어서가 아니라, 그저 당시 세계와 병존하기 어렵게 바뀌어서 그렇게 됐을 뿐이기 때문이다.

마르크스와 달리 나는 그렇게 거창한 역사적 결론을 내리고 싶지 않다. 그리고 승자가 독식하고 단일한 힘이 완승을 거두는 역사적 장면과 주장도 혐오한다. 그 승자와 힘이 아무리 좋고 기대되는 것이어도, 설령 그것들이 민주주의와 자유라고 하더라도 무조건 폭정일 가능성이 크기 때문이다. 타이완 자유주의의 대가인 첸융샹錢永祥(타이완에서는 대가와 신이 하도 범람해서 전혀 무가치하게 됐지만 이 사람은 그렇지 않다)은 최근 몇 년간 민주주의에 대해서는 그리 얘기하지 않고 방향을 바꿔 가치를 강조하고 있다. 그렇다,

민주주의는 철저히 완성될 리 없다. 하지만 민주주의는 여전히 제대로 논의될 필요가 있다. 민주주의는 경계하고 보완해야 할, 거칠고 빈 부분이 너무 많아서 자칫하면 거짓과 비이성의 정글로 돌아가기 쉽다. 만약 민주주의가 완성되고 나서 반성하고 검토하려 한다면 그것은 아예 반성과 검토를 포기하는 것과 같다. 솔직히 말해 지금 시작해도 이미 늦은 셈이다.

# 민주주의에 대한 새로운 승인

나 자신의 민주주의의 새로운 한계선과 한발 더 나아간 결심을 강조하고자 한다.

영국의 역사학자 액턴 경의 우아하지만 단호한 명언 중에 "당신의 말을 난 한 마디도 동의하지 않지만, 당신이 말할 권리는 내 목숨을 걸고 보장하고자 한다"는 것이 있다. 이것은 사상과 언론의 자유의 가장 생생한 한계선을 보여주며 다양화된 세계에 대한 우리의 필수적인 옹호와 기대를 드러내기도 한다. 그 다양화된 세계가 걸핏하면 구체적으로 우리를 건드려 불쾌하게 만들지라도 말이다. 근본적으로 말해, 다양화된 세계는 개인에게는 보통 진정한 목표가 아니다. 거기에는 인류의 고도의 절제라는 부득이한 요소가 있으며 이것은 인류의 풍부한 역사적 경험에서 비롯되었다. 간단히 말해 개인이 추구하는 것은 옥이지 돌이 아니다. 단지 옥이 돌에서 나오고 돌에 숨겨져 있을 뿐이다. 적은 양의 옥을 위해 우리는 한 무더기의 보기 싫은 돌을 참아내야 한다.

그러나 지난 수 세기 동안의 더 철저한 실천의 결과를 통해, 또 오늘날 민주주의 세계(타이완도 포함된다. 혹은 특히나 타이완이 중요하다)의 갖가지 상황을 통해 검증한 결과, 나는 빌 브라이슨이 위의 명언을 수정한 버전을 더 좋아하게 되었다. 영국 국적의 아름다운 간호사와 결혼한 그 재미난 미국 여행작가는 말하길 "당신의 말을 난 한 마디도 들어줄 수 없지만, 당신이 진짜 머저리가 될 권리는 내 목숨을 걸고 보장하고자 한다"고 했다.

나는 이렇게 다시 한계선을 하향 조정하여 새롭게 민주주의를 승인하고자 한다.

이것은 결코 빈말이 아니다. 나는 벌써 오랫동안 실천해왔다고 생각한다. 특히나 내가 출판 편집자였을 때 그랬다. 내 사적인 관점으로 말한다면 90퍼센트 이상의 책은 쓸 필요도, 출판할 필요도 없다.

# 이상하고 또 이상하다

또 한 권의 책이 1966년 세상에 나왔고(역시 1960년대라는, 흥미롭긴 해도 정말로 믿을 수 있는 사람이 없었던 그 서정적인 시대에 출판되었다) 그 책의 이름은 『권력과 특권』, 저자는 미국의 사회학자 게르하르트 렌스키였다. 그 시기 타이완은 역시 세계와 일정한 '시차'가 존재했기 때문에 출판이든 독서든 '보충 수업'의 성격이 짙었다. 그 책은 약 20년이 지나서야 중국어판이 출판되어 위안류遠流출판사의 '뉴브리지 번역총서' 안에 들어갔다(첸융샹이 바로 이 총서의 편집위원이자 역자 중 한 명이었다).

나는 그 책의 제1장 앞부분이 유독 기억에 남는다. 그 장의 제목은 '질문: 누가 어떤 것을 얻는 것은 무엇 때문인가?問題: 誰得何物又爲何?'였다. 나온 지 30년이나 된 그 책을 찾아 그 앞부분을 여기에 옮겨 적어본다.

1960년 가을, 케네디가 대통령이 된 지 얼마 안 돼서 미국 국민은 또 괴이한 일을 접했다. 케네디가 로버트 맥나마라를 국방 장관으로 임명했을 때, 신문 보도에서는 맥나마라가 금전적인 희생이 클 것이라고 말했다. 포드 자동차에서 부사장으로 일할 때 그의 월급과 기타 수입은 이미 연 40만 달러가 넘었다. 최근에 사장으로 승진했으니(국방 장관으로 임명되기 직전에) 당연히 월급도 더 올랐을 것이다. 그런데 한 국가의 국방 장관은 연봉이 겨우 2만5000달러여서 그가 포드 자동차 부사장이었을 때 받던 돈의 5퍼센트에 불과했다.

그래서 렌스키는 『이상한 나라의 앨리스』의 한 문장을 인용해 그 장을 여는 시로 삼았다. "앨리스는 '이상하다, 이상해!'라고 소리쳤다."

뭐가 이상하다는 걸까? 렌스키는 아래와 같이 설명한다.

하지만 자세히 생각해보면 우리는 이 일의 기묘한 점에 관해 자연히 느끼는 바가 많을 것이다. 똑같은 사람이 똑같은 기술과 능력으로 더 중요한 자리에 올랐다면 이치상 더 많은 돈을 벌어야 마땅하다. 그런데 결과적으로 소득이 95퍼센트나 줄어든 것이다. 그는 새로운 자리에서 국가의 방위 전체를 책임지는 중임을 맡았는데도 받아가는 월급은 개인 회사의 숱한 평직원에도 못 미치게 된 것이다.

만약 이것이 특수한 사례에 불과하다면 우리는 이것을 재미난 에피소드로 여기고 더 생각할 필요가 없을 것이다. 하지만 현실은 절대 그렇지 않다. 우리가 아무렇게나 미국인의 삶을 둘러봐도 그런

예를 무수히 찾아낼 수 있다.

이에 렌스키는 가장 기본적인 경제학도 모르는 것처럼(사실은 받아들이지 않았다) "사람들이 얻는 보상과 그들이 제공하는 서비스 및 업무상의 희생 사이에서 어떤 연관관계도 찾아낼 수 없다"고 결론을 내린다.

그래서 렌스키는 이어서 "우리는 이런 차별을 어떻게 설명해야 하는가?" 혹은 "누가 어떤 것을 얻는 것은 무엇 때문인가?"라고 질문을 던진다. 이 단순한 질문은 더 심도 있는 의문을 품고 있다. 그것은 바로 사람들이 왜 그것이 이상하고 또 이상한 일이라고 생각하지 않으며 또 궁금해하지 않느냐는 것이다.

반세기가 지난 오늘날, 우리는 더더욱 이상하게 생각하지 않게 되었다. 지금 우리는 누구든 시장 메커니즘이나 수요 공급의 법칙을 들먹이며 되는대로 렌스키의 질문에 답할 것이다.

아주 약간 놀랄 만한 점이 또 있다면 그것은 틀림없이 맥나마라가 포드 자동차에 다닐 적의 연봉일 것이다. "그의 월급과 기타 수입은 이미 연 40만 달러가 넘었다." 40만 달러? 어째서 그렇게 적었을까? 당시 포드 자동차는 중천에 뜬 태양과도 같았고 또 맥나마라 체제에서 줄곧 성공 가도를 달렸다(이 때문에 케네디가 그를 빼간 것이다). 오늘날에는 장래성이 전혀 없는, NBA나 메이저리그의 별 볼 일 없는 스무 살 애송이도 그 돈을 받는다. 더군다나 그것은 이미 인플레이션이 조정된 후의 확실한 숫자다.

자본주의는 너무나 빨리, 또 너무나 크게 자랐다.

이런 식으로 계속 생각하다가 권력, 부, 명예에 관한 우리의 전면적인 사유로 되돌아가 이 삼자를 완벽한 보상으로 간주한다면, 우리는 이른바 '더 중요한 자리'인 미 국방 장관에게 권력과 명예에서 비롯된 더 큰 보상이 돌아갈 것이라고 말할 것이다. 그래서 그가 부의 측면에서는 다소 희생을 감수하더라도 권력과 명성의 측면에서는 (심지어 더 큰) 만족을 얻을 수 있다고 할 것이다.

그러나 좀더 생각해봤을 때, 만약 어느 국방 장관의 권력이 실질적으로 대기업 CEO보다 못하고 사람들에게 존경을 받을 정도의 명성도 누리지 못하며 월급도 남들보다 한참 모자라다면 그것은 또 어떻게 설명해야 하는가? 그 사람이 조금 맹하다거나, 아니면 뭔가 시류에 맞지 않는 신념을 갖고 있다는 식의 구차한 이유는 빼고서 말이다.

그래서 우리가 아무렇게나 '시장 메커니즘'과 '수요 공급의 법칙'을 떠들며 그 의문을 어물쩍 넘긴다 하더라도 이런 상황은 역시 이상하고 또 이상하다. 국방 장관이라는 그 호칭은 가장 전면적이고 뚜렷하며 그것만 있으면 세상의 그 어떤 상벌 체계를 지닌 시장 메커니즘도 더 필요치 않지만 그래도 역시 이상하고 또 이상하다.

렌스키의 의문은 엉뚱하게도 내게 『장자』를 떠올리게 한다. 현존하는 『장자』의 판본에서 항상 맨 앞에 놓이는 「소요유逍遙遊」편을 보면 '병벽광洴澼絖'이라는 별난 이름을 가진 상품이 등장한다. 이것은 일종의 약물 비방인데 핸드크림처럼 추위로 트지 않게 사람 손을 보호해주었다. 본래 이 비방은 세탁업자가 쓰고 있었지만 누군가 눈치 빠르게 더 큰 용도를 알아보고 100금으로 사서 당시 전쟁이 한창이던 나라에 바쳤다. 과연 추운 겨울날 군대가 강을 건널 때 뛰어난 효능을 발휘했다. 이로 인해 그 사람은 권력과 지위를 얻을 수 있었다(그러나 단번에 국방 장관까지 오르지는 못했을 것이다). 장자는 이 이야기를 통해 '유용'과 '무용'에 관한 자신의 유명한 사색을 전개했다. 똑같은 물건이 누구에게는 100금의 경제적 수익을 거두게 해주었고 또 누구에게는 권력의 거대한 문을 여는 입장권이 되었다는 것이다. 9일 동안 하늘을 나는 대붕大鵬을 논하던 장 선생이 어째서 이렇게 속된 예를 들어 돌연 권력과 부의 세계에 관한 전문가 혹은 마케팅 전문가가 되었는지 무척 흥미롭다.

이 '병벽광' 이야기는 2000년이 지난 오늘날에 와서는 정반대로 생각해야 옳다. 더 큰 이익을 남기는 방법은 국가에 바치는 것이 아니라 상품으로 시장에 내놓는 것이다. 우후죽순처럼 늘어나는 드러그스토어와 그 안을 꽉 채운 사람들을 보면 누구나 그렇게 생각할 것이다.

이상하고 또 이상하다.

# 죽은 사자와 산 사자

이렇게 불균형한 느낌과 오늘날 우리의 불감증은 세계가 은밀히 변해버렸음을 설명해준다.

2000여 년 전의 시인 『시경』「소아小雅」'상호桑扈'는 당시 사람들이 믿고 싶어했던(혹은 찾고 싶어했던) 권력과 부와 인간 행위 사이의 정확한 관계 또는 그 정확한 순서를 드러내며 그것을 거의 정해진 이치처럼 간주한다. 즉, 인간의 행위가 앞에 있고 권력과 부는 뒤에 따라온다고 보았다. 다시 말해 이 시가 극적으로 강조하는 점은 권력과 부가 인간에게 찾아온다는 것이지, 인간이 권력과 부를 찾아가 애걸한다는 것이 아니다. 이른바 "사귈 때 오만하지 않으면, 온갖 복이 와서 모인다彼交匪敖, 萬福來求"는 시구에서 보이듯이 옳고, 훌륭하고, 모든 이에게 유익한 일을 하면 자연스레 권력과 부의 정상에 서게 된다는 것이다. 이런 관점에서 보면 권력과 부는 인간에게 주어지는 보상이며 나아가 인간 자신의 증명이다.

옛날에는 적어도 이상적으로나마 이랬다.

렌스키의 그 작은 발견은 사실 2000여 년 전의 중국에서 이미 '리허설'을 치렀다. 그것은 바로 춘추시대 말엽에 시작되어 서한 때 대폭발을 연출한 대상인의 힘이었다. 오직 돈 버는 데만 관심이 있는 한 상인의 소득이 한 나라의 재상을 넘어 군왕보다 훨씬 많았다. 대체 그것이 어떻게 가능했을까? 20세기와 달랐던 점은 단지 그때는 부의 힘만 막 고개를 쳐들고 다른 분야의 발전은 미처 뒤따르지 못해, 결국 부의 힘이 온순해졌고 적어도 은밀하게 모습을 숨겼다는 것뿐이다.

틀림없이 그것은 (지나칠 정도로 단순하게 일원화된) 대규모 보상 체계로서 이상과 현실의 차이는 그것이 실제로 누구에게 인정받느냐에 달려 있었다. 그는 당연히 사심을 가진 권력자였지, 공정한 신이나 원리는 아니었다. 권력을 중심으로 삼아 세워진 그 보상 체계는 중국에만 있었다고는 생각하지 않는다. 우리는 다른 문명과 국가에서도 쉽게 유사한 것을 찾아낼 수 있다. 그 목적은 공히 통치 질서를 구축하고 가장 훌륭한 인재를 수용하는 것이었다. 인재가 통치의 거대한 그물망 밖으로 빠져나가는 것은 아까울 뿐만 아니라 위험하고 위협적이다. 그런 사람은 실의에 빠질 수도, 예측 불가능하게 변할 수도, 좌충우돌할 수도 그리고 아예 반란을 일으킬 수도 있다. 중국의 한 황제는 어느 반란 주모자의 사연을 자세히 물은 뒤, 탄식하는 가운데 "이런 인재가 지방관으로 일하다가 실직하고 등용되지 못했으니 반란을 일으킬 만도 하구나"라며 솔직하게 말했다.

지금 시대라면 그런 인재는 다른 회사로 가거나 펀딩을 받아 스스로 창업을 했을 것이다. 하지만 이른바 '천하의 가장 좋은 일'

이 전부 황제 주변에 있는 이상, 사람들은 짐승 무리처럼 비옥한 그곳으로 몰려들었다. 그 생생한 장면을 다른 황제가 포착한 적이 있는데, 그는 과거를 보러 장안으로 줄줄이 들어오는 선비들을 높은 곳에서 내려다보며 "천하의 영웅호걸이 다 내 올가미 속에 들어오는구나"라고 기쁜 어조로 말했다.

이런 독점 형식의 이상적인 대규모 보상 체계는 당연히 너무나 단순하고 또 너무나 편협했으며 당연히 역사적 현실 속에서 허위적으로 보였다. 현실에서는 보통 원인과 결과가 역전되어, 권력(그리고 권력의 날개 밑에 있는 부)이 앞에 있고 인간의 '옳은' 행위는 뒤에 있다. 예컨대 플라톤이 『국가』에서 역설한 주장이 맨 처음 부딪힌 불편한 현실과 그 난제는 바로 정의가 강자와 통치자의 권익이며 또 그것에 의해 정의된다는 것이었다.

하지만 우리는 「상호」에 묘사된 그런 보상 체계와 그 질서정연한 이미지가 결코 정부 부서 같은 것을 미화하기 위해 만들어진 것은 아니라고 공정하게 이야기할 필요가 있다. 「상호」에는 세상을 정화하고 바로잡으려는 마음이 깃들어 있고 풍자적인 요소도 있다(옳은 일에 대한 강조가 자연스레 풍자를 형성한다). 통치 메커니즘에 대한 인정을 전제로 삼고서 「상호」는 더 위로 올라가려고 시도한다. 권력 위에 더 숭고한 것들과, 원리적인 동시에 시비와 선악을 가리는 규범적 힘을 놓음으로써 권력이 자동적으로 정의는 아니며 권력의 통치도 합리성을 추구해야 복종을 유도할 수 있음을 암시한다.

　따라서 「상호」라는 시는 그저 우리에게 매우 익숙한 것으로서 수천 년의 시간 동안 인간이 권력에 대해 벌인 강경하거나 온건한 여러 저항 행위에 포함된다(그래서 인간이 스스로를 보호하기 위해 단일한 권력에 자신을 내주고 노예처럼 복종해야 한다는 홉스의 주장은 결코 역사적 사실이 아니다. 인간이 오래 보편적으로 그러는 것은 불가능하다. 인간은 훨씬 더 복잡한 존재이며 또 어느 정도는 용감하다). 우리는 사실 거의 인간에게 권력의 통치에 저항하는 '습관'이 있다고까지 말할 수 있다. 비록 그 습관이 충분하지 않다는 생각이 자주 들기는 하지만.

　그런데 그것이 권력이든 부든, 인간에게 어떤 단일 통치 세력에도 저항하는 습관이 있다고 왜 좀더 확대해서 말하지 않는 걸까? 기본적으로는 그래도 되지만 우리는 적어도 두 가지 특별한 점에 주목해야 한다. 그 첫 번째는 시차다. 습관의 문제는 고착적이고 잘 바뀌지 않아, 유동적이며 무정하게 앞으로만 나아가는 세계에서 늘 뒤처진다는 것이다. 현실적인 차원에서 보면, 세계는 이미 권력의 통치에서 부의 통치로 옮겨가고 있는데, 수천 년의 습관을 즉시 고치기 어려운 탓에(습관은 고착성 외에 기술적인 문제도 안고 있어서 실전을 통해 수천 년간 단련돼온 저항의 기술 역시 조정과 발명이 필요하다) 저 용감한 사람들은 여전히 늙어가는 사자와 죽은 사자를 공격하거나 심지어 더 강하고 해로워진, 새로운 사자들과 무턱대고 손을 잡고 있다(이 점은 타이완과 중국의 현실에서는 차이가 뚜렷하다. 중국은 본래 있던 사자가 여전히 강하고 살인적이다. 전 세계적으로 보면 이런 시차의 심도와 난도가 한층 더 증가한다). 물론 다소 낙관적으로 보면 이것은 단지 시간의 지연에 불과하며 사람들도 알아서 문제를 깨닫고 조정에 나설 것이다. 이어서 두 번째는 꽤 성가시고 실질적인 것이다. 부의 통치는 매끄럽고 음성적이며 스며드는 특성이 있어서 마치 사람들이 기꺼이 원하는 것처럼 보인다. 또 그것은 보통 익명이며 자연인과 무관하다. 예컨대 법인 회사의 형식이나 기구(그래도 실체는 갖췄다), 기능(아예 실체가 없다)의 형식을 띠어서 중요하고 핵심적인 인물이 존재하지 않는다. 또 그래서 목표를 조준하고 세울 수 없어 사람을 겨냥했던 모든 저항과 전투의 옛 기술이 폐기되고 쓸모없어질 수밖에 없다. 그리고 가장 근본적인 것은 부가 성공적으로 자신의 공적인 의의와 공적인 범주를 대폭 축소한 것이다. 이는 권력이 예로부터 지금까지 공적인 성격을 띠는 동시에 스스로 '도덕적 주체'로서 도덕, 윤리, 전통 그리고 사회 규범의 모든 검증의 눈초리에 온전히 노출되어 숨을 데가 없는 것과 대비된다. 이와 함께 부는 스스로 거의 모든 규범 및 가치에 대한 신념과 거리를 둔, 순수 상대성에 가까운 견고한 보루 속에 편안히 몸을 숨기고 있다. 우리는 그것에 대항하기 위해 쓸 수 있는 무기가 대폭 줄어들었음을 깨닫곤 한다. 이처럼 성공적으로 세계를 설득해 굴복시킨 것은 자본주의의 가장 불가사의한 역사적

성과이자 가장 단단한 기초다. 그리고 자본주의의 최고 선지자는
바로 애덤 스미스다.

# 마음대로 고객도 못 택하는 일본 국철

그런 종류의 사례는 헤아릴 수 없이 많다. 그중 다소 크고 놀라운 것을 택한다면 일본 국철JR이, 여러 해 전 내가 마지막으로 확인한 숫자에 따르면 부채가 무려 200조 엔을 넘었던 것이 떠오른다.

일본의 전체 철도 체계는 편리하고 편안한 데다 사각지대가 거의 없이 전국에 퍼져 있긴 하지만 일본에 익숙지 않은 친구가 여행을 가려고 하면 나는 늘 이런 얘기를 해준다.

"선택의 여지가 있으면 꼭 민영 철도를 타고 국철은 머릿속에서 지워. 가장 간단하게 구별하는 방법은 녹색을 피하는 거야."

예를 들어 간사이 공항을 통해 교토에 들어갈 때는 자주색 난카이 전철을 타고 오사카 난바로 가서 붉은색 오사카 지하철로 갈아타거나 도보로(그 세 정거장 거리의 철로는 양쪽에 큰 은행나무가 줄줄이 서 있는 미도스지 대로를 따라 나 있다. 이 대로는 오사카에서 가장 아름다운 길이며 '천하의 주방'이라는 도톤보리 거리가 그 중간 지점에 있다) 요도야바시까지 간 다음, 거기서 다시 파란색 게이한 오토선을 타고 곧장 교토 기온시조 역까지 가기를 권한다. 아마 이 말을 들으면 누구나 번거롭다는 생각이 들 것이다. 곧장 교토역으로 가는 녹색의 JR 하루카 특급열차도 있지 않은가? 그렇다. 내가 일부러 불공평하게 이 노선을 택해 비교하는 것일지라도 역시 열차를 두 번 갈아타는 이 민영 철도 노선이 의외로 더 빠르고, 싸고, 시간을 잘 지키고(JR은 자주 무슨 사정이 생기곤 한다) 객차도 쾌적하며 열차 양쪽의 풍경도 좋다. 그리고 마지막으로 JR 특급열차에서 내려 밖으로 나오면 분주하고, 소란스럽고, 침침해서 마치 여관이나 피난처 같은 분위기인 교토 역이 미궁에 빠진 듯한 느낌을 준다. 그런데 게이한 오토선으로 교토에 진입해 잠시후 가모가와강을 따라 북쪽으로 나아가면 실제 창밖의 풍경 말고도 주텐신은 그 노선의 이어지는 작은 역 이름들을 무척이나 좋아한다. 주쇼지마中書島←후시미모모야마伏見桃山←단바바시丹波橋←스미조메墨染←후지노모리藤森←후카쿠사深草←이나리타이샤稲荷大社←도바카이도鳥羽街道는 색깔도 있고, 향기도 있고, 산수의 기복도 있고, 또 사람도 있지만 조용하고 아득한 느낌이 드는, 교토가 숨겨놓은 한 폭의 거대한 두루마리 그림이다. 열차에서 내리면 자신이 시조대교 부근에 서 있음을 깨닫게 되는데, 언제나 바람이 시원하게 불고 맑고 얕은 가모가와강이 소리 내며 흐르고 있는 데다 예기藝妓 이즈모노 오쿠니1572~1613, 일본의 여성 무용수로 가부키의 창시자의 동상이 단아하면서도 어여쁜 자태로 놓여 있다. 이곳은 앞쪽의 기온과 히가시야마 신사 지역의 입구로서 걸음을 멈추고 선 채 심호흡을 하며 마음을 가다듬을 만한 장소다.

고액의 부채는 일본 국철을 우리에게도 익숙한 경영의 악순환에 빠뜨렸고 그 결과, 일본 국철은 사람들이 국영과 민영을 논의할 때 절대 지나치지 않는, "이래서는 안 된다"는 부정적 실례가 되었다. 하지만 다른 일부 국가의 철도 체계(예를 들면 타이완의 타이완철도와 고속철도)에 비하면 사실 그렇게 엉망은 아니다. 그리고 그들은 여전히 일본의 민영 철도를 따라잡으려고 안간힘을 쓰고 있다. 단지 사정이 별로 좋아지지 않을 따름이다.

그러면 언제 국철을 탈까? 다른 민영 철도가 없을 때 탄다. 다른 민영 철도가 왜 없을까? 들어오지 않기 때문이다. 민영 철도가 왜 안 들어올까? 경제성이 떨어지기 때문이다. 이런 때나 혹은 이런 지역이 적지 않다. 특히 인적이 드문 시골이나 드넓은 홋카이도에 있을 때 더 그렇다. 바로 여기에 일본 국철이 선천적으로 부실하고 민영 철도와 경쟁하기 어려운 근본 원인이 있다. 인구가 고작 수십, 수백 명인 자그마한 산골 마을에 노선을 만드는 것은 어떤 민영 철도도 안 할 일이다. 그리고 기본적으로 안 해도 욕을 먹을 리가 없다. 기껏해야 가벼운 도덕적 호소나 애걸에 가까운 부탁을 몇 마디 들을 뿐이다. 하지만 국영 철도는 다르다. 노선을 안 만들 수 없다. 안 만들면 별의별 죄명이 매일 바뀌가면서 머리 위에 떨어지며 선거 투표를 통해 정기적으로 최종 청산이 이뤄진다. 예를 들면 차별, 직무 소홀, 불평등, 불공정, 국민의 애로 사항 외면 등이다. 모두 경영 능력에 대한 비판이 아니라 부도덕에 대한 고발이다. 그 수십, 수백 명은 민영 철도 입장에서는 서비스를 할지 말지 자유롭게 선택할 수 있는 고객이다. 그러나 국철 입장에서는 갖가지 거창한 가치와 양도 불가능한 권리를 갖춘 '국민'이다.

이에 관한 배경을 살펴보면, 거대한 일본을 두고서 서쪽에서 동쪽 그리고 남쪽에서 북쪽으로 각 민영 철도 체계가 마치 할거하듯 자신들이 원하며 경제성이 있다고 판단하는 구역과 노선을 가져간 뒤, 나머지 공백을 국철이 보충해서 연결하고 있다. 물론 실제 사정은 좀더 복잡하고 다소 밀고 당김이 있지만 결과적으로는 대체로 이렇다. 전 세계에서 자본주의 노선을 걷는, 일본을 비롯한 이른바 선진국에서는 사람들의 사유가 먼저 전환되어 어떤 새로운 '사조'를 형성한 뒤, 사회의 집단적인 선택이 이뤄진다. 그래서 최근 30~50년 동안(국가들의 발전 정도에 따라 다르다) 민영화는 이미 논의와 검증이 끝난, 진리 같고 계시 같은 발전 방향으로 굳어져서 음흉하고 반동적이며 계속 횡령을 저지르려는 사람이나 반대를 한다고 여겨졌다. 타이완에서도 조금 늦게 똑같은 것을 경험했다. 국영에서 민영으로의 전환은 생각했던 것보다 빠르고 순조로웠으며 그 과정에서 필연적으로 뒤따른 정·재계의 이익 추구와 결탁의 폐단은 필요악일 뿐이었다.

공적 가치의 소실 법칙은 민영이 국영보다 우월하고 나아가 부가 권력보다 낫다는 것을 증명하는 엄연한 통칙으로서 과연 국영이 민영으로 바뀌는 단계에서도 위력을 발휘했다. 누가 감히 국영 체제를 위해 조금이라도 공정한 말을 하고 논쟁을 벌이겠는가? 공적 가치는 보통 갖고 있는 사람도 없고 지키는 사람도 찾아보기 힘들다. 아마도 공공시설의 품질과 그 훼손 속도를 생각해보면 짐작이 갈 것이다(타이베이의 다안大安삼림공원에 친절하게 설치된 무료 모기퇴치액 기계는 며칠도 안 돼 아홉 대 중 여섯 대가 부서지거나 도난을 당했다). 한편 1982년 타이완에서 대단히 생생한, 마치 신이 내린 것 같은 해석이 병사 출신 은행 강도 리스커李師科의 입을 통해 표현된 적이 있다. 그는 총을 들고 은행에 뛰어 들어가 크게 외쳤다.

"돈은 나라 것이고 목숨은 자기 거야!"

당시 번쩍 정신이 든 은행원들은 그 말을 이해하고 순순히 돈을 내주었다(하지만 솔직히 얼마나 훔칠 수 있었겠는가). 옳고 냉혹하며 모든 곳에 다 적용되지만 사람들을 낙담케 하는 이 법칙에 저항할 수 있는 것은 인간 자신의 품격과 교양 그리고 사심을 초월하는 가치에 대한 신념, 도덕적 명령의 목소리에 대한 인지 외에는 없다. 그래서 항상 한계가 있으며 때때로 궁색하고 신뢰하기 어려운 데다 대부분 자본주의에 의해 일일이 제거되거나 약화된다. 바꿔 말해 우리는 자본주의 밖과 부의 세계 밖, 나아가 경제학의 담론 밖으로 나가야만 비로소 그 법칙에 반대할 수 있다. 하지만 그곳은 어디일까?

국영이 민영으로 전환되는 발전 추세와 함께 맥나마라가 자동차 회사에서 정부로 들어가 관리가 된 것처럼 요 몇 년 새 타이완에서도 기업의 인재가 내각 장관으로 뽑혀 일하는 것이 유행이었다. 하지만 그 결과는 사람들을 실망시켰다. 이렇다 할 성공 사례를 남기지 못했다. 여기서 우리는 두 가지 사실을 알게 된다. 하나는 이미 장관이라는 직위(단지 보수와 대우가 아니라 이 직위의 지속성, 의의, 성취감 그리고 일을 해낼 수 있다는 최소한의 느낌 등)는 충분히 능력 있는 기업의 인재를 끌어들이지 못한다는 것이다. 내 친구들 중 유일하게 정치를 하고 잠시 각료도 된 적이 있는 정리원鄭麗文이 자기가 직접 겪은 바를 내게 알려주었는데, 장관이 되어 자신을 시험하고자 했던 그 몇 명의 재계 인물은 솔직히 말해 옛날 수신제가치국평천하의 관념을 띤 시대착오적인 생각을 품고서 마치 젊은 시절 군대에 갔을 때처럼 "타이완을 위해 몇 년 희생하자"라는 태도를 보였다고 한다. 그리고 다른 하나는 언뜻 보면 귀신에 들린 듯 이상하지만 꼭 일어나곤 하는 현상인데, 바로 자기가 다니던 기업에서는 자못 뛰어나고 똑똑했던 그 사람들이 내각에 들어가자마자 완전히 멍청해진 것이다. 지금까지 우리는 줄곧 국가 체제의 경직성과 공룡화를 들어 그것을 설명하는 경향이 있었다(이것도 맞는 말이긴 하다). 하지만 더 심층적인 원인은 국가가 기업이 아니며 동시에 상호 충돌하는 여러 목표를 갖고 있는 데다 예수가 말한 것처럼 임의의 양 한 마리도 포기해서는 안 된다는 데 있다. 여기서 양은 시민, 국민, 인민을 가리킨다. 선택은 당연히 계산보다 훨씬 더 어렵고 힘들다. 계산에 능숙한 그 사람들은 마치 무공을 전폐당한 것과 같았다.

국가는 기업이 아니고 기업이어서도 안 된다. 그래서 우리는 힘껏 지금 현실의 추세에 저항해야 한다. 너무 많은 이들이 포기되는 일이 없도록.

# 스미스 대 스미스

애덤 스미스는 절대 다른 사람의 도덕과 가치, 신념 같은 것을 공격하지 않고 그저 자연스럽게 그것들을 배제했다. 혹은 자기가 어떤 '국부적인' 원리를 발견했다고 생각했는데, 폐쇄적인 준과학적 사유 속에서 구체적인 인간, 얼굴 그리고 인간에게 붙어다니는 이른바 도덕, 가치, 신념 등은 모두 (잠시) 사라져야 할 것들로서 과학적 원리의 차원으로 올라가려면 인간적인 것을 용납해서는 안 된다고 했다.

그래서 한나 아렌트는 의연히 지적하길, 애덤 스미스와 나아가 훗날의 마르크스까지, 그들이 이론을 구축하는 데 참고한 '인간'은 모두 인류 세계 속의 인간이 아니라 모종의 '노동하는 동물', 생물적인 종으로서의 인간이라고 했다.

사실 애덤 스미스는 『도덕감정론』이라는 책을 쓴 적이 있으며 훗날 많은 이들이 또 이 책으로 그의 '도덕 감각'을 변호하고 그 두 명의 스미스를 화해시키려 시도했다.

『도덕감정론』을 나는 다시 새롭게 읽었고 게다가 여러 번 되풀이해 읽었다. 이 책이 심오해서 그런 것은 아니다. 내가 깊이, 정확하게 읽지 못해 그 안에 숨겨진 뭔가를 놓친 것은 아닌가 의심스러웠기 때문이다. 이제 나는 이렇게 직설적으로 말할 수 있다. 이 것은 사실 꼭 읽어야 할 책은 아니라고, 평범하고 단조로우며 보통의 상식적인 책보다 뛰어난 점이 없어서 "약간의 재능도 안 보인다"(타이완의 영화감독 허우샤오시엔이 어느 유명한 감독의 영화를 보고 남긴 소감이다)고 말이다. 이 책은 『국부론』과는 전혀 다른 책이기도 하다. 심지어 마치 서로 관련 없는 두 사람이 쓴 것처럼 이 두 권의 책에서는 전혀 공통점을 찾아볼 수 없다. 그런데 정작 저자는 이에 대해 별로 생각이 없었다. 훗날 누구나 훤히 알아본 두 책의 모순과 충돌을 저자 본인은 전혀 의식하지 못했다.

　여기서 따로 몇 줄만 살펴보자.

　이른바 문인이라는 사람들은 일반적으로 찢어지게 가난하다.

　이런 두드러진 재능에 뒤따르는 대중의 찬양은 늘 그들의 부분적인 보수가 되고 그 보수의 크기는 재능의 크기와 정비례한다. 의료업에서는 대중의 찬양이 보수의 대부분으로 변하며 법률에서는 그 정도가 더 심할 것이다. 그런데 시와 철학에서는 거의 보수의 전부다.

　다시 말해 스미스는 시와 철학에는 거의 물질적인 보수가 없다는 사실을 알았던 것이다. 그런데 이것은 어떻게 그의 보이지 않는 손과 결합할까?

그 두 권의 책 중 어느 쪽이 애덤 스미스 본인을 더 잘 대표하는지 생각해보자. 상대적으로『국부론』은 절묘한 걸작의 느낌이고『도덕감정론』은 애덤 스미스가 평생을 바친 작품이다. 후자는 수십 년간 쓰였으며 예닐곱 차례나 수정을 거쳤다. 다시 말해 인간의 도덕적 감정의 문제야말로 그가 평생을 사유한 주제다.

따라서 합리적으로 생각할 때, 애덤 스미스는『국부론』의 근본적인 작용이 그토록 광범위할 것이라고는 예측하지 않았다.『국부론』은 경제 현상이라는 '한쪽 구석'에 한정된 채 국가 경제 부서를 위해 정교하고 실행하기 쉬운 책략(경제활동을 더 효율적이고 활력 있게 만들어 부국강병을 이루게 하는)을 찾아낸 데 불과했다. 결코 눈앞의 세계를 대체할 새로운 청사진이 아니었다. 아울러 눈앞의 세계에 충격을 가하려던 것이 아니라, 기존의 통치 기반 위에서 사람들에게 좀더 공간을 마련해줌으로써 그들이 더 큰 힘을 발산하게 했다. 영국 왕이 통치하던, 견고하지만 지나치게 신중한 제국은 그 정도의 제한적인 시도는 분명 감당할 수 있었으며 또 영리하고, 건전하고, 좋은 결과를 얻을 만했다.

다만 역사는 애덤 스미스의 본래 의도를 상관할 리가 없다. 역사는 인간의 의지를 초월하는 기묘한 추세를 보이게 마련이다. 사실『국부론』과 찰스 다윈의 진화론은 역사적으로 서로 유사한 극적 성격을 갖고 있다. 그 두 영국 신사는 모두 세계를 뒤흔들 생각이 없었으며 대중을 소환하고 동원할 생각은 더더욱 없었다. 그들은 단지 어떤 기본적인 원리와, 자신들은 자명하고 상식적이라고 생각하는데도 어째서인지 사람들이 좀처럼 못 깨닫고 있는 이치를 드러내고 잘 설명하려 했을 뿐이다.

『국부론』에 관한 논의는 정말 너무나 많지만, 여기서는 정곡을 찌르는 질문 하나만 던져보기로 하자. 애덤 스미스는 인간의 이기심을 새롭게 해방시켜, 강하기 짝이 없고 없어질 리도 없는 생명의 그 본능적 힘이 외적인 규범과 내적인 도덕적 목소리의 방해를 받지 않게 함으로써 인간이 자신에게 가장 유리한 방식에 따라 임의대로 행동하게 만들었다. 그런데 인간이 이렇다면 인류 세계가 만들어지기 전의 그 수백만 년과 비교해 도대체 무슨 차이가 있을까? 또 어떻게 차이가 있을 수 있을까? 만약 차이가 있다면 도대체 뭐가 더 생겼거나 없어진 걸까?

# 똑같은 손

똑같은 보이지 않는 손은 당연히 똑같은 결과를 얻어야 한다. 생산성에 관한 옛날 타이완의 명언 중에도 "똑같은 사람, 똑같은 조건, 똑같은 행동으로 전혀 다른 성과를 얻으려 한다면 그것을 가리켜 멍청하다고 한다"라는 것이 있다.

어째서 사람들은 끝없이 서로 충돌하고 해를 입혀 이른바 '태초의 혼란'에 빠지거나, 심지어 홉스의 말대로 자기 보호를 위해 부득이 모든 것을 포기하고 기꺼이 노예가 되지 않은 걸까? 그리고 또 어째서 해방된 이기심이 오히려 질서를, 그것도 더 수준 높고 훌륭하며 세밀한 질서를 가져와서 그 누구의 예지와 구상도 뛰어넘어 하느님만 소유한 이른바 '보이지 않는 손'에 근접한 걸까? 오늘날에는 인구가 더 많아져 지구가 붐비고 사람과 사람 사이에 거리를 두기가 쉽지 않을뿐더러 사용 가능한 수단과 무기까지 더 발전해서, 이치대로라면 혼란과 충돌이 더 격화돼 차마 눈 뜨고 보지 못할 광경이 넘쳐나야 옳다. 그런데 어째서 그런 일이 없고 그럴 가능성도 별로 없는 것일까?

이미 구닥다리가 된 옛날 농담 하나를 해볼까 한다. 한 선교사가 씩씩거리며 식인종 추장에게 따져 물었다.

"지금이 어떤 시대인데 당신들은 아직 변화가 없는 겁니까?"

"있는데요. 지금은 나이프와 포크로 먹어요."

따라서 관건은 이기심에 있지 않고 다른 데에, 추가된 새로운 변수에 있다. 사실 이 이기심이라는 것은 모두 똑같이 영구불변하여 새것과 옛것의 구분 같은 게 없으며 애덤 스미스의 '보이지 않는 손'도 수백만 년 된 태곳적의 것과 같은 손이다. 그 손은 심지어 인간보다 일찍 출현했는데 물론 그때 그것은 인간의 것이 아니라 생물의 것이었다. 사실(수백만 년의 세월이라 더 길 수도 더 충분할 수도 없다)이 증명하듯 그것이 낳은 것은 『국부론』에 묘사된 것이나 오늘날의 발달한 자본주의 세계가 아니라, 인간이 뭐라고 보탤 말이 없는, 오랜 세월 기나긴 밤 같았던 세계다.

그래서 진정한 변화는 여기서, 완전히 새로운 인류 세계에서 일어났다. 인류 세계의 출현과 건설과 풍부한 내용 그리고 가장 중요한, 인간의 이기심에 대한 효과적인 억제와 구속의 힘이 보이지 않는 손으로 하여금 전혀 다른 성과를 거두게 하고 인류 세계가 전면적인 혼란과 약탈로 치닫지 않게 만들었다. 그것은 과거와 전혀 다르고 또 지금까지 심각하게 과소평가되어온 필수적인 토대였다.

이기심으로 하여금 인간과 자원과 지혜를 가장 요긴하고 가장 많은 효과와 이익이 기대되는 곳으로 이끌게 하여 그 잠재력을 폭발하게 만드는 동시에 각 개인과 그들이 있는 삶의 현장 간의 연관성을 선용하게 하는 것, 이것은 확실히 애덤 스미스가 말한 것처럼 거의 기본 원리에 가까워서 반박하거나 반대할 여지가 없었다. 그런데 이런 현상을 오랜 시간 성립시키고 무난히 계속 유지해, 혹시 통제력이 실종되어 재난이 발생하는 일이 없게 하는 것은, 그 이기심이 통제 상태에서 애써 벗어나려 하고, 심지어 음산한 악역을 맡아 오해만 실컷 받아온 전통적 인류 세계를 없애고 타도하려 하는 데 달려 있었다. 한편 기존의 그 인류 세계는 브레이크나 방향 전환의 메커니즘도 없이 맹목적으로 돌진하기만 하는 그 힘을 흡수하고, 완화하고, 냉각시키고, 억누르는 것을 책임졌다. 그것은 인류가 핵분열의 폭발이 발산하는 파괴적 에너지를 통제해 유용한 전력으로 바꾸는 것과 비슷했다. 물론 핵발전소에 대한 인류의 깊은 우려와도 비슷했다. 우리는 정말 그것을 앞으로도 영원히 실수하지 않고 잘 통제할 수 있을까?

훗날, 자유주의 경제학자들은 보통 이상적인 세계를 정부가 없고 어떤 규범도 존재하지 않는 세계로 그리곤 했다. 그러나 다른 한편으로 우리가 경제 규범의 관련 법규를 포함한 모든 법률(모두 똑같이 그 보이지 않는 손을 방해하고 오염시키는 것들이 아닌가)을 폐지해야 한다고 실제로 주장한 경제학자는 단 한 명도 없었다. 설마 그런 경제학자가 있었던가?

이기심이 추동하는 것은 결국 인간의 행동이 아니라 인간의 활동이며 나아가 일종의 운동일 뿐이다. 인간은 자기 행위의 이유도, 그 결과와 영향도 많이 생각할 필요가 없으며 사후의 검토와 반성은 더더욱 불필요할 뿐 아니라 불가능하다. 이렇게 돼서 정말 너무나 편해졌다. 마치 모든 것을, 특히 책임이라는 그 무겁기 그지없는 것을 벗어던진 듯 그 효과는 거의 종교에 가까워졌다(나는 자본주의가 전 세계를 설복시킨 진정한 이유는 엄밀하고 상세한 논리가 아니라 편안함이라고 시종일관 믿어왔다). 스미스에 의하면, 많이 생각하면 오히려 (예외 없이) 안 좋다. 그러면 그 보이지 않는 손이 안배하는 더 좋은 질서, 더 좋은 세계를 파괴할 뿐이다. 심지어 훗날의 더 진전된 그의 서술에 따르면, 그것은 인간의 '치명적 자만'이며 오히려 인간을 지옥으로 끌어들일 뿐이다(프리드리히 하이에크는 "지옥으로 통하는 길은 흔히 선의가 닦는다"고 말했다).

애덤 스미스가 발언하던 당시에는 아마도 인간의 이기심에 대한 인류 세계의 압제가 너무 과도했거나 권력자에 의해 이익이 독점되었다. 그런 상황에서 사람들은 너무 많이 생각하고 너무 많이 관여했으며 나아가 자신들이 역사와 미래를 훤히 꿰뚫어 모든 것을 알고 있다고 생각했지만(확실히 치명적 자만이긴 했다), 끝내 그 힘쓸 기회를 오랫동안 얻지 못했고 더욱이 부자유스럽기까지 했다. 그래서 적당히('적당히'가 어느 정도를 뜻하는지 고려할 필요는 없다. 하지만 일반적으로 적당한 정도를 훨씬 넘어서긴 한다) 그것을 해방시키는 것은 매우 정당했으며 당시의 역사 단계에서 꼭 필요한 전략적 행위로서 전면적인 대해방의 사조에 포함되었다.

그 당시 세계의 사실과 진상은 다음과 같았다. 그 인류 세계는 갖가지 소환과 추동에 따라 계속 앞으로 나아갔으며(이기심은 단지 일부 항목에 지나지 않았고 심지어 뒤따라 가담했을 뿐이다) 역사가 특수한 시점에 이르자 해방이 전면적으로 다양하게 사방팔방으로 전개되어, 이기적인 인간과 사유뿐만 아니라 훨씬 더 많은, 이기적이지 않은 인간과 사유까지 해방되었다. 우리는 심지어 그때 사람들이 소수의 사리사욕을 격파하고 타개하는 데 성공했다고 말해야 한다. 즉, 오랜 시간 대대손손 이익을 독점하며 자신들만 이익을 추구할 수 있고 타인들은 모두 가혹한 도덕적 율법과 규범을 지켜야 한다고 주장했던 권력자들이 전체의 이익 추구가 소수의 이익 추구를 대체하면서, 그리고 갖가지 비이기적인 행위와 사유가 그들을 폭로하고 능가하면서 타격을 입은 것이다.

또 다른 사실과 진상도 존재했다. 17, 18세기 전후에 인류가 이룬 성취는 부의 증가만이 아니었다. 더 두드러졌던 것은, 그 역사 시기에 마치 인류 세계가 한 단계 더 껑충 올라선 것처럼 더 많은 인문적이고 고귀하며 창조적인 것들과 그 상상력이 찬란하게 꽃을 피웠다는 사실이다. 물론 흉흉하고, 겪어보지 않고는 예견할 수 없는 갖가지 미지의 위험들도 뒤따라 나타나기는 했지만.

몇백 년이 지난 오늘날, 애덤 스미스는 생각할 필요도, 상상할 수도 없었던 이 세계의 양태는 오히려 후퇴한 것이 아닐까? 인간의 전략적 행위는 크게 다시 조정되어야만 하지 않을까? 동시에 지금 취약한 쪽은 더는 압제당할 일이 없는 이기심이 아니라 이

인류 세계가 아닐까? 따라서 우리는 이미 대승을 거둔 이기심이
아니라 필수적인 토대로서의 이 인류 세계를 지켜야만 하지 않을
까?

# 보르헤스의 「나의 일생」

잠시 걸음을 늦추고 시 한 편을 읽기로 하자. 이는 조금 돌아가는 것이거나 일종의 예비가 될 것이다. 보르헤스의 「나의 일생」에서 먼저 내 눈길을 끈 것은 "나는 당신과 비교도 안 되지만 또 비슷하기도 하다"라는 구절이다. 나는 곧장 내게 비교적 익숙한, 주톈신의 소설 속 주요 인물이 떠올랐다. 늘 독특하고 남을 놀라게 하는 분위기를 갖고 있으며 마치 보통 사람들 속에서 멀리 떨어져 있는 듯한 '나'(혹은 '당신')는 조용히 자기도 모르는 사이에 어떤 사람들, 어떤 무리의 사람들, 어떤 종류의 사람들에게 미끄러지듯 다가가며 편재하는 중생과 운명으로 돌아간다. 그 시는 아래와 같다.

여기서, 또 한 번, 기억이 내 입술을 누르고 있는데
나는 당신과 비교도 안 되지만 또 비슷하기도 하다.
나는 바로 그 떨리는 민감함, 한 영혼이었다.
나는 집요하게 기쁨에 다가갔고
또 집요하게 고통을 편애했다.
나는 이미 대해를 건너갔다.

나는 수많은 대지를 밟았고 한 명의 여자와

세 명의 남자를 만났다.

나는 도도한 백인 아가씨를 사랑한 적이 있는데

그녀는 스페인의 평온함을 지니고 있었다.

나는 교외의 끝없는 들판을 보았고 거기서는

석양의, 미완의 영원함이 이미 완성되어 있었다.

나는 여러 들판을 보았고 거기서 기타의

투박한 육체는 고통이 가득했다.

나는 헤아릴 수 없이 많은 어휘를 갖다 쓴 적이 있다.

나는 그것이 바로 전부여서 미래에 나는

어떤 새로운 것도 더 볼 수도 할 수도 없다고 믿었다.

나는 내 가난과 부유함 속의 밤낮이

하느님과 모든 이의 밤낮과 대등하다고 믿었다.


이어서 우리와 비슷한 생물적 인간과 우리와 비교도 안 되는,
생물적 본능에서 벗어난 인간에 관해 조금 생각해보기로 하자.

# 특별한 인간과 그리 특별하지 않은 인간


"인간은 정말 특별하면서도 그리 특별하지 않은 생물이다." 이것은 고생물학자 굴드가 과거에 린네가 생물을 분류할 때 인간을 어느 위치에 놓을지 몹시 고민했던 일을 언급하며 한 말이다. 인간에 관해 이보다 더 훌륭하고 정확하게 말하는 것은 확실히 어려울 듯하다.

　대부분의 경우나 범주에서 인간은 확실히 전혀 특별하지 않다. 인간의 신체 구성과 본능적인 행위는 영락없이 생물계에 속한다. 우리의 생물계에 대한 이해가 늘어날수록 그 안에서 인간이 독특하고 두드러진 존재라는 느낌은 엷어진다. 게다가 우리의 신체는 거의 항상 우리의 관여 없이 자동으로 흡수하고 자동으로 방어하며 자동으로 운반하고, 분배하고, 합성하는 동시에 자동으로 생장하고, 쇠퇴하고, 병들고, 와해된다. 일부 과학자는 심지어 인간의 신체를 '하나'로 보지 않고 각각의 독립적인 미세 생명체가 교묘히 결합해 함께 사는 것(기타 대형 생물의 진화 이력에 포함된다)으로 본다. 예컨대 세포 내에는 명확히 독립된 기원을 지닌 각종 미토콘드리아가 존재하며 또 모발세포도 본래 편모를 가진 어떤 미생물들이 합쳐진 것일 가능성이 있다. 우리의 신체가 본디 작디작은 진화의 장이거나 부분적으로 전장戰場이라는 것이다. 하지만 과학자들은 이 때문에 자존감을 잃을 필요는 없다고 우리를 위로하면서 자세히 생각해보면 우리의 신체가 그렇다는 것이 분명 더 마음에 들 것이라고 말한다. 1초마다(혹은 더 짧은 시간마다) 온몸의 조 단위 숫자에 달하는 각종 기능과 형태의 세포들을 동시에 지휘해 적혈구를 일사불란하게 운반하고 외적이 침입했거나 내부 반란이 일어난 곳에 백혈구를 파견하는 한편, 소장이 서둘러 영양을 흡수하게 하면서 따로 간세포를 지도해 우리 중 절대다수는 아예 할 줄도 모르는 전문적인 화학 공정을 완수하게 한다는 것이다. 만약 이런 작용이 없다면 우리는 피곤하고 번거로워 한시도 못 버티고 죽을 것이므로 마땅히 그렇게 자동적이고 자발적인 우리 몸에 감사해야 한다는 것이 그들의 생각이다.

하지만 인간은 정말 특별하다. 지금으로부터 거의 1만 년 전에, 온화한 철학자 카를 야스퍼스가 '각성'이라고 부른 사건이 일어났다. 서로 다른 생활 지역의 인간들이 마치 100만 년의 긴 밤에서 '동시에'(진화의 대시간적 기준에서의 '동시'다) 깨어난 듯 나란히 혹은 들쑥날쑥하게, 하지만 확실히 인간에게만 속한 작은 세계를 차근차근 구축하기 시작했다. 그것은 우리에게도 익숙한 각 고대 문명이었으며 당연히 인간의 탁월한 각종 사유와 의식을 포함하거나, 혹은 그 사유와 의식에서 비롯되었다. 인간은 생물적 본능으로 귀결될 수 없는 어떤 자유의지이며 인간의 가장 특수하면서도 없앨 수 없는 특성은 자신의 죽음에 대한 지속적인 탐구와 사색과 우려 그리고 그에 뒤따르는, 시간을 분할해 계산하는 의식이다. 인간은 마치 자기 밖의 어떤 곳에 서 있는 것처럼 자신을 돌아보고 또 생각한다.

대부분을 차지하지만 조금도 특별하지 않으며 안정되고 투명하고 단조로운 인간과, 미약하긴 해도 매우 특별하고 또 전혀 생물적 경험을 따르지 않는 인간이 함께 잘 지낼 수 있을까? 우리는 이에 대해 잘 모른다. 단지 인간이 그렇게 되려고 노력한다는 것을 알 뿐이다. 그러나 인류 역사를 보면 양자의 상호 배반을 숱하게 확인할 수 있다. 인간은 마치 둘을 별개의 것으로 찢어놓으려는 듯했다. 거의 모든 문명은 이것을 창세기적 의미의 여정으로 묘사했다. 떠나고, 위반하고, 나아가 죄를 짓고, 방황하며 길을 잃고, 갖가지 치명적인 시험과 위험이 가득하면서도 묘한 자부심과 자존감이 깃든 장엄한 모험의 여정으로 말이다. 보통 그것은 한 사람의 여정이거나, 혹은 굳은 의지를 가진 사람이 여러 사람을 설득해 데리고 떠나지만 따라나선 사람들이 수시로 원망하고, 후회하고, 나아가 돌아가고 싶어하는 여정이었다. 보르헤스는 『오디세이아』의 항해보다는 『신곡』 속의 여정을 더 좋아한 듯하다. 그것은 이타카로 돌아온 지 여러 해 뒤에 이미 늙은 오디세우스가 마지막으로 떠난 여정이다. 그는 자신의 행복한 죽음에 대한 테이레시아스의 예언을 기억하고 심지어 찾아 나서려 한 것일까? 어쨌든 그는 "사람은 야수처럼 흐리멍덩하게 살아가서는 안 된다" "사람은 끊임없이 미덕과 지식을 추구해야 한다" 등의 말로 늙은 선원들을 설득하는 데 성공했다. 이번에 그는 마침내 내륙의 호수와도 같은 고요한 지중해를 떠나서 지브롤터 해협(전설에 따르면 헤라클레스가 산을 쪼개 이 해협을 만들었다고 한다)을 가로질러 진정한 망망대해로 나섰다. 이어서 곧장 남반구에 이르렀는데, 그곳에는 모양도 전혀 다르고 숫자도 더 많으며 빛도 더 찬란한 별들의 하늘이 펼쳐져 있었다. 하지만 그의 배는 거기서 거대한 설산을 만나 소용돌이 속으로 침몰하고 말았다.

그 특별하고 과거와는 다른 인간은 끊임없이 자신보다 훨씬 큰 것, 다시 말해 더 큰 부분이나 더 많은 성분을 차지하는 자신에게 대항해야 해서 그것과 함께 편하고 안전하게 살아가겠다는 생각은 금세 침몰해버린다. 인간을 구성하는 절대적으로 많은 부분은 역시 생물, 옛날 중국인의 표현법을 빌리자면 바로 금수(그때는 수사의 정치적 정확성을 그리 중시하지 않았다)이며 인간이 금수와 구별되는 성분은 거의 희망을 걸기 힘들 정도로 너무 미미해서 마치 인간의 마음속을 스치고 사라지는 작은 불빛이나 마찬가지다.

여기서 우리가 좀더 말해야만 하는 것은 양자의 승패와 성쇠다. 그리고 이것은 단지 크기와 힘의 절대치 면에서의 차이뿐만 아니라(이것이 다라면 역사는 너무 무료할 것이다) 인간이 무엇을 믿고 어떤 희망을 품으며 어떻게 결정하느냐에 달려 있다. 조수처럼 오르락내리락하는 인간의 사유는 유동적인 역사적 준거를 형성하고 결국에는 흥망성쇠까지 결정한다.

생물적 본능은 보편적이고, 같은 경향을 띠고, 단조로우며 인간이라면 누구나 이것을 갖고 있다는 것은 굳이 증명하고 설득할 필요가 없다. 인간은 흐트러지면 즉시 자동적으로 거기에 돌아가버린다. 그런데 인간이 생물을 초월하여 갖고 있는 그 기묘한 부분은 개별적이고, 불일치하고, 선악이 불분명해서 항상 그 자체로 모순되고 충돌하며 상쇄적이다. 하지만 그것은 보통 처음에는 매우 우세해서 빛줄기가 하나하나 어둠을 꿰뚫듯이 쉽게 사람들의 눈을 사로잡고 격동을 자아낸다. 그러다가 오랜 시간이 지남에 따라 사람들의 눈을 어지럽혀 분별을 어렵게 하고 어쩔 줄 모르게 만들면서 시시각각 "나와 무슨 상관이냐"는 식의 싫증과 도피 의식을 불러일으키고 피곤과 노화를 부채질한다. 이런 까닭에 우리는 아마도 더 잘 이해하게 된다. 부단히 지식이 축적돼온 현대에 생물적 본능과 다른 인간의 그 독특한 부분이 어째서 괴이하게도 뒷걸음을 쳤고 또 인류 세계에 수시로 곳곳에서 원시와 야만으로 퇴행하는 현상이 나타나는 한편, 인간이 수천 년의 세월을 들여 비로소 배우고 구축해낸 비범한 것들이 마치 쓰레기처럼 하나씩 버려졌는지 말이다. 이것은 누구의 착각이 아니라 엄연한 결과다.

지금, 나는 X 인자(묘사하기는 힘들지만 성공에 필수적인 특별한 요소)가 민주 정치라고 생각하며 민주 정치가 우리 시대의 역사적 준거로서 우리 시대의 승패와 성쇠를 결정할 뿐 아니라 궁극적인 시금석이 될 것이라고 생각한다. 민주 정치는 당연히 인간 생물체 편에 서 있다. 그렇지 않다면 또 어디에 설 수 있단 말인가?

이렇게 말하는 것은 결코 모순적이지 않다. 민주주의는 세계를 모든 사람의 손에 돌려주려 시도하고 있고 이것은 신속히, 거의 간단없이 모든 게 가능한 해방의 효과를 어디에나 꽃피움으로써 전 세계를 순식간에 약동하게 만들 것만 같다(제2차 세계대전 이후 빈사 상태에 빠졌던 서독 경제가 극적으로 부활할 수 있었던 관건은 서독 재무 장관이 어느 날 오후, 홀로 전국에 전파되는 라디오 방송국에 가서 모든 경제 규제의 해제를 선언한 것이었다고 한다. 그 결과, 서독은 유럽 대륙에서 가장 강하고 부유한 국가로 빠르게 성장했다). 그런 역사적 기억도 확실히 존재해서 너무나 깊은 인상으로 사람들을 흥분시킨다. 하지만 동시에 사람들이 더 다른 것을 생각하지 못하게 함으로써 다른 진상, 특히나 장기적이며 얼마 지난 후에야 서서히 드러나는, 마찬가지로 확실하기 그지없는 진상을 덮어버리기 쉽다. 민주주의는 당연히 어떤 선언일 뿐만 아니라 일종의 사회 기제이자 정치 기제로서 거스르기 어려운 근본적인 운행 논리를 갖고 있으며 민주주의 사회도 마찬가지로 끊임없이 결정을 내리고 판단과 관리를 해야 한다. 그리고 원초적으로 말하면 민주주의는 인간들의 최대공약수를 지향하는데, 그 최대공약수는 항상 인간의 생물적 본능에 해당되는 부분일 수밖에 없다. 또한 민주주의는 인간의 개별적인 지혜를 믿지 않고 한 사람의 독단이 가진 갖가지 위험을 피하지만(모두 옳기는 하다), 동시에 개인만이 보고, 느끼고, 계속 깊은 사색과 수정을 가할 수 있는 것들을 잃어버리기 쉽다. 집단은 사색하지 않고 깊이와 감상 능력을 갖는 것이 불가능하며 더군다나 실존의 얄팍한 현재를 벗어나지 못한다. 나아가 인간이 아닌 기제는 더더욱 동정심이 있을 리 만무하며 꼭 필요한 인내심도 갖고 있지 못하다. 이것들은 반드시 치러야만 하는 대가다. 단지 청구서가 조금 늦게 도착할 뿐이다.

자유는 틀림없이 인류 세계에서 오랫동안 빠지고 부족했던 귀중한 것으로 너무나 많은 이들이 열렬히 바라는 것(시를 쓰고, 새로운 원리를 발표하고, 어떤 토지를 개발하고, 개혁의 의견을 제시하는 것 등)이기도 하다. 다른 여러 조건이 이미 갖춰지고 성숙해 자유가 봄바람처럼 불어오기만을 기다릴 때면 자유는 언제나 간단하고 절대적인 것으로 이야기되며 마치 자유만 있으면 모든 것이 자동적으로 이뤄질 것 같다. 그러나 조금이라도 진지하게 일해본 사람이라면 그렇지 않다는 것을 안다. 갑자기 생기고 완성된 것들을 포함하는 모든 감동적인 성과는 당연히 장기적인 누적의 결과다. 사람들은 '자유롭게' 그것을 이해하고 알아보지 못한다. 갈릴레이는 자유에 의지해 지구가 도는 것을 알지는 않았고 톨스토이도 자유를 얻은 덕에 『안나 카레니나』를 쓰지는 않았다(우리도 '자유롭게' 시험해보는 게 어떨까). 그것은 영락없이 능력 때문이었으며 나아가 그 핵심은 어디서나 제약을 받고 항상 규칙의 위반 여부에 따라 갖가지 삼엄한 생명의 위협을 느끼는 전문적인 능력으로 한 사람이 자기 일에 5년, 10년, 심지어 평생을 열중해야 겨우 얻을 수 있는 비범한 것이었다. 이와 관련해 보르헤스는 "이것은 내 평생의 경험이 쌓여 말할 수 있게 된 것이다"라고 말한 바 있다. 심지어 이것은 어떤 전통(우리의 이 아마추어화의 시대가 가장 경멸하고 또 자유의 가장 큰 적으로 간주하는 것들 중 하나다), 전문적인 작업이 쌓여 계급이 된 전통에서 비롯된, 대대로 믿고 계승하며 오랫동안 그렇게 일해온 사람만이 아마도 얻을 수 있는 특수한 능력이다. 예컨대 보르헤스는 또 말하길 "나는 무엇을 쓸 수 있을까? 내가 말할 수 있는 것은 바로 고대 그리스인의 곤혹과 고대 페르시아인의 곤혹, 고대 이집트인과 고대 중국인의 곤혹이다……"라고 했다.

우리는 약간 말장난식으로 말할 수 있다. 그것들에는 필경 이른바 '자유로운 영혼'이 필요하다고 말이다. 이것은 지극히 당연한 말이지만 "당신들이 말하는 그런 자유와는 무관하다". 또한 더 많은 종류의 자유가, 더 풍부한 성질과 깊이의 자유가 필요하다고 말할 수도 있다. 그런데 그것이 수많은 제약을 떨쳐낸 것은 개인의 인식과 능력의 진전에서 기인한다. 미혹되지 않고不惑, 방향을 잃지 않고不迷, 두려워하지 않는不懼 것은 마치 사람이 일정한 높이까지 올라가면 자연히 시야가 가려지지 않는 것과 같다. 이것은 사회 집단의 동의와 허락이 불필요하고 인류의 민주적 구성체가 제공해줄 수도 없다. 그리고 역사의 경험적 사실에 비춰보면 그 안에는 인류의 그 어떤 양태의 민주주의 사회에서도 용납될 것 같지 않고 수시로 민주주의 기제에 의해 난폭한 침입과 침범을 당하는 숱한 자유도 포함되어 있다.

내가 생각하기에 인간은 그리 특별하지 않은 자신과 또 다른 특별한 자신, 이 양쪽에서 판단하고 선택하며 민주주의 정치는 그 궁극의 결정판이다. 이 말의 의미는 민주주의 정치가 저지할 수도 돌이킬 수도 없는 것인 동시에 우리가 가질 수 있는 가장 훌륭한 집단 생존 양식으로서 그것을 저지할 이유도 돌이킬 이유도 없다는 것이다(처세에 대단히 능하고 유연했던 철학자 라이프니츠는 이미 실현된 이 세계가 바로 인류가 가질 수 있는 가장 훌륭한 세계라고 말했다). 게다가 민주주의는 또 가장 자연스럽고 합리적이며 편안해 생명 본연의 (독립적이고 예속되지 않는) 속성에 부합하기 때문에 마치 필연적으로 도달한 결과처럼 보인다.

그래서 우리는 현재와 미래에 기본적으로 다음과 같은 처지에 놓이게 되었다. 즉, 어떤 부분들을 단념하고 일종의 대가로 여길 수밖에 없는데, 생물적 본능에 반하는 일들이 곤란하게 변했고 갈수록 더 곤란해지고 있으며 몇 가지 대단히 특별한 것들도 더욱 지키기 어려워질 것이다. 그것들이 얼마나 우리를 감동시키고 또 우리가 얼마나 그것들을 귀중히 여기는지는 아무 상관이 없다. 이처럼 새로운 철거와 청소 작업이 가속화되는 와중에 우리는 계속 일을 해나가야 한다.

우리가 이 세계를 설득할 수 있는 가장 그럴듯한 이유는 그저 다음과 같다. 단계적으로 축적돼왔지만 오늘날의 세계에서 하나씩 해체되고 있는, 생물적 본능과는 다른 그것들을 적절히 지키고 계속 그것들에 의지해야만 민주주의가 포퓰리즘과 등가화되지 않고('순수한' 민주주의가 어떻게 포퓰리즘이 아닐 수 있겠는가) 또 세계 전체가 그 수백만 년 전의 원시와 야만으로 회귀하지 않는다는 것이다. 하지만 이런 설득은 별로 유용하지 않을뿐더러 심지어 어떤 패러독스에 빠질 것 같다. 왜냐하면 생물적 본능은 기본적으로 생각하지도 대화하지도 않아서 인간은 아마도 적당한 재난(나는 진심으로 그 재난이 적당하고 감당할 만한 것이길 바란다)을 만나야만 비로소 가장 단순한 생존 본능에 따라 그것을 견제하고 지연시킬 수 있을 것이기 때문이다.

# 국가는 결국 사라질 것이다

만년에 보르헤스는 죽은 자의 유언 같은 말투로 "나는 국가라는 것이 결국 사라질 것이라고 믿는다"고 말했다. 이 말은 적어도 우리 세대 사람에게는 그리 특별한 단정(혹은 희망)이 아니다. 다른 인터뷰에서 말했던 것처럼 그는 "개인과 국가는 서로 대립한다"는 신념의 가르침 아래 성장했고 우리도 전부 그랬다.

흥미롭게도 그것은 머나먼 미래의 일도, 무슨 처절하고 장엄한 역사적 사건이나 순간도 아닐 공산이 크다. 그저 현재 일어나고 있는 일상적 사실에 지나지 않는다. 확실히 국가는 사라지는 중이다. 레이먼드 챈들러가 말한, "매번 조금씩 조금씩 죽어가는" 고별의 방식으로 기나긴 고별의 과정을 걷고 있다. 나 자신은 국가가 그렇게 완벽하게, 지금까지 인류 세계에서 그런 예가 없는 것 같은데도 이름, 형식, 내용까지 다 사멸할 것이라고는 감히 확신하지 못하겠다. 아마도 지리적 명칭에 가까운 방식으로 남아서(예를 들어 이탈리아는 한때 지명이었을 뿐 국가는 아니었다) 어떤 사무적이고 일상 기능적인 차원의 기구 형태로는 계속 존재하지 않을까 싶다. 하지만 우리가 줄곧 대항하려 했고 제거해야 속이 시원할 듯했으며 마치 자유의 마지막 방해물이나 악의 축인 것처럼 철저히 뿌리 뽑으려 했던 그 국가는 얼마 안 가서 거의 사라질 것이다. 기껏해야 고분고분 명령이나 따르는 졸개로 남을 수 있을 뿐, 빅 브라더 노릇은 더 이상 못 할 것이다.

며칠 전, 나는 커피숍에서 한 젊은 친구를 만났다. 그는 겸손하게 자기가 내 독자라면서 타이완 사람이지만 상하이의 어떤 다국적 금융그룹에서 일하고 있다고 했다. 그런데 그가 미국의 '국가자본주의'(매우 표준적인 대륙적 사유의 관용어다)에 대해 언급해서 나는 깜짝 놀라 무례하게도 그의 말을 끊고 말했다.

"당신은 월가와 미 연방 정부가 그런 관계라고 확신합니까? 업데이트가 필요하지 않나요? 거꾸로 보는 게 당연하지 않나요? 이건 말장난도 재담도 아닙니다. 월가는 미국 안에 있긴 합니다만 미국 전체보다 더 크다고 할 수 있습니다."

이것은 다소 우스운 이야기이긴 하지만 인류의 역사는 항상 이렇다. 마치 일부러 사람을 골리는 짓궂은 농담 같아서 "밤이 이미 지나가긴 했지만 새벽은 아직 안 왔습니다. 여러분이 뭔가 더 알고 싶다면 잠시 후에 다시 이야기합시다"라고 말하는 듯하다. 한편 국가가 위축되고 쇠망할 기미가 점차 뚜렷해지고 있긴 하지만 그것은 우리가 생각하고 우리 세대 전체가 되풀이해 사유하거나 묘사해온 것과는 전혀 다르다. 단지 우리가 국가에 반대한 이유의 대부분이 아직도 버젓이 존재하며 심지어 더 확고해지고 또 대상을 확인하기 힘들 만큼 더 은밀해졌을 뿐이다. 이렇게 된 것은 아마도 우리에게 그 잘못이 있을 것이다. 우리는 항상 현상 A와 B가 공생하고 서로 독립적으로 존재하지 않는 것을 좀처럼 믿기 힘들어하는데 사실은 흔히 있는 일이다. 혹은 C와 D가 서로 모순되고 공존이 불가능한 것에 대해서도 마찬가지인데 역시 흔한 일이다. 시간 차원에서도 고정된 대상 차원에서도 그 제한성이 이미 해제된 디스토피아의 책 『1984』를 보면, 그 안에서 가장 인상 깊은 것은 어디에나 존재하며 사람들이 전혀 프라이버시를 못 갖게 하는, 마치 트루먼의 리얼리티쇼 같은 감시 기기다. 그런데 30년도 더 흐른 오늘날, 빅 브라더가 소멸되었는지, 아니면 또 다른 형식으로 존재하는지는 차치하고라도 전 세계 감시 기기의 숫자는 최근 30년간 빠른 속도로 증가해왔으며 특히나 민주적이고 진보적인 국가에서 한층 더 우후죽순처럼 온갖 곳에 모습을 드러냈다. 게다가 더 어처구니없는 것은 그것들을 빅 브라더가 아니라 사람들이 앞다퉈 자기 돈을 들여 설치했다는 사실이다(그나마 대량 생산을 해서 가격은 떨어졌다). 다른 사회가 어떤지는 잘 모르겠지만 적어도 타이완은 이론적으로 그렇게 절박한 위험이 없고 또 그 미미한 위험과 불편함 때문에 인간이 감시받지 않을 자유(흥미롭게도 이것은 민주주의의 가장 근본적이고, 절대 양도하면 안 된다고 일컬어지는 자유이기도 하다)를 포기할 필요도 없다. 그런데도 감시 기기는 이미 전선과 수도관 같은 생활의 표준 설비가 돼버렸다.

(아마도 생물적 본능에 따라 행동하는 시민 집단이 바로 빅 브라더

의 궁극적인 모습일 것이다. 고정적이지 않은 형태의 그 신형 리바이어던은 마치 할리우드 영화에 등장하는, 액체 금속으로 이뤄진 파괴자 같다. 20세기, 특히 나치의 등장 이후, 그런 새로운 독재의 경향에 대해 경각심을 갖는 이들이 늘어나기는 했다. 하지만 민주주의의 큰 틀 안에서 어떻게 그것을 적절히 효과적으로 막고 처리해야 하는가에 대해서는 줄곧 무지했다.)

주텐신은 자신의 신작 『33년의 꿈三十三年夢』에서 어떤 말을 인용한 적이 있다. 그 말의 화자는 자신의 실망과 슬픔을 억누르고 그것을 아름다운 말로 바꾸었다.

"하지만 나는 지나간 어느 밤에 세계가 예언의 실현을 코앞에 두고 잠시 망설이다가 배반의 방향으로 가버렸음을 잘 알고 있다."

마치 매번, 매 밤마다 그랬던 것 같다. 인간은 특별하면서도 그리 특별하지 않은 생물이고 그 특별하지 않은 부분이 상대적으로 크고 힘이 강하며 또 편해서 모종의 피곤한 역사적 인력과 '인간성'을 구성했다.

이어서 우리가 생각해야 할 것은 레비스트로스가 말한 '격리'다. 그는 사물의 다양성이 생기려면 반드시 격리가 필요하다고 말했다. 레비스트로스도 확실히 "개인과 국가가 서로 대립한" 시대적 분위기 속에서 자라고 생활했다. 다만 100년을 넘게 살면서 한 인류학자의 눈으로 이 세계의 한 세기를 고스란히 다 지켜보았다. 얼마 후, 그는 종족주의로 의심받을 우려와 위험을 무릅쓰고 국가, 부락, 사회 집단의 오랜 경계선을 새롭게 사유하고 성찰하여 어느 문화든 다 "모종의 저항성을 갖춰야 한다"고 생각했다.

어쨌든 이 '격리'라는 단어는 항상 사람들을 긴장시킨다. 특히 그것이 우리가 악이 선보다 훨씬 많다고 생각하는 국가의 경계선을 포함할 때 더 그렇다.

# 여등과 여붕

"다양화된 세계가 계속 사라지고 있다"는 레비스트로스의 이 말은 우리의 말에 비해 '증언'에 더 가깝다. 이것은 단지 우려(이것이 그의 일이었다)였을 뿐만 아니라 그의 말을 빌리자면 이 세계에서의 그의 '위치'이자, 그가 수십 년간 매일 함께한 현실이었다. 한 명의 인류학자로서 그가 한 일의 내용은 끊임없이 발견과 상실을 오간 것이었으며(뭔가를 발견하는 동시에 뭔가를 상실했다) 대상은 우리에게서 가장 멀리 있어 우리가 아예 그 존재조차 모르는 각각의 이질적인 사회와 집단이 포함된 전 지구였다. 우리가 볼 수 없고 생각도 할 수 없는 각종 사람, 땅, 사물을 관찰했다. 그의 다양화된 세계의 이미지는 우리가 상상도 할 수 없을 만큼 분명하고 자세했으며 그의 눈앞에서 계속, 영원히 사라져간 다양화된 세계의 이름도 우리가 이루 다 나열할 수 없을 만큼 많았다.

인류학은 지극히 차분해야 하고 무시무시한 인내력이 요구되며 어떤 땅과 그곳의 나무와 같은 상관관계를 스스로에게 강요하는 지루한 작업이다(브로니슬라브 말리노프스키의 금기에 가까운 기서 『한 권의 엄격한 의미에서의 일기』에 가장 생생하게 구현돼 있다). 그런데 레비스트로스는 인류학이 다른 한편으로 마치 구조활동처럼 항상 시간과 경주하며 시간을 가장 귀중하게 생각하면서도 동시에 가장 큰 적으로 간주한다고 말하면서 "가용 시간과 낭비한 시간의 불균형한 관계와 마주한 채 타들어가는 기분을 느끼지 않을 수 없다"고 했다.

그런데 그 배후에는 더 크고 근본적이며 우리 모두에게도 익숙한 시간적 모순이 있으며 그 거대한 모순은 또 그 전의 모순, 즉 구축에 드는 시간과 해체에 드는 시간의 영구적이고 불균형한 관계를 포함하며 또 촉진한다. 구축 시간을 중국인은 다소 화난 느낌으로 '여등如登', 즉 산을 오르는 것 같다고 표현한다. 등산처럼 느리게 걷고 아무리 피곤해도 서두르지 못하며 산의 높이와 경사, 험한 정도에 따라 다르긴 해도 어쨌든 많은 시간을 소진하게 마련이라는 것이다. 그리고 해체 시간은 속수무책의 심정을 담아 '여붕如崩', 즉 산이 무너지는 것 같다고 말한다. 산이 무너지거나 눈사태가 난 것처럼 거칠고 난폭한 힘(대자연이나 인위적인 사태)이 세차게 부딪혀와 순식간에 끝나버리는 통에 심지어 사람들이 도망칠 틈조차 없다고 한다. 이에 우리는 전자의 성과를 '문명'이라 부르며 그로부터 실마리를 좇아 더 오랜 내력을 가진 지식과 기예의 함양 및 또 다른 것들을 발견해낸다. 다시 말해 준비를 하고 토대를 구축하기 위해 훨씬 더 아득하고 오랜 시간이 소요된 것이다. 누구든 그 앞에만 서면 두렵고 자기가 한없이 작아 보이는 고대 바빌로니아의 부조 성벽은 여신 이슈타르에게 바쳐진 것이다. 그것을 만든 사람은, 영원하고 주도면밀하며 천지가 생겼을 때부터 이미 존재한 것 같은 신의 가호 속에 계속 자기가 있다고 믿었다. 그래서 자기가 진정으로 관여한 시간은 단지 시간이라는 빙산에서 물 위에 드러난 작은 모서리에 불과하며 인간은 그 안에서 한 차례 지극히 신중하게, 마치 그 순간의 모든 능력을 쏟아붓듯이 실천할 뿐이라는 것을 알았다(인간이 조금이라도 희생과 고생을 하지 않는다면 어떻게 스스로 경건하다고 할 수 있겠는가). 하지만 그 성벽은 결국 폭약과 인간의 순간적인 난폭한 마음에 의해 해체되었다. 오늘날에 와서 이 두 가지는 언제든 인터넷에서 구하거나 금세 배울 수 있으며 우리는 보통 그것을 반달리즘사회의 문화와 예술을 파괴하려는 경향. 455년 게르만족 대이동 때 반달족이 로마를 점령해 저지른 대규모 파괴와 약탈 행위에서 유래한 말이다이라고 부른다. 반달족의 파괴 혹은 야만인의 파괴는 오랫동안 힘들게 건설된 문명을 배반하고 인간을 원시와 생물적 본능으로 돌려보낸다.

이에 인류학은 사실 계속해서 고도로 경각심을 높이고 고도의 자제력을 발휘했다. 농담도 못 하고 단어도 함부로 못 썼다(역시 그래서 말리노프스키가 쓴, 현지 조사와 관련된 그 사적인 일기조차 그렇게 헛웃음이 나올 만큼 놀라운 것이다). 다만 "인류학이 식민주의의 그늘 아래 태어나고 성장했으며" 그 죄악의 근원이 국가, 즉 과거 제국주의 열강에 있다는 것을 모두가 알고 있고, 동시에 그 천인공노할 범죄 같은 기억이 자신에게 너무 깊이 고통스럽게 남아 있어서 급기야 인류학은 도망치듯 거의 반대쪽 극단에 있는 이른바 문화 상대주의로 가버렸다. 그리고 다양한 민족과 사회들 사이에 가치 등급을 매기는 행위를 절대 불허했다. 무심코 그러든, 은밀히 그러든 모두 안 되는 일로 못 박았다. 상대주의의 이런 엄격한 요구는 간혹 부자연스럽고 비합리적이며 인지상정에 어긋나는 지경에 이르곤 했으며 줄곧 사람들을, 특히 진지하게 한 걸음 더 나아가 생각하고 실천하는 사람들을 불안하게 만들었다. 예를 들면 일부 부락 집단의 영아 살해나 여성에 대한 잔혹한 갖가지 전통적 행위가 어쨌든 그들의 생존 방식과 문화 구조의 온전한 구성에서 따로 빼놓을 수 없는 필수 요소라고 말했다. 혹은 그저 인간의 어리석은 행위와 폭행, 인간의 자기 정체停滯, 심지어 일부 사람들의 이익에 대한 장기적인 합리화와 용인 과정에서 생긴 모략과 장치라고 말하기도 했다. 하지만 적어도 사회 구조가 변화 없이 계속 이런 식이어서는 안 된다. 반드시 조화와 개량의 여지가 있어야 한다. 젊은 시절의 레비스트로스는 『슬픈 열대』에서 어떤 의문을 제기한 적이 있다. 그런 놀랍고 잔혹한 일을 보고도 신중하게 입을 다물고 심지어 인간의 기본적인 반응조차 보이지 않던 인류학자가 자기 사회로 돌아와서는 잔뜩 불만을 품고 매일 남을 욕하고 뭐든 눈에 거슬리는 일만 보이면 함부로 비판을 가한다는 것이다 (역시 자신의 사회와 문화 구조에서 손댈 수 없는 필수 요소라고 간주해야 하는 게 아닐까). 그것은 레비스트로스가 자신이 속한 학계에서 누차 보았던 사실이었을 가능성이 크다. 우리는 그런 모순을 어떻게 적절히 설명해야 할까? 만년의 레비스트로스는 또 이렇게 말했다.

'원시' 사회에 관해 이야기할 때, 우리는 이 단어를 따옴표 안에 넣는다. 그래서 사람들이 이 단어를 부정적인 것으로 간주하는 것은 사회적으로 굳어진 일반적인 용법의 작용 때문이다. 하지만 어떤 의미에서 이 단어의 사용은 적절하기도 하다. 우리가 '원시적'이라고 부르는 그 사회 집단들이 결코 그렇게 원시적이지는 않다고 하더라도 그들은 정말로 자신들이 원시적 사회 집단이기를 바란다. 왜냐하면 그들의 이상은 여러 신이나 선조가 태초에 자신들을 창조한 그 상태 속에 머물러 있는 것이기 때문이다. 물론 그것은 일종의 착각이다. 그 사회 집단들은 다른 사회 집단과 비교해 역사의 변천에서 조금도 더 자유로울 수 없다.

얼마 후, 이 부분에서 인류학은 다소 유연해지긴 했지만(예컨대 쓰투화司徒華 등의 상당히 신중하고 절충적인 문화단계론은 조심스레 진보 개념을 도입했다) 여전히 인류학의 기본 법칙은 엄격한 상대주의여서 현지 조사를 떠나기 전이면 항상 그것을 떠올려 스스로 되새기곤 했다.

상대주의가 그토록 절실한 격리의 요구를 묵살한 상태에서 레비스트로스는 어째서 두 번, 세 번 되풀이해 격리를 강조한 것일까? 그는 끊임없이 상대주의를 관통하는, 더 위험한 어떤 것을 발견한 것일까?

상대주의는 당연히 문제가 크다. 오랫동안 상대주의는 거의 예외 없이 게으름뱅이를 낳았다. 극소수의 관용적이고 신중하며 자제력이 강한 선량한 이들을 제외하고는 압도적으로 많은, 허세나 부리는 나태한 자들을 줄 세웠다. 더 심한 것은 그들이 선량해 보이지도 않았다는 것이다. 왜냐하면 그들 자신에게 더 유리하고 더 편한 방식은 상대주의를 일종의 자기 규범으로 이해하여 이질적인 타자를 성립시키는 것이 아니라, 누가 토를 달 수도 없게 공격적으로 마구 권리를 행사하며 "내가 좋아하는 것이면 뭐든 괜찮다"라는 식의 태도를 취하는 것이었기 때문이다. 이것은 기본적인 사실이다. 직설적으로 말하면, 상대주의는 가장 근본적인 시비와 선악의 판별을 인간의 모든 가치, 신념, 도덕의식과 함께 일괄적으로 개인의 취향으로 격하시켰다. 인간이 어떤 것도 고수하지 않고 또 고수해서는 안 된다면, 그리고 판단과 선택을 포기한다면 (그러나 문화는 곧 인간이 기나긴 시간을 살면서 끊임없이 실천해온 판단과 선택이다) 실제로 얻는 것은 독립적이고 자주적이며 특수성과 다양성을 보유한 각각의 개체가 아니라 내용도 깊이도 저항력도 없는 원자화된 개인으로, 본래 우리를 도와 침입한 사물을 충층이 저지하고, 지체시키고, 여과하여 귀중한 시간을 쟁취할 수 있게 해주는 중간층들은 다 해체되고 사멸해버린다(조금이라도 진지하게 민주주의에 관해 논해본 사람이라면 이 중간층들의 존재가 사회의 건강한 운행에 있어서 얼마나 중요한지 잘 알 것이다. 저 거창한 개인들의 자유 운운하는 맹세보다 이 보루처럼 층층이 보호벽 역할을 해주는 중간층들이 더 묵묵히 실제적으로 사람들의 현실적인 자유의 공간을 지켜준다). 그리고 인간이 아무 도움도 보호막도 없이 단독으로 거대한 세계 앞에 고스란히 노출된다면, 고삐 풀린 야생마처럼 거침없이 신속하게 모든 것을 통치하는 것은 어쩔 수 없이 현재 가장 강력하고 세속적이며 집단의 공약수처럼 일치하는 것, 다시 말해 인간의 생물적 본능보다 고상하지 않은 것들일 수밖에 없다.

우리가 가장 원초적인 의미로 돌아가보는 것은 고의적인 오해가 아니다(늘 본래의 뜻을 떠올리고 고의적인 오해를 피하는 것은 우리가 애써 만들어야 하는 선량한 습관이다. 이것은 사유와 토론의 순조로운 진행에 큰 도움이 된다). 상대주의가 침입하지 말고 작위적이지 말라고 사람들에게 요구한 것은 본래 강한 세력이 스스로에게 하는 말이어야 옳으며 그 인류학자들은 "수십 명에서 2000~3000명 정도의" 각 취약 집단에 다가갈 때 자신들이 개인 필요 물품만 소지하고 있음을 상기하면서도 배후의 강대한 국가와 민족의 중요한 물품을 자기 사회에 남겨놓았음을 반드시 기억했다. 그런데 레비스트로스는 또 격리에 관해 논하고 저항을 강조할 때 인간의 정체성이 변하고 화자가 처한 위치와 설정한 담화 대상이 바뀌면서 기본 표상도 총체적으로 바뀌고 상대적으로 '모든 이들의 한 가지 도道'에 가까워졌음을 확실히 이해했다. 우리의 각 나라, 각 사회 그리고 사는 지역은 아마도 현재 구체적인 상태는 모두 다르 겠지만 이미 유사하면서도 같은 원인에서 비롯된 것으로 여겨지 는 어려움을 안고 있는 데다 예견 가능한 미래(그리 오래지 않아 도 래할 미래)도 인류의 진화처럼, 그리고 이 문명이 세운 길의, 누구도 그 밖에 있을 수 없는 공동 운명처럼 더욱 동일하게 수렴될 것이 다. 가장 간단히, 또 현실적으로 말하면 우리 모두가 초국적 사회 를 지향하고 나아가 인간 자신의 흉흉한 전 지구적 위협을 초월하 면서 우리가 과거에 가졌던 풍부성과 다양한 가능성은 모두 빠르 게 사라지고 있다.

만년에(백 살을 넘게 살았으니 만년이 상당히 길긴 했다) 레비스트 로스는 자기 사회의 사물에 관해 더 많이 이야기했다. 프랑스에 관한 이야기든, 유럽 대륙에 관한 이야기든 아마도 자기 성찰에 치우친 까닭인지 대부분 듣기 좋지는 않았다. 그는 문학과 관련해 서는 비교적 겸손했다. 한 인류학자의 눈으로 책을 읽었으며 좋아 하고 열중한 작품은 발자크, 콘래드, 디킨스 등의 다양한 인물과 풍부한 행위 및 사물이 담긴 소설(적절한 의미에서 보면 장대한 서사 를 가진 소설은 곧 인류학의 출현을 앞당긴 현지 조사 보고서였다)이었 다. 하지만 그는 상대적으로 잘 아는 미술과 음악에서는 겸손하지 않으며 미술에서 특히 더 그랬다(예를 들어 그가 모네와 인상파 화가들을 평하면서 "그들만큼 기술이 없고 또 그들만큼 천부적 재능이 없는 모방자들을 많이 이끌어냄으로써 대단히 나쁜 결과를 낳았다"고 한 것은 보들레르가 모네에 대해 "그는 회화 예술이 몰락의 길을 걷게 한 첫 번째 인물이다"라고 한 것과 일치한다). 이른바 아방가르드 예술과 모더니즘 예술을 가리켜 직설적으로 '타락'이라고 꼬집기도 했다("만약 파시즘이 어느 쪽에 서려고 한다면 대부분 이른바 아방가르드 예술과 그것을 지배하는 거대한 상업 및 정치 시설 쪽에 설 것이다"). 그리고 또 말하길, 오늘날 세계에서 우리의 눈길을 끄는 지속적인 현상은 바로 인간 '미덕'의 끊임없는 훼손이며 인간에게는 "자신의 책임을 포기하는 어떤 경향이 있다"고 했다.

험담은 반드시 보복을 당하게 마련이다. 그런 말들이 얼마나 치열한 반격과 쓴소리를 불러일으켰을지 능히 짐작할 수 있다. 그리고 우리가 익히 알기로는 그것들은 각기 60세, 70세, 80세 노인이 한 말이었다(오늘날에는 사람이 50세만 넘으면 어떤 말도 해서는 안 된다. 마치 오래된 생물로 돌아간 것처럼, 노인은 존재하지 않는 세계에 있는 것처럼 스스로 조용히 죽음을 향해 가야 한다). 레비스트로스는 역시 그런 반응들과 '격리'되는 것을 택하여, "우리 앞에는 정말 오해가 산더미처럼 쌓여 있지만 나는 그것들을 일일이 청산할 생각은 전혀 없다. 그것들은 내가 그렇게 많은 시간을 들일 가치가 없기 때문이다"라고 말했다.

# 잃어버린 기예

레비스트로스의 말 중에 영화감독 허우샤오시엔(점점 더 노련한 영화 장인이 되어가는 인물이다)이 마음에 들어 기억하고 있는 것이 있다.

나는 예술과 기예를 특별히 좋아한다. 이것은 인간이 수천 년의 시간 동안 창조해낸, 대체 불가능한 위대한 성취 중 하나이며 인간의 우주 속 자신의 지위에 대한 어떤 인정을 토대로 형성됐다. 예술이 제기하는 문제는 다른 수많은 문제와 마찬가지로 절대 한 층위에 국한돼 있지 않다.

이것이 레비스트로스가 일관되게 세계를 바라본 방식이다. 그리고 그의 이런 비평은 시종일관 기예 혹은 '잃어버린 기예'라는 핵심과 그 깊디깊은 우울을 에워싼 채 수행되었다.

레비스트로스가 일본을 좋아한 것도 이 때문이다. 보르헤스는 일본인의 고상함과 차분함 그리고 마치 시의 아름다움과 시의 행복한 사유를 사람의 일상적인 언행과 물건들 곳곳에 구현하는 듯한 태도를 좋아했으며, 레비스트로스가 가는 곳마다 현지의 장인들을 보고서 칭찬을 아끼지 않은 것은 일본의 가장 훌륭한 점인 동시에 일본이 전 세계를 위해 남긴 가장 감동적인 것이다("당신은 거기서 고도로 발달한 문학예술과 기술문화가 직접 상고 시대로 통해 있는 것을 느낀다. 그리고 그것은 바로 인류학자가 익히 잘 알고 있는 시대다"). 그래서 레비스트로스는 프랑스 대혁명이 그렇게 무거운 대가를 치른 것을 안타까워했다. 그것은 당시 세계를 폐허로 만들었다가 다시 세운 엄청난 사건이었다. 그 탓에 사람들이 어렵게 모색해 구축한 그 심오한 경험적 부분이 마치 옥과 돌멩이처럼, 고쳐야 할 전통적인 부분과 함께 단절되거나 심지어 버려져야 할 것으로 간주되었다. 그런데 일본은 그렇게 내리쳐지는 현대 혁명의 거대한 도끼를 귀신같은 솜씨로 연달아 두 번이나 피했다. 막부 말의 유신에서는 역사의 과오와 그 책임을 도쿠가와 막부가 짊어짐으로써 메이지 천황이 아주 멀쩡하게 통치의 자리에 복귀했다. 그것은 근대 세계사에서 거의 보기 드문, 아마도 전혀 없었던 일이었다. 이어서 제2차 세계대전 이후에 동맹국과 맥아더 장군은 최종적으로 천황제를 남겨 역사적 정의의 일부와 맞바꿨다. 이에 관해 누가 레비스트로스에게 물었다면 그는 틀림없이 그럴 만한 가치가 있었다고 답했을 것이다. 물론 지금 우리 눈앞에는 부를 핵심으로 하는 전 지구화의 열풍이 세 번째로 놓여 있다. 과연 이번에도 잘 버텨낼 수 있을까? 역사적으로 희귀한 행운이 아직 조금이라도 남아 있을까?

레비스트로스의 이런 말들을 (나 스스로 책임지고) "인간이 세계에서 자신을 위해 찾아낸 위치"로 요약하고 '위치'에 초점을 맞춰보면 진정으로 격려하고 지켜야 할 것은 아마도 바로 그 위치일 가능성이 크다. 레비스트로스는 그것이 천년의 세월을 겪어왔음을 정확히 지적했고 나는 한 개인이 그것에 집중적으로 투입하고 소모하는 시간이 수십 년으로 상대적으로 짧아졌는데도 사람들은 그것을 거의 갖고 있지 않다는 것을 더 강조하고 싶다. 인간은 같은 땅에 못 박힌 것처럼 매일 같은 일을 되풀이하며 그것과 함께하는데, 그것은 끊임없이 이동하는 인간과는 다르다. 그가 보고 있는 세계는 더 이상 처음 본 인상도, 개략적인 인상도 아니며 두 번째, 세 번째, 네 번째, N번째 인상이다. 이에 그는 점차 세밀한 부분과 숨겨진 부분 그리고 지난번에 본 것과 다르게 다소 변화된 부분을 볼 수 있다. 또 더는 그저 시각적인 인상에 그치지 않게 되는데, 인간은 마음속에 끝없이 쌓이는 시각적 인상들을 자기도 모르게 줄줄이 연결하여 '관점'을 형성한다. 이것은 갖가지 이해와 기억과 예언을 포함한다. 그래서 레비스트로스는 이것이 절대 단일 층위일 리도, 단일 층위에 머물 리도 없으며 인간은 이것으로부터 세계와 특수하면서도 복잡하고 조밀한 연관성을 발전시킨다고 말했다.

지금 내게 바로 떠오르는 인물은 포크너다. 노련한 장인이나 농부와 가장 흡사한 이 소설가는 언젠가 자신이 '우표 한 장만 한 크기의 땅에서 계속 글을 쓰고 있을 뿐이라고 말한 적이 있다. 이 것은 이중의 격리, 즉 소설가라는 직업의 격리에 인간의 현실적인 공간의 격리가 덧붙여진 것이다. 하지만 거기서 그는 예기치 못하 게 훗날 자신이 '요크나 파토파<sub>포크너 소설의 주요 무대인 미국 미시시피주</sub> <sub>서북부에 위치한 가상의 마을</sub>'라고 명명한 세계를 차근차근 창조해냈다. 그 세계에는 그 자신과 그가 돌아본 가문의 기억, 그의 애증의 장 소인 미국 남부 그리고 마치 아득한 태초부터 선악이 뒤엉켜온 듯 한 인간 세계가 다 포함되어 있다. 그는 본래 전설적인 전쟁 영웅 이자 정의로운 남자로 알려졌던, 존경하는 자기 할아버지에 관한 글을 쓰려 했을 뿐이었다. 하지만 결국 그는 스스로에게 말하고 또 사실대로 써내려가지 않을 수 없었다. 그의 할아버지는 사실 독선적이고, 잔인하고, 완고하고, 음울한 노인이었다. 게다가 멋있 지도 특별하지도 않았으며 심지어 영웅다운 면도 전혀 없었다. 단 지 난폭하고 충동적이며 사람을 사람처럼 대하지 않는 습관이 있 었을 뿐이다. 한마디로 가장 전형적인 미국 남부 농장의 노예주에 불과했다.

　오늘날에도 그런 사람은 언제 어디서나 눈에 띈다. 미국 티파티 <sub>미국의 극우 반정부 운동</sub>의 광적이고 비이성적인 행태가 그 예다. 어쨌 든 기예는 이런 예견과 예언의 능력이 있다. 혹은 더 정확히 말하 면 이른바 예언이라는 것은 단지 이와 같을 뿐이다. 사람이 그것 으로부터 모호하지만 변치 않는 통칙을 점차 하나하나 파악하고 또 그 안에서 생물적 본능에 더 가까운 행위가 갈수록 투명해지며 거듭 되풀이해 나타나는 것에 지나지 않는다.

이어서 기예의 침투력과 그 완전성에 관해 이야기해보기로 하자.

# 조밀성과 완전한 느낌

주텐신은 「CSI 과학수사대」의 L. V. 부분을 좋아한다. L. V.는 당연히 라스베이거스 시리즈이지, 미학적으로 촌스럽기 짝이 없는 명품 브랜드 루이뷔통이 아니다(사람들이 어째서 그 못생긴 물건을 떼지어 쫓아다니는지는 내게 영원한 미스터리다). 그 시리즈에서 매우 특별한 편이 있었는데, 살인 현장은 야외 결혼식장이었고 피살자는, 너무 밉살스러워서 그녀를 죽이고 싶어하는 사람이 굉장히 많을 것 같은 신랑의 어머니였다. 감독은 게임을 하듯 4명의 범죄 조사원이 현장에 들어온 뒤의 주관적 시선을 되풀이해 사용한다. 선량한 닉을 먼저 예로 들면, 그의 눈을 통해 우리에게 보이는 것은 훈훈한 악수와 포옹과 축복이 가득한 장면과 사람들의 웃는 얼굴이다. 세상에 불만이 많은 냉소주의자 세라의 눈에는 조화, 리본, 햇빛 아래 벗겨지고 갈라진 사람들의 화장과 수시로 떨어지는 장신구 같은 가짜 물건들만 보인다. 그리고 아직 청춘인 그렉은 계속 옆을 스치고 지나가는 젊은 여성들만 눈에 들어온다. 특히나 신부의 친구인, 조금 제정신이 아닌 듯한 몇 명의 들러리가 그의 주의를 끈다. 마지막으로 현장에 들어선 사람은 곤충학 전문가인 그리섬 반장이다. CSI에서 가장 뛰어난 인물인 그 앞에서 세상은 순간적으로 고요해져 더 이상 말소리도 음악 소리도 들리지 않는다(묘하지만 매우 확실한 자동 격리다). 우리는 마치 숲이 우거진 작은 섬에 도착해 어떤 미생물의 세계를 응시하고 있는 듯하다. 확대된 이파리와 꽃잎에 나 있는 거의 투명한 솜털에서 보일 듯 말 듯 엽맥이 비치고 그리섬은 당연히 그 위에 멈춰 있는 무당벌레와 진딧물을 흥미롭게 바라보고 있다. 그렇다. 동일한 현장에 네 가지 경관이 존재하는 것이다.

인간이 어떤 사물을 보는 것은 생물 진화의 성과다. 그러나 인간이 그럴 수 있는 것은 전혀 생물적이지 않다. 결국 그것은 영락없는 일종의 능력이다.

우리는 흔히 이것을 단지 인간의 취향, 감정, 동경 등으로 설명한다. 뭔가를 좋아하면 그것을 찾게 된다는 것이다(닉과 그렉처럼). 이처럼 우리의 시각이 부지불식간에 선택적이라는 것은 확실히 옳다. 하지만 사실 충분치는 않다. 감정과 취향도 우리를 사물로 데려가 그것을 발견하게 해주지만 충분한 침투력을 갖고 있지 않아 우리는 보통 사물의 표층에 머물고 만다. 깊숙이 숨겨져 있거나, 있어야 하는데 아직 없거나, 여러 원인으로 인해 없는 것까지 찾아내기에는(혹은 의미가 대단히 풍부하고 갖가지 흥미로운 실마리와 힌트가 가득한 공백을 간파하기에는) 부족하다. 역시 침투력이 있어야만 지식이 얻어지는 것이다.

하지만 막 주워 담은, 세라가 보았던 언제든 떼어질 것 같고 떨어질 것 같은 지식도 안 된다. 지식을 얻는 것은 단지 첫걸음일 뿐이다(특히 우리가 사는 시대에는 대단히 쉬운 일로 변했다). 지식은 그 소유자와 함께하는 시간이 필요하다(우리가 사는 시대에는 이상하게도 조금 어려운 일이 돼버렸다). 폴 발레리가 "반드시 휴대할 수 있어야 한다"고 한 것처럼 일상의 실천 속에서 끊임없이 그것을 이해하고, 더 채우고, 미세하게 조정함으로써 자신과 그것을 중층적으로 연관시켜야 한다. 이런 지식은 잊을 리가 없고(수영과 자전거 타기를 잊지 않는 것 이상이다) 잊는다는 단어 자체와 아예 무관하며 결국에는 머릿속뿐만 아니라 몸 전체에 뿌리를 내린다. 일반적으로는 이래야 지식이 더 이상 신체 밖의 존재가 아니고 텅 빈 단어에 머물지 않게 된다고들 하는데, 내가 더 자세히 따져 말한다면 또 이래야 지식은 충분한 조밀도를 갖춘다.

조밀함의 차이는 때로 나무 한 그루와 인공 건축물 한 채 그리고 새 한 마리와 비행기 한 대의 차이와 맞먹는다.

최근 1, 2년간 수시로 내 머릿속을 맴돌고 거의 이번 생에서 가장 유감스러운 일로 여길 뻔한 일은 바로 이탈로 칼비노가 미처 다 못 쓰고 강연도 못 한 여섯 번째 강의록에서 한 귀퉁이의 6분의 1이, 아마도 마무리로서 마지막 결론이자 당부의 의미를 담았을 가능성이 큰 그 6분의 1이 빠진 것이었다. 이에 대해 칼비노의 부인은 우리에게 "남편은 여섯 번째 강연을 '조밀하게' 만들고 싶어서 케임브리지에 가자마자 손을 댈 계획이었어요"라고 알려주었다. 정말로 할 수만 있다면 그를 긴 잠에서 깨우거나 어떤 강령술을 통해 데려오고 싶은 심정이다. 때로 우리는 사람이 사후에도 지각이 있어서 계속 말을 하고 자기가 무엇이 됐는지 알아, 갖가지 고독감을 면할 수 있다고 믿고 싶어한다. 나는 한나 아렌트가 벤야민의 '사후 명예'를 이야기할 때도 분명 이와 비슷한 생각을 했다고 믿는다.

정말로 충분히 조밀하고 인간과 온전히 확실하게 연관된 지식은 곧 기예(기예로 형성된 것이거나 기예들이 통합, 정리된 것)이며 인간이 평생토록 가장 주요하게 매달리는 그 일은 인간이 세계를 가장 깊이 파고들 수 있는 부분이다. 얇디얇은 꺼풀의 순수 시각적 세계는 용량과 양태가 다 제한적이며 시간도 의미가 없거나 심지어 존재하지 않는 것과 같다(이른바 '영원한 현재'는 생물적인 시간 지각이거나 무지각이다). 우리가 말하는 다양화된 세계는 반드시 두께와 깊이를 갖춘 세계여야 하고 그 안의 많은 것은 심지어 인간이 발견한 것일 뿐인지, 아니면 인간이 발명한 것인지(로댕이 어떤 조각 작품을 깎아 만든 것인지, 아니면 어떤 대리석 안에서 그것을 풀어준 것인지) 정확히 설명하기 힘들다. 그리고 각 분야의 기예는 모두 독특한 경로로서 그것이 있어야만 합리적이면서도 신비한 상상력을 갖게 되며 결국 놀랍고 경외로우며 불가사의한 동시에 기원을 알 수 없는 다양한 가능성의 세계를 구성한다.

종적으로 깊이 파고드는 것은 기예 자체의 역사적 경로이자 목표다. 기예는 1대, 2대, 3대, 이렇게 개인을 초월해 천천히 수행되고 영원히 완성되지 않아도 한 개인에게 속하지는 않는다. 사람들은 자기가 (다행히) 그것에 참여하고 헌신하고 있으며 종종 그것을 사적으로 소유하거나 이용할 수도 없는 일종의 '책임'으로 느낀다. 그래서 개인에게 더 의미 있고 더 실제적인 것은 틀림없이 그 기예를 삶의 핵심이자 고정점(즉 '위치')으로 삼아 횡적으로 자신과 주변의 모든 것을 연관시켜 정리하는 일일 것이다. 그 일이 지속적으로 개인에게 작용하고 완성되면(하지만 끊임없이 중단되고 고쳐지며 미세하게 조정된다) 인간과 그가 존재하는 세계는 서로 교류하고 호응하며 친근한, 매우 생동감 있는 네트워크를 형성하고 시간도 더는 단조롭게 흐르지 않고 항상 안정적이면서도 바빠지는 동시에 여유로우면서도 자주 부족한 느낌이 든다. 보르헤스는(그리고 많은 사람은) 항상 말로 설명하기 힘든 방식으로 일할 때의 어떤 '행복'에 관해 묘사하곤 했는데, 그런 모종의 충실한 것은 보통 이른바 성취감으로 이야기되거나 이해되지만 그리 옳지 않다. 왜냐하면 그것은 결코 성과가 나타나는 마지막 순간에만 발생하지는 않기 때문이다. 그것은 더 근본적이고 더 일상적이다. 어떤 특수한 상품賞品으로 그 '위치'에 존재하지도 그 작품 속에 숨겨져 있지도 않다. 더구나 작품은 실패하거나 결점이 있거나 충분히 표현되지 못하면 오히려 고민을 유발한다(작가가 스스로에게 성실하다면). 그래서 칼비노와 보르헤스는 자신들이 한 명의 독자일 때가 작가일 때보다 훨씬 행복하다고 말한 것이다.

막스 베버의 견해를 차용해 나는 그것을 일종의 '완전한 느낌'이라고 말하곤 한다. 하루하루를 보내면서 인간과 그의 주변에 있는 모든 것은 세계와 일체에 가까운 매우 친근한 관계를 맺게 된다. 그는 심지어 그 관계가 발생하고, 확대되고, 강화되고, 조밀해져 눈앞에서 조금씩 선명해지는 것을 느낄 수 있다. 이에 대해서는 내 소설가 친구 린쥔잉林俊穎이 훨씬 더 잘 표현한 바 있다. 그는 『남에게 말할 수 없는 나의 향수我不可告人的鄉愁』라는 자신의 뛰어난 작품을 회상하는 글에서 이런 말을 했다.

오늘 나는 노래 두 곡을 적어보고 싶었다. 이 두 곡은 시간적으로 반세기나 떨어져 있다. 나는 내가 이 양자 사이에서 쇠사슬을 타며 내 글로 번역해왔다고 상상한다. 그렇게 나는 흡반이 달린 것처럼 거기에 달라붙어 있고 또 의지해왔다. 이날, 나는 얼마나 이 세계를 사랑했는지 모른다. 나는 충실히, 한마음으로 이날을 보냈다.

(린쥔잉은 사람됨이 선량해서 나처럼 수시로 이 세상과 사람들을 혐오하지는 않지만, 성격이 소심하고 차가운 편이며 혼자 살면서 외출을 꺼린다. 그나마 다행히도 우리는 둘 다 자신을 위해 어떤 삶의 위치를, 계속할 수 있는 일을 찾은 셈이다. 안 그랬으면 헨드릭 빌렘 반 룬이 『인류 이야기』라는 책에서 "아니면 당신은 심지어 그 사람들을 증오하기 시작했을

것이다'라고 쓴 것처럼 됐을 것이다.)

베버는 일찍부터 인간 지식의 완전성과, 세계에 대한 인간의 완전한 감수성의 상실에 주목했다. 인간의 지식은 양적으로는 당연히 계속 늘어나고 있지만 한편으로는 파편화되어 각 인간에게서 국부적이고 촘촘하지 못하며 서로 분리된 형태로 나타난다. 우리는 우리의 생계에 필요한 도구에 대해서도, 매일 사용하는 물건에 대해서도 아는 것이 매우 적으며 심지어 그것들에 대해 생각한 적도 없고 어떻게 생각해야 하는지도 모른다. 그래서 다소 형체를 갖춘 총체적 세계의 이미지도 수립하지 못해 일종의 피상적인 느낌만 갖고 있다. 베버는 옛날 사람들은 그러지도, 그럴 수도 없었다고 지적했다. 그들은 자신들이 가진 것들과 주변의 사람, 일, 땅, 사물을 충분하고 조밀하며 완전하게 이해해야만 했다. 특히 생존과 관계된 도구와 재료를 이해하지 못하면 아예 살아갈 수가 없었다. 그리고 그런 총체적인 이해를 갖춰야만 '하나의' 대상을 구성하고 더 나아가 그 원인과 의미를 사유(자연적으로 발생하는 사유)할 수 있었을 것이다.

세계가 이렇게 변한 것은 물론 진보이긴 하다. 인간의 생존은 훨씬 간단한 일이 되었고 인류 세계는 "백성이 날마다 뭔가를 쓰면서도 그것이 무엇인지 알지 못한다百姓日用而不知"는 노자의 말에 나날이 더 가까워졌다. 하지만 일은 항상 다 합쳐서 생각하는 것이 좋다. 우리가 습관적으로 대가라고 부르는, 다시 말해 우리가 가능하면 지불하거나 잃어버리고 싶어하지 않는 것까지 포함해서 말이다. 인류 세계의 뚜렷한 허무주의화 경향은 결코 좋은 일이 아니다. 그리고 위의 논의를 통해 보건대 절대 우연도 아닌, 하나의 역사적 대가로서 인간 지식의 완전성 상실이 낳은 결과 중 하나다. 허무주의의 한 가지 해석은 바로 인간이 의의를, 특히나 "최초에 가져본 적이 없는 의의"를 사유하지도, 포착하지도, 확인하지도, 세우지도 못하는 것이다.

# 지식의 총량과 분업만 문제가 아니다

인간 지식의 완전성과, 자신이 살아가는 세계에 대한 인간의 완전한 감수성의 상실은 "운명적으로 정해진" 일이었다고 할 수 있으며 적어도 두 가지 근본적인 문제를 안고 있다. 하나는 지식의 누적 총량의 문제이고 다른 하나는 분업의 문제다. 다만 이것들만으로는 현재 우리가 처한 곤경을 다 설명하기에 부족하다.

지식의 총량이 어느새 학습 면에서든 기억 면에서든 개인이 감당할 수 있는 한도를 넘어섰다는 것은 이미 무슨 비밀이 아니다. 우리는 모두 "그는 모든 일을 다 알고 있는 듯하다"(이 말은 옛날에는 찬사였지만 지금은 비웃을 때만 쓰이는 것 같다)라는 평가를 받는 사람에 대해 들은 적이 있을 것이다. 예를 들면 레오나르도 다빈치가 그런 사람으로 거론된다. 사실 내가 대학에 다닐 때, 그러니까 겨우 35년 전에 국학의 대가 첸무錢穆의 한 예의 바른 제자도 자기 스승에 대해 그런 말을 한 적이 있다. 나는 당시 너무 충격을 받아 그 말을 아직도 기억한다. 그는, "우리 선생님은 땅 위의 일은 모르는 게 없으시고 하늘 위의 일도 절반은 아신다"고 했다. 여기서 다빈치와 첸무 또는 다른 누가 그런 말을 들을 만한지 진지하게 논의할 필요는 없다(어떤 사람이 모든 것을 다 안다고 우리가 생각하는 것은 단지 우리가 아는 게 너무 적거나, 혹은 그가 무엇을 모르거나 잘못 알고 있는지 헤아릴 방도가 없는 경우일 때가 많다). 우리는 보르헤스가 쓴, 무척 재미난 글로 이 문제를 해결하기로 하자.

1731년 전후, 한 독일 연구자가 많은 분량의 글을 써서 어떤 문제를 논의한 적이 있다. 그것은 아담이 그 시대의 가장 훌륭한 정치가이자 심지어 가장 훌륭한 역사학자, 지리학자, 지형학자가 아니었느냐는 것이었다. 이런 웃기는 가설은 당시 천당 같았던 그 국가의 완전함의 여부를 고려해야 할 뿐만 아니라 경쟁자가 없었다는 문제도 다뤄야 한다. 아울러 세계가 시작된 그때는 어떤 학문 분야를 하든 간단하고 쉬웠다는 것도 고려해야 한다. 당시 세계사는 우주에서 한 명밖에 없는 거주민의 역사였고 그 역사는 겨우 7일이었다. 그때는 고고학자가 되기도 정말 쉬웠다.

분업은 하나의 완전한 것을, 특히 완전하고 일관된 실제 작업을 해체하고 계속 더 세분화하여 다른 이들과 더 많은 사람의 힘이 합쳐지고 발휘되기 좋게 만드는 것이다. 이것은 '자연적으로' 발생했으며 그 원천은 인간의 사유다. 인간은 세계를 인식하고 싶어하는데, 다시 말해 칼비노가 자신의 비망록에서 거듭 말한 것처럼 인간은 현기증이 날 정도로 인식의 대상을 끊임없이 더 세분화한다(확실히 칼비노는 이것이 오늘날 세계의 거대한 위협이라고 생각했다).

따라서 분업은 포드 자동차 공장의 발명품이 아니다. 인간 사유가 끊임없이 더 작은 단위로 세분화된 것이 데카르트에게서 시작되지 않은 것과 같다. 아울러 분업은 인류 세계의 구축과 보조를 맞추며 인과관계를 맺었는데, 아마도 상대적으로 좀더 일찍 발생해서 결과보다 원인의 성격이 더 클 것이다.

지식의 누적과 인식 대상의 끊임없는 세분화는 궁극적으로 말해서 인간 지식의 완전성과, 세계에 대한 인간의 감수성을 확실히 불가능한 것으로 만든다. 그런데 이에 대해 우리는 뭐라고 말해야 옳을까? 이것은 지구 최후의 날이나 인간의 죽음과 비교적 유사하다. 내 말인즉슨 결국 피할 수 없을 듯하다는 것이다. 우주는 반드시 최후의 날을 맞을 것이며(폭발하든 깊이 잠들든) 인간도 반드시 죽게 마련이다. 하지만 결코 지금은 아니다. 마지막 그날이 오기 전까지 인간에게는 그래도 일정한 시간과 공간이 있으며 할 수 있는 일도 있다. 그런데 순식간에 말소되는 사태를 앞에 두고서 그게 의미가 있을까? 사람이 뭔가를 더 하는 것이 가치가 있을까? 이것은 각자 스스로에게 답해야 하는, 남에게 미룰 수 없는 문제이지만 그래도 다른 사람이 어떻게 말하고 생각했는지 묻고 귀기울여볼 수는 있다. 예컨대 꼬박 한 세기를 살다 간 인류학자 레비스트로스는, "인간은 살고, 일하고, 생각하고, 또 자기가 영원히 이 세상에서 살지 못한다는 것을, 어느 날 이 지구가 더 존재하지 않게 되어 인류가 만든 모든 것도 남지 못한다는 것을 용감하게 직시해야 한다'고 말했다.

여기서 우리는 최후의 파국은 차치하고 현실이 어떻게 될 것인지 실제적으로 살펴보기로 하자.

지식 총량의 누적은 점차 인간이 "총체적인 현상을 다 아우르는 해석을 찾는 것을" 갈수록 더 어렵게 만들고 있다. 그러나 현실 세계에서 이 고통은 결코 일반인에게서 일어나지는 않는다. 일반인은 단지 "간접적으로 고통을 받는다"고 할 수 있으며 그 괴로움은 대체로 안심하고 따를 수 있고 평생 보장도 되는 답을 찾기가 어렵다는 데 그친다. 우리에게는 의지할 수 있는 유일신도, 선지자나 그의 명령도 없다.

정말로 고통받는 사람은 최고 수준의 지식과 기예에 이른 소수뿐이다. 그들은 아침저녁으로 가난에 시달리고 궁극적인 허무를 대면해야만 한다. 이에 대해 칼비노는 더는 상상할 수 없을 정도로 훌륭한 설명을 내놓았다. 그는, "극에 달한 '해박함'과 같은 의미에서 그것은 일종의 영롱하고 명철한 허무이거나, 혹은 허무에 더할 나위 없이 투명하고 세밀한 양식을 부여한다. 인간이 가진 인식의 빛은 곧 종점에 이르게 되어 피곤하고 더 통찰할 힘이 없어 멈춰서 천천히 꺼져가는 그 시점에 오히려 비범하고, 아름답고, 광활하고 더군다나 평온해진다"고 말했다. 그런 까닭에 소설의 세계에서 플로베르의 『부바르와 페퀴셰』라는 불가사의한 작품이 쓰일 수 있었고 얼마 후에는 조이스의 『율리시스』와 프루스트의 『잃어버린 시간을 찾아서』가 나왔다. 물론 자신의 지식과 기억에 눌려 무너지는 이가 등장하는, 보르헤스의 『셰익스피어의 기억』도 빼놓을 수 없다. 칼비노는 무려 수십 년간 인간의 이런 상황을 의식하고 있었으며 또 『보이지 않는 도시들』『교차된 운명의 성』『어느 겨울밤 한 여행자가』부터 마치 최후의 그날이 이미 닥친 듯한 작품인 『팔로마르』에 이르기까지 자신의 소설을 통해 그 상황을 거듭 비판하고 사유를 진행했다. 한편 쿤데라도 비슷한 문제의식을 갖고 펠리니가 만년에 찍은 두 영화, 「진저와 프레드」「그리고 배는 항해한다」를 보았다. 그가 보기에 이 영화들은 펠리니의 익히 알려진, 경탄스러울 정도로 화려한 상상력만으로는 충분히 설명할 방도가 없었다. 예전 스타일에 두 가지 비범한 석양빛이 더해진 것 같았다. 그중 하나는 펠리니의 기울어가는 삶의 석양빛이었고 다른 하나는 영화라는 창작 양식과 창작 기법의 석양빛이었다. 이 두 가지 빛이 함께 멋대로 교차하며 흩뿌려졌다.

레비스트로스도 "인간이 모든 것을 아는" 그런 시대는 사라졌다는 것을, 혹은 애초부터 인간은 그런 적이 없다는 것을 확인한 바 있다.


19세기의 몇몇 지식인은 볼테르 시대에 시작된 전통 속에서 여전히 살고 있었다. 빅토르 위고는 자기 시대의 모든 문제에 대해 스스로 판단을 내리는 게 가능하다고 믿을 수 있었다. 하지만 나는 더 이상 그것이 가능하다고 생각하지 않는다. 이 세계는 너무나 복잡하게 변했고 문제마다 고려해야 하는 변화의 요소도 정말로 너무나 많아서 한 사람은 어떤 한 가지 문제에서만 전문적인 인재가 될 수 있다. 예컨대 아롱이 바로 그렇다. 그는 현대 사회 연구에 정력을 집중하는 것을 택했고 그것은 합법적인 선택이다. 하지만 동시에 그가 하는 일을 하면서 내 일을 하는 것은 불가능해졌다. 우리는 이런 선택을 해야만 한다.

근본적으로 말한다면 사실 인간이 정말로 모든 것을 알고 모든 지식을 가졌던 적은 여태껏 없었다. 따라서 우리가 말하는, 지식에 대한 완전한 이해와 세계에 대한 인간의 완전한 감수성 역시 마찬가지이며 적어도 소크라테스가 말한, 무지라는 빛나는 허무의 단어까지 거슬러 올라갈 수 있다. 진실을 얘기한다면 지식 축적의 길은 본래 분업에 의해 닦였고 이른바 완전하다는 것은 결함이 전혀 없다는 것이 아니라 정반대로 선택과 강조에서 비롯되었다. 인간은 유한한 지식을 수직 방향으로 연결해 조직, 구축하고 그 안에 내재된 '일관성'을 찾아내 이로부터 하나의 안정된 위치를, 즉 하나의 기지 같고 자석 같은 인식의 핵심을 얻었다. 그리고 계속 세계의 변화를 따라가고, 대화하고, 새로운 지식을 흡수, 창조해내는 동시에 세계에 대한 해석과 예언을 제시하려 시도했다. 그런데 지식의 총량이 어떤 임계점을 넘어섰음을 인간이 다시금 인식한 뒤로는 인간의 마지막 이상이, 즉 플라톤식으로 각각의 영역과 각각의 기예가 끝에서는 하나로 합쳐진다는 오랜 희망이 좌절되고 또 좌절되었다. 그 결과, 각각의 영역과 각각의 기예는 날이 갈수록 외딴섬처럼 멀어져서 상호 대화를 위한 언어도 찾을 수 없게 되었다. 예를 들어 물리학은 양자역학의 단계에 도달했지만 더는 방정식을 일반 언어로 '환원'해 묘사하고 설명할 방도가 없다. 다시 말해 물리학은 과거와 마찬가지로 여전히 우주 전체를 앞에 두고 있지만 더는 새로운 지식의 성과를 일반인의 세계로 가져오지 못하게 된 것이다. 위대한 물리학자 막스 플랑크는 이 때문에 실망하고, 우울해하고, 저항하고, 슬퍼했다.

현실에서 분업의 진행 상태는 대체로 다음과 같다. 분업의 해체 효과에 관해 레비스트로스의 말을 빌린다면, "언제 어떤 포인트에서 멈출지 아는 것이 똑똑한 것이다". 다시 말해 해체는 그 자체의 '최적성'을 갖고 있다. 해체는 균일하지도, 일치하지도, 쉬지 않고 곧장 진행되지도 않는다. 따라서 실제 상황은 '본래' 매우 복잡해 영역과 업종마다 들쭉날쭉한데, 예컨대 성 한 채를 짓는 것과 시 한 편을 쓰는 것의 분업의 최적성이 같지 않아서 그렇다. 그리고 심지어 같은 영역, 같은 업종에서도 들쭉날쭉한 것은 최적성이 항상 모색되고 시도되기 때문이다. 내가 비교적 잘 아는 글쓰기 영역에서 특히나 문학적 글쓰기는 분업이 어려워 조수, 비서 혹은 제자조차 쓸 수 없다(쓸 돈이 없기 때문만이 아니다). 그래서 마르케스는 이것이 '전 세계에서 가장 고독한 업종'으로 학술 연구보다 주위에 사람이 더 없다고 말했다. 또 그가 쓴 비유는 외로운 한 사람의 섬 정도가 아니었다. 해난 사고를 만났을 때 작가는 격렬하게 혼자 큰 파도와 싸워야 하며 아무도 그를 구해줄 수 없다고 했다.

그러면 억지로 해체할 수는 있을까? 당연히 그럴 수 있으며 실제로 그랬고 지금도 그러고 있다. 대중문학과 장르문학의 글쓰기가 그 예인데, 특히 할리우드가 대거 그 영역에 침투한 후로 글쓰기는 갈수록 분업과 조합의 작업처럼 돼버렸다(사실 대중문학은 본래 한 사람이 완성한 것이어도 실제로는 분업과 조합의 결과인 듯한 경우가 많았다. 따라서 이것은 단지 순조롭게 '실현'의 방식을 찾은 것일 따름이다). 이것은 사실 오늘날에 시작된 게 아니며 과거에 가장 유명했던 예는 바로 알렉상드르 뒤마다. 이 사람의 '사유'는 대단히 '현대적'이었지만 안타깝게도 광야의 선지자처럼 좋은 때를 못 만났다. 그는 소설가라기보다는 회사의 책임자 겸 공장 조립 라인의 반장 같아서 여러 사람의 힘을 그러모아 엄청난 효율성으로 수백 권의 작품을 '생산'했고 어느 정도 돈도 벌었을 것이다. 다만 『몬테크리스토 백작』을 제외하고는 사람들에게 거의 다 잊히고 말았는데, 쿤데라는 그 책들이 확실히 "사람들에게 잊힐 만했다"고 말했다.

지금 돌아보면 뒤마의 글쓰기 해체는 예언과도 같았다. 분업은 최적성을 갖지만 최적성은 변동 가능하며 인간이 무엇을 믿고 무엇을 생각할 수 있는지 가늠한다. 그리고 긴장을 이루는 양극단은 줄곧 가장 완벽에 가까운 책을 쓰는 데 주력할 것인지, 아니면 최대의 경제 효과를 거두는 것을 목표로 할 것인지였다. 다시 말하면 100점에 가까운 작품 1권을 완성할 것인지, 아니면 100권의 60점짜리 작품들을 생산함으로써 도합 6000점의, 수치상으로 60배에 달하는 효율을 거둘 것인지였다.

따라서 마르크스의 한 가지 예견은 정확하면서도 대단했다. 그는 분업의 결과로 기술의 경향이 전면 폐기될 것이라고 지적했다. 부가 통치하는 근대 세계에서 완전하고 일관된 기술은 '동작'으로 해체되었다. 각각의 전문적인 조작자는 단지 약간의 기술만 있으면 된다. 그래서 과거에는 무경험자와 초심자나 담당했던 일이 지금은 다 평생의 직업으로 굳어졌다.

그래서 우리는 분업이 '본래' 복잡하고 개별적이라고 말하면서 이 본래에 따옴표를 붙인다. 한편, 여기서 조금 수정하자면 각각의 영역과 각각의 기예에 정말로 공통의 언어가 전혀 없는 것은 아니다. 화폐가 바로 가장 간단한 공통의 언어로서 마치 흐르는 물처럼 별다른 제지 없이 각각의 영역과 각각의 기예 안으로 흘러들어 간다. 그리고 부가 작용하는 힘이 1퍼센트 올라갈 때마다 각각의 영역과 각각의 기예의 개별성, 차이성, 복잡성은 1퍼센트 떨어진다. 이것이 오늘날 세계의 상태이자 상식이다.

나는 어떤 영역과 어떤 기예만 단독으로 인류 역사상 가장 강대하고 통일된 이 해체의 힘에 직면해 있다고 생각하지는 않는다.

지금 우리가 몇 가지 개별적인 영역(예를 들면 문학)의 상황에 놀라고 집중하기 쉬운 것은 단지 우리가 오랫동안 그 영역들이 '질'적이어야 하며 효율과 수량을 추구하면 안 되는 특수한 업종이라고 인정해왔기 때문이다. 부의 힘에 의한 해체는 전면적이다. 그래서 기본 양상을, 개체로서의 인간과 부의 힘 간의 일대일 대결로서 마치 특정 영역 내에서의 어떤 도덕적 결단이나 정의와 이익, 돈과 영혼 사이에서의 선택에 그치는 것처럼 봐서는 안 된다. 비교적 타당한 기본 양상은, 모든 영역과 각 기예 자체의 등급이 점차 와해되어 단일한 부의 세계의 구조에 '녹아들고' 부문별로 나뉘어 있던 사람들이 일방향적이고 일치화된 이른바 '경제인'이 되는 것이다. 한번 시험해보길 바란다. 어떻게 한 원자와 세계 전체가 대치하는 양상을 그리거나 그저 상상이라도 할 수 있단 말인가?

개인의 도덕적 결단에 호소하는 것은 정말 부득이한 것이며 흡사 사마귀가 팔을 치켜들고 수레를 막아서는 것에 해당된다. 그런 사나운 사마귀를 몇 마리 남겨둔다면 그것은 그저 '샘플'로나 의미가 있을 것이며 그래도 인류 세계가 아직 최후의 결정은 안 내린 셈이 될 것이다.

이번에는 현재 타이완의 두 유명 감독의 분업 관련 에피소드를 차례로 이야기해보겠다. 먼저 시간상 얼마 안 된 것이 리안李安 감독의 이야기인데, 타이난臺南시는 이 뛰어난 그 지역 출신자를 귀향시켜 영화를 찍게 하고 싶어했다. 이른바 도시 마케팅이기도 해서 원하는 대로 기꺼이 그 오래된 도시의 역사 자료를 제공해주겠다고 했다. 하지만 리안은 그것이 곤란한 일이라고 생각했다. 그는 할리우드의 분업식 업무 프로세스에 길들여져 있었기 때문이다. 그 프로세스에 의하면 누가 책임지고 먼저 그 방대한 기초 자료를 읽고 정리한 뒤, 대략의 제목을 뽑고 시나리오의 초고 단계까지 접어들어야 비로소 감독이 들어와 할지 안 할지 결정하게 돼 있었다. 이어서 허우샤오시엔 감독은, 군웅이 할거하던 당나라 말기를 배경으로 하는 「자객 섭은낭刺客聶隱娘」을 기획하면서 곧장 방대한 당나라 역사를 파고들었다. 그리고 마치 노련한 석수와 목수가 석재와 목재를 찾고 일일이 만져보듯이 일을 시작해, 소로가 『월든』에서 얘기한 "완벽하고 아름다운 지팡이를 만드는" 그 인도 우화처럼 긴 시간을 흘려보냈다. 그래서 "10년에 검 한 자루를 벼린다"는 오래된 속담과 그 오래된 작업 방식을 다시 떠올려 거론하는 것에는 찬사의 뜻도 있지만 당연히 걱정과 조소도 담겨 있다.

# 아마추어화되는 세계

'잃어버린 기예'를 현실적으로 말한다면 우리가 끊임없이 아마추어화되는 세계에 처해 있다는 것이다. 어느 영역이든 이런 경향의 위협에 부딪힌 채 문을 닫아걸기나 했으면 그나마 다행이며 그러고도 시간이 갈수록 대문 밖으로 한 걸음도 못 나가고 있다. 과거에 우리는 어떤 기본 모델을 거의 불변의 진리처럼 믿었다. 즉, 전문가의 작은 세계는 하나하나가 작은 연구실과 같고 거기서 나온 성과를 일반 대중의 세계에 전달한다는 것이다(물론 일부만 그럴 뿐 전부는 아니다). 이로부터 우리는 인간의 소질이 부단히 높아지므로 지금 아직 할 수 없고, 할 줄 모르는 많은 것은 단지 시간이 필요할 뿐이며 인류 세계의 발전 궤적도 결국 나선형으로 상승할 것이라고 합리적으로 생각했다. 한마디로 인류 자신의 미래에 대해 근본적인 안정감과 신뢰감을 갖고 있었던 셈이다. 그런데 오늘날 그 전달하는 길은 이미 막혀서 통하지 않는 현상을 곳곳에서 보이고 있다. 이것은 통행량이 적어서 생긴 문제다. 루쉰은 말하길, 세상에는 본래 길이 없었는데 사람들이 다니면서 길이 생겼다고 했지만, 거꾸로 사람들이 다니면서 생긴 길이 사람들이 안 다니면서 다시 없어지기도 한다.

바로 이 때문에 나는, 지식의 성과를 전달한 사람들에 대해 줄 곧 일종의 경의와 뭔가를 빚졌다는 느낌을 갖고 있다. 사실 내 인생의 명단에 첫 번째로 적혀 있는 이름은 바로 대중 역사가 헨드릭 빌렘 반 룬이다(소설가 아청은 자기도 그렇다고 했다). 그들은 흔히 세계를 깊이 파고드는 자유를 포기해야 했다. 플라톤의 유명한 동굴의 비유에서 그 자유에 관해 묘사한 적이 있는데, 마치 애써 쇠사슬을 끊고 어두운 동굴을 떠나는 것과 같다고 했다. 이것은 플라톤 자신이 직접 경험한 느낌이었을 가능성이 크다. 눈앞의 짙은 안개가 걷히고 실이 풀리며 고치가 벗겨지듯 천천히 더 많은 사물의 진상과 세계의 진상이 확연히 보이는 것은 확실히 매력적이고 실제적이며 거의 행복하기까지 하다. 레몽 아롱을 예로 들면 누군가 "사회 현실에 덜 관여했다면 아롱은 제2의 몽테스키외가 될 수 있었다"고 개탄한 것을 나는 매우 공정하다고 생각한다. 하지만 아롱은 오래전의 전달자 볼테르와는 크게 다른 시대에 살았다. 지금 그 인적 없는 길에는 갖가지 위험이 도사리고 있으며 게다가 '존경'이 없어지고 '존중'만이 겨우 남아 있다. 세밀하게 이치를 논의해 불편한 진실을 드러내거나 툭하면 인간을 생물성에 빠뜨리는 격정에 대해 찬물을 끼얹으면 결코 "환영받지 못한다"(이것은 이미 되도록 점잔을 빼는 표현이 되었다. 일반 대중의 가장 편한 반응은 악의적으로 "무슨 소리야?"라고 고함을 지르는 것이다). "아롱은 우리 편이 아니다" "사르트르와 함께 틀릴지언정 아롱과 함께 맞지는 않다" 같은, 프랑스 68운동 당시 젊은이들의 명언은 정말 생동감이 넘쳤다. 하지만 같은 시기, 전문가의 작은 세계에 있던 이들은 그것에 대해 자주 완곡한 비판을 가하곤 했다. 실제로 불가피하게 다소 단순화하고, 빠뜨리고, 정확성과 깊이를 희생시키곤 했기 때문에 실수와 허점을 꼬집기가 어렵지 않았다. 사실 그런 비판은 벤야민조차 피할 수 없었으며 더군다나 『샤를 보들레르: 자본주의 전성기 시대의 한 시인』이라는 그의 가장 아름답고 조밀한 책에서 그런 일이 일어났다. 우리가 오늘날 읽는 이 책은 프랑크푸르트학파가 퇴짜를 놓은 판본이다. 너무 감성적인 자료이고 이론의 구축이 너무 적다는 게 그 이유였다. 벤야민은 어쩔 수 없이 고통스럽게 '촌스럽지만' 규격에 맞는 서술 방식으로 다시 써야만 했다고 말했다(하지만 시간이 남긴 것은 퇴짜를 맞은 원래 판본이다).

현재 중화권의 양자오나 량원다오 같은 전달자의 상황도 이와 유사하다. 예를 들어 량원다오는 홍콩을 열렬히 사랑하고 타이완도 좋아하지만(그는 타이완에서 중, 고등학교를 다니며 성장기를 보냈다) 중국(현재 부상 중이며 어쨌든 우리가 좀더 옳은 길을 가길 바라는 대국이다)에 관심이 더 많아서, 오늘날 홍콩에서 '중국의 스파이' 취급을 받을 수 있고 타이완에서도 단지 현재 타이완의 독서 현상에 대해 직설적으로 우려한 탓에 "중국의 대변인은 꺼져라"라는 소리를 듣곤 하며 중국에서는 당연히 계속 민감한 요주의 인물로 간주되어 일거수일투족을 감시받아왔다. 세 지역에서 다 안 받아주는 느낌이라 나는 언젠가 그에게 지도를 펴놓고 중학교 때 삼각형의 중심과 무게중심과 내심 따위를 찾았던 것처럼 자신에게 가장 적합한 거주지를 잘 찾아보라고 했다. 보아하니 그곳은 타이완 해협의 한가운데쯤 어떤 곳이었다. 바다에 뗏목을 타고 떠 있을 수밖에 없었다.

아마추어화는 전문성을 황폐화시킨다. 더 전문적이고 어려운 문제를 이야기할 때도 준비가 필요 없고 문턱도 없다는 것, 이것은 무엇과 같을까? 마치 투표처럼 한 표 한 표의 가치가 다 똑같아서 내용 없이 총투표수만 계산해도 되는 것(기술적으로는 이미 대단히 쉽다. 심지어 팬 숫자나 좋아요 개수를 셀 때처럼 컴퓨터가 알아서 계산을 처리해준다)과 같다. 그리고 이것의 근저에는 지극히 영예롭고 반대할 수 있는 사람이 거의 전무한 핵심 가치가 있으니, 그것은 바로 보편 평등의 원칙으로 우리 시대에 이미 가장 거대하게 성장한 것 중 하나다. 토크빌은 200년 전에 벌써 이를 간파하고 "저지할 수 없다"고 말했다. 이 말은 당시에 벌써 왕성하게 전개되고 있던(먼저 유럽 대륙에서, 그다음에는 미국에서) 그 힘이 미래의 역사에서 어떤 궤적을 그릴지 예견했다. 신중하고 정밀한 성격과 관찰 방식의 소유자였던 토크빌로서도 마음을 놓을 수 없을 정도였던 것이다(토크빌은 언젠가 "자유보다 평등을 더 사랑한 것이 프랑스의 큰 불행이다"라고 말한 바 있다). 저지할 수 없다는 것을 오늘날 레비스트로스의 말을 변조해 말한다면, 어느 상태에서 또 다른 상태로 진입하는 것이 운명적으로 정해져 있지만 언제 어떤 포인트에서 멈춰야 할지 '똑똑하게' 알 수가 없다는 것이다.

하지만 아마추어화의 세계는 정말로 어떤 완전히 황폐화된 세계에, 예를 들면 모종의 무정부 상태(솔직히 이것은 나 개인의 궁극적인 꿈으로서 보르헤스가, "국가라는 것은 틀림없이 사라질 것이다"라고 믿고 기대했던 것과 같은 선상에 있다. 하지만 내가 이에 대해 회의적인 것은, 이미 인류 세계가 그렇게 될 가능성이 더 이상 없기 때문이며 그 이유는 헤아릴 수 없이 많다. 그중 가장 주된 것은 이미 엄연한 사실이 된 전 지구의 총인구수다. 좁은 지구에서 이렇게나 많은 사람을 먹여 살리려면 세계는 반드시 고도로 조직화돼 있어야 한다. 어느 생물학자가 매우 정확한 수치를 제시한 적이 있는데, 종들의 자연 생태의 균형을 고려해 계산할 때 허용될 수 있는 인류의 총인구수는 600만 명이라고 한다. 현존 인류의 1000명 중 1명만 살 수 있다고 생각하면 꽤 실감이 난다)에 이르지 않는 것이 그나마 낫다. 완전히 황폐화된 세계는, 우선 말하자면 그 종점이 제로일 리 없고 하나다. 이것은 또 하나의, 현실의 역사적 통칙이다. 하나만 남으면 그것이 전체를 점령하며 나뉘어 존재하는, 전문적인 작은 세계들을 흡수한다. 단지 그것을 저지할 수 있는, 의미 있고 어느 정도 대항할 만한 규모를 갖춘 또다른 힘이 더는 존재하지 않기 때문이다. 따라서 만약 우리가 순조롭게 흘러가는 마지막 세계의 이미지를 상상할 필요가 있다고 느낀다면(혹은 이해하거나, 추론하거나, 비교하거나, 반성할 필요가 생각한다면)

그것은 다음과 같은 대단히 괴이한 모습일 것이다. 바로 광활한 사막에 한 줄기 연기가 곧게 피어오르는 평탄하고 불모이거나, 혹은 어디나 다 한 덩어리처럼 똑같은 대지와, 귀신처럼 우뚝 솟은 거대한 계급 체계다(하지만 『1984』에서 조지 오웰이 민숭민숭하게 묘사한 그런 종류는 아니다. 그 실질적인 내용과 디테일은 상대적으로 또 다른 책, 『멋진 신세계』에 더 가까울 것이다).

만약 최후의 승자가 있다면(이런 생각을 하는 것은 당연히 고의로 겁을 주기 위해서가 아니다. 단지 경각심을 주기 위해서다) 그것은 아마도 부일 수밖에 없다. 부를 핵심으로 삼아 편성된 단일한 계급 체계, 오로지 이것만이 전 지구적이고 경계가 없으며 또 인류의 공약수다.

# 국가를 중간 층위로 보려는 시험

첸융샹은 분명 국가라는 이 희한한 존재가 어떤 것인지 타이완에서 가장 잘 알고 있는 사람이다(아니면 그런 사람 중 한 명이라고 해야 할까). 그것이 이미 낳았고 앞으로 낳을 수 있는 모든 위험과 죄, 능력, 제한까지 훤히 꿰뚫고 있다. 한번은 누가 궁금해서 그에게 왜 계속 그렇게 정치에 관심을 갖고 또 국가라는 것에 대해 아직 희망을 거는지 물었다. 내 기억에(기억과 관련한 발언의 책임은 당연히 내게 있다) 그는 "오늘날 정치 외에 충분하면서도 총체적인 소환과 동원의 힘이 또 있습니까?"라고 답했던 것 같다. 그는 역시 더 강대하고 더 저항할 필요가 있는 또 하나의 어떤 것을 의식하고 있었다.

확실히 개인이 완수할 수 없는 일이 너무나 많기는 하다. 심지어 가장 개인적인, 한 사람이 지향하는 사업(예를 들면 문학서 집필이나 가치에 대한 개인적 신념에 관한 지속적인 사유)일지라도 결국에는 역시 집단적이어야 한다. 집단에 미치고 집단에 의해 공유되어야만 '실현'됐다고 할 수 있다. 개인은 '남겨두거나' '기다려야' 한다고 말할 수밖에 없다. 사마천이 혼자서 완성한 『사기』를 명산에 숨기고 벤야민이 사후 여러 해가 지나서야 명예를 얻은 것처럼 말이다. 그런데 문제는 오늘날 우리도 옛날처럼 그렇게 미래를 기약할 수 있느냐이다. 미래는 당연히 뜬금없이 생길 리 없다. 마치 함수처럼 현재에 제한을 받는다. 우리는 우리가 바라는 미래를 현재에 잉태시켜놓아야 한다. 미래를 위해 지금 몇 가지 최소한의 일을 해놓고 소멸을 버티기에 충분한 최소한의 이해와 도움과 가능성을 남겨두어야 한다(생전에 고독했던 벤야민도 충성스러운 몇몇 친구와 세계의 어떤 미묘하고 뭐라 표현하기 힘든 '선의'를 갖고 있었다. 생물학자들은 우리에게 어떤 통칙을 알려주는데, 어떤 종이 일정 수량 이하로 줄었을 때 소멸의 일방향적 기제에 시동이 걸린다고 한다). 안 그러면 훗날까지 기다릴 만한 것이 생길 리 없다. 한나 아렌트는 코웃음 쳤지만 이미 사치스러운 것으로 변한 '사후 명예'도 마찬가지다. 보르헤스가 이야기한 것처럼 어떤 사람의 꿈에 그칠 것이다.

이에 지금 시점에서 국가의 존폐에 관하여 방식을 바꿔 생각해보기로 하자. 우리는 이 국가라는 것을 어떤 '중간 층위'로 보기 시작해야 하지 않을까? 이것은 현재의 기본 사실에 부합하기도 한다. 국가가 더는 최고이자 최후의 주권 단위가 아니게 된 지 꽤 오랜 역사적 시간이 지나서 이제는 국가를 악의 궁극적인 근원이라고 말할 수도 없다. 지금은 전 지구적으로 단일한 부의 기제와 부단히 황폐화되는 세계 사이에 끼어 있는 것이 국가의 새로운 위치인 동시에 지금 예견되는 가까운 미래상이다. 우리는 궁극적이고, 단일하고, 거대한 핵심과 사유와 행동이 불일치하는 중간 층위를 남겨놓는 게 필요한 데다 건전한 일이라고 이야기한다. 심지어 그래야만 민주적으로 '옳고' 충분히 튼튼한 양식이 구성된다고도 말한다. 그리고 지난 몇 세기에 걸친 역사의 실전 경험이 확인시켜준 다음의 사실은 이제 상식이 되었다. 그것은 바로 투표만으로 주인이 되는 것은 환각이라는 사실이다. 개인의 권리를 엄숙한 선언서에 적어넣고 나아가 법률에까지 적어넣어도 그것 역시 틀에 불과하며 조밀도가 적은 데다 보장을 못 받는다. 현실에서 하루 24시간, 도둑처럼 시시때때로 침투하고 침범해오는 힘을 막기에는 역부족이다. 민주주의는 보편적 평등이라는 대원칙의 침식 작용 하에서도 지혜롭게 방법을 마련해 개개의 중간 층위를 보존해야만 그것들이 또 개개의 실질적인 방벽이 되어 인간의 마지막 '자주적 공간'(존 스튜어트 밀과 이사야 벌린)과 '사적인 공간'(벤야민)을 격리하고 지켜낼 수 있다.

바로 얼마 전에 생긴 일 중에 복잡하지만 무척 흥미로운 현실적 예가 있다. 유럽연합이 네덜란드와 룩셈부르크의 어떤 기업 특혜 세법이 합법적이지 않다고 판결하고 스타벅스와 피아트 크라이슬러 자동차에 거액의 세금을 요구했다. 스타벅스, 그 망할 다국적 커피 프랜차이즈는 작년(2014) 그 지역에서 십 몇 억 유로의 순익을 거뒀는데도 고작 60만 유로의 세금만 납부했다. 계산해보면 세율이 0.1퍼센트에도 훨씬 못 미친다. 그렇다. 이런 실질 세율이 본래 합법적이었던 것이다.

우리는 오늘날 국가가 단독으로 세율을 결정하는 것이 갈수록 어려워지고 세율이 하향 추세라는 것을 알고 있다. 명백히 국가는 점점 더 기업과 부자로부터 돈을 얻기가 어려워지고 있다. 과거에는 그 원인이 관세 하락에 집중되어 있었으며 이는 그나마 수정이 가능한 것으로서 국가에 대한 사람들의 장기적인 대항 행위에 속했다. 또 그 대항의 이유는 경제학이 진리로 떠받드는, 이른바 자유무역과 공정 경쟁으로 여겨졌다. 국가가 관세 장벽으로 무역을 방해하고 자국 기업을 보호하는 것은 금물이었다. 그러나 최근에 국가가 기업과 부자에게서 돈을 얻기 어려운 것은 단지 기업이 강대해지고 전 지구적인 활동 양상을 보이기 때문이다. 국가는 상대적으로 힘이 못 미쳐 번번이 실패하고 있다.

실제적이며 우리에게 익숙한 사례를 들어 논의해보기로 하자. 최근 몇 년 사이 타이완에서는 계속 증세 이야기가 있었는데(사실 대부분의 경우는 단지 잠정적인 특혜 조례의 만기와 중지에 관한 것이었다) 그때마다 바로 반박하기 힘든 목소리가 흘러나왔다. 증세를 하면 기업을 다른 나라로 쫓아보내는 꼴이 돼 거꾸로 세수가 줄어든다는 것이었다(당연히 과장된 공갈 협박으로 공급자 측의 선전일 뿐이다). 우리는 오랫동안 해운 같은 분야의 일부 특수한 기업들이 대부분 아프리카 라이베리아의 국기를 걸어왔고 지금은 케이맨 제도와 벨리즈에서 등록한 회사들이 거리에 가득하다는 것을 알고 있다. 심지어 나라 밖으로는 한 발짝도 못 나가는 작은 출판사들도 거기에 속한다(나는 편집자로서 십 수 년간 케이맨 외국계 기업의 피고용인이었던 셈이다). 그래서 오바마가 전 지구적으로 세금 추징 활동을 벌이고 있긴 하지만 아마 별다른 성과를 거두지 못할 것이다. 하지만 이런 활동도 미국, 중국 같은 시장 규모를 가진 국가나 시도할 수 있는 것이지 타이완은 감히 엄두도 내지 못한다.

조금 미묘한 것은 그 유럽연합이라는 것을 어떻게 이해하고 포지셔닝해야 하는가이다. 그것은 국가인 셈인가, 아니면 초국가적인 '조직'인가? 우리는 그것의 근본으로 돌아가 기본적인 위치와 그것이 상대적으로 무엇에 대항하는지 살펴봐야 한다. 과거의 IMF 같은 국제 조직과 달리 유럽연합이 대항하는 것은 국가가 아니라 초국가적 기업과 부의 세력인 게 분명하다. 공정성에 대한 그것의 사유도 기업의 폐쇄적이고 공리적 효과를 노리는 공정성이 아니라 누구나 알고 느끼는 일반적 경향의 공정성을 지향한다. 여기서 나 자신은, 유럽연합의 한 차원 더 깊은 의미는 곧 국가이며 네덜란드, 룩셈부르크 같은 소국들이 전 지구적 부의 세력으로 하여금 자신들의 기본 직무를 마음대로 쥐락펴락하게 할 때, 본래 국가가 사유해야 하는 일을 대신 사유하고 또 국가가 수행해야 하는 일을 대신 수행한다고 생각한다.

국가가 부의 힘에 대항하는 인간의 믿을 만한 동맹일 리는 없다. 대부분의 경우, 국가가 부의 힘에 굴종하고 심지어 공모한다는 것을 우리는 마음속으로 잘 알고 있다. 그러나 국가는 기업과는 다르다. 국가는 모든 개인을 상대하지, 단지 고객만을 상대하지는 않는다. 이는 보편적인 도덕적 사유가 국가 성립에 필요한 구성 요소이기 때문이다. 우리는 잠시도 국가를 동맹으로 끌어들이려 노력할 필요가 없으며 단지 그것을 국가에 요구해야 한다. 그것은 정당하면서도 어느 정도 효과적인 방법이다.

그 후로 며칠 안 돼, 유럽연합은 또 개별 국가의 법정 판결을 뒤집고 인간성에 대한 세기의 역병 같은 그 망할 페이스북의 비고객 감시 행위를 불법으로 판정했다. 이것은 더더욱 본래 국가가 우리를 지켜주기 위해 해야 할 일이었다.

# 편집자와 독자의 위치에서 보면

인류학자의 지극히 자연스러운 우위에 힘입어 레비스트로스는 우리가 볼 수 없는 인류의 다양성을 똑똑히 볼 수 있었다. 그것은 예컨대 결혼의 법칙과 가족 및 친족의 구조, 인간이 분쟁을 해결하는 방법, 인간이 하루하루를 계획하는 습성 그리고 인간이 자신과 미지의 세계를 예측하고 설명하는 방식 등이었다.

나는 나 역시 그에게 필적할 만한 자격이 있다는 생각이 든다. 나는 한 명의 출판사 편집자이자 독자가 아닌가? 인류학계에서 레비스트로스는 본래 현장 조사는 거의 안 하고 책만 많이 읽는다고 완곡한 비판을 받은 것으로 유명하다.

책은 확실히 인류학자의 직접적인 경험, 특히 조밀한 감성적 경험에 못 미치는 부분이 있기는 하다. 눈으로 본 것이라고 해서 꼭 믿을 만하지는 않지만 두 눈을 압도하는, 대체하기 힘든 현실감은 역시 마음을 사로잡는다. 그러나 책도 상대적으로 강점이 많다. 책은 필연적으로 더 전면적이고 더 근본적이다. 예를 들면 인류학자가 신경을 덜 쓰는 우리 사회의 심층적인 부분을 조명하는 것도 그렇고, 더 오래되고 이미 실존하지 않는 각 인류 사회에 관한 내용을 담고 있는 것도 그렇다. 책은 인류학자를 번번이 좌절시킨 시간의 문제를 극복했다. 또 공간적으로도 인류학과 인류학의 성과를 담아 도서의 형태로 나타내고 전달한다.

아마추어화되는 세계를 앞에 두고서 책에 관한 어떤 낙관적인 현상도 이야기해보기로 하자. 사실 낙관적인 이들은 항상 이런 주장을 하곤 한다. 사태의 진행은 항상 과열되기 마련이지만 사태가 지나치게 극단적인 상태에 계속 머물 리는 없다고, 결국에는 시계추처럼 알아서 제자리로 돌아오게 돼 있다고 말이다. 내 출판 업무와 독서 경험을 돌아보면 이 주장이 사실이라는 것이 증명된다. 출판계라는 이 작은 세계에서 항상 일정한 간격을 두고 고전 다시 읽기나 인류의 소중한 사유의 성과로 되돌아가자는 풍조(풍조라는 말이 조금 과장인 것 같기는 하지만)가 되풀이되는 것이 그 예다. 마음속에 불안으로 인한 부정적인 에너지가 계속 쌓이면 사람은 결국 나태와 시간 낭비가 방법은 아니라는 것을 깨닫고 마치 속죄하듯 힘을 내게 마련이다. 그래서 울적해 있던 편집자들은 서랍 깊숙한 곳에 넣어두었던 책 목록을 꺼내 시장에 두꺼운 책들을 줄줄이 내놓고 이어서 관련 이벤트와 인물들 그리고 이를 악물고 책을 읽는 독자들이 출현한다. 일종의 문예부흥이라고나 할까?

하지만 마치 쌍둥이별처럼 또 다른 현상이 뒤따르는 것도 사실이다. 나는 몇 년간 비교를 해서 주변 편집자 친구들에게 계속 알려주곤 하는데, 고전 다시 읽기의 풍부한 책 목록이 매번 지난번보다 감소하고 있다. 시간의 자연스러운 누적과 역방향이거나, 혹은 사람들이 잊어먹는 속도에 곧 따라잡힐 지경이다. 예컨대 고전 문학전집 한 세트를 출간할 때 30년 전에는 적어도 300종은 돼야 한다고 생각했다. 그런데 10년 전에는 100종으로 추려졌으며 지금은 겨우 20종, 심지어 10종까지 고려해야 할 정도다.

책 목록만 줄어든 게 아니라 책 자체도 덩달아 얇고 가벼워졌다. 전집 안에는 한 작가의 책이 1권만 들어가고 더욱이 보통은 그 작가의 비교적 얇고 쉬운 책을 택한다. 예를 들면 포크너는 『내가 죽어 누워 있을 때』이고 헤밍웨이는 『노인과 바다』다(물론 이 두 권은 모두 아름답고 뛰어난 작품이지만 스콧 피츠제럴드의 『위대한 개츠비』는 자격이 없는 게 당연한데도 그 줄어든 책 목록에 항상 이름을 올리고 있다). 심지어 책을 기형적으로 작게 만들기도 하는데, 가령 빅토르 위고의 『레 미제라블』은 한 손에 쏙 들어가는 겨우 100페이지짜리 문고판도 나와 있다. 그래놓고서 표지에 완역본임을 보증한다는 말을 적어놓았지만 그 말이 사실이라면 반드시 현미경을 증정품으로 제공해야 한다고 생각한다.

과거에 괴테는 사물의 역사 발전 방식을 구불구불한 나선형으로 설명해 직선과, 반작용에 의한 우회, 정체, 후퇴의 궤적을 다 포함하려고 시도한 바 있다. 이것은 물론 간략한 도식적 설명에 불과하다. 사물의 발전은 단지 한 가지 힘만 받는 것이 아니다. 허공에 떠 있는 깃털을 예로 들더라도 그것은 동시에 부력, 풍력, 인력 등의 영향을 받으며 마지막에는 인력이 승리를 거두게 돼 있다. 인력은 더 강하거나, 혹은 영원히 변하지 않는 힘이기 때문이다.

나는 한 편집자로서 청핀誠品서점과 진스탕金石堂서점의 서가 진열이 세월 속에서 어떻게 변해왔는지 가까이서 볼 수 있었고 그것을 통해 레비스트로스 등이 힘들게 세계 구석구석을 돌아다니며 봤던 것을 확인했다.

사실 편집자는 레비스트로스가 말한 '격리'된 세계에 줄곧 있어왔다. 비록 이 단어를 굳이 강조하지 않더라도 말이다. 만약 편집자가 마주보고 있는 것이(혹은 설득된 것이) 완전히 황폐화된 세계라면 그가 선택하고 출판할 수 있는 책은 극단적으로 줄어들어 이 일과 이 정체성이 더는 성립하지 못할 지경이 될 것이다. 과거에 루차오鹿橋 1919~2002, 베이징 출신의 화교 작가 겸 학자. 장편『미앙생未央生』과 단편집『인자人子』가 유명하다는『인자』라는 책을 쓰고서 그 책을 "9세부터 99세의 사람들을 위해 썼으며 9세 전의 아이는 엄마가 읽어주면 된다"고 말했다. 사람은 당연히 이런 근사한 기대를 가질 수 있지만(하지만 사실은 갖지 않는 게 제일 좋다. 이런 기대는 단지 인력이 더 빠르게 작용하게 할 뿐이기 때문이다) 정말로 이런 자격에 부합하는 책은 몇 권 쓰기 힘들다. 나로 말할 것 같으면 단 한 권이면 된다. 아주 얇고 몇 마디로 다 말할 수 있는 것으로 말이다. 물론 이른바 베스트셀러도 책의 한 종류이기는 하지만 그것들은 같은 책의 끊임없는 반복, 그러니까 가장 단순한 의미의 끊임없는 복제에 불과하다.

# 세습화의 민주 정치

김태성이라는 한국의 내 친구는 2013년 한국의 대통령 선거 후에 하마터면 타이완으로 이민을 올 뻔했다. 그는 타이완의 문학작품을 번역했고 또 줄곧 과분할 정도로 타이완을 좋아했는데 거기에 박근혜의 당선이라는 사태까지 더해졌던 것이다. 그는 납득을 못 했고 또 좀처럼 분노를 못 가라앉혔다. 박정희의 딸이라니, 어떻게 빙 돌아 다시 박정희의 딸이 대통령이 되게 할 수 있단 말인가?

그는 박정희를 마음에 걸려 했지만 내 마음에 걸렸던 것은 그저 현 대통령이었으며 생각은 조금 더 장기간의, 또 조금 더 보편적인 층위의 일에 쏠려 있었다. 물론 마찬가지로 아주 약간의 불평과 이해 안 가는 점이 있기는 했다. 그 일은 바로 민주 정치의 세습화 현상이었다. 갈수록 뚜렷해지고 형태를 갖춰가는 듯한 이 경향은 일시적이고 국지적인 우연으로는 없어지기 어려울 것 같다.

과거의 어떤 세습 현상은 달리 해석할 방도가 있거나 정상을 참작할 만하다. 그것은 국가가 가까스로 현대화된 민주주의 국가 단계에 접어들어 항쟁과 혁명과 '희생'을 겪으면서 대리인이나 부자 승계(카리스마의 전이에 비교적 가깝다)가 필요할 때 나타났으며 타이완도 당연히 그 격정의 단계를 겪었다.

　우리는 잠시 이 지역, 즉 아시아에서 가장 현대화되고 민주주의가 비교적 성숙했으며 국민도 가장 자유롭고 독립적인(경제 조건과 이데올로기 면에서) 동아시아 지역에 시선을 집중하기로 하자. 이 지역은 보통 아시아 민주화의 '표본'으로 간주되지만 오늘날 최고 권좌에 남한의 박근혜가 있을 뿐만 아니라 일본의 아베도 있다. 싱가포르에서는 건국 이래 지금까지 가부장적 통치가 쭉 계속되면서 계몽 전제에 본래의 왕정을 더해 직접적인 부자 승계를 실현했는데, 그 업그레이드된 통치는 여전히 견고해서 끝이 보이지 않는다. 그리고 중국은 아직 현대 민주주의 국가로 볼 수 없으며 그 통치 그룹은 한 명 한 명이 다 문벌과 내력을 소유한, 고관의 2세로서 이른바 태자당太子黨이라고 한다. 이처럼 현재 동아시아 국가들의 최고 리더들은 사실 거의 예외가 없으며 타이완은 간신히 아직 2세를 선출하지 않은 셈이지만 눈을 조금 아래로 옮겨보면 낮은 곳일수록 더 잘 보이게 마련이라는 장자의 깨우침이 생각날 것이다. 국회의원과 지방자치단체장의 등급에서는 특정 토지에 깊이 뿌리내린 작물이 계절의 순환에 따라 교체되듯 세습화 현상이 연출된다. 이처럼 우리의 세습화는 상층부 꼭대기의 국지적 현상이 아니라 피라미드 모양처럼 아래로 갈수록 저변이 넓고 공고하며 조밀한 데다 역사가 오래되었다. 이것은 상대적으로 하나의 구조에 가깝지, 하나의 현상이 아니다. 심지어 우리는 이렇게 바라봐야 할 것이다. 박근혜, 아베에 리셴룽李顯龍 1952~, 싱가포르를 장기 통치한 리관유의 아들로 2004년부터 현재까지 싱가포르의 총리직을 맡고 있다까지 정식 민주 선거를 통해 성공적으로 권력을 장악한 상층부의 현상은 바로 이 구조가 (점차) 부상한 결과라고 말이다. 이것은 우리의 상식적인 판단에 역행한다. 일반적으로는 보통 민주 선거가 세습화를 저지하는 기제라고 단순하게 믿고 있기 때문이다.

조금 다른 부류의 예를 또 살펴보자. 일본의 남자 스타 기무라 다쿠야가 「체인지」라는 드라마를 찍은 적이 있고 타이완에서도 방영되었는데 웬일로 총통 선거 때 재방되었다. 이 드라마는 곱슬머리에 별을 보는 것이 취미인, 나가노현 시골의 한 젊은 초등학교 교사가 뜻하지 않게 일본 수상이 되어 일개 풋내기인 틈입자 또는 천사로서 일본 정치를 뒤바꾼다는 이야기다. 쇠우리 모양의 권력 구조(변함없는 관료 체계를 비롯해 내각제의 민선 의원들과 그 위의 수상, 대신까지 모두 포함하는)에 대한 온순한 일본인들의 염증과 자기 위로를 담아냈다. 그런데 흥미로운 것은 기무라가 도대체 어떤 이유로, 또 어떻게 국회의원에 당선되었느냐는 사실이다. 그 답은 집권당의 핵심 중진 의원이었던 그의 아버지가 갑자기 비행기 추락으로 사망한 데에 있다. 그는 "강요에 못 이겨" 가업을 이어 정치 현장에 나선다(다시 말해 후쿠오카 지역 전체에 그가 아니면 나설 사람이 없었다). 한 정치가 가문에서, 영화 「대부」에 나오는 콜레오네 가문의 막내아들 마이클 같은 입장이었던 것이다. 이런 설정은 극

작가가 무의식중에 합리화한 결과로서 일종의 뿌리 깊은 사회적 인지에서 기인했으며 동시에 다음과 같은 흥미로운 메시지를 드러낸다. 즉, 사람이 아무리 놀랍고 신기한 일들을 해낼 수 있어도 국회의원에 당선돼 정계 입문의 표를 얻으려면 역시 오래된 규칙을 따라야 하며 「체인지」는 이것까지 포함하지는 못한다는 것이다. 일개 풋내기가 세상 전체를 바꿀 수 있으려면 먼저 원로 국회의원급의 아버지를 두어야 한다.

미국도 얼마 후면 대선이다. 우리는 미국이 인류 세계 최초의 정식 민주공화국이며 끊김 없이 200년 넘게 민주 선거를 치러왔음을 상기할 필요가 있다. 내가 이 책을 다 쓰고 출판할 때면(일이 순조롭다면) 결과가 다 나와 있겠지만 그래도 아래 글을 적는 것이 의미가 없다고는 생각하지 않는다. 대선 결과가 보여주지 못하고 또 사태의 경과로 인해 덮어버릴 또 다른 진상을 담을 것이기 때문이다.

상당히 오랫동안 미국의 두 거대 정당은 가장 유력한 후보를 추렸지만 뜻밖에도 그중 한 명은 전직 대통령의 부인, 다른 한 명은 전직 대통령의 아들이자 또 다른 전직 대통령의 동생이었다. 여기서 미국이 인구 3억의 대국이라는 것을, 결코 사람이 부족할 리는 없다는 것을 상기해야 한다. 그래서 당시 나는, 그래도 인류 전체를 위해, 또 미국을 위해서도 힐러리가 당선돼야 한다고 생각했다. 단지 힐러리가 비교적 똑똑하고 유능해서만이 아니라(부시 가문이

남달리 똑똑지 못한 유전자를 갖고 있는 것도 사실이지만 어리석음과 단순한 아이큐 부족은 조금 다르다. 어리석음은 멍청함에 나쁜 성격이 더해진 것으로서 참아주기도 감당하기도 어렵다) 그나마 세습화와는 거리가 있고 또 여성 대통령이 나오는 것이 역사적 의미가 있기 때문이었다. 또한 미국에서 만약 20세기 말에서 21세기 초에 부자 양대의 세 대통령으로 이뤄진 이른바 '부시 왕조'가 출현한다면 어리석은 사람은 부시 가문이 아닐 것이며 그것은 훗날 미국이 가장 감내하기 어려운, 전 미국의 눈물로도 씻어낼 수 없는 한 줄의 역사가 될 것이라고 생각했다.

그런데 얼마 후 더 야단이 나고 말았다. 공화당(이미 거의 부의 세계의 대리인이 돼버렸다)의 인선에서 꼬마 부시가 미끄러지고 부동산 재벌 트럼프가 회오리바람을 일으키며 대선 후보가 된 것이다. 이 트럼프라는 인물을 대체 누구와 비교해 설명해야만 할까 자오텅슝趙藤雄 1944~, 타이완 굴지의 건설사 위안슝遠雄그룹 회장으로 자산 15억 3000만 달러를 보유해 타이완에서 27번째 부자다. 뇌물과 비리로 숱하게 연금과 구류 처분을 받아왔다? 린룽싼林榮三 1939~2015, 타이완의 저명한 기업가이자 국민당의 주류파 정치인. 그가 창업한 롄방聯邦그룹은 부동산, 금융, 미디어를 아우르며 그 자신은 2010년 타이완 40대 부호 랭킹에서 8위를 차지했다. 정치적으로는 타이완 입법위원, 감사위원을 거쳐 검찰원 부원장까지 역임했다? 아니면 다이성이戴勝益 1953~, 타이완 왕핀王品그룹의 창업자 중 한 명으로 2015년 회장 퇴임 전까지 14개 외식 브랜드를 경영했다. 2013년, 샐러리맨이 월급 5만 타이완 달러를 못 받으면 저금을 해서는 안 되며 대학 졸업 후 3년이 지났는데도 그 월급을 못 받는 것은 능력 문제라는 발언을 해 여론의 비난을 받았다) 리즈잉黎智英 1948~, 홍콩의 기업가로 지오다노, 『핑궈일보』, 넥스트디지털의 창업자다. 중국에 대해 홍콩의 자유민주주의 시행과 전면적 보통선거를 요구하는 홍콩 범민주파를 계속 후원해왔으며 2014년 홍콩 우산혁명에 참여해 경찰에 체포당한 뒤 『핑궈일보』 사장직에서 물러났다? 나는 결국에는 이런 상황이 종식돼서 정말로 대통령 선거 투표를 할 때가 되면 사람들이 좀 엄숙하고 진지해질 것이라고 믿지만 이것은 역시 당면한 민주 선거의 진상이지, 최후의 진상까지는 못 된다.

존 스튜어트 밀이나 이사야 벌린 같은, 이미 죽은 사람들은 어떻게 생각할지 궁금하다. 민주주의에 대한 그들의 관점은 당시에도 충분히 복잡하고 신중했으며 어떤 점들에 대한 추론은 비관적이기까지 했다. 하지만 이렇게 되리라는 것까지 예상했을까?

(보충: 원고 교정 단계에서 이 일은 더 안 좋게 나갔다. 트럼프는 놀랍게도 노벨평화상 후보가 되었다. 계속 제멋대로 수여를 해온 이 큰 상에는 또 새로운 하한선이 생겼다. 하지만 이번에 죽어 마땅하고 바다에 뛰어들어야 마땅한 자는 트럼프가 아니라 스톡홀름의 그 멍청이들이다.)

(재보충: 대선 결과는 미국이 극도로 어리석은 국가임을 재차 증명해주어서 할 말이 없다.)

# 민주 선거는 '권력 세탁'과 같다

당연히 박근혜는 헌법의 보장을 받아 대통령으로 뽑히고 대통령이 되었다. 이것은 정당하고 전혀 의심의 여지가 없다.

다만 사안의 다른 면은 이렇다. 인류의 기존 세습의 역사와 달리 그 권력의 '재'수여는 정식 민주 선거라는 전환을 통해 이뤄졌다. 민주 정치의 기본 사유에 의거해 전체 국민이 공개적이고 보편적인 익명의 등가 방식으로 정중히 동의한 것이다. 다시 말해 전통적인 세습에는 없었던, 가장 얻기 힘들고 거의 단번에 모든 도덕적 약점을 일소해버리는 인증 수속을 거친 셈이다.

사람들은 박근혜가 박정희의 딸인 것을 알았을까, 몰랐을까? 그것을 모르는 사람은 거의 없었다. 그래서 민주 선거의 결과는 이랬다. 선거 전, 그녀는 박정희의 딸이었지만 선거 후, 그녀는 박근혜일 뿐이었다.

뭔가 익숙한 느낌이 들지 않는가? 그것은 돈세탁과 흡사했다. 단지 세탁한 게 정치 권력이었을 따름이다.

# 현실의 또 다른 두 가지 가능성

민주 정치에서 세습 현상은 오랫동안 사람들의 관심 밖에 있었다. 아마도 불편한 일인 데다 부주의까지 겹쳐 그것은 낮은 층위에, 우리가 마음 놓고 낮은 국민 수준과 폐쇄성과 이해관계가 모종의 기본 형식으로 한데 어울려 뒤엉켜 있다고 설명하는 몇몇 분야에 국한된 현상으로 여겨졌다. 이에 따라 우리는 그것을 이른바 '낙조 현상'으로 간주하기 쉬웠다. 그저 역사의 잔여물로서 사람들의 관성과 타성에서 비롯된 것이므로 시간에 맡기면 시간이 알아서 티 안 나고 대가가 적은 방식으로 그것을 분해, 정리해줄 것이라고 생각했다.

　이렇게 생각하는 데에는 그 나름의 단순한 이유가 있다. 세상에서 대대로 누적돼 이뤄진 그 감정 결속의 모델은 확실히 더 큰 수준의, 나아가 전국적인 범위의(그래서 더 중요하기도 한) 민주 선거에 적용되기는 어려웠다. 남북이 겨우 400킬로미터인 타이완도 이럴 때는 커 보이는데 하물며 미국, 중국(언제쯤 선거라는 것을 치를 계획인가)은 어떻겠는가?

　세습 권력에 대한 인간의 불안과 저항의 시도는 사실 일찍부터 존재했다. 예컨대 중국 춘추시대(2000여 년 전이다)에는 "경卿을 세습하는 것은 예가 아니다世卿非禮"라는 견해가 있었다. 대부는 세습되는 신분일 뿐이었고 경이야말로 정치적 직위로서 권력을 쥐고 일을 처리했는데 이 부분은 세습을 해서는 안 된다는 것이었다. "예가 아니다"라는 것은 도덕적인 지적에 그치지 않았다. 예는 법령과 제도여서 예가 아니라는 것은 합법적이지 않다는 의미를 담고 있었다. 이를 통해 그때 사람들이 이미 양자를 애써 분리했으며 당시의 안정된 질서와 사람들의 공정에 관한 기본 사유 사이에서 어떤 지점을 찾으려 했음을 알 수 있다. 물론 실제 현실은 역시 세습을 하거나 교대로 권력을 잡았다(권력의 자연스러운 기복이나 탈취를 통해). 노나라를 예로 들면 정경正卿은 계손씨季孫氏 가문의 수장이, 차경次卿은 숙손씨叔孫氏 가문의 수장이 맡았으며 이것은 제도적으로 보장돼 있었다기보다는 실력으로 결정되었다. 제도를 초월하고 제도로는 규제하기 힘든 현실적 권력 구조였던 것이다.

현실적으로 실현 불가능하긴 했지만 그런 저항 의식은 그래도 뿌리 깊이 존재했다.

타이완에서 우리는 실제로 목격한 바 있다. 선거 과정에서 세습이 계속 부정적이고 의구심을 불러일으키며 또 상대가 절대 그냥 넘어가지 않는 공격 목표가 되는 것을 말이다. 사람들은 각기 정도는 달라도 그것이 민주주의에서 가장 원초적으로 대항하고 타도해야 할 것으로서 민주주의 제도가 발생한 이유라는 것을 느끼는 듯하다. 그래서 그런 유의 부담을 진 후보들은 항상 조심스레 처신하며 교묘하면서도 적절히 선을 그어야 한다(하지만 아주 분명하게 선을 긋지는 못해서 사람들은 허위라고 느끼거나 심지어 무정하다고 생각한다. 권력을 위해 친지를 배반하고 팔아넘기는 것조차 서슴지 않는다는 식으로 말이다). 따라서 그것은 도대체 어떻게 민주주의를 뚫고, 또 자신에게 불리한 선거 제도를 뚫고 현대에 이른 것일까?

성숙한 민주주의, 심지어 포스트 민주주의 시대인 지금에 와서 흐름을 거스르듯, 또는 과거로 돌아가듯 세습화 현상이 불거져 사람들에게 호기심을 자아내고 있다. 하지만 이것은 전문가가 다룰 주제여서 전문가가 답을 해야 한다. 다만 어느 분야의 전문가여야 할지 잘 모르겠다. 엄밀한 정치학적 사유와는 한참 거리가 먼 듯하다.

여기서 우리는 시험 삼아 두 가지 가능성을 덧붙여보기로 하자. 둘 다 현실의 변화에 따른 것이며 누군가에게 전면적인 사색의 재료를 제공하기 좋다(예를 들면 아이에게서 그 애가 막 따온 꽃을 떨기째 받는 것과 같다).

그 첫 번째는 이른바 '아마추어화'의 문제다. 거의 '타이완의 빛'에 뽑힐 만한 이 사실(외국인을 능가하기만 하면 그가 누구든 타이완의 빛으로 불리는 게 맞지 않나)은 묘하게도 타이완이 전 세계에서 가장 앞선 부분인데 기업계, 학계, 언론계, 영상업계 그리고 이름을 붙일 수 없어 미남미녀계라고 부를 수밖에 없는 곳에서 사람들을 잔뜩 끌어와 국회의원과 정무직(중앙 정부와 지방 정부의 차장과 처장 등)을 맡겼다. 아, 부총통, 그 인형 같고 입간판 같은 인물도 있었다. 꼬박 10년 뒤, 일본의 국회와 대선에서도 이를 답습해 이른바 '자객' 후보자가 나타났다. 하지만 타이완에서든 일본에서든 정치 풋내기들은 별로 쓸모가 없어서 보통 쓰고 난 뒤 바로 버려졌다.

또 얼마 후에 오바마가 홀연히 나타나 당선된 것도 그런 의미가 있었다. 그는 세상 사람이 오래 못 접한 카리스마적 매력으로 백악관에 입성했다(당시 그는 전 세계 대부분의 지역에서 미국 본토에서보다 더 큰 인기를 끌었다. 세계 정부의 직선제 대통령 선거였어도 마찬가지로 당선됐을 것이다). 그러나 첩첩이 둘러싸여 빛도 들어오지 않는 워싱턴의 쇠우리 같은 권력 구조 및 그 운행과 관련해 오바마는 거의 아마추어나 다름없었다. 그가 대통령이 돼서 가장 잘한 일은 아마도 힐러리를 국무 장관에 앉힌 것이었다. 워싱턴의 권력 세계 한가운데에 너무 오래 발을 담궈 사람들이 탐탁지 않아 하는 그 영민한 여성(게다가 그녀 뒤에는 더 여우 같은 클린턴이 있다)이 없었다면 오바마는 처음부터 정말 단 한 걸음도 나아가기 힘들었을 것이다.

정치도 일종의 전문 분야다. 이른바 정치권력 구조도 단지 한 무더기 더러운 인간들이 기득권을 위해 모인 취약한 모임일 뿐만 아니라(한 사람의 '시민'으로서 우리는 멋을 부리려 하거나 혹은 전략적 의미를 갖고서 이렇게 말할 수는 있지만 결코 자신의 일시적인 허언에 도취돼 문제의 정도를 과소평가하고 또 진정한 '적'을 놓쳐서는 안 된다는 것을 잊지 말아야 한다) 세계를 조직하고 대중 사업과 업무를 추진하기 위해 필요한 존재다. 전문성은 매일 거듭되는 훈련을 요구하며 너무나 많은 세밀하고 조밀한 부분들이 간단한 표준 작업화와 업무 수칙화로는 해결이 안 되고 판단과 감별과 선택과 결정에 의존한다. 이것은 일상적이면서도 문외한에게는 명확하게 설명하기 어렵고 곤란한 부분이다. 오랫동안 사람들이 한 정치 가문과 한 전문적인 장인 가문(예를 들면 일본 헤이안조平安朝부터 지금까지 1000년 이상 이어져온 신사神社 목수 가문)의 반드시 달라야만 하는 점을 '정확히' 식별했던 것은 각각의 전문성 때문이 아니었다. 정치가 모든 사람과 관계되고 너무나 많은 이익이 그 안에 숨겨져 있으며 인간성의 문제가 대단히 위험하기 때문이었다(스모, 가부키처럼 충분히 많은 이익을 가진 전문적인 가문도 마찬가지로 무섭고 '정치'로 가득했다. 단지 그것이 범람해 우리 대중의 세계까지 넘어오는 일이 적었을 뿐이다). 우리는 그것이 연속되는 것을 단절시켜야 했는데, 그러려면 당연히 취사선택을 하고 일부 전문적인 성과를 포기해 안전 및 공정성과 맞바꿔야 했다. 또한 이로 인해 정치학에서는 줄곧 상당히 진지하게 이른바 '행정권'(혹은 유사한 개념을 가진 것)에 관해 논의했으며 민주제는 필연적으로 아마추어화 경향의 정치 제도가 될 수밖에 없었다. 이 아마추어화의 진전은 똑똑하게 특정 시점, 특정 지점에서 멈춰가며 사전에 존재하지 않았던 격리의 한계선을 찾아야만 정치가 스스로의 전문적이고 효과적인 최소한의 판단력을 잃지 않고 능력으로 발휘하게 할 수 있었다.

현실에서 발생한 일을 보면, 정치의 전문성에 대한 극단적 아마추어화의 지속적인 공격이 양파를 벗기듯 순조롭게 해체하는 부분은 역시 바깥이다. 뿌리가 깊고 줄기가 복잡하게 엉킨 핵심까지 건드리는 것은 어려운 일인데, 역시 결국에는 이른바 그 '더러운 일들'을 책임지고 할 사람이 있어야 하기 때문이다. 그래서 민주 정치에서의 세습과 퇴영 현상은 비록 이상하게 보이긴 해도 결코 모순은 아니다. 혹은 더 통칙에 근거해 말한다면, 한 극단은 항상 또 다른 극단을 소환해 공모 내지는 공생관계를 형성하게 마련이다. 그리고 그 과정에서 중간과, 겨우 생겨난 필수적인 깊이가 사라진다.

더 현실적인 얘기를 해보기로 하자. 최근 몇 년간 타이완의 국민당과 민진당, 이 두 당은 새 정치인을 수혈하라는 국민의 요구를 충분히 의식하고 또 꾸준히 응답했다. 하지만 매번 새로 나오는 명단 속에서 마지막에는 커젠밍柯建銘 1951~, 1992년 타이완 입법원 제2대 입법위원으로 선출된 후로 제10대까지 무려 연속 9선에 성공한 치과의사 출신의 민진당 소속 정치인, 왕진핑王金平 1941~, 1975년부터 2020년 1월까지 무려 13번이나 타이완 입법위원으로 선출되었고 다섯 번에 걸쳐 17년간 입법원장으로 일한 국민당 소속 정치인 같은 사람의 이름까지 보이곤 했다. 게다가 이 두 사람은 이미 정식 투표로는 선거에서 거의 당선될 수 없는 상황이어서 꼭 국회에 들어갈 수 있게 비례대표를 시켜줘야만 했다.

또 다른 현실적 변화는 우리가 이미 살펴본 대로 부의 누적도 마찬가지로 세습화의 경향을 띠고 있다는 것이다. 권력과 부, 이 두 가지는 마치 자석처럼 서로 당기기도 하고 밀어내기도 하는(현재 서로 놓여 있는 관련 위치를 살펴봐야 한다) 세상에서 가장 거대한 것들이다. 이것들은 단지 서로 무관하고 개별적이면서도 같은 방향으로 진화하는 것일 뿐인가? 아니면 필연적으로 상호 호응하고 작용하며 강화됨으로써 마침내 은밀히 모습을 갖춰 출현하려는 각각의 세계인가?

# 민주 정치는 돈이 많이 든다

정치학과 경제학은 당연히 각자 성립되어 각자 깊이 있는 탐색을 수행하는 전문 학과다. 하지만 우스갯소리를 해보면 우리의 이 지구는 그리 크지 않아서(사실은 상대적으로 축소되는 중이다) 순조롭게 그 두 개의 거대하고 서슬 퍼런 것들 안에 놓여 있고 또 의미 있게 그것들을 분리할 수 있다. 우리는 그런 크기의 동물 우리 두 개를 만들 수 없어 그것들은 조만간 서로 충돌하고 물어뜯으며 하나의 지구를 쟁탈하고 함께 쓸 것이다.

어쨌든 지난 몇 세기 동안 민주주의를 사유의 핵심으로 삼았던 정치 이론의 탐색은, 오늘날 돌아보면 정말로 놀라운 점이 있다. 그것은 바로 부가 그 안에서 갖는 존재감이 너무 박약하고 모호하며 거의 멸시되었다는 점이다. 부는 어떤 부분에서도 중요한 작용을 하고 또 어떤 중요한 판단과 주장과 계획도 신중히 고려하고 계산해야 하는 것이 아닌가? 그리고 경제학 쪽으로 와보면 이 학문은 유년기에 한때 역시 정치경제학이라 불렸다. 그 당시는 새로운 세계가 한창 발흥하기 시작하면서 경제적 사무가 아직 자체의 독립적 네트워크를 조직하지 못한 상태였으므로 그것은 (잠시) 전통에 따라 정치의 큰 틀 안에 배치되어 스스로를 정치 전체의 한 항목이자 분야 업무로 간주했고 마지막에는 왕가王家에 팔려 넘어간 듯한 분위기를 띠었다. 당시 그 대영제국 지식인들의 심리적 경향은 매우 명확했다.

우리는 항상 자기도 모르게 민주 정치가 비교적 소박하고 돈이 안 드는 정치 양식이라고 생각한다. 하지만 이것은 이론이 아니라 현실에 입각해 논의해야 한다. 이론은 급작스러운 상황에서 미처 예견하지 못하는 갖가지 사각지대가 있어서 항상 실천하는 과정에서 비로소 하나씩 문제가 불거진다. 현실 속의 지극히 분명한 결과를 보면 민주 정치는 아마도 소박한 게 맞긴 하지만 돈이 안든다는 것은 꼭 그렇지만은 않다. 보통 그 목적과 방식과 경로에 따라 다르다.

오늘날 타이완을 살펴보면, 우리는 아마도 시안비림西安碑林 북송 때부터 중국 고대의 비석 1만1000여 개를 한데 수집해놓은 시안의 명물. 그중 국보와 일급 문화재는 660여 개다처럼 호화로워도 '쓸모없는' 것을 돈을 들여 수집하고 세울 리는 없다. 그러나 우리는 훨씬 더 많은 돈을 들여서 모습은 소박해도 마찬가지로 쓸모없는(로런스 블록이 말한 것처럼 "장래에 철거하는 게 목적인 것들"이어서 한층 더 쓸모없는) 공항을 잔뜩 지었으며 나중에는 공평하게 현縣마다 한 군데씩 짓는 것까지 논의되었다. 만약 그렇게 되면 영토 내 공항의 밀도가 틀림없이 세계 최고에 달해 또 다른 타이완의 빛이 될 것이다. 위의 두 가지 일은 똑같이 무절제하고 비이성적이다. 차이가 있다면 그것은 단지 제왕의 장난거리이냐, 민주주의 선거의 장난거리이냐 정도다. 다시 말해 제왕의 개인적인 기호와 과시에서 비롯된 것인지, 아니면 정치인과 건설 회사의 집요한 요구에서 비롯된 것인지(게다가 투표는 시민들이 확실히 이 속임수에 넘어갔음을 인증해주었다)가 다를 뿐이다. 하지만 사실 '공항 숲'을 짓는 것이 비석의 숲을 짓는 것보다 훨씬 더 온갖 곳에 미치는 부의 힘과 그 조작을 입증해준다.

적어도 민주 정치는 필연적으로 더 많은 돈을 쓰게 돼 있다. 더 정확히 말하면 부의 힘에 의지해야만 순조롭게 돌아가며 이것은 민주 선거 그 자체의 속성이기도 하다. 권력의 세습을 끊어 권력의 공유를 실현시키고 사회 계층의 상하 유동을 원활하게 만든 것은 인류 역사에서 대단한 업적이지만, 단 한 가지 예상치 못한 사실은 그 일이 결국 이렇게 돈이 든다는 것이다.

돈이 들면 과연 어느 정도나 들까? 질적 변화를 유발할 정도로 많이 든다. 민주 정치로 하여금 한 바퀴를 빙 돌아 다시 세습에 가까워지게 할 정도로.

# 1968년, 내 어린 시절의 민주 선거

급작스러운 느낌의 변화가 우리 세대의 눈앞에서 벌어졌다.

우선 내가 직접 봤고 똑똑히 기억하고 있는 일을 이야기해보겠다. 나는 올해 '겨우' 만 57세여서 반세기 조금 넘게 산 셈이다. 과거에 내 부친은 타이완 동북부의 이란현에서 1958년에서 1968년까지 꼬박 10년간 현 의원을 지냈고 네 번 선거에 출마했다. 당시 타이완은 이른바 '만년국회'라고 해서, 민의를 대변하는 입법위원(국회위원)이 거의 종신직이고 숫자도 매우 제한적이었다(이란현 전체에서 겨우 2명이었다). 그래서 각 지역 현장縣長, 시장 그리고 현 의원 선거가 타이완에서 가장 크고 흥분되는 민주주의 이벤트였다. 그러면 선거 경비는 어디서 조달됐을까? 당시에는 민간 기업이 거의 없고 작은 상점뿐이었다. 이른바 돈줄이라는 것은 지방의 국영은행, 신용협동조합, 삼림개발처 등이 전부였고 모두 집권당의 손에 꽉 쥐어 있었기 때문에 내내 당적이 없었던(당시는 집권당인 국민당 외에 새 정당 설립이 금지돼 있었다) 내 부친은 할 수 없이 자기 돈을, 그러니까 조상이 물려준 재산을 써야 했다. 이것은 민주 선거의 가장 기본적인 문턱으로 누구나 선거에서 뽑힐 수 있다는 것은 단지 이론적인 가능성, 하나의 이상에 불과하다.

나중에 부친은 건축 사업의 실패로 이란을 떠났다. 물론 선거 비용 때문에 그렇게 됐다고는 할 수 없지만 어쨌든 그의 10년간의 의원 경력은 그렇게 날아가버렸다. 그런데 그것은 일종의 보상적 차원에서 민주 선거에 대한 내 최초의 의심을 형성시켰다. 어떻게 기꺼이 자기 집과 땅을 팔면서까지 사심 없이 대중을 위해 봉사하는 사람이 있을 수 있을까?

또 다른 유치한 의심도 있었다. 입후보자는 스스로를 선전하면서 자기가 남다른 능력을 지녔고 부지런하며 무엇이든 다 아는 데다 도덕적으로도 깨끗하다고 하는데, 그렇게 성인에 가까운 사람이 왜 모두에게 희생하고 봉사할 기회를 달라고 비굴하게 부탁하고 다니는 걸까? 나는 열 살도 되기 전에 나 자신은 영원히 성인이나 평생 순수하게 희생하고 봉사하는 사람이 될 수 없으며 그렇게 자기 자랑을 하면서도 마음을 텅 비운 사람은 더더욱 될 수 없다고 생각했다. 그리고 평생토록 선거에 나가고 정치를 하고 싶다는 바람은 단 1분도 품어본 적이 없다.

하지만 당시 선거는 사실 별로 돈이 안 들었고 돈을 들일 만한 사회적 장치와 조건도 별로 없었다. 선거운동장에는 무술 경기나 노래 대회 형식과 비슷한 정견 발표회(틀림없이 지금까지도 남아 있을 것이다. 괜찮은 후보자는 절대 안 가겠지만. 아니면 이미 소리 없이 폐지됐을까)만 있었고 선거 전단지는 죄다 질 나쁜 손바닥만 한 종이에 흑백으로 인쇄되었는데 그 형식이 그때 극장에서 영화 줄거리를 소개하던 팸플릿과 똑같았다. 아이들은 금세 특수한 종이 접는 법을 개발해 후보자의 얼굴이 위로 가게 딱지를 접어서 땅바닥에 치며 놀았다(상대방의 딱지를 뒤집는 사람이 승자였다). 정식 선거운동이 벌어지는 열흘 동안에는 우마차 한두 대와 소형 트럭을 빌려 거리 유세를 했다. 필요한 도구는 마이크와 폭죽 한 더미였으며 천지가 떠나갈 듯한 굉음과 뿌연 화약 연기 속에 하루가 다 갔다. 그리고 밴드를 고용해 앞에 세우는 것도 돈이 조금 들었다(그런데 부르는 노래가 무슨 장송곡 같은 몇 곡밖에 없었다. 평소에는 다른 일을 하는 오합지졸 밴드였기 때문이다). 몇 년 후 나는 마르케스의 『미로 속의 장군』을 보다가 "당신은 그것도 혁명이라고 오인하고 있지만 사실 닭싸움일 뿐이오"라는 구절을 보았다.

훗날 타이완 지방 선거에서 매번 기승을 부렸던 유권자 매수 행위는 당시까지는 아직 없었다. 최소한 이란에서는 그랬다. 집권당의 힘이 워낙 공고해서 그런 귀찮고 돈이 드는 방식까지 쓸 필요는 없었다. 정말 필요하다면 직접 투표용지로 농간을 부렸다.

내가 아는, 투표용지 바꿔치기로 의심되는 사건은 1968년 내 부친이 마지막으로 선거에 나갔을 때 일어났다. 이란의 광푸光復초등학교 투표장에서 개표 전야에 갑자기 정전이 일어났는데 2~3시간 후 투표함을 열어보니 이상한 결과가 나왔다. 어떤 후보자(이름이 장쉐야張學亞였다. 희한하게도 아직까지 기억이 나는 것은 몇 번 그를 보고 또렷하게 그의 용모를 기억 속에 남겼기 때문이다)가 90퍼센트 이상의 표를 차지해 한 투표함에서 3000장이 넘는 표를 가져갔다.

　내가 유일하게 아는, 표 매수로 의심되는 사건도 1968년 그때 일어났다. 생각해보면 1968년은 이란현의 민주 선거가 크게 '진보'한 해였던 것이다. 문제의 그 후보자는 이란시의 대형 호텔 여사장(성이 셰謝였고 이름은 기억이 안 난다)이었고 당적이 없었으며 첫 선거였는데도 선거 역사상 세 번째로 많은 표를 받고 당선되었다. 지역에서는 그녀가 83만 타이완 달러를 썼다는 얘기가 신빙성 있게 전해졌다. 사람들이 조금씩 부풀리긴 했겠지만 당시 그 금액은 이란에서는 누구나 듣고 놀라 자빠질 만한 천문학적 숫자였다. 하지만 사람들이 받은 것은 돈이 아니라 집에서 채소를 볶을 때 쓰는 조미료(미원)였다. 오래전의 실물 화폐에 해당됐다. 그런데 그 후로 몇 년 동안 지역 사람들이 잊지 못한 것은 그녀의 선거운동 밴드였던 목소리 고운 아가씨들이었다. 그녀들이 백주대낮에 이란시 거리에 나타나 능숙하게 손님을 끌 듯 표심을 끌던 모습은 누구나 처음 보는 광경이었다. 그 바람에 이란시 전체가 흥분으로 몸을 떨었다. 단지 성인 남자만 그런 게 아니었다.

# 갈수록 부가 더 필요한 권력 구조

비교적 정확하면서도 효과적으로 권력의 부에 대한 의존을 이해
하려면, 내 생각에는 역시 국가 권력 구조의 수치상의 성장을 직
접 관찰해야 한다. 그것이야말로 근본적이고 항상 일정하며 특정
시점과 장소에 국한되지 않는 방식이다. 일례로 상당히 오랫동안
나는 중국 역대 관제의 종적 변화에 관심이 많았다. 그것은 너무
나 많은 일과 너무나 많은 사실의 진상을 보여주고 또 영향을 미
쳤기 때문이다. 관제는 일정한 방향으로 계속 팽창하고 또 끊임없
이 분할되었다. 한나라(대체로 중국 최초의 안정된 왕조로 간주된다)
때는 겨우 두세 등급에 불과했지만 청나라 때에 와서는 적어도
18등급(정과 종 각 9품과 함께 등급 외의 미관말직이 또 잔뜩 있었다)
이 되었다. 이것은 수직적인 정황일 뿐이며 수평적인 분할, 확장,
증설은 폭이 훨씬 더 커서 권력은 본래 관여하지 못했던 구석에까
지 부단히 손을 뻗었다. 가령 청나라는 전통적인 6부만 있었던 게
아니라 이번원理藩院 상서尚書도 생겨 권력은 더 컸거나 더 중앙의
제왕에 근접했을 것이다. 이번원 상서는 전형적인 '만주족 관리滿
官'의 직위(예컨대 종인부宗人府, 내무부內務府 등의 직위)로서 이미 규
모를 갖췄고 또 청 왕조가 특별하게 취급하던 몽골, 티베트 등 이

민족 속국과 속지 및 그 백성을 관장했다.

우리도 경험한 바 있듯이 권력 기구의 새로운 단위와 새로운 직위는 일단 설치되고 나면 다시 철회되기 어려웠다. 이것은 거의 통칙이었다. 때로는 왕조가 바뀌고 나아가 민주주의 혁명이 일어나도 방법이 없었다. 여러 해에 걸쳐 타이완(과거에는 과장된 대형 국가의 권력 구조를 갖고 있었다)에서는 정부의 슬림화와 권력 등급의 단순화에 대한 인식 및 실제 행동이 있어왔지만 이렇다 할 성과는 거의 없었다. 더욱이 결과적으로 인원도 줄지 않았고 경상 예산도 줄지 않았으며 심지어 기관의 숫자도 줄지 않았다(단지 기관의 명칭만 바뀐 듯하다). 그래서 전적으로 중상모략은 아닌, 이런 유의 유머가 생겼다.

"다이어트하려고? 잘됐네. 그러면 먼저 전담 기구를 세우고 계획을 실행해봐."

우리는 다음과 같은 기본 이미지를 상상해볼 수 있다. 어떤 우표 쪼가리만 한 곳에 전국 또는 천하에서 가장 '비싼' 사람들이 우글거리는데 예로부터 그들은 구체적으로 '고기 먹는 자肉食者' '호의호식하는 자錦衣玉食者' 등으로 불렀다. 보편적으로 검소하고 근면했던 시대에 말이다. 그들은 농사도, 길쌈도, 낚시도, 사냥도 하지 않았지만(때로 사냥을 했지만 안 하는 편이 좋았다. 그게 더 비싸지기 때문이었다) 개인적인 일뿐만 아니라 어마어마하게 많은 일을 추진해야 했다. 그래서 마치 공상과학영화 속 우주 괴물처럼 그들은 사방팔방에서 끊임없이 엄청난 에너지를 흡수해야 생존하고 순조롭게 활동할 수 있었다. 또 의심의 여지 없이 그들은 자신들의 소재지에서 전혀 자급자족하지 못해 갈수록 어떤 종류의 사람에게 더 의존했다. 그 사람은, 고생은 많아도 백성의 근본이라 불리고 칭찬받는 농민이 아니라, 온갖 곳을 왕래하며 그것과 먼 지역의 재화 생산을 연결시켜주는 상인이었다. 그 상인이 관청에 속하는지 아니면 독립해 일하는지는 관계없었다.

권력 구조의 부단한 팽창은 훗날 그 소재지, 즉 수도를 설치할 지점의 선택을 제한했다. 예컨대 종합적으로 평가해보면 아마도 장안은 본래 가장 완벽하고 균형 있는 지역이었다. 예부터 비옥한 땅이라 불렸던 위하渭河 평원이 기반이었고(그래서 지금까지도 이 지역 면 음식이 맛있고 품질이 좋다) 또 효산崤山과 함곡관函谷關의 험준함 덕분에 방어하기가 쉽고 편했다. 그러나 송대 이후로는 이런 이점이 크게 부각되지 못했는데, 수도의 선택에는 당연히 여러 역사적 요인(예를 들면 제왕이 맨 처음 뜻을 이룬 곳이라든지)이 작용하기도 하지만 더 중요한 현실적 원인은 위하 평원이 (계속 비대해진 권력 구조와 비교해서) 이미 "충분히 크지 않다"는 것이었다. 재화의 중계와 운송이 상대적으로 어렵고 위험하며 도로가 험하고 긴 것도 험준한 지세의 부정적 측면으로서 불리하게 작용했다. 결국 송나라는 험하지 않고 교통이 편리한 변경汴京을 수도로 택했다. 그곳은 생산력이 훨씬 더 풍부한 장강長江 유역에 가깝기도 했다. 하지만 한편으로 위험다는 것은 몰랐을까? 그렇게 순진하지는 않았 겠지만 외적의 침입은 먼 미래의 일이었고 어쩌면 그런 일은 안 일 어날지도 몰랐다. 반대로 의식주는 매일 잠에서 깨기만 하면 부딪 히는 일이었다. 변경은 중국 역대 왕조의 수도 가운데 가장 유연하 고 실제적이며 물질적이었다. 장안과 훗날의 베이징처럼 권위적이 지도, 사람을 압도하듯 웅장하지도 않았다.

사실 늦어도 당나라 중엽에 이르러서는 '권력 구조/소재지'의 균형 상실이 벌써 심각해졌다. 당나라에는 훗날 역사에서 가장 저 평가된 인물로 유안劉晏이라는 사람이 있었는데, 그가 바로 이 절 박한 난제의 처리를 책임졌다. 한편 당나라 때 재상은 정식 직위 가 아니었으며 속칭 재상이라 불린 사람이 수도 없이 많았다(이것 은 우리가 당나라 권력의 핵심 구조를 이해하기 위한 주요 단서 중 하나 이기도 하다). 예를 들어 대신들이 환관의 주살을 모의했다가 실패 한 감로지변甘露之變에서는 하룻밤 사이에 너댓 명의 재상이 목숨 을 잃었다. 유안의 가장 큰 업적은 왕조 전체의 물류 네트워크를 뚫고 조직하여 창장강 유역의 풍부한 재화를 끊임없이 장안의 도 성에 유입시킬 수 있게 만든 것이다. 사서에서는 이에 대해 "백성 에게 세를 더 부과하지 않고도 나라의 쏨씀이가 그 자체로 충분 했다民不加賦而國用自足"고 했다. 다시 말해 증세 없이 효율적인 물류 와 관리로 낭비를 줄였다는 것이다. 유안 이후로 당나라의 진짜 재상에게는 식별하기 쉬운 표지가 생겼다. 누가 '전운사轉運使'를 겸직하고 있는지 확인하는 것이었다.

대운하에 대해서도 조금 언급해보기로 하자. 남북을 이은 그 인공 수로는 어떤 관점에서 봐도 있어서는 안 됐던, 수많은 재난을 가져온 야만적인 것이었다. 대운하는 너무나 "자연적이지 못했다". 남북을 억지로 분할하고 그 토지 전체의 자연 생태를 파괴했으며 오랫동안 무수한 사람의 생계를 희생시켰다. 예컨대 창장강과 황허강 사이의, 동쪽으로 흘러 바다로 들어가는 강들을 줄줄이 끊어버렸고(이로 인해 회하淮河의 수계가 크게 어지러워져서 그때부터 회하는 바다로 들어가는 입구를 못 찾고 곳곳에 토사를 침적시켰다), 강소江蘇 북부의 거대한 토지를 염화鹽化시키거나 사막화시켰다. 또 대운하는 남북 지형의 부자연스러운 높낮이와 기복을 극복해 배가 통행할 수 있는 수위를 확보해야 했는데, 그것은 매우 비싸고 지난하며 잔혹한 일이었다. 연안의 모든 백성에게서 물을 빼앗고 독점하기 위해 몇 차례 정식으로 법을 만들어 사람들의 '물 절도' 행위를 엄금했고 이를 어기면 사형을 언도하거나 심지어 연좌제까지 적용했다. 이렇게 마구잡이로 일을 밀어붙인 목적은 단 한 가지였다. 바로 거대한 중앙 권력 기구가 생존의 자양분을 얻어 계속 순조롭게 돌아가는 것이었다.

근본적으로 권력의 부에 대한 의존은 마치 역사의 일방통행로처럼 늘기만 하고 줄지는 않는다. 이를 통해 우리는 어느 날엔가 그 의존이 임계점을 넘으면 양자의 관계가 하루아침에 역전되어 의존을 받던 자가 거꾸로 통제자가 될 수도 있음을, 마치 목을 조르는 손처럼 될 수도 있음을 어렵지 않게 추측할 수 있다. 그것은 상식적이면서도 거의 필연적인 결과다.

# 돈으로 권력을 사다

"영국에 자유를 수립하기 위해 의심의 여지 없이 그들은 대가를 치렀다. 바로 피의 바다 속에만 전제 정권의 우상을 빠뜨려 죽일 수 있다. 하지만 영국인들은 너무 큰 대가를 치렀다고 생각하지 않고 선량한 법률과 맞바꾸었다."

이것은 프랑스인 볼테르가 1730년 전후에 한 말이다. 당시 세계는 아직 전통적인 권력 구조(국왕, 귀족, 교황 등)에 의해 통제되고 있었다. 볼테르는 '드 로앙 사건'1725년, 그의 무례한 언동에 화가 난 귀족 슈발리에 드 로앙과 마찰을 빚어 바스티유 감옥에 투옥되었다가 영국 망명을 조건으로 석방되었다으로 인해 영국으로 망명했으며 거기서 어떤 역사적 변화가 일어나고 있는 것을 보고 몹시 흥분했다. 그 변화는 그의 모국 프랑스보다 한발 일찍 더 크게 나아간 것이었다.

훗날 역사는 영국인이 확실히 그리 큰 대가를 치르지 않은 데다 볼테르가 생각했던 것보다 훨씬 더 대가가 작았음을 입증했다. 꼬박 반세기도 더 흐른 뒤(1789)에야 프랑스에서는 대혁명이 발발했다. 그 상징적인 장면은 볼테르가 두 번이나 갇힌 바 있는 유명한 바스티유 감옥이 파괴된 것이었다. 수도 파리가 그야말로 피바다가 되었지만 볼테르는 죽은 지 이미 10년이 지나서 그렇게 거대한 대가가 치러진 장면들을 보지 못했다.

그 당시 영국은 볼테르가 말한 대로 "세계에서 국왕에게 저항하고 국왕의 권력을 제한한 유일한 국가였다". 이 '제한'이라는 단어는 의외로 정확하고 또 의외로 특수했다. 볼테르는 분명 이것이 다른 국가들도 본받을 만한 진전된 모델이길 바랐지만 프랑스는 파괴적이고 국왕을 제한하지 못하는 또 다른 길을 걸었다. 얼마 후 이어진 역사 속에서 사람들은 전제주의에서 민주주의로 나아갈 때 항상 프랑스 대혁명의 격한 청산 방식에 더 기울었다. 시간을 끌면서 세심하게 점진적으로 해체하는 영국의 방식은 선호하지 않았다.

물론 영국의 그 특수한 역사적 경향이 하나의 단순하고 명백한 원인에서만 비롯되었을 리는 없지만(볼테르도 무척 궁금해서 여러 원인을 열거해본 적이 있다. 예를 들면 해적의 후예인 섬나라 국민의 유별나게 강인한 성격이라든지, 자유에 대한 영국인의 유별난 사랑 등이었다) 그 역사 속에서 부의 힘이 시종일관 무척 눈에 띄기는 했다. 특히나 중요하고 팽팽한 담판의 순간마다 더 그랬다. 볼테르는 심지어 은근히 그것을 그 역사적 변화의 발단이자 기초로 보기까지 했다.

십자군의 광적인 활동을 거치면서 파산한 국왕은 영지의 농노에게 돈을 받고 자유를 팔았으며 그 농노는 일과 장사를 통해 부를 얻었다. 그리고 도시는 해방을 얻었고 자치 지역은 특권을 향유했으며 무정부 상태 속에서 새롭게 인권이 탄생했다.

그다음에 볼테르는 영국만의 특수한 현상들에 관심이 갔다. 예를 들면 영국 귀족과 상인 간의 장사와 금전을 둘러싼 친밀한 관계("어느 국무대신은 자기 동생이 도시에서 상인으로 사는 것을 자랑스러워했다. 또 옥스퍼드 백작이 영국을 통치할 때 그의 동생은 오스만 제국의 아그리라는 곳에서 대리상을 하고 있었는데 거기서 안 돌아오고 늙어 죽을 때까지 살기를 바랐다. (…) 이런 풍속은 영국에서 진즉에 나타났고 심지어 이제는 철 지난 것이 되었다")나, "하원의 힘이 날이 갈수록 강해져" 교황, 국왕, 귀족 대신, 주교 등의 세력에 대항할 때 "점차 그런 급류를 막는 댐이 된 것" 등이었다.

그래서 볼테르는 「상업에 관하여」라는 글을 쓰면서 이런 결론을 내렸다.

"상업은 이미 영국 시민들을 부유하게 만들었고 또 그들이 자유를 얻게 도와주었으며 그런 자유가 다시 상업을 확장시켰다. 이로부터 국가의 위세가 장대해졌다."

마땅히 더 정확히 이렇게 말해야 할 것이다. 권력의 부에 대한 의존이 끊임없이 심화되는 인류 역사의 보편적인 경향 속에서 영국의 특수성 중 하나는 바로 부가 한발 앞서 쾌속 성장해 부와 권력의 관계가 역전되는 임계점에 먼저 도달한 것이다. 그 결과, 영국의 민주화 역사에서는 줄곧 이런 일이 반복해서 일어났다. 국왕이 자금 부족으로 징세를 요구하면서 조상의 유산을 현금화하듯 권력의 일부를 내놓아야 했다. 이것은 그의 밑에 있던 귀족들이 봉토와 성을 팔던 것과 마찬가지였다. 이를 조금 과장해서 말한다면, 대혁명이 없었던 영국에서 민주주의와 자유의 권력은 "돈으로 거듭 사들인 것이었다".

그 과정을 좀더 자세히 알고 싶은 사람은 역사서를 찾아보면 될 것이다. 우리가 계속 논의해야 하는 것은 사실 영국인의 무슨 신기하고 천부적이며 특출나게 상상력이 풍부한 업적 같은 게 아니다. 그것은 기본적인 인성에 의해 이뤄진 것일 뿐이다. 그래서 더 장기적으로 이야기해야 할 주제는 역사적으로 계속되면서도 뭔가 계시의 힘이 있는 것이다. 예컨대 누가 남은 게 차꼬와 수갑뿐이고 더 지킬 수 있는 게 없다면 당연히 마르크스가 말했듯이 혁명을 위해 일어날 가능성이 매우 크다(혁명을 안 하면 할 수 있는 게 뭐가 있겠는가). 더구나 단호하고 용감한 사람은 마치 인간 흉기처럼 지독하다. 하지만 누가 차꼬와 수갑 말고 다른 것도 가진 게 많다면? 그는 생각도, 생각할 수 있는 것도 많아질 것이다. 일반적으로 필요한 물건이 사서 쓸 수 있는 것이면 생명의 위험을 무릅쓰고 훔칠 필요는 없다. 이는 백이면 백 다 그렇지는 않아도 상당히 믿을 만한 통칙이다. 훗날 마르크스가 말한 세계적 혁명은 진정으로 일어나지는 않았다. 어떤 태세를 갖췄다가 용두사미처럼 줄곧 힘이 빠져 사람들은 "프롤레타리아가 세계의 주인이 되는",

이른바 혁명의 정황으로부터 점차 멀어졌다. 그 폭탄을 제거한 것은 점차 전 세계에 출몰하기 시작한, 부의 그 보이지 않는 손이었다. 역사의 길은 프랑스식의 폭발에서 영국식의 점진적인 해체로 전환되었다.

하지만 부의 구매활동은 그것으로 멈출 리가 없었다. 부는 더 똑똑하고, 철저하고, 정확하게 사들였고 자기가 어떻게 해야 하는지 잘 알고 있었다. 자기가 사려는 것과 일반인 사려는 것을 분리해서 자기가 사려는 것에 최대의 효과와 이익을 집중시켰다. 부가 건전해 보이고(볼테르와 애덤 스미스가 봤던 것처럼) 일반인의 동맹이었던 기간은 매우 짧았다. 기껏해야 부와 권력의 관계가 뒤바뀔 때까지였다고 보는 게 합리적이다.

# 권력의 세계로 통하는 새로운 좁은 문

권력의 부에 대한 의존과 관련하여 가장 의외이면서도 거의 결정적인 역사의 한 걸음이었던 것은 바로 민주 선거다. 사람들은 처음에는 그것을 명확히 의식하지 못했을지 몰라도 결국 나날이 그 진상이 드러났거나 혹은 사람들 스스로 더듬어 알아냈을 것이다.

그렇게 된 게 당연했다. 간단하고 확고하며 재미없는 이유에서였다. 일정 기간마다 권력이 교체되는 마당에 좁은 문을 뚫고 권력의 폐쇄적인 세계의 일원이 되려는 사람에게는 선거가 상당한 정도로, 그리고 최종적으로 유일한 길이었다. 선거에서 이긴다고 해서 모든 것을 다 가진다고는 할 수 없지만 지면 아무것도 못 얻고 기본 자격조차 갖지 못했다. 이것은 권력으로 가는 통로의 새로운 병목이었으니 사람들로서는 갈수록 더 혈안이 되어 선거에 모든 것을 쏟아붓지 않을 수 없었다. 더 나아가 우리가 살펴봐야 할 것은, 과거에는 사람들이 권력을 위해서라면 목숨을 저당잡히는 것도 마다하지 않았는데(많은 이의 현재와 미래의 목숨까지 내놓았다. 일례로 당 고조 이연李淵은 태원유수太原留守 시절, 차남 이세민李世民에게 거병을 하라는 권유를 받고 길게 탄식하며 말하길, "우리 가문이 나라가 돼도 너 때문이요, 영원히 회복 못 할 지경이 돼도 너 때문이다"

라고 했다), 민주 선거는 문명적으로 진보해서 목숨을 걸 필요까지는 없었다는 점이다. 그러나 이른바 생명과 재산에서 생명이 제외된 뒤로는 당연히 더 필사적으로 돈과 부를 거는 행태가 연출되었다. 그리고 이것은 동시에 생명밖에 걸 게 없는 사람은 자격을 잃은 채 탈락하고 걸 만한 부가 있는 사람만 남았음을 뜻한다. 그렇다. 권력을 놓고 경쟁할 자격이 있는 사람은 한 바퀴 돌아 또 줄어들었고 게다가 지금도 나날이 줄어드는 중이다.

선거는 맨 처음에는 이른바 '친분 사회'에서 진행되었다. 그것은 사람과 사람 간의 관계가 지극히 복잡하지만 고정된 네트워크로서 몇 세대에 걸쳐 누적된 은원의 감정이 모든 것과 세밀하게 엮여 있고 그 안에서는 "서로 모르는 게 없었다". 그래서 승패의 결과가 보통 투명하고 안정적이었으며 심지어 일찌감치 정해져 있어서 선거는 단지 일종의 절차나 의례에 불과했다. 그때 부의 힘은 결코 두드러지지 않았고 또 두드러질 수도 없었다. 달리 말해 부는 시종일관 그 거대한 네트워크 속에 편입된 상태였기 때문에 부자는 이른바 수령 중 하나로서 현지의 명사나 오피니언 리더의 역할을 맡는 데 그쳤다. 부는 아직까지는 단독적인 세력이 못 되고 장기적인 영향력으로 분해되고 전환되었던 것이다. 이 밖에 여기에는 또 역사적인 시간차가 존재했다. 선거는 사실 민주 제도의 발생보다 일렀다. 군주 통치의 황혼기에 생겨난 프랑스의 삼부회나 영국의 하원을 예로 들면 당시 선거를 통해 뽑힌 이들은 지금 우리가 말하는 국회의원보다는 인민대표와 더 흡사해서 개인의 신분이 아니라 집단에 더 가까웠고 또 직업인으로 활동했다기보다는 한 차례 임무를 맡은 것에 불과했다(쑨원孫文이 "각 지역 국민의 결의를 중앙으로 가져가기 위해" 전령이나 전서구나 팩스나 이메일 같은 성격의 국민대회 대표직을 설치한 것이 바로 그 오래된 '유물'이다). 게다가 전통적인 권력의 세계에서 보면 그들은 침입자나 심지어 저항자에 가까워서 항상 서로 반목하고 파국에 이를 위험이 존재했다. 이것은 부의 근본적으로 보수적인 성격에 저촉되기도 해서 부자들은 항상 똑똑하게 제2선에 숨어 있곤 했다.

그래서 사람들이, 특히나 높은 차원에서 민주주의를 논한 이들이 민주 선거와 부의 관계를 몹시 과소평가한 것은 이해할 만한 일이다. 그런 시대를 겪었고 그런 세계의 기본 이미지가 머릿속에 각인된 사람은(그런 시대와 세계가 우리에게서 멀어진 것은 겨우 수십 년밖에 안 됐다) 고작 이장 선거에도 수백만, 수천만이 들고 총통 선거에는(타이완 정도의 규모에서) 수십억이 훌쩍 넘는 돈이 드는 괴이한 신세계가 역시 상상이 안 갈 것이다. "선거에 많은 돈이 들고" "정치를 하려면 많은 돈이 필요한" 우리의 이 시대에 사는 이들이 선거가 옛날에 단지 그랬었다는 것을 다시 기억해내기 어려운 것처럼 말이다.

# 더는 자기 돈으로 선거하지 않는다

누구에게나 이미 지긋지긋하고 구역질이 날 정도로 익숙한 이 선거라는 것(결혼뿐만 아니라 선거도 보통 포위된 성圍城과 같아서 투표권이 있는 사람들은 그 밖으로 뛰쳐나가고 싶어하고 투표권이 없는 사람들은 그 안으로 뛰쳐들어오고 싶어한다)에 대하여 여기서는 눈앞의 사실 두 가지만 더 짚어보기로 하겠다. 하나는 옛날 내 부친처럼 자기 돈으로 선거하는 시대는 이미 지나갔다는 것이다. 그리고 다른 하나는 부의 세계에서 최정점의 일류에 속하는 사람은 절대 선거에 참여하지 않으며 엇나가는 사람은 몇몇 이류, 시대착오적인 인물, 또 트럼프처럼 심심함을 못 참는 괴팍한 부자에 그친다는 것이다.

더는 자기 돈으로 선거를 하지 않게 된 이유는 선거 비용의 팽창 속도가 개인적인 부의 누적 속도보다 빨라진 것이 다가 아니다. 다른 사람의 자금을 요청해 끌어들이고 나중에 승리하면 얻게 될 정치권력 안에서 그의 '지분'을 보장해주는 방식이 대두되었기 때문이다. 이런 방식으로 단지 돈만 얻는 것이 아니다. 그 돈은 동시에 증표이기도 해서 그런 돈을 핵심으로 하는 단위 기구, 조직 체계와 그것이 펼쳐가는 네트워크까지 덩달아 끌어들일 가망이 있음을 뜻한다. 돈이 빈번하게 드나들면서 기존의 네트워크 하나하나가 더 촘촘해지고 더 넓게 엮이는데, 이것이야말로 지혜롭고 적극적이며 '영속적인' 방식이다. 이를 부의 세계의 기본적인 창업투자론으로 살피면 모든 게 아주 간단하고 명백해 보인다.

내각제를 채택, 시행하는 일본(관방 장관 한 자리를 빼고 수상과 대신은 모두 국회의원이어야 해서 먼저 선거를 통과해야 한다)의 나가타정에는 언제나 거의 종신직에 자기 성을 계파의 이름으로 삼고 십수 명에서 수십 명의 의원을 호령하는, 오래 주색과 돈에 빠져 얼굴이 다 변형된 요괴 같은 의원 몇 명이 있다. 보통의 소박한 견해에 따르면 그들이 비헌법적으로 부여된 그 특수한 힘을 장기간 보유해온 것은 주로 기부금을 잘 거두는 능력 덕분이며 그것으로 휘하의 의원들을 '지원/통제'한다고 한다. 다시 말해 그들은 누구나 갖고 있는 국민의 표가 아니라 금맥에 대한 장악력과, 세밀하고 영속적인 경제 네트워크에 의지하고 있는 것이다. 그렇다. 정치를 하려면 돈을 써야 한다.

누가 아직도 자기 돈으로 선거를 하고 있다면 오늘날에 그것은 비참해진다는 것을 뜻한다. 그는 종횡으로 얽힌 어떠한 네트워크의 지원도 얻지 못하고 누구도 그에게 투자하길 원치 않아서 결국 기획안도 세우지 못한 채 노점 아니면 구멍가게나 차리는 신세로 전락해 그저 해프닝이나 벌인 꼴이 돼버릴 것이다.

이렇게 해서 또 우리는 그 네트워크의 더 실제적인 관점을 통해 두 번째 사실을 거의 이해하게 된다. 정말로 최정점의 일류에 속하는 부자는 바쁜 중에도 여유를 잃지 않은 채 마치 거대한 거미처럼 그 네트워크의 높고 깊은 곳에 자리하고 있다. 리자청은 자기가 투자하는 사업과 연애를 안 하면 나아가고 물러나는 것과 놓고 거둬들이는 것이 자유롭다고 말했다. 정치권력의 직위는 어김없이 기간과 압박이 일정치 않은 임기가 있는데, 손해를 안 보고 있는 부의 직위는 그런 성가신 것이 없다. 혹은 있어도 그것은 신에게 달려 있지, 인간 세상의 율법에 달려 있지 않다. 또 그것은 일정 정도 연장할 수 있는 흥정의 여지까지 있으며 그때 가장 효과적인 협상 카드는 역시 부다. 갖가지 비싼 첨단 의료 수단을 통해 부자는 끈질기게 생존한다. 인간의 실제 수명은 부의 크기와 대체로 정비례하게 마련이다. 그런데 '임기가 없다는 것'은 단순한 시간적 제한보다 더 실질적인 내용을 담고 있다. 예를 들어 부의 직위는 정기적인 시험을 받지 않는다. 자신의 곤란한 문제를 공개해 스스로를 더럽히고 성문화됐거나 안 된 갖가지 도덕에 구속될 필요도 없으며 시시때때로 성실, 소박, 청렴, 정직, 동정, 충성 등을 가장한 온갖 어색한 표정을 지을 필요도 없고 매년 한 차례씩 사실에 근거한 재산 내역을 마치 발가벗은 것처럼 만천하에 공개할 필요는 더더욱 없다. 다시 말해 부자는 자유롭다. 거의 무한에 가까운 자유를 가질 수 있다.

부의 직위에 오랜 세월 마지막까지 남아 있었던 결점은 사회적 지위가 충분히 높지 못하고 사람들에게 진정으로 존중받지 못하는 것이었지만 그것도 지금에 와서는 완벽하게 보완되었다. 나는 그것을 거의 직접 목격한 적이 있다. 그 억만장자의 만찬에 초대되었던 일은 훗날 『세상의 이름』이라는 책의 「부자」라는 장에서 이미 소개한 바 있지만 어떤 부분은 차마 이야기하지 못했다. 존경하거나 친한 사람의 결점은 모호하게 처리했던 "『춘추』의 필법을 따랐다고 보면 된다. 어쨌든 그날 저녁, 그 자리에는 고결하고 강직한 학자도 있었고, 거칠고 고집센 작가도 있었으며, 걸핏하면 테이블을 엎는 사회운동가도 있었고, 피가 끓는 야당 청년도 있었다. 친한 사람도 있고 안 친한 사람도 있었지만 나는 그들의 평소 괄괄한 행태를 잘 알고 있었다. 물론 사람은 적당히 예의가 있는 게 좋지만 객관적으로 말해, 항상 의젓하기만 한 사람이 너무 많은 것도 문제다. 그런데 앨리스가 맨 처음 나무 구멍 속에 빠진 것만 같았던 그 저녁, 억만장자 주인에 대한 모든 이의 '존경', 특히 그의 말 한 마디 한 마디에 대한 수긍에 나는 탄복하지 않을 수 없었다. 이 일이 밖에 전해지면 다들 어쩌려고 이러지? 사실 겨우 하루 전에 자기 당의 까마득히 높은 보스를 비판하며 세대 교체를 요구해 신문 정치 톱뉴스를 장식했던 젊은이도 자기 소개를 할 때 꼿꼿이 서서 90도로 허리를 숙였다. 꼭 착하고 공부 잘하는 초등학생처럼 말이다. 나는 그 만찬의 주인이 만약 총통이나 행정원장이었다면 또 어떤 광경이 펼쳐졌을까 상상해봤다(그래도 그 정도는 아니었을 것이다). 그리고 이미 작고한 에드워드 사이드의 명언이 계속 생각났다. "인간 세상에는 당신이 면전에 서서 큰 소리로 참말을 이야기하지 못할 정도로 거대한 권력은 없다." 그렇다. 모두 참말을 이야기하기는 했다. 다만 그중 어떤 말들이 참말보다 더 진심에서 우러나온 말이었을 뿐이다.

덧붙여 설명하면 그것은 사실 중국과 타이완의 관계 및 그 가능성에 관해 논하는 만찬이었으며 무슨 돈 얘기 같은 것은 일절 없었다. 그래서 부의 힘은 모습을 숨긴 채 드러나지 않았고 돈을 얻은 사람도 없었다. 다만 사람들 각자가 기대와 타산의 마음을 품고 있었을 뿐이다.

여기 별로 웃기지 않은 옛날 유머가 있다.

"내가 100만이 있는데 나를 존경해?"

"돈은 네 것이고 나는 없는데 왜 너를 존경해야 하지?"

"50만을 나눠주면 나를 존경할 거야?"

"너도 50만, 나도 50만이면 둘이 똑같은데 왜 너를 존경해야 하지?"

"그러면 100만을 전부 주면 나를 존경할 거야?"

"돈이 다 내 것이 되면 네가 나를 존경해야 하는 것 아냐?"

결국 한마디로 자기는 무슨 일이 있어도 돈 많은 상대를 존경하지 않겠다는 것이다. 그날 저녁, 나는 그 유머 속 시대가 정말로 그리웠다. 심지어 그 냉소적인 사람까지.

'친분 사회'는 그 전통적인 네트워크와 더불어 위축되고 사라질 운명이었기 때문에 민주 선거는 시급히 새로운 사회적 네트워크를 구축해 보충해야만 했는데, 이를 위한 가장 효율적인 수단은 바로 돈을 이용하는 것이었다(총통 선거의 전국 텔레비전 광고만 보더라도 돈이 미국에서는 얼마가, 또 타이완에서는 얼마가 들까). 우리는 돈보다 더 흐르는 물 같은 어떤 것을 상상하기 어렵다. 돈은 빠르면서도 누구도 저항할 수 없이 순조롭게 어디로든 흘러가며 낯설고, 멀고, 격리된 하나하나를 관통해 연결시킨다. 하지만 돈이 물과 같다고 말하는 것은 사실 돈에 대한 불경이자 몰이해다. 돈의 흐름은 아래로만 향하지 않는다. 더 많은 경우, 지구의 인력에 대항해 위로 흐른다. 돈은 대자연에는 존재하지 않는, 신기하고 불가사의한 존재다.

내 친척 중에 이제는 왕래하지 않는 부자가 한 명 있는데 언젠가 그에게서 이런 자랑을 들은 적이 있다.

"내가 내 두 아이에게 물려줄 가장 값진 것은 재산이 아니라 내 모든 친구들과 인간관계야."

사건을 처리하는 사람은 텔레비전에서든, 영화에서든, 현실에서든 모두 "돈으로 사람을 좇는" 방법을 안다. 돈이 흐르는 방향대로 가면서 닥치는 대로 일과 사람을 엮다보면 가장 빨리 사실의 진상을 찾아낼 수 있다.

물론 웬만한 민주주의 국가는 모두 돈의 정치에 대한(특히 선거에 대한) 거래와 지배의 관계를 염려한다. 그래서 이른바 정치 헌금과 선거 경비 총액의 상한선을 규정해 권력의 부에 대한 의존도를 낮추려 한다. 하지만 이 방법은 한계가 있다. 왜냐하면 네트워크의 관계가 세밀하고 장기적이어서 선거운동보다 훨씬 앞서고 또 선거 결과가 나온 뒤에도 오래 계속되기 때문이다. 일회성 현금 거래도, 돈과 상품을 교환하고 사진을 찍는 매매도 아니어서 법적으로 인정되는 이른바 대가對價 관계는 필요하지도 않고, 찾아낼 수도 없다. 부와 권력이 선거 때마다 '교환'되는 것은 이미 관례화되었으며 (다시 설명하고 해석할 필요 없이 직접적으로 금액만 얘기하면 된다) 그 네트워크 관계의 재확인이자 강화일 따름이다.

사실은 이처럼 단순하기 그지없다. 누가 내게 수천만에서 수억 타이완 달러를 주고도 아무 요구나 기대도 안 할 리가 없는 것과 마찬가지 이치다. 우리는 자신이 어디에서 살고 있다고 생각하는 걸까? 천당? 지옥? 아니면 연옥?

돈의 총액이 문제가 아니라, 반복적으로 직조되어 이미 현대의 천라지망, 즉 누구도 벗어나기 어려운 경계망이 돼버린 그 네트워크가 문제다. 그래서 크루그먼이 오늘날의 부자는 단지 돈이 더 많은 것만이 아니라고 말한 것이다.

# 현세에 성불하기

종교와 관련해 오늘날 우리는 거의 모두가 인류학자처럼 철저한 상대주의로 서로를 대한다. 법률조차 그러하다(일례로 미국 연방법은 사막 지대 인디언 부락이 선인장과의 마취 식물을 사용하는 것을 관용하고 있다. 그것이 그들의 전통 신앙에 꼭 필요한 것임을 인정했기 때문이다). 물론 그래도 귀찮은 잡음은 늘 있게 마련이다. 링량탕靈糧堂목사 자오스광趙世光이 1943년 상하이에서 처음 창립하고 1949년 홍콩으로 조직을 이전한 대형 교회로 타이완 교회는 1954년 세워졌다. 타이완 원주민의 토속 신앙을 악령과 관련 짓고 타이베이 공원의 관음상을 더럽히는 등 근본주의적인 활동으로 물의를 일으킨 바 있다 같은 타이완의 일부 교회가 그 예다.

그래서 나는 티베트 불교에 대해 아무런 의견이 없다. 아래에서 내가 말하려는 것은 티베트 불교가 타이완에서 일으킨 천박한 유행 현상일 뿐이다. 우리가 잘 알고 있듯이 티베트는 지구상에서 가장 높고 가장 하늘에 가까운 곳으로 '정상적인' 생명활동이 어려울 정도로 공기가 희박하고 토양도 얼어 있어 만물의 생장 속도가 극도로 완만하다. 그리고 모든 것이 깊이 잠든 듯한 고요 속에서 시체조차 썩지 않으며 여기저기 우뚝 솟은 설산은 마치 숭고하고 아름다우며 신비하면서도 위험한 신처럼 보인다. 그런 특이한 세계에서 살아왔으니 생명(자신과 타자 그리고 많지 않은 수의 동식물과 기타 종들)과 삶에 대한 티베트인의 관점은 우리가 도저히 이해 못 할 양상을 띨 만도 하다. 비록 그들은 불교 신앙을 배우긴 했지만 그것 역시 평탄하고 무더우며 생태가 요란하고 사나운 인도 반도의 본래 내용을 답습했을 리 없었다.

타이완에서는 한동안 티베트 불교가 매우 유행했고 그것도 주로 사회 상류층에서, 다시 말해 우리가 '인생승리팀'이라 부르는 성공한 인사들 사이에서 인기를 끌었다. 세심한 사람이라면 고급 주택 지붕 위에서 펄럭이는, 그리 안 어울리는 오색 깃발에 시선이 끌린 적이 있을 것이다. 물질적으로 풍요로운 사람들이 가난한 사람들의 종교를 찾게 된 것은 어떤 '깨달음' 또는 본원적 생명으로 회귀했기 때문일까? 그렇게 생각하기가 쉽고 편리하지만, 그런 것 같지는 않다.

내가 생각하기에 티베트 불교에 집중된 대단히 특수한 종교적 견해와 주장은 바로 현세에 성불하는 것으로, 이것이 가능하다면 천당과 그리 멀지 않은 셈이다. 여기서 한평생만 보내면 천당에 닿을 수 있다. 하지만 본래 인도 갠지스강의 석가모니가 있던 곳에서는 성불을 하기까지는 기나긴 길을 가야 한다며 심원한 시간의식을 표출했다. 예를 들면 '겁劫'이라는 무한한 시간 단위를 갠지스강의 모래알 숫자만큼 거쳐야 한다고 했다.

이렇게 직접적으로 말해보기로 하자. 누가 인생에서 거의 모든 것을 얻었지만 남은 한두 가지는 도저히 손에 넣을 수 없고 나아가 걱정되며 두렵기까지 한 것인데, 그것이 돌연 거대하고 절박한 문제로 다가와 숨 쉬기조차 힘들어진 것이다. 그래서 예로부터 천하를 가진 제왕들은 모두 금세(지능의 정도에 따라 각기 다른 속도로) 죽음의 문제를 깨닫고 승려나 도사에게 도움을 구했다. 그것은 그들의 인생에서 마지막 결함이자 마지막 난제였다. 우리 같은 보통 사람은 생각도 못 하고 걱정도 안 하는 것이 그들에게는 일상적인 근심거리였던 것이다. 인류 세계는 적어도 이 점에 있어서는 확실히 진보한 듯하여 위안이 된다. 과거의 인류 세계에서는 겨우 몇 명에 불과한 제왕만 그런 생각을 할 수 있었는데 오늘날에는 "해결 못 한 문제가 죽음밖에 없는" 인원이 전체의 5퍼센트에서 10퍼센트까지 확대되었으니까 말이다.

이에 죽음의 문제를 어떻게 처리할 것인지가 방법은 달라도 결과는 같은 두 가지로 나뉘었다. 하나는 죽음의 시기를 늦추려 노력하는 것이다. 이것은 본래 매우 과학적이긴 하지만 과학의 신중한 태도는 언제나 사람들을 진정으로 만족시키는 데 실패하기 마련이어서 금세 또 신에 버금가는 능력자가 등장한다. 내가 알거나 소문을 전해 듣는 몇 안 되는 부자들은 모두 자신에게 전속된 '신의神醫'가 있다. 또한 온몸에 달린 의료 측정기가 죽음의 신이 찾아온 미세한 흔적을 조기에 발견하고 그 가능한 경로를 미리 차단하기 위해 애쓴다. 다른 하나는 천당의 자리를 사는 것이다. 이 세상에는 이미 호화 주택이 있는 데다 훗날 다음 세상으로 옮겨 갈 게 뻔한데 미리 준비를 해놓아야 하지 않겠는가? 오늘날 이 사회의 40세가 넘은 사람(사실 죽으려면 아직 한참 남은)의 기본 화제와 그 진행 과정을 보면 어디에서 시작됐든 30분만 지나면 보통 지구의 인력이 작용하듯 건강과 귀신의 문제로 돌아간다. 이 과정은 그 사람의 부의 숫자와 나이의 숫자가 클수록 빨라진다. 다시 말해 돈이 많고 나이가 많을수록 이 세계에 남은 것이 적고 진지하게 대할 만한 것이 별로 없는 것이다.

사람들은 본래 이렇게 단조롭지 않았다. 공자만 해도 언젠가 자신이 "늙어가는 것을 모른다不知老之將至"고 했다. 안 늙는다는 것이 아니라 어떤 일들에 빠져 있다는 것이다. 사람이 계속 새로운 것을 배우고 깨달으면 그에게 시간의 작용은 누적이지 침식이 아니다. 하나의 끊임없는 생장의 역정이라고 할 수 있다.

천당의 예약 판매 주택은 전부 한 가지 모습을 갖고 있으며(이른바 지선至善, 지복至福, 극락의 세계로 이론적으로 차별이 허용되지 않고 소유의 문제도 존재하지 않는 것이 완벽한 기본 철칙이다. 모습이 다르다면 그것은 인간의 묘사 방식과 능력 때문이다) 어느 것을 택하든 당연히 즉각 분양해준다. 하지만 인도 불교는 본래 시간적으로 무한히 아득한 분양 방식을 택했는데 이것은 오늘날 부의 세계의 거래 규칙으로 보면 사기나 마찬가지다. 법률적으로 계약은 어떤 것이든 반드시 기한을 명시해야만 성립되기 때문이다.

하지만 우리는 뜻밖의 흥미로운 일이 일어날 가능성을 배제할 필요는 없다. 오해나 착오로 인해 위대한 과학적 원리가 발견된다든지, 생명 속에 존재하는 귀중하고, 나아가 사람의 목숨을 구할 만한 것을 뜻밖에 어떤 무심코 사귄 친구가 전달해준다든지 하는 행운이 있을 수도 있지 않은가. 다시 티베트 불교에 관해 얘기하자면, 부자도 높고 추운 티베트 고원의 길을 편력하며 더 아득하고 청정한 불법을 지향할 수도 있다. 하지만 일반적으로 그것은 타이완에서 일어난 티베트 불교 붐의 보편적인 현상이 아니었다. 불경도 다들 펴고, 읊고, 베껴 적었지만 사실 정말로 읽은 사람은 별로 없었다. 그 이유는 아주 단순했다. 현세에 성불을 하려고 애가 탄 나머지 그럴 시간적 여유도 마음의 여유도 없었기 때문이다. 이에 부처의 설법은 그들에게 무엇과 같았을까? 주문 혹은 더 정확히 말하면 어떤 신비한 힘을 소환하고 발동시키는 마법이나 신통한 기동식起動式(일본 애니메이션에서 마법을 구축하기 위한 일종의 프로그램) 같았다. 그래서 그 소리만 취했고 그 안의 내용은 전혀 의식할 필요를 못 느꼈다.

진리를 추구하는 석가모니의 설법은 당연히 무의미하고 허무맹랑한 대시간의 창조와는 무관하다. 그것은 그의 사유의 결과이며 그 안에는 세계에 대한 그의 명철한 견해와, 인간과 생명에 대한 그의 대단히 세밀하고 정교한 갖가지 이해가 깃들어 있다. 우리의 현대적인 어법으로 대략 말해보면, 온유하고 마음이 너무 약했던 그 과거의 왕자는 인간 세상의 각종 고난에 대해 지나치게 민감한 사람이었다. 생로병사 앞에서 그는 거의 소스라치게 놀라고 비통해했다. 석가모니는 인간이 고통을 피하는 모든 가능성을 찾고 연구했지만 그것은 너무나 어렵고 기나긴 과정이었다. 인간 세상에 편재하고 끊임없이 계속되는 고난과 가능한 구원 사이에는 바꿀 수 없고 건드리기 힘든 것이 너무나 많았다(그래서 불교에서는 선의와 정의를 실현하는 신이 있는지 없는지 결코 가정하지 않고 그런 신을 그리 존중하지도 않는다. 불교는 또 공공성의 시비와 선악을 거의 강조하지 않는데 어느 정도는 강조하지 못하는 듯한 느낌이며 불평등과 불의 그리고 인도 반도의 카스트 제도를 비롯한 모든 것을 인간이 처한 기본 상황으로 간주할 뿐이다. 그래서 불교는 혁명의 힘으로 전환되기 어려운 종교이기도 하다). 인간이 잘 바꿀 수 있는 것은 단지 자기 자신, 즉 자신의 감정 상태, 자신의 생활 방식, 자신의 삶의 태도 등뿐이다. 만약 대시간에 어떤 계략적인 측면이 있다면 그것은 아마도 대시간이 사람의 가장 근본적인 버팀목(필요하기는 하다. 없으면 정말로 너무 힘들어진다)인 동시에 사람의 마음을 가라앉히는 약속이라는 점일 것이다. 그 약속은 거의 무한에 가깝게 멀리 있어서 부당하게 사람들의 내면에 갖가지 요행의 마음을 불러일으키지는 않는다. 하지만 분명 사람들로 하여금 현재에서 벗어나고 현재에 전혀 얽매이지 않게 하는 자유와 배려의 느낌이 있어서(인간은 대시간 속의 고통받는 모든 생명과 연결되어 이른바 '중생'이 된다) 그들의 눈빛을 맑고 투명하게 만든다.

부처는 인간이지 신이 아니다. 좀더 따져보면, 염불을 외우는 것은 본래 신을 향한 기구(충분히 종교화된 후에 이렇게 변하기는 했지만)가 아니라 사람과 사람 사이의 상호 전망과 기억과 모방 학습이며 또 그래서 불교는 근본적으로 무신론이라고 과장해서 말하는 사람도 있다. 불교는 본래 인간의 자기 성찰과 자기 청정을 중시해서 보르헤스 등은 불교에 일종의 기이하고 감동적인 우아함이 있으며 사유의 성격이 짙다고 말했다. 일반적인 말로 표현하면 철학적인 성격이 종교의 범위를 훨씬 뛰어넘는다는 것이다. 이에 불교는 기적보다 사유를, 또 이익보다 해답을 추구하는 사람들을 끌어들여 일종의 '학문적인' 종교가 되었다. 중국은 일찌감치 불가지론의 세계에 이르긴 했지만 '삶/죽음'의 최종적인 긴장관계에 대해서는 역시 그것을 처리한 어느 지식인에게 빚을 졌다. 그리고 불교는 역시 세상의 가장 밑바닥에 있는 이들에게 위안이 되었으며 그것이야말로 석가모니가 처자를 버리고 구도의 길을 떠난 본래 의도였다. 그는 난세에 처한 이들, 외부 세계에서 아무 힘도 없고 자기주장을 가질 수 없는 이들 그리고 단순히 고통받는 이들을 주목했던 것이다.

하지만 불교는 부를 가진 이들의 종교가 되기는 힘든데, '또 다른 불교', 신통력으로 사유를 대신하고 금세 천당의 자리를 내주는 그 불교는 예외다.

포탈라궁이 타이완에서 꽤 떨어져 있고 고산병도 두려움의 대상이기는 하지만 그래도 상대적으로 가깝고, 쉽고, 싸게 먹힌다. 포탈라궁의 마니차불교 경문이 들어 있는 경통. 한 번 돌릴 때마다 죄업이 하나씩 없어진다고 믿는다를 돌리는 것은 시간의 '드라이브 스루'의 창구로서 이 세상에서 가장 효율적인 시간의 농축 작업이다. 한나절이면 갠지스강의 모래알 숫자만큼 많은 겁과 무한에 가까운 윤회를 다 마칠 수 있다. 세상의 어떤 귀신처럼 똘똘한, 천재 카피라이터 스타일의 인물이 그런 걸 발명해냈을까? 그것은 당연히 신기한 물건으로서 더 중요하고 수지가 맞으며 사람들을 매료시킨다.

# 대시간

여기서 나는 또 다른 방식으로 명예와 관련된 시간의 필요성(거의 의존관계에 가깝다)에 관해 논의하려 한다. 그리고 우선 명예는 뇌두고 정의正義에 주목해 '사후 명예'를 '사후 정의'로 바꾸면 곧바로 핵심적인 내용으로 파고들게 된다.

해답을 얻으려면 당연히 전문가에게 물어보는 것이 가장 좋다. 이 문제에 오랫동안 몰입해 많은 시간과 심력을 소비한 사람에게 도움을 구하는 게 낫다는 것이다. 나는 그런 전문가가 종교인이라고 생각한다. 예컨대 기독교에서는 "하나님은 정의롭다"고 외치곤 하지 않는가.

틀림없이 이렇게 설명할 수 있을 것이다. 인류 세계에서 정의의 문제를 가장 철저하게 생각하는 사람은 종교인이며 그 철저함의 정도는 역사가를 능가한다고 말이다. 혹은 이렇게도 말할 수 있다. 만약 누가 궁극적으로, 한 마리 양도 잃어버리거나 포기하지 않고 무결점에 가까운 정의를 완성하려 한다면 그는 결국 종교인으로서 역사적인 시간을 더 나아가 종교적인 시간으로 연장시켜야 한다. 다시 말해 '아득한 것'을 '무한히 아득한 것'으로 더 확장시켜야 한다.

거의 모든 종교에는 유사하게 대시간의 의식이 있고 모호하거나 분명하게 세상의 마지막 날(즉, 무한히 아득한 시간의 마지막 시점)을 언급한다. 아니면 적어도 사람의 사후에도 존재하고 계속 망망히 나아가는 시간에 관해 말한다. 우리는 종교가 본래 죽음의 문제를 처리하기 위한 것이었다고 말하곤 하지만 그것은 단지 사후 시간의 의식이 발생한 것을 설명해줄 따름이다. 인간은 더 나아가 사후 시간을 규명하고, 분할하고 또 '사용'했으며 심지어 그것을 무한히 아득하게 연장했다. 그리고 나는 이것이 정의의 문제에 대한 사색에서 비롯되었다고 생각한다. 정의는 인간이 살면서 기본적으로 갖는 의문들 중 하나로 인간 생명의 커다란 수수께끼에 속하며 그중에서도 상대적으로 사람들을 흥분시키고 서로 온도차가 나기 쉽다. 인간은 이것을 타당하고 원만하게 잘 처리할수록 살기가 더 쉽고 즐거워지며 이른바 생명의 의의와 삶의 의의도 잘 구축할 수 있어 훨씬 더 살 만해진다.

시간의 연장은 항상 각기 다른 정도의 인과응보 혹은 심판의 개념을 수반하는데, 이는 정의의 문제로 인한 것이며 어떤 상벌 기제와 보상 체계를 필요로 한다.

물론 이런 얘기는 우선 서글픈 느낌을 자아낸다. 이미 상식이 된 얘기지만 생각날 때마다 늘 그렇다. 예로부터 지금까지 조금이라도 진지하게 정의의 문제를 생각해본 사람들은 모두 한결같이 우리에게 정의는 당장 완성될 수 없고 살아생전에도 완성될 수 없으며 나아가 헤아릴 수 없이 많은 생애가 반복돼야 한다고(불교의 윤회처럼) 말했다. 심지어 시간의 무한히 아득한 어느 지점에 가서야 정의가 성공을 거둘 것이라고도 했다. 무한히 아득하다는 것은 동시에 '불가능'과 '필연', 본래 서로 용납하지 못하는 이 두 가지를 포함하고 있다. 예컨대 고대 그리스인은 두 개의 평행선이 영원히 교차하지 않는다고 말하지 않고 끝없이 머나먼 곳에서 교차한다고 말했다. 문자 언어의 교묘한 장치에 힘입어 그 두 가지를 상호 결합한다면 정의는 실현 불가능하면서도 필연적으로 완벽하게 실현될 것이라고 말할 수 있다.

정의가 당장 그리고 살아생전에 진정으로 완성될 수 없다는 것을 그저 어떤 부류의 사람이 눈앞의 세상에 대해 갖고 있는 불만과 비판으로 간주한다면 어려움을 과소평가하거나 또 방향을 잘못 잡아 제대로 일을 못 하게 되기 쉽다. 다시 말해 우리는 당연히 힘을 내서 눈앞의 세계를 더 확실하고 더 정의롭게 만들어야 한다는 것이다. 그런데 이와 동시에 우리는 또 인간의 인지력과 식별력, 특히나 그 감상력이 항상 감지가 어렵거나 불가능할 정도로 현재에 함몰되어 있다는 것을 충분히 의식해야 한다. 이것은 근본적으로 극복할 가망이 없으므로 인간은 늘 자신의 '무지'(소크라테스)를 깊이 되새겨야만 한다. 현세의 정의, 현세의 명예 그리고 현세의 성불을 짧은 수십 년의 인생에 다 실현한다면 대단히 짜릿하고 좋긴 하겠지만 역시 조잡하고 제한적이지 않을 수 없을 것이다. 사실 수십 년 동안 이룰 수 있는 일이 뭐가 있겠는가? 그렇게 성급하고 근시안적인 심리 상태에서는 소중하고 신중을 요하는 일들이 오히려 삭제되고 기회를 잃을 수밖에 없다.

그래도 다소 희망적인 것은, 아직까지는 우리가 이에 대해 지각과 관심이 전무한 상태에 이르지는 않았다는 사실이다. 특정 인물, 특정 행위, 특정 성과나 작품, 저서들에 대해 우리는(적어도 소수의 전문적이고 진지한 사람들은) 비범함을 감지하고 반짝이는 희미한 빛을 분별하며 모종의 가슴 뛰게 하는 가능성이 시대를 초월할 것이라고 확신하곤 한다. 나는 오랜 세월 출판 편집자 생활을 했지만 이렇다 할 성과를 거두지는 못했다. 내 오랜 친구 추안민과 비교하면 더더욱 창피하고 형편없게 느껴진다. 하지만 그래도 다소 흥분되었던 일을 돌아보면 그것은 어떤 작가, 어떤 책을 알아보고 그 혹은 그것을 오늘날 부의 세계 속 시장의 평가 네트워크 속에서 빼내 시간 속으로 돌려보낸 것이다. 물론 오래 버티는 것은 불가능했다. 오늘날 타이완의 '효율적인' 서점 체제에서는 특히나 더 그랬다. 그러나 한 판본의 일정 기간에 걸친 보존은 어쨌든 도서 시장의 유통부터 사람들의 기억에 이르기까지 향후 계속 인계받는 사람이 있는지 없는지를 살펴봐야 한다. 나는 줄곧 에코의 『장미의 이름』에서 견습 수도사 아드소가 오랜 세월이 지난 뒤 장서관의 폐허에 돌아가 양피지 조각을 줍는 부분을 좋아했다. 화재는 옛날에 사그라졌고 관련자들도 모두 죽은 지 오래된 마당에 진실은 여전히 알려지지 않았으며 눈앞의 세계도 더 나아지거나 정의로워지지 않은 채 그렇게 계속되고 있을 뿐이었다. 아드소는 양피지 조각으로 바랑 두 개를 가득 채웠고 그러자니 "자신에게 요긴한 물건들을 버려야 했다". 나는 내가 완벽하게 이해했다고 생각했으며 또 조금이나마 유사한 경험이 있어서 마치 그 현장에 서 있는 듯했다.

사후 정의와 사후 명예는 당연히 별개의 것이 아니다. 올바른 명예는 당연히 정의로우며 정의의 성립은 긴 시간을 요하고 명예의 완성도 긴 시간을 요한다.

# 또 다른 '치명적 자만'

앞에서 우리는 위대한 경제학자 하이에크의 '치명적 자만'이라는 단어를 언급한 적이 있다. 이것은 사실 그의 대단히 중요한 저서의 이름이기도 하다. 그가 거의 80세의 고령에 쓴 이 책은 부제가 '사회주의의 오류'로서 마치 최후의 결판 같은 느낌이 든다. 따라서 설정된 비판의 대상은 반대편의 좌익적 사유, 특히 소비에트식의 정치적, 경제적 사유다. 이와 관련해 또 다른 위대한 경제학자, 루트비히 폰 미제스는 말하길 "사회주의는 호기롭고 과장되며 또 천진하고 단순한 이데올로기다. (…) 사실상 그것은 인류의 정신이 가장 야심만만하게 발명한 것들 중 하나로서 (…) 장엄하고 화려하며 또 거칠고 대담하여 당연히 세상 사람들에게서 전대미문의 찬양을 받곤 한다. 따라서 이 세계가 야만의 상태에 빠지지 않게 하려면 우리는 일어서서 사회주의를 반박해야 한다. 그냥 멋대로 폐물 취급을 하는 데 그쳐서는 안 된다"고 했다.

그렇다면 하이에크가 말한 '치명적 자만'은 과연 무엇을 뜻할까? 인간이 무모하게도 자신이 이미 모든 것을 통찰하고 미래를 비롯한 모든 비밀을 파악했을 뿐만 아니라 어떻게 가장 적절히 세계와 온 인류를 안배해야 할지도 알고 있다고 생각하는 것이다(이것은 오류이긴 하지만 일종의 고귀한 오류에 속한다). 이는 인간이 자신의 특정한 손으로 자연적 원리에 가까운 그 보이지 않는 손을 대체하는 것과 같다.

이 책은 훌륭하고 견해가 탁월했으며 역사도 얼마 안 지나서 승리의 월계관을 선사했다. 이 책이 쓰인 1980년 전후에 사회주의의 경제적 사유는 그 통치 형식과 더불어 이미 밑천이 다 드러난 상태였으며 이어서 냉전이 끝나고 베를린 장벽이 무너졌다. 그 후로는 "조금이라도 진지하게 자본주의에 반대하는 사람은 사라졌고" 하이에크가 걱정한 것처럼 그렇게 자만하는 사람도 거의 남지 않았다.

하지만 어떤 오류에 대한 반박은 보통 그 특정한 오류를 피하는 데 그칠 뿐, 꼭 옳다고만은 볼 수 없다. 논리적으로도 그렇고 실제 세계에서도 그렇다. 어떤 특정 오류를 철저하고 확실하게 공격할수록 우리는 늘 또 다른 극단으로 치우치곤 하는데, 이것은 우리가 깨닫긴 어렵지만 항상 스스로 환기해야 하는 부분이다(그렇다고 오류를 들추고 규명하는 것을 게을리해야 한다는 것은 아니다).

따라서 우리는 이렇게 말할 수도 있지 않을까? 특정한 손과 보이지 않는 손, 이 양자의 주된 차이는 단지 사람의 숫자가 아닐까? 한(몇) 사람과 모든 사람의 차이가 아닐까? 여기에는 어떤 술수 혹은 적어도 경솔함이 존재한다. 그것은 곧 우리가 어떤 생각과 행동을 '모든 사람'에 귀속시킬 때, 종종 어떤 자연 원리로까지 격상시킴으로써 모종의 '본질'과 닿아 초시간적인 동시에 의심할 수 없는 설명력을 얻으려 한다는 사실이다. 하지만 예컨대 어떤 입자를 연구할 때는 이런 방식이 유효할 수도 있지만(물리학의 귀납법) 생명에는 이렇게 초시공적인 일관성과 불변성이 존재하지 않는다. 특히나 인간은, 특히나 인간이 또 자신의 세계를 구축한 뒤로는 이른바 인간 집단이 그 대부분의 의미를 잃어버려 포괄력과 제한성과 설명력이 다 유한해져버렸다. 게다가 여기서 우리가 가리키는 '모든 사람'은 사실 인류 전체가 아니다. 차이가 나도 한참 나서, 기본적으로 어떤 얇디얇은 횡단면의 시간과 역사 단계에 처한 (잠정적인) 모든 사람일 뿐이다. 이런 '모든 사람'은 끊임없이 교체되어 1세기도 못 채우고 전부 바뀌어버린다. 이에 비해 사태는 아마도 더 빨리 바뀔 것이다. 특히나 끊임없이 변화가 가속화되는 현대 세계에서는 과거의 모든 것이 꼭 어제 사멸한 것만 같고 인간은 생각부터 행동까지 몇 년 만에 완전히 다른 모습이 되곤 한다. 현대 세계에서 대단히 강력하고 중요하면서도 내 생각에는 여전히 한참 과소평가되고 있는 것이 바로 유행인데, 이 유행이 인간을 추동하고 결정하는 것은(매우 빨리 인간을 따돌리기도 한다) 결코 이른바 서브컬처의 층위에만 국한되지 않는다.

아마도 더 핵심적인 또 하나의 경솔함은, 유연하면서도 각종 이견의 수용이 가능하며 심사숙고할 수 있는 모종의 '공간'을 얻기 위하여 개인으로부터 모든 사람에게로 '되돌아간' 것이다. 하지만 심사숙고와 그것에 요구되는 충분한 토론은 사람들의 기대만큼 이뤄지지 않았고 시간이 가면 갈수록 더 부진해지는 듯하다. 현실에서 '모든 사람'은 보통 안팎의 성질이 똑같은 '하나의 사물'이며 생각하지 않는 거대한 짐승으로 종종 단일한 개인보다 훨씬 더 빨리 결정을 내리곤 한다. 사실 우리는 끊임없이 이 작업의 속도와 그 장치를 개선하고 있다. 직접투표에 의한 표결부터 의견 조사 그리고 페이스북의 '좋아요'를 누르는 데 이르기까지 말이다. 문제의 발생부터 피드백의 완수까지 머리털 하나 들어갈 틈이 없으며 심지어(털끝만큼의 과장도 없이) 피드백이 문제의 발생보다 선행하여 기다리고 있기도 하다.

다소 시의에 맞지 않는 오래된 자료를 덧붙여보기로 하자. 현대의 수많은 사유의 발원지이자 실험장이었던 영국에서는 한때 그렇게 믿고 또 확실히 그렇게 실천했던 세월이 존재했다. 국회는 몇 주, 몇 달 동안 한 가지 문제에만 집중해 모든 사람이 만족하거나 지쳐 나가떨어질 때까지 토론할 수 있었으며 법원은 법관이 자기가 심리를 다 듣고 또 모든 관련 의견이 다 진술되어 결정을 내릴 수 있다는 생각이 들 때까지 아무 거리낌도 압력도 없이 재판을 이어갈 수 있었다. 그러나 세상이 너무 빨리 변했고 사람도 변했다. 혹은 그것은 본래 진정으로 성립되거나 진정으로 수행될 수 없는 일이었는데(산처럼 쌓인 그 심사 대기 법안과 소송건을 생각해보라), 단지 사람들이 한동안 세상을 과대평가하고 나아가 자기 자신을 더 심각하게 과대평가했을 뿐이었다.

이것은 내가 존 스튜어트 밀에게 가장 승복하는 점 가운데 하나이기도 하다. 겹겹의 시간의 장막을 꿰뚫어본 그의 식견은 실로 탄복할 만하다. 민주주의가 한 사람이나 몇 사람에게 대항하는 것을 의미했던 그 시대에 그는 '모든 사람'도 또 다른 폭정이 될 수 있다는 것을(그는 그것을 다수자의 전제라고 부르면서 "1000명이 한 명의 명령에 따르는 것이 전제이지만 한 명이 1000명의 명령에 따르는 것도 똑같이 전제다"라고 말했다), 심지어 더 심하고 철저하며 인간 영혼까지 침범하는 전제의 형식이 될 수도 있다는 것을 벌써 명확히 인식하고 자세히 설명했다. 이것은 민주주의가 절대로 감출 수 없는 위험이다. 민주주의가 한 사람이나 몇 사람에게서 권력을 회수하여 모든 사람에게 돌려주는 것은 민주주의 건설 시기에 수행되는 역사적 장애물의 제거일 뿐이다. 민주주의가 '정상적일' 때는 당연히 그것을 통해 보호받는 대상은 늘 모든 사람으로 과장되는 대다수 사람이 아니다(왜 한 사람을 보호하는 것이 그토록 대단한 일이 돼버렸을까? 이 일은 정말 엄청난 용기를 요한다). 수용하고 남겨야 할 한 사람, 몇 사람, 소수, 다시 말해 보르헤스가 생전에 우리가 그렇게 되기를 바랐던 그 '또 다른 사람들'이다. 밀이 일시적인 역사 현상과 인간의 단계적인 책략에 현혹되지 않은 것은 분명 이런 인식을 시종일관 품고 있었기 때문일 것이다. 다른 이유는 결코 있을 수 없다.

밀이 민주주의에 반대했다고 폄훼하는 것은 당연히 우스갯소리에 불과하다(하지만 사실 어려운 일은 아니다. 오늘날 페이스북의 세계에서는 비슷한 우스갯소리가 매일 나타나고 있으니까 말이다). 민주주의에 대한 그의 이런 쓴소리는 역시 민주주의는 파괴되어서는 안 된다는, 민주주의에 대한 그의 진지하고 뜨거운 사랑에서 비롯되었다. 그리고 밀은 언젠가 호기롭게 말하길 "모든 학설을 다 제시해보라. (…) 자유롭고 공개된 상황에서 누가, 진리가 악을 못 이긴다고 말하겠는가?"라고 했다. 하지만 아니다. 진리는 정말로 악을 못 이기곤 한다. 밀은 한 걸음 더 나아가 진리는 실패가 더 일상적인 상태이며 심지어 철저히 섬멸되기도 한다면서 현실에서 이런 일은 늘 반복적으로 일어난다고 지적했다. 그리고 뒤이어 밀이 또 한 말을 나는 대단히 소중하게 여기는 한편, 그것이 진실이라고 애써 믿으면서 거듭 인용한 바 있다.

그런데도 진리가 결국 박해와 싸워 이긴다는 격언이 누구나 즐겨 이야기하는 아름다운 거짓말 중 하나가 되었지만 이미 모든 경험에 의해 뒤집히고 말았다. 역사에는 진리가 박해와 탄압을 받은 사례가 가득하다. 영구히 제압되지는 않아도 몇 세기 동안 퇴보하곤 했다. (…) 박해는 이교도가 강력한 당을 결성해 효과적으로 박해를 실시하지 못한 경우를 제외하면 항상 성공적이었다. 기독교교회가 로마 제국에 의해 소멸됐을 수도 있다고 의심한 이성적인

사람은 한 명도 없었다. (⋯) 이 부분에서 진리가 점한 진정한 우위
는 다음과 같다. 만약 어떤 견해가 참이면 설령 한 번, 두 번 혹은
여러 번 소멸되더라도 시간이 지나면 또 누군가에게 재발견되곤 했
다. 그러다가 유리한 환경을 갖춘 시기에 재현되면 박해를 피해 점
차 우위를 점하고 그 뒤로는 자신을 누르려는 어떠한 기도에도 맞
설 수 있었다.


그렇다. 절대적으로 더 긴 시간이 필요하다. 한 번, 또 한 번 반
복되는 시간, 언제나 사람의 한평생을 뛰어넘으며 마치 역사가 윤
회하는 듯한 시간이 필요하다.

그런데 하이에크와 맬서스의 주장을 돌아봐도(애덤 스미스의 상
당히 강경한 계승자들이다) 우리는 그것도 똑같이 "호기롭고 과장되
며 또 천진하고 단순한 이데올로기"이고 "인류의 정신이 가장 야
심만만하게 발명한 것들 중 하나"라고 역시 말하지 않을 수 없다.
시장 메커니즘은 당연히 거대한 상벌과 보상의 체계이고 주류 경
제학에 따르면 완벽한(혹은 완벽에 가장 가까운) 체계이기도 하며
나아가 그것을 교란하고 오염시키지 않기 위해 다른 어떤 상벌도
배제한다. 그것은 시의적절하고 인간의 원초적 본능에 기반한 것
인 동시에 그것으로 살피고, 가늠하고, 계산하고, 상벌을 행하는
것이 바로 부이며 화폐다(성과와 화폐의 교환관계를 인정할 뿐이라는
의미다. 따라서 화폐로 교환되지 않는 부분은 존재하지 않는 것과 같다).

게다가 그것은 집단과 다수에 속한다. 따라서 인류 세계가 그것으로 세상의 어떤 일과 어떤 사물과 어떤 행위가 보존되거나 폐기되어야 하는지 결정할 때 근거로 삼는 것은 단지 인간의 원초적 본능과 당장의 선택 그리고 집단의 공약수적 인식(평범하고 냉담하며 밀이 '이미 정해진 의견의 깊은 잠'이라고 부른)에 불과하다는 것을 마음 놓고 믿어도 좋다. 하지만 화폐는, 그런 믿음은 어디에서 비롯되는 것일까? 그것은 또 다른 치명적인 자만, 또 다른 고귀한 오류가 아닐까?

어느 출판 편집자가 그것만을 믿고 명령에 따라 이른바 가장 적절하고 유리한 지점으로 자신을 내몬다면, 지금 2015년 타이완에서 그는 야한 책만 내고 있을 것이다(하지만 2016년, 2017년에는 또 어떤 책이 될까). 체호프가 묘사한 5등 문관 바흐롬킨이 끝까지 마음에 두었던 것도 그 상벌 체계였다. 그래서 그는 자신의 진귀한 재능을 무시해버렸다. 그를 놀라고 기쁘게 했지만 결국 부와 교환될 수 없음을 깨닫게 한 그 시와 그림의 재능은 한바탕 꿈이 되고 말았다. 하지만 그는 겨우 한나절을 고민했을 뿐이다. 너무나 합리적이고 영민해서 별로 괴롭지 않았다.

# 장엄하지 않고, 화려하지 않고, 찬양받지 못한다

꽤 긴 세월 동안 인류는 어떤 궁극적인 해결책을, 어떤 통일장 이론을, 만능의 신처럼 모든 고생과 어려움과 불안하고 불확실한 일을 전부 맡길 수 있는 것을 찾으려 했다. 사회주의가 바로 그런 경향이 있었지만 사회주의의 그 점을 계속 공격하고 조소했던 자본주의도 안 그런 적이 없었다. 그래서 한나 아렌트는 지적하길, 애덤 스미스와 카를 마르크스가 말한 인간은 모두 생물적 인간이며 생물성으로 돌아가 인간을 '획일화'시킴으로써 그렇게 통일적이고 궁극적인 이론을 순조롭게 구축할 수 있었다고 했다.

인간은 역시 착실하게 힘껏 판별하고, 선택하고, 결정하고, 거듭 훌륭한 것을 생각해내고 말해야 하며 옳은 일을 한 사람에게 갈채를 보내거나 적어도 미소를 지어주는 한편, 때때로 진지하게 잘 쓰인 책을 사기도 해야 한다. 혹시 인간의 자만심이 어떤 독단과 헤게모니를 형성하지 않을까 다들 쓸데없는 걱정을 하더라도 나는 그것은 절대 인간이 사유하지 않고 분별하지 않는 이유가 되지는 못한다고 말할 것이다. 그리고 지금 또 나는 그런 종류의 치명적인 위험은 이미 인류사에서 완전히 사멸하고 사라졌다고 말하고자 한다. 그런데 사실 내가 진짜 하고 싶은 말은 이렇다.

"반성도 안 해보고 무슨 허튼소리를 하는 거요? 사람이 이기적이고 게으름을 피우는 건 별로 대수롭지 않은 일인데 굳이 그런 이유까지 찾을 필요가 있나요?"

선택을 포기하는 것이 답일 리는 없다. 사실 선택을 포기한 결과는 결코 선택을 안 하는 것이 아니라 역시 오류의 발생을 못 피하는 것이다(단지 책임을 피할 따름이다). 오늘날 우리가 진정으로 염려해야 하는 것은 또 다른 오류와 그 위험이며 그것이야말로 지금 우리의 진정한 상태인데, 바로 사람들이 판별을 포기하는 것이다. 그 결과는 당연히 까닭 없이 선택을 안 하고 속절없이 그 권한을 기존의 일반적이며 유행하는 주류 의견에 넘겨버리는 것이다. 이것이야말로 진짜 헤게모니에 가담하고 헤게모니를 강화하는 것이며(자기 혼자는 그러든 안 그러든 영향이 미미해 보일지라도) 인간이 '다수자의 전제'(밀의 용어)의 한 부분, 한 원자가 되는 것이다.

경제적 사유 안에서 애덤 스미스가 '보이지 않는 손'이라고 명명한 것이 정치, 사회, 나아가 일반적인 생활 영역에 투사된 것을 홉스는 또 리바이어던이라고 불렀다. 이 두 가지는 사실 동일한 것이다.

누가 페데리코 펠리니의 「아마코드」를 보고서 남에게 침을 튀기며 얘기해준다 한들 할리우드의 전 지구적 헤게모니는 털끝만큼도 건드릴 수 없으며 그것을 대체하는 것은 더더욱 꿈같은 일이다. 또 누가 천신만고 끝에 알렉산드르 게르첸의 『과거와 사색』(자유주의의 대가 이사야 벌린이 '19세기의 가장 위대한 자유주의의 책'이라고 추앙한 바 있다)을 출판하는 데 성공하더라도 타이완의 출판 시장에서는 역시 300권 이상 팔지 못할 것이다. 오늘날의 세계에서 인간이 부와 권력의 지배를 거부하고 힘껏 판별과 선택을 행하는 것은 아마도 (그들이 느끼기에) 거칠고 대담한 일이겠지만 결코 미제스가 말한 것처럼 그렇게 "장엄하고 화려할" 리는 없으며 다시 "세상 사람들에게서 전대미문의 찬양을 받지도" 못한다. 그것은 단지 인간이 스스로에게 부여한 지난한 일로서 외롭고, 조용하고, 격리돼 있고, 결과가 있어도 보통은 아무 대가가 없다. 하지만 보르헤스가 말한 대로 그것은 인간의 의무다.

# 백화점 천국

이어서 부의 세계의 한 아름다운 이미지에 관해 이야기해보기로 하자. 그것은 부의 성과가 성취하고 나타낼 수 있는 가장 근사한 모습이다. 찰리 채플린의 무성영화 「모던 타임스」는 부의 어떤 물질적인 천국을 창조해냈지만 그 관점은 매우 서글프다. 부랑자 채플린과 가난하지만 거칠고 아름다운 좀도둑 소녀가 한밤중에 마치 천국에 들어가듯 문 닫힌 백화점에 잠입한다. "그들이 꿈꾸던 것이 거기에 다 있었다"(마치 광고 카피 같다)고 말하는 것은 아마도 옳지 않을 것이다. 왜냐하면 사람의 꿈은 그의 지식, 경력, 필요에 달려 있기 때문이다. 보들레르가 "환상은 개인적이다"라고 말한 것처럼 말이다. 그 두 사람은 사회 최하층에서 별로 좋은 물건도 본 적이 없는 부랑자와 시장 좀도둑이어서 사실 꿈꿀 수 있는 것이 한정적이었다. 그래서 그곳에는 두 사람의 꿈을 뛰어넘는 물건들이 넘쳐났다. 처음 보고 이름도 모르며 어디에 쓰는지는 더더욱 알 수 없는 기묘한 물건이 너무나 많았다. 그리고 채플린식의 한바탕 소동극으로 바뀌면서 흑백 영상은 마치 휘황찬란한 색깔과 빛이 가득한 것처럼 보인다.

하지만 당연히 그것은 단 하룻밤뿐이었다. 한밤중의 백화점 천국은 우리가 매일 자면서 꿈꾸는 것과 시간이 같았다.

타이완에 사는 조금 늙었거나 좀더 늙은 우리 세대가 보기에 세계는 확실히 우리가 꿈꾸는 것보다 훨씬 더 빨리 달라졌다. 실제 생활에서는 말할 것도 없고 우리는 꿈에서조차 세계의 변화를 따라잡을 수 없었다. 우스우면서도 조금 씁쓸한 이야기를 해보기로 하자. 오래 고생하다가 갑자기 성공해서 사치스러워진 내 동년배 친구가 연달아 세 번 차를 바꿨는데 모두 하얀색 BMW였다. 그런데 그가 바꾼 차를 어리고 가난한 친구들에게 보여줬을 때 그들은 그가 단지 차를 닦고 광을 내는 데 흥이 식었나보다라고 생각했다. 사실 그가 계속 BMW를 산 것은 그 브랜드에 대한 충성도가 높았기 때문이 아니라, 당시 돈자랑하기 더 좋고 여자를 태우기에 더 알맞은 차를 아예 몰랐기 때문이다(잔훙즈도 명차에 관한 해프닝을 하나 알고 있었다. 부잣집 여자와 결혼한 그의 한 성실한 동료는 장인이 선물한 재규어 신차가 뭔지 몰라서 그 엠블럼 모양이 '숨이 간들간들한 개'라고 말했다고 한다). 그것은 마치 타이완에서 오랫동안 건달과 경찰들이 스위스 명품이라고 할 만한 롤렉스 금시계와 천연두 환자의 얼굴처럼 다이아몬드가 오소소 박힌 금시계만 알고 또 찼던 것과 똑같다.

요즘에는 이런 유의 해프닝이 줄었다. 우리는 아무도 직접 슈퍼카를 본 적이 없지만 다들 영화와 TV에서는 슈퍼카가 차도를 가득 메우고 달리는 것을 본 적이 있다. 사실 많은 사람이 너무나 세세한 사항을 다 알고 있다(마력, 연식, 가격, 실린더, 엔진, 타이어, 전력 시스템 등과 그 자동차가 출시된 이후의 각종 일화까지 꿰고 있다). 단지 진짜 차가 없을 뿐이다. 꿈의 전달 속도는 실물보다 빠르며 오늘날 우리의 꿈은 더 이상 실제 삶의 경험에 근거하지 않는다. 집단의 꿈과 매스 미디어가 개인의 꿈을 대체했고 나아가 꿈에 전 지구화된 형식과 규격이 생겨나서 연애조차 일련의 표준 절차를 갖게 되었다. 이것은 인간의 완전히 새롭고도 다시 되돌아갈 리 없는 상태로서 인간의 모든 아름다움과 어려움과 고생을 포괄한다. 예를 들어 토크빌이 염려한 것처럼 오늘날에는 가난한 자와 부자가 밀착해 한 덩어리가 되었고(그들이 실제로 거주하고 생활하는 지점이 서로 얼마나 떨어져 있든 상관없다) 사람들은 자기가 얻을 수 없는 눈부신 물건들에 온종일 흠뻑 빠져 있다. 이것은 확실히 인간성에 대한 너무나도 중대한 시험으로서 자칫 삶의 기조가 실의와 낙담과 원망에 물들기 쉽다.

다른 한편으로 채플린의 그런 앨리스의 이상한 나라 같은 천국은 다시 그런 식으로 나타날 리 없다. 백화점마다 사각지대가 거의 없는 감시 시스템이 생기는 바람에 이제는 꾸벅꾸벅 조는 2명의 경비원을 따돌리는 것만으로는 단 3분도 안에 있을 수가 없기 때문이다.

백화점(나는 이것이 뭐라고 확실히 말하기 어려우면서도 너무나 생생한 인류사의 상징물이라고 생각해왔다)과 관련해서는 내게도 그렇게 물질적인 부의 '천국'이 한 군데 있기는 하다. 물건이 더 풍부하고 사람들이 더 평등하기도 한 그곳은 높은 층이 아니라 아래로 지옥에 더 가까운 지하 1, 2, 3층이다.

# 등에

『아미타경阿彌陀經』에서 석가모니는 대제자에게 아래와 같이 극락
의 모습을 묘사한다.

그 나라의 중생은 아무 괴로움 없이 온갖 즐거운 일만 있어 그곳을
극락이라 한다.

거기에는 7겹 난간과 7겹 그물과 7겹 가로수가 있고 모두 네 가지
보석으로 온통 장식되어 있다.

일곱 가지 보석으로 된 연못은 여덟 가지 공덕이 있는 물로 가득하
며 바닥에는 금모래가 깔렸다.

연못 사방에는 금, 은, 옥, 유리로 만든 계단이 있고 그 위에는 누
각이 있는데 역시 금, 은, 옥, 유리, 호박, 붉은 진주, 마노로 빈틈없
이 꾸며져 있다.

연못 가운데에는 수레바퀴만 한 연꽃이 피어 파란 꽃은 파란빛을,
노란 꽃은 노란빛을, 붉은 꽃은 붉은빛을, 하얀 꽃은 하얀빛을 발
하는데 미묘하고 향기로우며 정결하다.

또한 항상 음악이 연주되고 대지는 황금색이며 밤낮으로 천상의
만다라꽃이 비처럼 내린다.

갖가지 기묘한 여러 색깔의 새도 있어서 백학, 공작, 앵무새, 사리새, 가릉빈가迦陵頻伽 사람의 머리에 새의 몸을 가진 상상의 새로 일명 극락조라고 한다, 공명조共命鳥 꿩의 일종으로 머리가 둘이 있는데 하나가 죽으면 다른 하나도 따라 죽는다 등이 밤낮을 안 가리고 맑고 평화롭게 노래 부른다.

其國衆生, 無有衆苦, 但受諸樂, 故名極樂.

七重欄楯, 七重羅網, 七重行樹, 皆是四寶周帀圍繞.

有七寶池八功德水充滿其中, 池底純以金沙布地.

四邊階道, 金銀琉璃玻璃合成, 上有樓閣, 亦以金銀琉璃玻璃硨磲赤珠瑪瑙而嚴飾之.

池中蓮花大如車輪, 靑色靑光, 黃色黃光, 赤色赤光, 白色白光, 微妙香潔.

常作之樂, 黃金爲地, 晝夜六時, 雨天曼陀羅華.

有種種奇妙雜色之鳥, 白鶴孔雀鸚鵡舍利迦陵頻伽共命之鳥. 是諸衆鳥, 晝夜六時, 出和雅音.


이것은 대단히 흥미롭고 세밀한 묘사로서 구체적일 뿐만 아니라 물질적이기도 해서 극락이라기보다는 어떤(당시 사람들이 상상할 수 있었던) 이상적인 집이나 우월한 주거 환경 같다. 건물의 구조, 건축 자재, 장식품과 인테리어, 광선의 처리, 공기 질의 조절, 소리와 색채의 안배와 선택까지 우리는 거의 모든 것을 하나하나 현대의 말과 긴축 그리고 생활 설비를 이용해 '번역'해낼 수 있다. 그래서 소설가 아청은 언젠가 나와 이 아름다운 불경에 관해 이야기할 때 농담조로 말했다.

"석가모니는 거의 자기 제자를 유혹하고 있군그래. 현장에 있던 사람들은 틀림없이 당장이라도 거기로 이사를 가고 싶었을 거야."

하지만 오늘날 이런 거주지를 얻는 것은 그리 어렵지 않은 일이 되었다. 적어도 끝없는 윤회와 수행은 불필요하며 무슨 깨달음을 얻지 않아도 된다. 그저 돈을 지불할 능력만 되면 거뜬히 얻을 수 있다. 과연 현세에 성불을 하는 게 가능한 것이다. 이 점에 있어서 인류 세계의 진보는 참으로 확실하고 놀랄 만하며 더욱이 감동적이다.

『세상의 이름』이라는 책에서 나는 다음과 같은 문제를 잠깐 언급한 적이 있다. 역사적으로 많은 마음씨 착한 철학자와 현인들이 우리를 위해 여러 버전의 이상적이고 살기 좋은 세상의 모습을 구상해냈다. 그런데 나는 항상 그것들의 '원점'을 살피곤 했다. 본래의 문제는 무엇일까? 사람들이 갈구하는 것은 무엇일까? 그것은 당시의 어떤 구체적인(심지어 절박한) 결핍과 불평불만과 갖가지 괴로움에 호응한 것일까? 인간은 도대체 어떤 고통스러운 삶의 지경에 갇혀 있기에 그토록 답이나 위안을 찾아야 하는 걸까? 그러고 나서 나는 또 하나하나 점검한 끝에, 본래 사람들이 보편적으로 허무맹랑하거나 아득히 멀거나 귀신이 개입해야 비로소 가능하다고 생각했던 그 순수 사유의 성과들 중 일부는 놀랍게도 실현될 수 있고 또 이미 실현되었으며 인간이 어떤 대가와 방식을 사용하면 그것을 얻거나 실현할 수도 있음을 깨달았다.

지하에 있는, 내려갈수록 밝아지는 내 백화점 천국은 탁 트인 공간에 각종 날음식과 익힌 음식과 소비 용품을 비롯해 없는 것이 없을 뿐만 아니라 누구든 손만 뻗으면 가져갈 수 있는 대형 마트를 뜻한다. 여기는 백화점 안에서 내가 유일하게 오래 서성이는 곳으로 실제 사물이 가득한 그 세계에 서 있을 때마다 나는 항상 조금 '감동'하곤 한다. 그것은 내가 아는 한 태평하고, 순조롭고, 풍요롭고 심지어 중생이 평등한, 진실이라고 믿기 어려운 가장 생생한 광경이자 부의 성과가 가장 훌륭하게 반영된 한 폭의 그림으로서 나는 간혹 『예기』의 다음 구절이 조금 과장 같기는 해도 정말이 아닐까 하는 생각이 들곤 한다.

그러므로 하늘은 그 도를 아끼지 않고 땅은 그 보물을 아끼지 않으며 사람은 그 정을 아끼지 않는다. 그러므로 하늘에서는 기름진 이슬이 내리고, 땅에서는 감미로운 샘이 나오고, 산에서는 그릇과 수레가 나오고, 강에서는 용마龍馬와 하도河圖가 나오고, 봉황과 기린이 다 들판의 촌락에 있고, 거북과 용이 궁궐의 연못에 있고, 그 밖의 새와 짐승의 알과 태胎를 다 몸만 구부리면 엿볼 수 있다.

故天不愛其道, 地不愛其寶, 人不愛其情, 故天降膏露, 地出醴泉, 山出器車, 河出馬圖, 鳳凰麒麟皆在郊陬, 龜龍在宮沼, 其餘鳥獸之卵胎, 皆可俯而窺也.

채플린이 잠입했던 지상층과는 다르다. 지상층은 별개의 세계로서 층마다 각각의 타깃 고객이 있다. 특히 그레이엄 그린이 쓴 『사건의 핵심』 속 스코비처럼 "삶을 살아갈수록 물건이 줄어드는" 나 같은 사람에게는 그곳의 물건들은 대부분 요긴하지 않으며 없어도 일상에는 전혀 지장이 없다. 인류가 어떤 거대한 재난으로 전멸하여 온 도시에 한 명 또는 몇 명만 살아남는 할리우드 영화를 봐도 그런 로빈슨 크루소 같은 순간에 사람을 살리는 곳은 바로 지하층이다.

(『로빈슨 크루소』에서 로빈슨 크루소는 좌초된 배에서 쓸모 있는 물건들을 잔뜩 찾아냈다. 그리고 돈도 발견했지만 혼자 사는 그로서는 우스운 느낌만 들 뿐이었다. 그러나 마치 은행원처럼 머릿속에 온통 경제적 계산이 가득했던 작가 디포는 그로 하여금 돈을 남겨두게 했다. 그가 언젠가는 화폐 없이는 하루도 살 수 없는 인류 세계로 돌아가리라는 것을 알았던 것처럼 말이다.)

아시아, 특히 동아시아의 백화점은 거의 일본식 백화점을 모델로 삼고 있다. 일상생활의 물건과 관련해 일본인은 편집증에 가까운 집중력과 악마 같은 상상력 그리고 그에 따라 생겨난 갖가지 매혹적인 장인 기술을 갖고 있다. 특히 거품경제 시절 누구나 처치 곤란할 정도로 돈이 넘치고 은행 예금 이자도 제로에 가까웠을 때는 오갈 데 없는 소비력이 별의별 기괴한 발명품의 생산을 촉진해서 한 세대 사람 전체가 거의 모든 지혜와 창의력을 자원과 함께 거기에 쏟아부어 놀랄 만한 성과를 거두었다. 하지만 그 바람에 문학의 창작과 감상을 잊었고(일본은 더 이상 책 읽기를 좋아하는 국가가 아니다) 또 계속해서 전 세계 전자산업의 패권을 다투기 위해 필요한 준비를 할 기회를 상당 부분 잃었다. 그래도 일본의 채소, 과일, 육류, 생선은 대체로 세계에서 가장 보기 좋으며(만족할 줄 모르고 계속 세계 각국의 다양한 품종을 수입하고 도입하고 개량해서 그렇다) 조리한 뒤의 요리도 근사한 데다 차려놓으면 더 예뻐서 전체적으로 풍요로운 미감을 자랑한다. 게다가 그것들은 그래도 서민과 일반인의 것이며 대부분은 급히 전철을 타고 집에 돌아가 저녁을 짓는 가정주부의 몫이다.

이럴 때면 나는 나 자신이 한 마리 등에, 소크라테스가 스스로를 비유한 등에 같다는 생각이 든다. 나는 대체 왜 줄곧 윙윙거리며 이 세상을 소란스럽게 하는 걸까?

그 대단한 철학자와 현인들도 단지 인간이 이런 삶을 살 수 있기를 바라서 인생을 송두리째 바친 게 아닐까? 누가 말한 것처럼 한 세기 전의 위대한 소비에트 혁명이 사람들에게 진짜로 약속한 것도 감자에 소고기를 곁들여 먹게 해준다는 것뿐이었다.

지금은 그저 소고기에 감자여서는 안 된다. 소고기는 일본 와규여야 하고 감자는 홋카이도의 특산물인 단샤쿠 감자여야 한다. 만약 모든 이의 삶이 역사의 예상을 뛰어넘어 지금에 이르렀다면 설령 지혜와 창의력을 버리고 더는 칸트를 알지 못해도, 톨스토이와 포크너와 조이스를 읽지 않아도 당연히 무방하거나 혹은 합리적인 대가가 아닐까?

이럴 때면 나는 내 생각이 모든 우려와 더불어 몽땅 틀렸으면 좋겠다.

# 멈춰라

하지만 그렇다고 "멈춰라, 참으로 아름답구나!"라고 말하기는 어려운 듯하다. 원작자 괴테에 의하면 이 말은 불길하다. 희곡 『파우스트』에서 파우스트 박사가 감정이 북받쳐 이 말을 꺼낸 찰나, (이 말이 나오면 계약을 종료하기로 한) 약속대로 메피스토펠레스가 나타나 모든 것을 가져가게 되었다. 게다가 파우스트가 본 것은 사실 환상이었다. 밤과 낮, 빛과 어둠조차 뒤바뀌었고 그것은 즐거워하는 한 무리의 청춘 남녀가 아니라 영악한 무덤 파는 자였으며 두드리는 소리는 아름다운 왕국을 짓는 소리가 아니라 무덤을 파내는 소리였다.

여기서 진짜 문제는 멈출 수 있느냐 없느냐에도, 환상이냐 아니냐에도 있지 않다. 그것은 궁극적으로 방대한 세계의 작은 귀퉁이, 인류 세계의 끝부분에 있을 수밖에 없다. 여기서 얘기하는 서민과 일반인은 사실 어떤 지역, 어떤 도시, 어떤 국가의 어떤 일부의 사람들일 뿐이다. 또한 환상에 대해 언급하자면 확실히 이것이 환상이다. 즉, 이 서민과 일반인이라는 단어와 개념에 딸려오는 아름다운 환상을 말한다. 우리는 이 단어와 개념을 전 세계, 전 인류에까지 확대, 복제할 수 없는 탓에 바로 진실이 폭로되고 만다.

우리는 곧 맬서스, 그 음울한 늙은 유령과 맞닥뜨릴 것이다.

나는 『끝』이라는 책에서 노인 돌봄 문제에 관해 논할 때 타이완의 노인 돌봄은 당연히 국가와 국가 간의 경제 격차와 타인의 빈곤함을 '이용'한다고 언급한 바 있다. 타이완 내에서 인력을 충당하려면 비용이 틀림없이 3배는 들 것이다(하려는 사람을 충분히 구하기도 힘들 것이다). 바꿔 말해 그것은 일반 가정에서 부담할 수 있는 비용이 아니며(타이완에서 저 1퍼센트의 사람들을 제외하고는 남을 고용해 그 일을 맡기는 가정이 없다는 것이 증명되었다) 또 바꿔 말하면 현 단계 타이완의 노인 돌봄 현황은 이미 인류 전체의 평균 능력을 한참 상회한다고 할 수 있다. 하지만 그렇다 하더라도 여전히 우리를 무척 고민스럽게 만들며 특히 나 같은 연배의 사람들은 하나같이 신경쇠약에 걸릴 지경이다.

지하 마트의 그 저렴한 생활 물품들도 사실 마찬가지다. 그것들의 생산지를 확인해보면 역시 어떤 시골, 어떤 나라의 경제 격차를 이용함으로써 비로소 특정 지역과 도시와 국가의 '일반인'이 지불 가능한 가격으로 제공할 수 있었음을 알게 된다.

우리는 지금 일본인이 전 세계의 절반이 넘는 사람들에게 참치와 장어 먹는 법을 가르쳐준 데 대해 틀림없이 후회하고 있을 거라고 농담을 하곤 한다. 참치는 본래 경제적 가치가 낮아 줄곧 사료와 통조림으로만 가공되던 어종이었고 바닷속에서 폭군처럼 먹이를 약탈하며 다른 물고기 무리를 쫓아내는 탓에 전 세계 어부들에게 극도로 미움을 샀다. 하지만 이제 일본인이 전 세계에서 저가로 참치를 수매할 수 있던 시절은 이미 가버렸고 나아가 그런 시절은 다시는 돌아오지 않을 것이다. 한편 장어는 문제가 더 심각하며 가격이 더 빨리 치솟고 있다. 이상하게도 장어의 알을 인공 부화할 수가 없어 양식자들이 바다의 다른 섭식 어류로부터 장어의 치어를 빼앗을 수밖에 없기 때문이다. 30년 전쯤에 원뿔형의 해선망으로 장어 치어를 잡는 것은 타이완 연해 사람들의 중요한 부업이었다(지금은 이미 사라졌다). 내가 자주 가는 편이었던 이란의 궈링過嶺 해변 일대에서도 노인과 아이 무리가 겨울의 차갑고 세찬 파도 속에 하반신을 담그고 있는 광경을 흔히 볼 수 있었다. 조금 나은 한 해를 보내려면 그들은 자신의 능력에 의지해 운을 시험해야만 했다.

몇 년 전 타이완에서 일어난 한약재의 가격 폭등도 그랬다. 원산지인 중국의 경제 발전으로 인해 그곳 사람들은 더 이상 병을 참거나 수명을 희생해 눈앞의 생계와 맞바꿀 필요가 없게 되었다. 결코 그들이 뛰어난 체질을 타고나 병에 안 걸리거나 약을 안 먹어도 되는 게 아니었던 것이다. 따라서 경제학에서 말하는 상호 윈윈의 무역 교환 원칙은 꼭 틀린 것은 아니어도 정말로 너무 낙관적으로 이야기되는 것은 아닌지 의심이 든다. 이른바 교역용의 '잉여물'은 대체 어떻게 남게 되는 것일까? 단순히 남아도는 것일까, 아니면 억지로 쥐어짜내는 것일까? 더 희한한 일은 남아도는 것들(선진국)이 흔히 쥐어짜는 것들(후진국)보다 가격이 훨씬 높다는 것이다. 밀감을 몇 킬로그램 팔아야 휴대전화 한 대와 바꿀 수 있을까?

인간이 계속 실수와 악행을 저지른다는 것은 추호도 의심할 필요가 없다. 하지만 이것은 맬서스의 예언이 주목한 포인트가 아니다. 맬서스가 지적한 것은 단지 우리의 이 작고 푸른 행성의 최종적인 수용력과 내구력인데, 이 행성은 매년 3퍼센트, 5퍼센트씩 성장하고 커질 리 없다. 이 간단하면서도 불편한 진실을 잠시 외면할 수는 있어도 영원히 피하는 것은 불가능하다. 일례로 중국에서 정기적으로 양산되는 초미세먼지는 이미 전 지구적인 문제가 되었으며 특히 겨울철에는 북풍을 타고 마치 화학무기처럼 주변 이웃 나라들을 공격하고 있다. 하지만 우리는 사람들에게 도대체 어떤 새로운 실수와 악행을 저질렀느냐고 물어야 하는가? 대체로 인류는 자신들이 오랜 세월 동안 계속해왔던 일을 반복적으로 하고 있을 따름이다. 겨울이면 당연히 석탄을 때야지, 안 그러면 어떻게 살아간단 말인가? 인류는 변하지 않았다. 단지 앞에서 기다리고 있던 맬서스와 맞닥뜨렸을 뿐이다.

그래서 우리가 "멈춰라, 참으로 아름답구나!"라는 말을 하기가 어렵다고 조금이라도 생각한 적이 있다면, 그것은 불길해서가 아니라(누구는 아직도 그렇다고 믿는다) 답이 아니기 때문이다. 백화점 대형 마트에 쌓인 품질 좋은 청과물은, 특히나 멀리 있는 여러 생산지에서 온 것들은 무슨 마법이라도 쓴 것처럼 싱싱하기 그지없다. 이것은 괜히 그렇게 된 게 아니라 오는 내내 많은 자원과 인력을 들였기 때문이며 그 모든 것은 대량의 낭비로 지탱되는 전 지구적 경제 메커니즘을 바탕으로 수립되었기에 우리가 어떻게 선택할 수 있는 차원의 문제가 아니다. 따라서 함께 멈춰야 하는 것은, 필요한 여러 빈국과 산간벽지 그리고 자신이 생산한 좋은 물건을 향유하지 못하는 사람들과 우리가 죽어도 못 하는 일을 해야만 하는 사람들을 다 포함하는 전체 경제 체제다. 수많은 이들이 자신의 부모를 버리고 불원천리 먼 길을 달려와 우리 부모를 돌보고자 하고, 또 열악한 공장에서 피땀 흘려 일하고자 하는 덕에 우리는 하는 일 없이 휴대전화와 컴퓨터로 채팅을 하며, 셀카를 찍고, 청승을 떨고, 온종일 헛소리와 남 욕을 일삼고, 온 세상에 자기가 저녁에 뭘 먹었는지, 각종 현란한 무기와 장비로 하루에 수십, 수백, 수천 명을 죽일 수 있다. 그렇다. 자유시장 메커니즘의 그 보이지 않는 손을 통한 교묘한 안배를 우리 모두는 스스로 바란다. 그리고 단지 일부가 영원히 다른 이들보다 더 바랄 따름이다.

대형 마트에서 물건을 사는 것은 우리가 똑바로 계산하고 훔치거나 빼앗는 일 없이 점잖게만 처신한다면 더없이 정당한 일이며 부끄러워할 필요도 없다. 다만 우리가 확실히 조금 등치고 있다는 것을, 이 지구를 등치고 있다는 것을, 그 와중에서 기뻐하든 슬퍼하든 꼭 기억해둬야 한다.

# 실의에 빠진 인간

부에 관한 사색은 앞선 그것의 환상과 천국에 대한 논의를 끝으로 잠시 멈추려 한다. 부와 권력은 본래 이 책의 진정한 관심사가 아니다. 단지 부득이해서 사유했을 따름이다. 이제 가능한 한 오늘날 명예가 처해 있는 현실 상황을 이해해보기로 하자.

그런데 '꾸며대는 말'처럼 보이고 싶지 않아, 여기서 이어지는 몇 문단은 직설적으로 단언하는 듯한 형식을 취하고 부연 설명도 달지 않을 것이다. 따라서 거창하고 독단적인 느낌이 들어도 그것은 내 본뜻이 아니라 단지 문형 때문에 그런 것이다.

부는 권력을 초월하여 전 지구를 재편하고 상당히 실질적인 의미에서 통치하고 있지만, 이것이 이른바 역사의 종말일 리는 없고 이로써 온 세계가 무사태평해질 리는 더더욱 없다. 이어서 적어도 세 가지 일이 분명 지속적으로 발생해 상시적인 세계의 불안 요소가 될 것이다. 혹은 더 정확히 말한다면 이미 발생한 데다 갈수록 뚜렷해지고 거대해져 다른 어떤 변명으로도 그것을 덮거나 피해 가거나 어떤 일시적이고 경미한 현상일 뿐이라고 말하지 못할 것이다. 이것은 자본주의의 '한 역사 단계'다.

첫째, 유효수요가 장기적인 결핍 상태에 빠져 끊임없이 극약 처방으로 소비를 촉진하는데도 그 효과는 갈수록 줄어들 것이다. 계속 확대되기만 하는 전 지구적 경제 체제를 소비가 따라잡지도 지탱하지도 못한다는 것은 이미 분명한 사실이 되었다. 이른바 '불완전 회복'을 논할 수도 없다.

둘째, 노동 시장도 계속 축소되고 열악해질 것이다. 제조업의 지속적인 위축으로 쫓겨난 노동 인구가 전통적인 경제학자들이 말한 것처럼(사실 순전히 추측일 뿐이었다) 서비스업에 의해 완전히 승계되지는 못함으로써 보편적인 실업 문제를 극복하기가 상당히 어려워졌다. 그리고 경제학의 일반적인 설명과 떠도는 신화에 더 위배되는 것은 서비스업의 업무가 블루칼라에서 화이트칼라로 '업그레이드'되지 않고 더 낮은 단계의 파견직, 아르바이트직, 시급직으로 악화되어 소득이 더 낮아졌을 뿐만 아니라, 수직으로 승진하는 전통적인 일자리의 숫자도 반토막이 나는 바람에 사람들이 업무 경험을 축적할 기회가 사라지고 장기적인 전문가 양성이 거의 불가능해져 "희망이 사라졌다"는 사실이다.

셋째, 부의 분배가 지속적으로 양극화되어 중간이 사라질 것이다. 화폐가 모든 것의 핵심이어서 화폐를 장악한 자가 절대 비율의 이익을 취하고(거칠게 말해 돈 많은 사람이 더 많은 돈을 번다는 뜻이다. 크루그먼이 말한 것처럼 그저 돈이 더 많다는 이유로 말이다) 화폐의 전 지구적 유동과 약탈(전혀 과장된 어휘 선택이 아니다)은 전 세계 경제의 지속적이고, 정기적이거나 비정기적이며, 곳곳에서 재난을 일으키는 진짜 화약고다.

인류의 자본주의 경제 체제는 이미 곳곳에서 이 작은 행성이 견뎌낼 수 있는 마지막 한계를 시험하는 지경으로까지 거대해졌다. 이것은 뛰어넘을 수 없는 벽으로서(현재 상태를 보면 우리가 화성을 식민지화하여 지구를 벗어나는 것은 이미 늦었다. 그래서 다소 낙관적인 한나 아렌트의 미래 전망과 인류 행동에 대한 평가는 틀린 듯하다) 우리는 곳곳에서 부딪치는 갖가지 소리를 계속 듣고 있다. 이는 사람들을 두 배로(아마 두 배 이상일 것이다) 더 어려운 상황에 몰아넣고 불가피하게 더 많은 것을 고려하게 만들었다. 발전으로 발전의 문제를 해결하고 성장으로 성장의 위기에서 벗어났던 과거의 편하고 단순하며 기계적인 사유는 이제 통하지 않게 되었다.

이어서 이 경제 체제의 계속되는 위기 진압과 자기 보수의 여의치 않은 과정에서 인류는 틀림없이 일정 정도의 자기 구속과 희생을 계속 치러야만 할 것이다(다시 말해 더는 이기심만 좇지는 못할 것이다). 100년, 1000년간 의심받지 않아온 일을 이제는 못 하게 되었고 너무나 당연한 일이 당연하지 않게 됐으며 경계와 반성 차원의 필요한 수정 조치와 예상 가능한 재난 사이의 절충 및 선후 관계를 꼼꼼히 따지게 되었다. 궁극적으로 나는 인간의 생명 가장 깊은 곳에 일종의 근성이, 철면피에 가까운 존경할 만한 근성이 있어서 절대 안 하고, 할 리 없고, 하기 싫다고 맹세한 어떤 일도 결국에는 하나하나 하게 된다고 믿고 싶다(타이완을 너무 사랑해서

허구한날 중국 타도를 외치던 사람들이 최근 몇 년 사이 차례로 중국에 가서 희한하게 똑같이 온순하게 군 것을 보면 가능성이 충분하다). 이것은 인간에 대한 내 구제불능의 마지막 낙관이자 믿음이다.

내가 좋아하는 영국의 학자 겸 『가디언』의 칼럼니스트, 티머시 가턴 애시도 그렇게 형세에 따라 태도를 바꾸는 이들 덕분에 민주 정치의 정권 이양이 순조로울 수 있다고 지적했다.

그래서 우리에게 도래할 것은 천국은 아니지만 그렇다고 최후의 날일 리도 없다. 단지 상대적으로 불편하고 또 힘들어진 생활 방식과 그로 인한 갖가지 필연적인 혼란일 것이다. 인류는 경제 체제의 엄청난 붕괴(예언을 업으로 삼는 사람들은 대부분 이런 견해와 어조를 애호한다)를 맞이하지는 않을 것이다. 우리가 예견할 수 있는 근 미래는 분명 그런 상태에 이르지 않을 것이며 그런 방식으로 발생할 리도 없다. 아니면 이렇게 말할 수 있을지도 모른다. 붕괴가 먼저 오는 것이 아니라 대단히 많은 와해가 그 붕괴에 앞서 길게 이어질 것이라고 말이다. 건물이 무너지는 것이 아니라 벽돌과 기와가 끊임없이 떨어져 내리는 것, 이것이 바로 인류의 진정한 상태다.

기본적으로 인류 세계의 현실 주체 문제는 역시 생존 한계선 위쪽에서 발생하지, 아래쪽에서 발생하지는 않는다. 사람이 굶어 죽고 얼어 죽는 문제(가장 주변부에 있는 지역은 확실히 이럴 것이다)가 아니라 사람이 어떤 방식으로 살아가느냐는 문제이기 때문이다. 그리고 '생활의 철석 같은 규칙', 생활의 규격, 삶의 규격에 대한 모종의 불가피한 하향 조정은 불안과 낙담과 저항과 분노를 야기하기 마련이다. 어쨌든 인류가 이렇게 생활과 삶과 희망을 꾸려온 지가 벌써 수십, 수백 년은 되었으며 이를 넘어 우리의 가족 구조, 사회 구조, 정치 구조, 나아가 인류의 총체적 삶의 네트워크까지 이미 부지불식간에 완전히 토대가 서고, 정합되고, 이 경제 메커니즘에 대한 기대와 신뢰와 계산에 의존하고 있다. 그런데 언제부터인지는 몰라도 이 세계가 '돌연' 태도를 바꿔 조목조목 우리에게 너희의 기대는 이뤄지지 않을 것이라고, 너희의 이런저런 계산은 다 빗나갈 것이라고 경고해오고 있다. 그래서 이른바 와해는 갖가지 구체적이고 실제적인 사건의 형식과 긴밀히 연관되어 발생하는데 그 하나하나는 치명적으로 보이지 않을지 몰라도 우리를 극도로 초조하고 당황스럽게 만들며 또 대부분 개별적으로 개인에게 닥친 불운과 착오일 뿐인데도 뭐라 말할 수 없는 고립감과 막막함을 동반한다. 예를 들면 사람들이 갑자기 조기 퇴직을 당하거나 중년에 해고되고, 집의 아이가 순조롭게 취업해 자립을 해야 하는데도 계속 일자리가 없고, 본래 대처 방안이 있어야 마땅한 아파트 대출금을 갈수록 못 갚게 되고, 노부모를 모시는 게 상상외로 부담스럽고 길어지는 것 등이다. 이럴 때 먼저 충격을 받는 것은 사람의 신체가 아니라 마음과 정신이다. 대경제학자 크루그먼이 자신의 전공을 넘어 정확히 지적했듯이 실업 문제의 정말로 강력하고 걷잡을 수 없는 파괴력은 경제적 차원이 아니라 사회적 차원에서 나타난다. 어떤 국가에서 실업률이 3~5퍼센트 오르는 것은 경제활동의 순조로운 운행에 크게 지장을 줄 것 같지는 않으며 단지 경제 메커니즘의 미세 조정과 수치의 기복 정도로 끝날 뿐이다. 하지만 사람과 가정과 사회 쪽에는 언제나 연쇄적인 불안과 혼란과 오해를 야기함으로써 전체 사회와 사람들의 마음에 우울, 분노, 절망 등의 화약 같은 것들을 주입한다.

누가 격앙된 어조로 "당시 우리는 아무것도 없었지만 일찍이 인류에게 없었던 가장 아름다운 희망을 갖고 있었다"며 자기 시대를 추억한 글을 읽은 적이 있다. 오늘날 우리는 이 말을 조금 과장되게 "우리는 인류 역사상 가장 많은 것을 가졌고 단지 희망을 잃었을 뿐이다"라고 뒤집어 말할 수 있다.

인류는 굶어 죽기보다는 '실의'(이 단어와 그 개념은 전적으로 노동자 출신의 철학자이자 사회운동의 시조격인 에릭 호퍼에게서 빌려왔다)에 빠질 것이다. 사실 토크빌도 대체로 이런 말을 한 적이 있다. 자신이 프랑스 대혁명의 현장에서 봤던 것들을 떠올리면서 그는 혁명을 일으킨 이들이 훗날 마르크스가 말했던, 수갑과 차꼬를 빼고는 아무것도 잃을 게 없었던 사람들이 아니라, 운 좋게 이익을 취한 몇몇 사람이며 더 보편적으로는 실의에 빠졌던, 그 사회와 그 나라에서 이미 희망을 잃었던 사람들이라고 지적했다.

오늘날 실의의 분위기는 대부분의 세계에 짙게 드리워져 있으며 그것이 마치 초미세먼지처럼 자욱한 지점은 아마도 아시아, 특히 동아시아일 것이다. 그 원인을 합리적으로 추론해보면 아시아, 특히 동아시아는 경제학자들이 거듭 지적한 것처럼 경제학의 이른바 '경제인'의 정의에 가장 가까운 사회, 다시 말해 사람들이 생명의 가치를 대단히 일방적으로 경제적, 물질적 차원에 저당잡힌 사회다. 또한 이것은 하나의 역사적 현상이자 단계적 현상이라고 말할 수 있다. 일본부터 아시아의 네 마리 용까지 한창 고도성장을 구가할 때는 모두 기적이라 불렸으며(계속 그렇게 자화자찬하기도 했다) 실질적인 생활에서부터 심층 심리에 이르기까지 그저 단계성을 나타낼 뿐인 그 고성장 수치에 지나치게 적응하고 의존했다. 이미 성장의 수치는 동시에 모종의 (신성한) 상징으로서 본래의 경제적 지시 의미를 한참 벗어나 케인스가 말한 "남을 능가하는" '우월감'을 얻는 데 동원되는 유일한 의존물로 작용했다. 그래서 이 나라들을 당혹스럽게 하는 것은 경제 현황과 경제 전망의 하향 조정일 뿐만 아니라 어떤 고점에서 굴러떨어지고 난 뒤의 이질감이기도 하다. 해가 이미 서쪽으로 기울고 영광도 가버렸지만 그래도 잠깐은 자신들이 보통의 아시아 국가, 아시아 사회라는 것에 익숙하지 않고 그 사실을 받아들일 수도 없다. 오래전 일본이 제기한 '탈아입구脫亞入歐'의 주장은 지극히 기회주의적이기는 했지만 그래도 솔직하고 숨기는 게 없었으며 사실 유사한 심리가 용이 된 동아시아의 네 나라에서도 줄곧 존재했다. 그런데 이제는 제자리로 돌아갔을 뿐만 아니라 아시아의 다른 가난한 이웃 나라들에게도 전부 따라잡히고 말았다.

경제 문제는 (잠시) 경제 문제의 모습과 형식으로 폭발하지 않고 밑바닥에 깊이 들어가 모종의 편재하는 불안 요소가 되어 마치 지뢰밭에 있는 것처럼 매사가 불편하고 면역력이 몹시 모자란 인간의 현실 조건을 구성한다. 그래서 약간의 불똥만 튀어도, 약간의 바이러스만 침투해도 사달이 나게 된다. 타이완 사회는 현재와 가까운 미래에는 궁지에서 벗어나거나 진정으로 평정을 얻기 어려울 것이다. 사람들이 느끼는 것은 경제 수치로 나타나는 것보다 훨씬 더 형편없으며 실망, 자기 연민, 시도 때도 없는 울분과 공격성이 사회 전체의 기본 정서다. 전형적인, 실의에 빠진 이들의 사회인 것이다.

이렇게 실의에 빠진 이들이 편재하는 사회에서 가장 막아야 하지만 반드시 일어나게 마련인 것이 '희생양 찾기' 게임이다. 사회의 가장 저렴하면서도 가장 불공정한 자기 치유 방식인 이것은 동시에 가장 심하게 사회를 망치고 상처 입힌다. 역사적 경험(중세의 마녀사냥이나 몇십 년 전 겨우 막을 내린 유대인 박해)은 우리에게 인간의 가장 추악하고 잔인한 모습이 이 게임의 참여자들에게서 나타난다는 것을 똑똑히 가르쳐준다. 이기심, 잔인함, 살인 충동과 난무하는 거짓말 그리고 집단적으로 귀신에 씌인 듯한 광기에 빠져 득의양양해하는 것까지 인간의 본성이 마치 산이 무너지는 듯한 속도로 원시와 야만과 무지를 향해 뒷걸음질쳤으며 어떤 훌륭한 사회도 이를 금지하지 못했다.

최근 몇 년 사이 타이완은 차츰 스스로를 똑바로 보게 되었다. 이 섬나라의 진정으로 귀중한 성취는 결코 경제적 성과가 아니라 (우리는 그저 양호한 성과를 거뒀을 뿐이며 아시아에서조차 톱클래스는 아니다) 양호한 경제적 성과의 기초 위에 건설해낸 사회의 총체적 양태다. 모종의 평화로움과 자유로움과 편안함 그리고 모종의 문명과 교양이 그것이며 가장 내세울 수 있고 가장 대표성을 가진 것은 바로 타이베이시(희한하게 자기 시민들에게 실컷 욕을 먹는 도시이자 역사의 고도)다. 이 도시는 크지도 높지도 아름답지도 빛나지도 않으면서 그저 조용히 말로 표현하기 힘든 부드러운 빛을 발산하고 오히려 멀리서 온 이방인들이 그것을 더 쉽게 알아차린다. 사실 우리도 최근 몇 년간 그들의 신선한 시각에 힘입어 겨우 그 사실을, 본래부터 그랬다는 것을 똑똑히 인식했다. 타이완은 자신이 그것을 가장 지켜야만 한다는 것을 알고 있을까?

# 경제가 안 좋아지면 무엇이 우리를 지켜줄까

조금 비참한 느낌이 드는 이 유머는 틀림없이 다들 들어본 적이 있을 것이다. 누가 점을 칠 때의 대화다.

"당신의 운명은 정말 안 좋네요. 40세 전까지 뭘 해도 안 되고 가난에서 못 벗어날 겁니다."

"40세 이후에는 좋아지나요?"

"아뇨. 40세 이후에는 습관이 될 겁니다."

시간은 분명 효과가 있다. 특히 동아시아와 타이완은 약 1~3퍼센트의 성장, 심지어 정체에도 '습관'이 들어 스스로를 새로운 경제 국면에 적응한 사회로 전면 조정하고 또 그것을 연착륙이라 부르며 모종의 '정상적인' 상태로 돌아갈 것이다. 한발 앞선 일본은 그러기까지 약 20년의 세월이 걸렸다. 다만 몬테크리스토 백작이 이별을 앞두고 말한 '기다림과 희망'을 제외하고 우리는 그리 편할 리도 평온할 리도 없는 그 세월 동안 스스로를 위해 무엇을 더 할 수 있을까?

정확히 말하기 힘든 불편한 심리 때문에 나는 아래에 이어질 말들을 정말 하고 싶지 않다. 하지만 말이 통하는 주변의 몇 명 외에도 숫자는 적지만 줄곧 선의와 인내심으로 내 책을 읽어온 먼

곳의 잘 모르는 친구들을 의식하지 않을 수 없다. 나는 늘 그들에게 뭔가를 빚지고 있는 느낌이다.

물론 무슨 대단한 의견은 아니다. 사실 나는 시간이 갈수록 누구도 설득하고 싶지 않으며 나아가 스스로 다른 사람을 설득하려는 어떠한 표정도 짓고 싶지 않고 어떠한 말도 입 밖에 내고 싶지 않다.

시의에 맞지 않는 내 몇 마디 의견은 이렇다. 경제가 침체되고 수시로 널뛸 것으로 보이는 미래에 진정으로 이 타이완 사회가 추락하지 않게 지켜줄 수 있는 것은 무슨 똑똑하고 기발한 경제 전략이 아니라(그런 것이 있을 가능성은 거의 없다) 우리가 버렸거나 적어도 방치하고 무시한 지 이미 오래된 기본 가치 관념이다.

타이완은 너무나 작고 전 지구화의 경제 메커니즘은 너무나 커서 서로 비교할 수 없으며 꼬리를 갖고 개를 흔들지는 못한다는 것이 모든 것의 전제다. 우리는 경제 문제에 대해 독립적인 주장을 가지며 어렵고 다른 부당한 의지(어떤 민족주의적인 기도나 민족의 영광에 관한 모색 같은 것)를 그런 주장에 실어서도 안 된다. 그것은 스스로 문제를 낳을 뿐이다. 경제 문제는 그저 경제 문제일 뿐이다. 타이완이 자체 관할 범위 안에서 할 수 있는 일은 전 세계 경제 규모는 차치하고 타이완의 경제 규모에서도 점유 비중이 30퍼센트에도 못 미친다(이른바 대외 의존도 때문에). 타이완이 경제 분야에서 할 수 있는 일은 이 전 지구적 경제에 대한 '순응'으로서 그 안의 어떤 위치에 자리를 잡고 집중력과 기민함과 융통성을 유지하면서 그것의 부침과 기복을 잘 따라가는 것이다. 세계 경제가 안정적일 때는 전 세계 평균치보다 조금 더 낫고 세계 경제가 파도칠 때는 적절히 유리한 쪽을 좇으며 위험을 피해간다. 이 점에 대해서는 그래도 나는 믿음을 갖고 있는 편이다. 리먼 브라더스 사태 이후 순탄하지 못했던 그 몇 년간 증명되었다고 생각하며 타이완의 실제 지표도 거의 그러했다. 타이완의 전체적인 체질은 나쁘지 않다. 요 몇 년 사이 실속 없이 허세를 부리는 담론들이 떠돌곤 했지만 타이완은 점점 더 이민의 섬, 이민 성격의 사회로서 전체적으로는 대단히 실제적인 국가라는 것이 뚜렷해지고 있다. 다만 유일하게 신경 쓰이는 것은 실제적인 경향의 이민사회라는 것 때문에 유익하지만 당장 유용하지는 않은 일부 가치 관념이 더 유실되기 쉬워졌고 뒤따라 사람들의 소질도 하락하기 쉬워졌다는 사실이다. 그러나 사람들의 소질은 줄곧 타이완 경제 지표와 경제 미래의 대체 불가능한 자산이었다.

거의 통칙에 가까운 현상이 존재하는데, 그것은 경제가 어려워지면 사람들이 양극단에 치우치기 쉽다는 사실이다. 한쪽은 가난으로 인해 악해져서 자기만 알고 거칠어져갈수록 공격성을 띠는 것이고, 다른 한쪽은 가난할수록 배움에 힘써 스스로를 잘 가다듬는 것이다. 비 오는 날은 사람들이 물건을 고치고 준비 상태를 점검하는 날이다. 곤란한 처지는 사람들로 하여금 편안할 때는 생각도 안 나고 생각할 틈도 없는 일들을 떠올리며 또 배우게 한다. 그러다보면 스스로의 선택과 행동의 여지가 생기며 경제 규모의 크고 작음과 무관하게 넉넉한 경제 자원과 예산 수치가 언제나 확보된다.

인류 역사의 경험을 통해 보면 전자가 확률이 더 높고 또 빨리 일어난다. 앞에서 말한 '여붕', 즉 산이 무너지는 것처럼 말이다. 후자는 사람들이 스스로 깨닫고 자신을 잘 지탱해야 하므로 '여등', 즉 산을 오르는 것과 같다.

경제 문제의 구체적인 파괴력은 필연적으로 사회의 각 측면과 구석구석, 즉 가정, 일, 학업, 건강, 연애(그렇다. 연애도 경제 문제 때문에 벽에 부딪힌다. 천근같이 무거운 느낌과 함께 눈앞이 온통 캄캄해지곤 한다) 등에서 끊임없이 드러난다고 우리는 이야기한 적이 있다. 사람이 화가 나는 데는 이유가 있게 마련이며 가장 근본적인 이유는 확실히 사회의 공정과 정의의 문제에 있다(특히 부의 분배가 지속적으로 악화되는 상황에서 그렇다). 하지만 여러 차례 입증된 사실을 보면 과도한 실망과 실의, 과장된 자기 연민과 이기심, 단순하고 저렴한 광기는 우리를 진짜 문제에서 멀어지게 하고 진지한 사람을 몰아내며 의미 있고 지속적인 사색과 토론을 중지시킬뿐더러 정말로 책임져야 할 사람을 놓아주고 거짓되고 잇속에 밝으며 진지한 물음은 단 하나도 감당치 못하는 자들을 '영웅'으로 만든다. 예컨대 최근 몇 년 동안 타이완의 부자 증세 역시 그런 전철을 밟았다. 상업세부터 증시와 건강보험까지 그로 인해 입법이 지연되거나 가까스로 입법이 되었다가 또다시 폐기되었다. 양쪽 극단에 있는 것으로 보였던 사람들은 별로 생각이 없었든지 혹은 온갖 궁리를 다했든지 간에 최종 결과만 놓고 보면 결국 공모를 한 셈이었다.

가치에 대한 신념은 사실 이해하기 어렵지 않으며 단지 자세하고 분명하게 설명하기가 어려울 뿐이다. 여기서 나는 한 가지 측면만 지적하려는데, 가치에 대한 신념을 논하는 것은 결코 보수적이지 않고 기존 질서를 전부 옹호하는 것도 아니다. 기본적으로 그것이 정말로 지키려 하는 것은 인간 자신이지 사회가 아니며 따르고, 유지하고, 지탱하려는 것도 인간의 의지와 행위이지 사회 질서가 아니다. 또 그것의 공적 의의는 존재보다 당위에 기울어지는 경향이 있고 실존하는 눈앞의 현실은 그것에 있어서는 단지 이해하고 고려하지 않을 수 없는 제한적이고 재료적인 조건일 뿐인 동시에 한 장field의 기초이지, 결코 그것의 이미 정해진 존재 형식이 아니다(이미 정해진 존재 형식은 잠정적이고, 의롭지 못하고, 어리석은 것일 수 있다). 솔직히 말해 필요하다면 기존의 국가와 사회는 모두 무너뜨릴 수도, 전복시킬 수도 있으며 나아가 무너져야 하고 전복돼야 한다. 이것은 단지 사유와 논의에 그치지 않고 인류 역사에서 거듭 정당하게 실제 행동으로 옮겨진 바 있다.

단지 타이완은 잠시 그럴 필요가 없다는 것인가? 사실 갖가지

어리석고 미친 소리를 해대는, 꽤 대담해 보이는 사람들이 있기는 하지만, 그들은 정확히 말하면 그런 충분한 인식이 없고 아예 그럴 용기도 없다. 그들은 그저 컴퓨터 서버 뒤에 숨어 있을 뿐이며 가끔씩 아무 생각 없이 거리에 나가 부모가 도시락과 음료수를 보내주길 바라고, 학교 선생이 결석을 눈감아주길 바라고, 또 울며 불며 에어컨을 틀어주길 바란다. 이들은 대체 어떻게 된 자들인가?

경제가 몹시 불안해졌을 때, 특히 타이완처럼 작은 사이즈의 소규모 경제에서 다시 가치에 대한 신념을 논하게 되면(나는 감히 '세운다'는 말은 쓰지 못하겠다) 우리는 분명 그것이 어떤 경제 전략(예를 들면 2300만 인구의 시장 단독으로 경기 활성화를 시도하는 것)을 생각해내는 것보다 훨씬 더 실제적이라는 것을 깨달을 것이다.

기본적인 전제와 그것에 필요한 마음의 준비는 시간이, 이런 나날이 아주 짧을 리는 없다는 것이다. 일본의 '잃어버린 10년'(계속 연장되고 있기 때문에 20년일 수도 있다)을 예로 들면 이제 우리는 그것이 일본만의 경제 현상이 아니며 앞장서서 고성장을 한 일본이 앞장서서 다다른 '정상적인' 단계임을 알고 있다. 사회 전체가 구조, 법규, 제도부터 생활 습관, 사람들의 마음에 이르기까지 하나하나 조정될 충분한 시간이 필요하며 서두르고 싶어도 서두를 수 없다.

# 부와 권력이 명예와 다투는 위치에 서 있다면

아래에서는 내 출판 편집자로서의 정체성으로 돌아가 계속 생각을 해보겠다. 사람들에게는 세계를 바라보고 또 세계와 대화하는 각자의 기본 위치가 있다. 내 기본 위치는 편집자와 독자다.

내가 말하려는 것은 당연히 출판업은 아니다. 순수하게 경제적인 의미에서 보면 타이완의 출판업은 무너지고 사라져도 괜찮을 정도로 미약해졌다. 내 마음에 유일하게 걸리는 것은 지난날의 편집자 친구들이 과연 어디로 가야 하느냐는 것뿐이다. 경제학에서는 항상 그들이 알아서 자신에게 더 유리하고 대중에게 더 기여하는 곳으로 갈 것이라고 말하지만(하지만 그곳은 대체 어디일까) 현실을 보면 샐린저의『호밀밭의 파수꾼』의 "공원의 연못이 얼면 저 야생오리들은 어디로 갈까?"라는 물음만 떠오른다.

그런데 출판업의 소멸은 한 사회에 어떤 의미일까? 정말로 어떤 국면일까? 수십 명에서 2000, 3000명의 부락형 커뮤니티를 제외하고 자체 출판업이 없는 사회가 있을 수 있을까?

나는 세상의 다양한 업종 중에서 출판이 갖고 있는 다소 특별하거나 조금 눈에 띄는 점은 바로 맨앞의 어떤 '최전선'에 자리하여 평온하기 어렵고 또 폐쇄적으로 한결같기도 어려운 일이라는 데 있다고 생각한다. 출판은 마치 어떤 전쟁터나 여러 신이 관할하는 애매한 교차지에 거주하며 땅을 일구고 있는 것처럼 도적이 오면 도적을, 관군이 오면 관군을 환영하고 또 여러 신을 동시에 모시면서 각기 다른 요구에 따른 제품을 생산해 상납해야 한다.

지금까지 출판인의 가장 큰 위험은 보통 권력의 통치에서 비롯된다고 여겨졌다. 예로부터 형장과 감옥으로 통하는 대로 중 하나는 확실히 글로 인한 시비였고 이것은 전 세계 어느 나라나 마찬가지였다. 하지만 권력의 신이 떠나기만 하면 바로 행복하고 즐거운 삶을 누릴 수 있다고 생각했다면 그것은 커다란 오산이자 천진난만한 생각이다. 출판이 정말로 피할 수 없는, 그림자처럼 출판에 달라붙어 통치하는 존재는 바로 부의 신이다. 그것은 외부에 있지 않고 출판 종사자와 오래 함께하며 각 단계, 항목마다 현장에서 요구하고, 지시하고, 으르렁댄다. 흡사 CCTV처럼 언제나 감시하고 있으며 사후에 면밀히 검사 결과를 도출해내기도 한다(가장 두렵고 가장 CCTV 같은 것은 바로 숫자다).

그래서 엄격히 말해 이 업종 사람들은 동시에 두 가지에 대해 충성심을 가져야 한다. 권력에 충성할 필요는 없다. 본래부터 그런 사람은 제외하고 말이다. 권력에 대해서는 그냥 피하고, 얼버무리고, 잠깐 굴종하면 그만이다. 타이완 속담에도 "위험이 지나가도 기백은 남아 있다"라는 말이 있다. 어쨌든 그 두 가지는 명예와 부 혹은 지식의 전승과 시장 법칙 혹은 좋은 책과 잘 팔리는 책이다. 한 편집자의 가장 훌륭하고 현명한 태도는 그 두 가지를 서로 반대되고 충돌하는 것들로 구분하는 것이다. 그러다가 우연히 그 두 가지가 결합되면 하늘에서 주기적으로 떨어지는 선물로 여기면 된다. 그래도 충분하며 그 때문에 자신의 입지를 잃거나 충격을 입을 리는 없다. 동시에 계속 정확하게 일을 처리할 수도 있다. 레비스트로스가 말한 것처럼 인간은 철저한 비관 속에서 가장 확실한 낙관의 정신을 잉태하게 마련이다.

솔직히 '잘 팔리는 책'을 만드는 편집자 친구들은 전혀 신경 쓰이지 않는다. 내가 정말 신경이 쓰이고 분노와 실망까지 느끼는 이들은 '잘 팔리는 책'을 '좋은 책'처럼 보이게 만드는 몇몇 대단한 편집자다.

사람이 두 가지 상반된 충성심을 한 몸에 갖췄다는 것은 그가 어쩔 수 없이 두 가지 관점과 방식으로 세계를 바라본다는 것을 뜻한다.

# 2000권의 기적은 지금 별고 없을까

2010년 여름, 홍콩도서전의 강좌에서 내 발표의 제목은 '2000권의 기적'이었다. 연설은 아니었고 미리 쓴 1만8000자 분량의 원고를 현장에서 "다 읽었다". 출판이나 책에 있어서 진짜 내 눈길을 끄는 것은 50만 권(중국이라면 500만 권도 가능하다)을 팔 수 있는 책 한 권이 아니라, 겨우 2000권만 팔리는 줄줄이 꽂힌 책들이다. 이것은 출판이라는 업종의 가장 불가사의하면서도 가장 길들여지지 않는 점으로서 기본적인 비즈니스 상식에 반하거나 저항한다. 생각해보라. 한 상품이 탄생해서 사멸되기까지 겨우 2000개 단위가 팔린다는 것은 오늘날의 비즈니스 구조에서는 있을 수 없는 일이다. 게다가 그 2000권은 촌스럽거나 그늘에 숨지 않고 떳떳하게 생존하면서 설령 힘들더라도 그 상태로 기꺼워한다. 아울러 예외적이거나 우연적이지 않고 보편적이며 일상적인 그것은 심지어 출판의 주체가 존재하는 곳이면서 출판물의 기본 양태다. 그래서 편집자와 독자 사이에는 분명 생산자와 소비자를 '넘어서는' 뭔가가 있다. 양자의 관계는 수요 공급의 법칙이라는 경제학의 철칙으로는 충분히 설명되지 못한다. 눈에 띄지는 않지만 아름답고 무엇보다 중요한 그 기적은 줄곧 편집자와 독자의 연대에 의해 완성되어왔다.

그래서 책은 역시 단순한 상품 그 이상의 것이다.

기적이 나타내는 구체적인 이미지는 이렇다. 다양한 도서 품종이 매년 끊임없이 생산되는 게 '정상'이 되었고 그것은 더 이상 기적이 아니라 자연적인 상태로 여겨져왔다. 주변부의 소규모 시장인 타이완 출판계(수백 년에 이르는 출판 역사에서 주체는 줄곧 영어권이었다. 그래서 활판인쇄의 발명자가 중국인인 필승畢昇이라고 계속 강조하는 것은 후손으로서 부끄러운 일이다)만 보더라도 매년 출판되는 도서 종수가 고정적으로 3만 종이나 된다. 다소 매력적인 방식으로 말해보면 무릇 인간의 마음속에 떠오르는 기괴하고, 사소하고, 시의에 맞지 않고, 나아가 위험하고, 사악하고, 어리석고, 비열한 생각들은 죄다 책의 길을 따라 이야기되고 흰 종이에 검은 글씨로(검은 종이에 흰 글씨도 된다) 남을 수 있으며 실제로도 거의 그렇다. 더 대단한 것은 독자 쪽에서 항상 2000명의 기본 인원수를 동원해 그것을 사고 지탱함으로써 대단히 안정적이며 또 끊임없이 성장하는 하나의 순환 체계가 형성되는 것이다. 물론 책을 산 2000명이 전부 읽는 것 같지는 않고(엄격히 말하면 수요가 충분하지 않음을 뜻한다) 단지 잘못 산 것 같을 수도 있다. 하지만 계속 잘못 사더라도 그 행위를 바꾸지는 못하며(사람들은 생활의 다른 분야에서는 거의 이러는 법이 없다) 이는 그 행위의 배후에 어떤 당위적인 의식이 자리하고 있다는 것을, 동시에 어떤 가치에 대한 신념이 확실히 존재하고 사람들의 마음속에 뿌리 내리고 있어 그 행위가 이상하게 느껴지지 않을뿐더러 자기 정체성에 대한 자각이 그 평온한 행위를 독자의 '고귀한 의무'에 가깝게 만든다는 것을 설명해 준다.

시장의 통칙에 의하면 성숙하고 충분히 경쟁력 있는 상품이 한 가지 있으면 보통 나머지 상품은 3~5가지를 넘지 않는다. 그리고 품질과 수량의 다과는 집단적 성향과 개인적 성향의 비율 및 교환 관계에 따라 결정되며 그 전제는 필요한 최저한도의 상업 규모를 만족시키는 것인데, 최저한도의 상업 규모는 곱셈의 결과인 하나의 상수로서 그 계산 공식은 매우 간단하게 가격×수량이다. 따라서 이른바 다품종 소량 상품은 일반적으로 비싸면서 희소해야 하며 너무 비싸서 희소하고 나아가 전략적으로 희소성이 유지되는 상품은 있는 체하고, 돈이 많아 어찌할 바를 모르며, 아무리 써도 돈이 줄지 않고, 굳이 있는 체 안 해도 뭐든 다 할 수 있는 저 1~5퍼센트의 VVIP 고객을 겨냥하기에 좋다. 혹시 유명 주얼리 브랜드인 해리 윈스턴의 점포를 눈여겨본 적이 있는가(점포를 갖고 해리 윈스턴을 논하려니 좀 불경한 느낌이다)? 밝고, 널찍하고, 우아하고, 쾌적하고, 아늑해서 『아미타경』에 묘사된 것과 다소 흡사하다. 나는 거기서 손님이 점원보다 많을 일은 영원히 없으리라 추측하며 (중국이 부상한 뒤로 혹시 달라졌을지도 모른다) 또 안 그래도 상관없다. 그 점포가 순조롭게 유지되기 위해서는 하루에 거래가 꼭 하나는 성사될 필요까지도 없다. 하지만 어느 날 책을 단 한 권도 못 팔고도 계속 영업을 하는 서점과 그 주인 가족은 어떨까? 책은 다품종 소량 상품이지만 또 염가다. 이른바 염가에는 여러 환산법이 있지만(우육면 두 그릇이면 책이 한 권이라는 식의) 내가 비교적 좋아하는 것은 다음과 같다. 인류에게 선물과 축복 같은 한 사상가나 저자가 평생 자신을 불태워 남긴 성과를 우리는 겨우 몇천 타이완 달러, 다시 말해 운동화 한 켤레 가격으로 살 수 있다.

이것이 내가 잘 알고 뜨겁게 사랑하는 한 세계다.

2016-2010=6이어서 벌써 6년이 흘렀는데 그 기적은 아직 별고 없을까? 과연 어떤 모습이 됐을까? 6년이 지난 지금, 그 뒤를 추적해보기로 하자.

# 2000권에서 500권으로

타이완의 도서 출판은 전 세계 다른 지역과 마찬가지로 지속적으로, 또 일정한 방향으로 쇠퇴해왔다. 그런데 최근 몇 년간 다소 더 빠르게 사태가 진전되어 마치 더 이상 저항하지 못하거나 저항이 소용없음을 인정하게 된 듯하다. 다시 말하면 사실 무슨 구체적인 재난이 일어난 게 아니어서 무슨 도움을 주기도 어렵고 그럴 이유도 없지만, 어쨌든 도서 출판 바깥의 더 거대한 세계에 원인이 있는 구조적인 문제들이 한꺼번에 마치 계곡물처럼, 처음에는 산에 막혀 구불구불 흐르다가 산자락에 이르러 거침없이 쏟아지는 그 물살처럼 진행되었다. 그것들은 결국 어떤 강, 어떤 바다에 흘러 들어갔을까?

산업적인 우려도 필요하고 타이완의 황혼 같은 도서 출판의 전망을 논의하는 것도 좋지만, 그런 것들은 퇴직한 편집자인 나의 할 일도 관심사도 아니다. 나는 단지 오랜 친구 같은 저 2000권짜리 책들이 마음에 걸릴 뿐이며 이에 대해 캐묻는 것이 더 중요하다고 생각한다. 지금 상황은 간단하고 명료하다. 판매량의 하락에 전체적으로 반영된 것은 책이라는 이 오래된 존재의 노화와 약화이지, 도서 종류의 횡적 변화와 증감이 아니다(그런 일도 있기는 했다. 일례로 2015년에 이상하게 잘 팔린 컬러링북은 마치 모든 사람을 근심 없던 유치원 시절로 되돌려보낸 듯했다. 하지만 그 효과는 더 거대하고 총체적인 쇠퇴에 덮이고 또 삼켜지고 말았다). 그래서 예상 판매 부수 10만 권짜리 책이 2만 권으로 떨어졌고 지금은 6000권만 넘으면 베스트셀러 자격을 지니며 2000권짜리 책은 하나같이 500권, 기껏해야 1000권으로 쪼그라들었다. 6년도 채 안 되는 세월 동안 대략 이렇게 되고 말았다.

사실 2010년에 2000권의 기적이라는 화제를 거론했던 당시, 나는 이른바 2000권짜리 책이 이미 위태로워졌다는 것을 내심 잘 알고 있었고 그래서 침몰하는 배의 마스트 위에서 신호를 보내는 양 그 화제를 택한 것이었다.

베스트셀러 기준의 하향 조정과 2000권짜리 책의 위축, 이 두 가지 의미는 서로 크게 달랐으며 실제 운명도 마찬가지였다. 전자의 충격은 산업 측면에 집중됐을 뿐, 책 그 자체는 별일이 없었다. 변함없이 그 작은 세계의 선두에 위치한 책으로서 단지 소 머리에서 닭 머리로 바뀌었을 뿐이다. 베스트셀러의 출판과 쟁탈전은 전혀 영향을 받지 않았으며 심지어 더 치열하고 비이성적으로 변했다. 그런데 2000권짜리 책이 500권으로 떨어진 것은 그저 영업 손실의 문제가 아니다. 2000권은 수요 공급의 임계점인 동시에 출판이 성립하느냐 못 하느냐의 하한선이기 때문에 솔직히 말해 앞으로 그 책들이 출판되지 못하고 상업적으로 출판될 자격을 잃었음을 의미한다. 그 부분에서 이뤄지는 사람들의 사유의 성과가 (타이완에서는) 책의 길을 통해 세계에 진입할 수 없게 되었다는 것이니 이것은 생과 사의 문제다.

내용이 훌륭하고 가치와 의미가 풍부한 책의 대부분이 위기에 빠진 그 2000권짜리 책에 속한다는 것을 모르는 사람은 없다. 이에 도서의 측면에서 보면 우리는 깊이와 가치와 함께 다양성이 매몰된 시대에 이른 게 맞는 듯하다.

아주 간단한 해결책이 있기는 하다. 순전히 출판 조건만 고려하여, 마치 네덜란드의 소년이 손으로 제방의 구멍을 막은 것처럼 1000권에서 1500권에 이르는 그 판매 손실을 메운다면 위기에 빠진 그 책들을 구조할 수 있지 않을까? '우리'는 진지하게 그 비용이 실제로 얼마나 될지 계산해보기도 했다. 솔직히 예상외로 얼마 안 됐다. 1권 정가가 400타이완 달러인 책을 60퍼센트 실제 가격으로 시장에 공급한다고 할 때 줄어든 1500권을 곱하면 손실액은 25만 타이완 달러다. 다시 말해 2500만 타이완 달러만 투입하면 타이완에서 매년 1000종의 사라지는 책을 구할 수 있다는 것이니 못 할 게 뭐가 있겠는가?

그 '우리'는 내 오랜 친구인 3명의 현역 편집장과 발행인이었다. 그들은 이 일을 함께 논의하고 구상했다. 그들이 생각하기에 매년 2500만 타이완 달러를 구하는 것은 그리 어렵지 않았다. 그들의 생각을 이해해줄 억만장자 기업인이 몇 명 있기 때문이었다. 혹시 돈이 다 안 모이더라도 그들과 그들의 회사가 직접 감당할 수도 있었다. 아니면 국가가 부담할 수도 있지 않을까? 그들은 그 방법은 고려하지 않았다. 각종 국가 보조 사업을 해본 경험에 따르면 일이 어그러질 게 뻔했다. 건전했던 구상이 금세 더럽혀질 것이다. 가장 중요한 것은 일찌감치 본래 취지를 잃고서 위급한 그 '500권의 책'은 제쳐둔 채 그저 돈 따먹기 행위로 전락함으로써 가뜩이나 궁지에 몰린 타이완 출판계의 얼굴에 먹칠을 하기 십상이라는 사실이다.

이것은 단순히 돈 문제 같아 보이지만 실제로 더 생각해보면 돈 문제에 국한되지 않는다. 이런 일을 장기적으로 수행할 때 예상되는 갖가지 어려움을 여기서 다 거론하지는 않겠다. 바로 머릿속에 떠오르는 구체적인 어려움을 한 가지 예로 들면 그것은 어떻게 믿을 만한 사람(3명? 5명? 7명?)을 찾아 매년 일일이 도서 심사 업무를 맡기느냐는 것이다. 그렇게 피곤하면서도 불가피하게 갖은 중상모략과 매도를 불러일으킬 업무를 말이다. 타이완에서 최근 몇 년간 가장 빨리, 혹은 가장 효과적으로 박살난 것이 바로 '믿을 만한 사람'이며 마지막 남은 인물은 아마도 중앙은행 총재 펑화이난

彭淮南 1939~. 1998년부터 20년간 타이완 중앙은행 총재를 역임해 타이완 역사상 최장수 중앙은행 총재가 되었으며 2014년 타이완 '올해의 10대 뉴스 인물'로 선정되면서 유일하게 긍정적인 이미지를 유지해온 인물로 평가받았다일 것이다(그래서 그는 단골 '부총통 후보'가 되었다). 펑화이난조차 믿지 못하게 되면 타이

완 전체에서 믿을 만한 공적인 인물은 아마도 씨가 마를 것이다.

또한 1000종의 책을 서점에 보내고 다시 회수하는 일을 반복한다면 그것이 무슨 의미가 있을까? 배본업, 창고업, 제지업만 도와주는 일이 아닌가? 예상컨대 그 구조 업무를 가장 질색할 사람은 틀림없이 불쌍한 서점 직원들일 것이다. 일부러 그 일로 신체와 의지력을 단련하려는 직원만 빼고 말이다. 그리고 구조된 책이라는 표식을 책에 붙여놓을 가능성이 큰데, 그것은 온 천하의 독자들에게 재미없고 사볼 필요가 없는 책임을 보장하는 것이나 다름없다. 꽤 오래전에 이런 일이 실제로 일어난 적이 있다. 어느 신문에서 그해의 10대 도서를 대단히 '학술' 편향으로 선정해놓고 무료로 스티커를 보내 붙이게 했다. 그 스티커는 거의 떼기가 불가능할 정도로 접착력이 강했다. 이 때문에 출판사들은 골머리를 앓았다. 그게 특별한 영예라는 것은 알았지만 어떻게 독자들에게 알리지 않을 수는 없을까 고민했다.

출판계의 그 백전노장 3명의 머리 위에 높이 걸려 있던 먹구름은, 독자들이 줄고 떠나갔으며 그들이 다시 돌아올 리 없다고 생각하는 게 좋다는 것이었다.

# 더는 시늉하지 않고 돌아올 리도 없는 독자

2010년 홍콩도서전에서 나는 그 2000권짜리 책의 독자를 삼중의 동심원으로 표현했다. 중심은 진정한 독자이고 그다음 원은 시늉하는 독자이며 가장 바깥쪽 원은 책을 잘못 샀거나 오해를 한 몇몇 독자다.

내가 가장 신경을 쓰고 희망을 품었던 이들은 시늉하는 독자다. '시늉'이라는 단어는 『맹자』의 "오랫동안 빌려 돌려주지 않으면 그것이 자기 것이 아님을 어떻게 알겠는가?久假而不歸, 烏知其非有也"라는 관점과 연관이 있다. 풀이하자면 사람이 5년, 10년, 나아가 반평생 넘게 시늉을 하다보면 본래 가짜였던 것이 진짜처럼 변하고 또 진짜와 같아진다는 것이다(하지만 부디 권력과 부의 세계에 대입해 생각하지는 말기를 바란다. 타이완이 정치인들의 은행 금고처럼 돼버렸고 그들은 오랫동안 돈을 빌려놓고 갚는 법이 없다는 식으로 말이다). 이것은 얼핏 들으면 다소 혐오스럽지만 실제로는 인간의 학습과 자기 향상을 위해 거의 필연적이면서도 필요한 과정이다. 아울러 시늉이라는 단어는 흉내와도 통한다. 매일같이 종요鍾繇나 왕헌지王獻之의 글씨를 베껴 쓰고 반복해서 마이클 조던의 페이드어웨이 슛 동작을 따라하는 것 등을 말한다. 보르헤스는 말하길, 남을 흉내 내 시를 낭송하려면 그 사람의 말투, 억양, 제스처를 따라해야 하는데, 그것은 사실 그가 느끼는 방식 안에 들어가려는 시도로서 그와 비슷한 어떤 매력적인 인식을 얻고 나아가 그처럼 사유하거나 일을 생각함으로써 지금의 자신보다 더 나은 사람이 되려는 것이라고 했다.

따라서 한 명의 진정한 독자는 동시에 시늉하는 독자이기도 하다. 그가 시늉하는 지점은 곧 그의 새로운 성장 포인트여서 오늘의 시늉하는 독자는 일정 정도 내일의 진정한 독자다. 독자는 잡식성이며 또 먼 곳을 내다보고 책의 넓고도 다양한 세계에는 항상 여기저기에 더 훌륭한 인물들과 우리가 아직 모르는 세상 그리고 우리에게는 없지만 한번쯤 시험해볼 만한 다른 사고의 경로와 세계를 보는 경로가 숱하게 존재한다. 2010년 당시, 나는 줄곧 안정적이었고 세대에서 세대로 지탱되어왔던 시늉하는 독자가 줄어들면서 독자 세계의 풍부한 생태에 단절점이 나타났다는 것도 함께 지적했던 것 같다(이미 충분히 명확해진 그 사실을 지적하는 것은 전혀 어렵지 않았다). 그런 상태에서 시간이 지나면 핵심에 위치한 진정한 독자들이 유실만 되고 보충이 안 될 게 뻔했다. 그런 위축은 연동에 의한, 거의 예측 가능한 것이었다.

2016년이 된 지금, 이 책에서의 말로 이해해보면 이것도 일종의 명예 현상과 그 성쇠에 속한다. 시늉과 흉내는 당연히 명예의 작용에 의해 촉진되는 것이기 때문이다. 사람들은 더 이상 시늉하지 않고 더 이상 명예의 갖가지 부름에 귀 기울이지도 따르지도 않는다. 아니, 심지어 알아듣지도 못하거나 믿지도 끌리지도 않는다. 다시 말해 명예가 소실됐거나 훼손된 것이다.

도서 종류의 지속적인 감소는 기본적인 사실이며 이에 대해 우리는 어떤 새로운 선택, 어떤 가치에 대한 신념의 횡적 교체와 전이의 결과일 뿐이라고 대수롭지 않게 설명하기가 차마 어렵다. 하물며 여기에는 거대한 질적 차이가 뚜렷이 존재한다. 만일 억지로 컬러링북 한 권과 『전쟁과 평화』 같은 위대한 작품을 같은 차원에 놓고 단순 교환이 가능하다고 한다면 그것은 허튼소리다.

# 독자에서 소비자로

편집자는 서로 용납되지 않는, 마치 이중간첩 같은 두 가지 충성심을 갖고 있다. 그는 동시에 부의 신과 명예의 신을 모셔야 한다. 독자도 마찬가지로 두 가지 정체성을 한 몸에 갖고 있다. 부의 세계의 수요 공급의 위치와 관련해서는 고객으로서 책(상품)보다 높은 정체성을 갖고 있지만, 명예의 세계의 오래된 규칙과 관련해서는 학생으로서 가장 낮은 위치에서 출발하는 겸손한 정체성을 갖고 있다. 사람들이 (오프라인) 서점에서 보이는 일반적인 양태를 보면 대체로 다소 교묘하면서도 공통적으로 그 이중의 정체성에 호응하는 것을 알 수 있다. 그들은 항상 매대에 깔린 베스트셀러를 내려다보고 손 가는 대로 뒤적이지만, 동시에 고개를 들고 두리번대다가 서가 맨 위 칸의 어떤 책에 손을 뻗는다.

본래는 그랬다. 그런데 세계 전체가 계속 부를 향해 필연적으로 기울어지고 있고 독자도 점차 고객이라는 비교적 마음 편한 정체성만 남기고 있다. 서점은 이른바 보통의 소매업 매장이지 무슨 '전당'이 아니어서 실제 거래 과정도 그에 따라 변해버리고 말았다.

솔직히 말해 내가 가장 마음이 쓰이는 것은 책의 세계에 나타난 사람들의 변화된 의식이다. 나를 거의 통탄하게 만드는 그 혐오스러운 것은 '소비자 의식'이라는 이름으로 불리는데, 사람들이 스스로를 방임하게 하고 자기가 쑥덕공론과 헛소리를 일삼아도 된다고 오인하게 하며 또 모든 이가 언제 어디서나 남의 권익을 침해할 궁리를 한다고 생각하게 만든다. 물론 누구나 그것이 본래 정당성을 가질뿐더러 필요하다고 생각하긴 하지만, 그것은 걸핏하면 전면적으로 경계를 넘고 남용됨으로써 집단 폭력으로까지 이어진다(인터넷을 이용하면 더할 나위 없이 편리하다). 그리고 가장 심각한 것은 아마도 그 정당성과 필요성이 사람들의 이기심과 어리석음을 위해 사회 정의의 외피를 뒤집어쓴 채 어떤 정당한 어리석음과 공정한 이기심(그런데 이런 괴상한 게 있을 수 있을까)이 된다는 사실일 것이다. 오늘날 그것은 책의 세계를 비롯해 상업 행위가 이뤄지는 모든 영역에 나타나고 있으며 영역마다 효과적으로 그것을 지칭하는 용어가 일찍부터 존재했다. 예컨대 학교에서는 그것을 '괴물 가장'이라 부르고 일반 상점에서는 그것을 '진상 손님'이라 부른다. 지난 십수 년간 나는 거의 하루도 안 빠지고 커피숍에서 일을 하며 '누적 시수' 약 3만 시간에 걸쳐 관찰을 해왔고 또 아무 이익도 흥미도 없고 참여도 하지 않는, 한나 아렌트가 사태의 진상을 파악하기에 가장 적합하다고 말한 위치에 있었기에 다음과 같은 인류학적 결론을 제시할 자격이 있다고 생각한다. 내 두 눈으로 목격한 쌍방 간 분규 중 열에 아홉하고도 반은 손님이 문제였다. 손님이 무리하게 트집을 잡은 것은 스스로 무슨 오해를 했거나, 가족과 한바탕 싸우고 집을 나와 기분이 안 좋았거나, 본래 그 자신이 그래도 된다고 생각하는 종류의 사람이었기 때문이다.

커피숍에서 수시로 바뀌는 직원은 거의 학생이거나 갓 졸업한 20세 전후의 어린 여성들이며 시급이 100 타이완 달러 전후다. 그녀들과 같은 나이, 같은 학과의 친구들은 그 시간에 자기 집에서 컵 하나 닦는 일 없이 편안하게 지낼 것이고 또 많은 집에 그런 딸이 있다. 그런데도 그녀들을 괴롭히는 데 도대체 무슨 사회 정의가 눈곱만큼이라도 있단 말인가? 배짱이 있다면 똑같은 방식, 똑같은 말로 자기 딸한테도 한바탕 퍼부어주는 게 어떨까?

매일 아침 나는 150 타이완 달러(7년 전에는 100 타이완 달러였는데 합리적으로 천천히 상승했다)로 풍성한 아침 식사 1인분과 커피 두 잔(리필은 한 번만 가능한데 늘 그 횟수를 넘긴다) 그리고 글 쓸 자리 하나와 5시간 전후의 작업 시간을 얻는다. 여기에 그녀들의 조용하고 절제된 선의와 서비스까지 누린다. 만약 내 가족이 그래준다면 나는 매일 500 타이완 달러도 기꺼이 치를 용의가 있으며 심지어 훨씬 더 감동할 것이다(요즘 부모들은 대부분 그럴 것이다). 나는 내 업무 환경에 대해 궁금해하는 친구들에게 이런 계산을 해준 적이 있다. 그것은 매달 4500 타이완 달러를 내고 관리인과 요리사(식재료의 관리와 구입도 다 책임지는)까지 딸린 오피스텔을 사무실로 이용하는 것과 마찬가지라고 말이다. 내 설명을 듣고 친구들은 다 그게 그렇게 수지맞는 것이었냐며 깜짝 놀랐다. 나는 그 150 타이완 달러로 더 괜찮은 것을 얻을 수 있다는 생각은 전혀 해본 적이 없으며 그런 것이 있다고는 도저히 믿을 수 없다. 단지 그 150 타이완 달러를 치르기만 하면 나는 즉시 매사에 언제나 올바르고 마음 가는 대로 행동하는, 성현과 기독교의 신조차 될 수 없는 사람이 되기 때문이다. 시비와 선악은 시간과 장소에 따라 판별하기 쉽지 않지만 그 자체로 엄밀하고 고정적인 판단 기준이 있다. 부와 권력을 생각할 때 소크라테스가 말한 것처럼 권력이 정의여서는 안 된다면 돈의 사용도 필시 정의와 같지는 않을 것이다. 사실 이보다 더 확실한 이치가 어디 있겠는가?

절대 평등이 많은 것을 파괴할 수 있으므로 평등의 사유는 꼭 한계가 필요하지만, 인간이 평등하다는 것은 사람과 사람 간의 복잡하고 중층적인 각종 관계의 유일한 토대이자 가능성 혹은 절대로 양보하거나 취소해서는 안 되는 최종 한계선이라고 나는 생각한다. 하지만 한 명의 독자의 입장일 때는 '현명하게' 스스로 (잠시) 다소 낮은 위치에 서곤 한다. 이것은 당연히 그 인간 평등의 원칙에 대한 포기가 아니고 우리에게 돈을 회수하는 서점과 출판사에 대해 그러는 것일 리도 없으며 사실상 꼭 저자 본인을 의식해 그러는 것도 아니다(일례로 중국인은 군자가 두려워하는 세 가지 중 하나가 '성인의 말'이라고 하지만, 그것은 말한 사람을 두려워한다는 게 아니라 그가 말한 이치를 두려워한다는 것이다). 책 속의 고원高遠한, 본디 지금 우리가 존재하는 곳보다 높고도 멀리 있는 훌륭한 것들 때문이다. 나는 여태껏 "×× 앞에서는 반드시 무릎을 꿇고 고개를 숙일 줄 알아야 한다"는 식의 견해를 좋아한 적이 없다(솔직히 구역질을 느끼곤 했다). 그 ××가 설령 진리, 정의, 시비와 선악 등일지라도 말이다. 나는 차라리 그것이 사실 자연적이거나 물리적인 것이고 그 앞에서 무릎을 꿇기보다는 꼿꼿이 선 채 고개를 드는 편이 더 낫다고 생각한다. 우리가 큰 나무와 산, 하늘의 별을 볼 때 그런 자연스러운 자세를 취하는 것처럼 말이다.

여기에 어설프게 평등 개념을 끌어들이는 것은 비록 도덕적인 오류는 아니지만, 마치 앞만 보다가 높은 곳에 있는 것을 다 놓치는 것처럼 그저 똑똑하지 못해서일 뿐이다. 더 나아가 제단에 소비자로서 위에서 내려다보려 한다면 그것은 어리석은 짓에 속한다. 그런 사람은 히말라야산맥 앞에 서 있어도 발치의 돌과 잡초만 볼 수 있을 뿐이다. 여기서 내가 어리석다고 하는 것은 남을 욕하는 게 아니라 사실적이고 중성적이며 정확함을 기하는 어휘 사용이다. 그래서 더 정말로 어리석다는 것을 강조하려고 한다.

2015년 허우샤오시엔의 「자객 섭은낭」이 칸영화제에서 감독상을 받고 최초로 중국의 극장 체인에서 상영되었을 때 나는 그 개봉 시점에 졸저 『역사, 눈앞의 현실眼前』의 출판 일로 인해 베이징에 있었고(전혀 중요하지는 않지만 그래도 말이 나온 김에 한마디 하면, 가짜뉴스의 중심인 인터넷에서는 나와 내 가족이 벌써 오랫동안 중국에 체류 중인 것으로 알려져 있다. 몇 명의 내 어리석은 친구조차 그렇게 알고 있다. 하지만 사실 나는 중국에는 매년 한 번도 채 가지 않으며 가서도 5~7일 정도면 일을 마치고 바로 돌아온다. 주톈신은 나보다 더해서 겨우 3년에 한 번 정도 가는 편이다) 평론을 써서 갈채를 보냈다. 그런데 사실 관객이 착각하고 너무 많이 들어와서 박스 오피스 순위가 부당하게 너무 높아지지는 않을까 걱정이 되었다. 영화는 문학과 비교도 안 될 만큼 부의 세계와 깊은 연관이 있고 관객의 기분을 맞추는 할리우드의 솜씨도 거의 극에 달해 있다. 그래서 영화는 진작부터 쿤데라가 말한 것처럼 다른 가능성이 봉쇄되었으며 영화 관객의 소비자로서의 정체성은 지극히 단일하고 배타적이다. 난 타이완 관객들은 걱정이 안 됐다. 관련 화제를 두고 논쟁한지 벌써 20년이나 돼서 대체로 허우샤오시엔의 영화를 어떻게 봐야 하는지(그리고 왜 절대 보지 말아야 하는지) 이미 알고 있으니까. 그들은 "주님의 것은 주님에게, 카이사르의 것은 카이사르에게"라는 마음가짐을 갖고 잠들 것에 대비해 베개까지 챙겨 극장에 들어갈 것이다. 한편 중국은 영상이 인기를 끌기 시작한 지 얼마 안 됐는데도 벌써 전 세계 최대의 단일 시장이 되었다. 그 모든 것이 빠르고 급하고 얕게, 마치 급류처럼 진행되었으며 내내 금전과 관련된 갖가지 잡음이 들렸다. 그래서 절대다수의 사람들이 '한 종류'의 영화만 (때맞춰) 보게 되었으며 더 나아가 영화는 단지 그런 것이라고, 뤼미에르 형제 때부터 계속 그래왔다고 생각하기에 이르렀다. 그 결과, 그렇게 편협한 감상 습관과 기대에 부합하지 않으면 다들 속았다고, 손해를 봤다고 느끼기 십상이며 또 정당하지만 어리석은 분노에 휩싸여 역시 정당하지만 어리석은 수준의 발언을 내뱉기 십상이다. 과연 이런 상태에서 올바른 관객과 시늉하는 관객이 함께 영화를 잘 볼 수 있을까? 나는 당연히 불가능하다고, 시간이 갈수록 더 불가능해질 것이라고 생각한다. 더구나 영화가 문학보다 더 불가능한 까닭은, 규모와 비용이 너무 크고 비싸서 부의 세계가 행사하는 지배력을 벗어나기가 더 힘들다는 데 있다. 그리고 바로 이 때문에 영화는 일종의 창작 형식이자 사유 형식으로서 상당히 취약해지고 너무나 많은 자유를 잃었다.

구로사와 아키라 같은 위대한 감독들이 허우샤오시엔을 칭찬하고 나아가 부러움을 금치 못한 것도 바로 자유, 오랫동안 보지 못했고 본래는 그렇게도 영화를 찍을 수 있었던 아주 약간의 자유(문학적인 글쓰기에서도 확실히 그리 많지 않다) 때문이었다. 이것은 허우샤오시엔 본인의 '무모함'과 무관심 덕분에 겨우 확보되었다. 그러면 그는 무엇에 무관심한 걸까? 그는 확실히 내가 한평생 본 이들 중에 명예와 이익에 가장 무관심한 사람이며 생활도 내내 단순하기 그지없었다. 이 두 가지는 당연히 동일한 것이다.

자세히 돌아보면 나는 반평생을 살아오면서 TV나 영화 쪽에 진출할 기회가 꽤 많았다. 하지만 그때마다 단 1초도 마음이 흔들린 적이 없으며 지금까지도 내가 현명했다고 생각한다. 윌리엄 포크너, 그 괴짜 작가는 평생 돈이 떨어질 때가 많았고 그 해결책은 당시에 벌써 금칠한 세계 같았던 할리우드에 다녀오는 것이었다. 거기서 시니컬한 탐정이 등장하는 영화 극본(새뮤얼 대실 해미트나 레이먼드 챈들러 등의 작품이 원작이었다)의 집필과 수정을 맡았다. 그런데 포크너는 실로 대단하게도 미리 정해놓은 금액을 벌면 뒤도 안 돌아보고 곧장 자신의 미국 남부 소설의 세계로 돌아갔다. 나는 그럴 수 있던 사람이 또 있었는지 잘 모르겠다.

모든 작품은 점검과 비판을 감수해야 하며 이것은 명예가 잔혹할 정도로 가장 따지는 부분이다. 게다가 짧은 기간이나 특정 사조 또는 한 가지 이데올로기적 판단 기준에만 국한되지도 않는다. 흔히 진정한 명예는 본인이 죽고 오랜 세월이 흘러야 완성된다고 말하는 것은 작품이 각기 다른 시대와 현실 상황을 거치고 또역시 각기 다른 사유와 시각으로 조명되어야 한다는 것을 뜻한다. 그래서 작가와 창작자는 미리 믿고 마음의 준비를 해두는 편이 좋다. 자기가 저지를 수 있는 실수들, 예컨대 잘못 생각한 것이나 잘못 기록한 것, 또 마음속에 품은 해괴한 생각이나 통제를 벗어난 감정, 나아가 교정과 인쇄 과정에서의 착오까지 어느 것 하나 기나긴 시간의 흐름 속에서 누군가의 눈을 피하지는 못할 것이다. 물론 잊히기에 딱 알맞은, 소비 상품 같고 그래서 언급할 가치도 없는 작품은 해당되지 않는다.

하지만 그런 소비자 의견은 영 아니다. "단지 내가 영화표를 샀기 때문에 평을 한다"는 식의 그런 비평 방식은 사람을 언짢게 하며 정말 서글프기까지 하다. 고작 영화표를 샀기 때문이라고? 그냥 돈을 돌려주면 안 될까?

예전부터 지금까지 식당을 겸하는 일본의 료칸은 두 가지로 나뉘며 또 다른 하나는 이미 꽃이 시들듯 부의 세계에서 점차 드물어지고 있다. 어쨌든 내가 말하려는 것은 보통 하루에 두 끼를 제공하는 전통 일본식 료칸이다. 나중에 생긴 식당들의 운영 방식과 다르게 그런 료칸은 손님의 모든 요구를 만족시키는 것을 원칙으로 삼지 않는다. 오히려 거꾸로 자신들이 가장 좋고 편안하다고 생각하는 요리와 서비스를 내놓는다. 그래서 우리가 그런 료칸을 택한다면 그것은 우리가 그들의 그런 접대 방식을 받아들이는 한편, 혹시 습관에 안 맞더라도 마음을 가라앉히고 그들이 우리를 위해 열심히 준비한 것을, 오랜 세월 그들이 수많은 손님을 상대하며 습득하고 끊임없이 조정해온 것을 음미해보려 한다는 것을 뜻한다. 교토의 유명한 다와라야 료칸은 심지어 사흘 넘게 묵을 필요는 없다고 손님에게 완곡히 알려주기까지 한다. 사흘이면 그들의 접대 사이클과 여정은 다 끝나므로 사흘을 넘기면 다시 반복돼서 손님에게 손해가 되고 자신들도 마음이 편치 않다는 것이다.

여기에는 온화하면서도 굽힘이 없는 프로페셔널한 사고방식과 굳이 입에 담지는 않는 몇 마디 말이 숨어 있다.

"손님의 기존 습관에 없고 손님이 벌써 알고 있거나 익숙한 것을 훨씬 능가하는 좋은 것들이 많이 있답니다."

# 책의 발자국을 좇다

편집자 경력 후기에 나는 꽤 여러 차례 언급한 적이 있다. 내가 일부러 서점에 잘 안 들어가고 각종 양적, 질적 베스트셀러 목록을 보지 않으며 책의 판매 수치도 대충 파악하고 치워버린다고 말이다. 칼비노가 말한 것처럼 이미 뱀 머리칼의 요괴 메두사처럼 돼버린 현실 세계를 직시하지 않기 위해서였다. 페르세우스는 청동 방패에 그녀를 비치게 해 그녀의 머리를 자름으로써 겨우 돌이 되는 것을 면했다. 또 일본의 유명 바둑 기사가 즐겨 말한 것처럼 내가 그런 것은 이어질 전투에 필요한 용기를 기르기 위해서이기도 했다.

그런데 퇴직 후 요 몇 년간 나는 오히려 유심히, 찾아가며 각종 도서 목록을 살피고 있다. 이것은 정신적으로 꽤나 인내심이 필요한 일이긴 하지만, 이렇게 하지 않으면 어떤 사실의 진상들을 제대로 볼 수 없다는 일종의 강박관념을 느끼곤 한다.

우리는 인간이 화폐라는 것을 발명함으로써 부가 시공을 초월하는 능력을 얻게 하는 데 성공했다고 이야기한 적이 있다. 그 덕분에 추리소설 속 탐정은 돈의 실마리를 좇아 숨겨진 살인의 진실과 범인을 향해 신속하게 나아갈 수 있는 것이다. 또한 명예도 기나긴 시간을 통과해야만 한다. 그래야만 본래 빛과 그림자일 뿐인, 금세 사라져버리곤 하는 그것은 퇴색하지 않을 수 있다. 내가 의지하는 것은 책(어떤 특정한 책이 아니다) 또는 책이 나아가는 궤적이다. 책의 실마리를 좇아 나아가며 명예의 변화와 성쇠를 기록한다.

아래 도서 목록을 보고 이게 과연 무엇인지 가늠해보자.

1. 모런莫仁, 『악진도噩盡島』

2. J. K. 롤링, 『해리 포터』

3. 황이黃易, 『일월당공日月當空』

4. 다옌打眼, 『도보필기淘寶筆記』

5. 정펑鄭豐, 『기봉이석전奇峰異石傳』

6. 히가시노 게이고, 『나미야 잡화점의 기적』

7. 정펑, 『천관쌍협天觀雙俠』

8. 무이沐軼, 『형명사야刑名師爺』

9. 황이, 『대당쌍룡전大唐雙龍傳』

10. 웨관月關, 『금의야행錦衣夜行』

(모두 판타지 소설과 무협소설이다)


이것은 얼핏 보면 대단히 익숙하다(책과 저자가 아니라 이미지가 익숙하다). 특히나 과거에 책을 살 여유가 없었던 우리 세대 사람들은 "이건 하루 1권에 2위안이었던 동네 도서대여점의 인기 도서 목록이 분명한 것 같은데?"라고 단언할 가능성이 크다. 사실 거의 맞는 말이다. 다만 그 출처는 훨씬 더 그럴듯한 곳인데, 이것은 타이완 공공 도서관의 2013년 대출 순위 1~10위 목록이다. 2013년이 전혀 특수하지는 않아서 계속 옮겨 적었지만 2014년, 2015년도 다 그 모양이었으며 그래서 2016년 이후라고 크게 달라질 이유는 없었다. 사실 2015년 목록은 더 황당하고 형편없었다. 1~15위 중 14권이 히가시노 게이고의 책과 무슨 말인지도 모르게 쓴 『그레이의 50가지 그림자』였다.

우리는 아마 크게 깨달을 것이다. 무협소설과 로맨스 소설을 빌려주던 우리 기억 속의 도서대여점이 지금은 공공 도서관으로 옮겨졌다는 것을 말이다.

그런데 이런 도서 목록은 결코 고립된 현상이 아니다. 단지 상대적으로 특별하고 흥미로울 뿐이다. 이것은 총체적인 대표성과 그에 대한 설명력을 갖고 있는데(예컨대 타이완 최대의 인터넷 서점 보커라이博客來의 베스트셀러 목록과 일치한다. 단지 그렇게 '노골적'이지 않을 뿐이다), 다른 도서 목록들과 내용 및 작용이 대단히 흡사하다. 만약 최근 5년간 타이완의 각종 도서 목록을 좀더 광범위하게 수집한다면 더 분명한 이미지나 궤적이 쉽게 머릿속에 떠오를 것이다. 그것은 어떤 집단이 대오를 맞춰 같은 곳을 향해 걸어가고 있는 것과 같다. 그 목표 지점은 우리의 서로 다른 관심에 따라 통속이라고도, 유행이라고도, 또 소비성 상품이나 향락이라고도 부를 수 있다. 여기서 나는 그것을 '지금' 그리고 '망각'이라고 부르고 싶다.

질적인 도서 목록도 지속적으로 이에 호응하여 가면 갈수록 페이스북 친구들의 서로 '좋아요' 눌러주기와 비슷해져가고 있다. 시간 감각이 지극히 편협하고 감별이라기보다는 반응의 결과이며 본래 끼어들어서는 안 되는 갖가지 시의적절한 욕망과 은원, 애증, 책략이 밑에 종횡으로 깔려 있다. 평가는 없고 인간관계만 있는 셈이다.

솔직히 말해 중국의 도서 목록이 낫다. 그냥 나은 것도 아니고 상당히, 적잖이 더 낫다. 심지어 여기저기서 단테의 『신곡』과 칸트의 『순수이성비판』 같은, 내가 가장 인기 없고 가장 불가능하다고 생각하는 책까지 눈에 띈다. 그곳은 재능이 일부만 스스로를 발산하는 사회, 공백과 보완해야 할 과업이 산더미처럼 쌓인 사회 그리고 모든 면에서 한창 발전하고 있으면서도 생각나고 생각해야 하는 큰 문제들이 존재하는 사회로서 앞으로 갈 길이 멀다. 내가 이런 점을 쉽게 알아보는 것은 타이완도 그랬기 때문이며 도서 목록과 독서 상황도 마찬가지다. 또 그런 까닭에 나는 그곳에 오래 체류할 생각이 없고 현지 사람들이 듣기 싫어하는 소리를 계속해왔다. 나는 그 모든 것이 향후(혹은 지금도) 빠르게 무너져서 그 책들이 한 권 한 권 목록에서 사라질 것이며 그 속도는 현재 세계의 진행 속도로 인해 타이완의 20, 30년 전보다 훨씬 빠를 것이라고 생각한다. 그 밖에 나는 그 사회에 그런 흐름에 저항하려는 이들과, 또 그런 흐름에 저항할 만한 강력한 이유가 충분히 존재하는지도 확인할 수 없었다. 내가 확인한 비교적 보편적인 것은, 돈을 물 쓰듯이 쓰며 거들먹거리는 구매력과 그 권익 의식이었다.

내게는 편집자로 일하며 자연스럽게 알게 된, 아주 간단하면서도 절대적으로 정확한 어떤 계산법이 있다. 대체로 한 사회 내지 한 세상에서 사람들이 일정 시간 내에 수행하는 글쓰기 또는 창작의 성과는 여전히 고르고 만족스러운 수준의 훌륭한 책을 연상시킨다. 오래된 형태의 그 수공업은 현대의 산업 기술 및 설비의 개량과는 크게 상관없이 여전히 착실하게 한 글자, 한 문장씩 적어 내려가야 하며 그것은 오로지 인간 정신의 속도에 의해 결정된다. 그래서 1년에 5권의 좋은 책을 낼 수 있다고 한다면 10년이면 50권, 100년이면 500권이라는 계산이 나온다. 또 그래서 과거에 오래 편집자 생활을 하는 와중에 나는 늘 책을 다 못 낼 것 같아 마음이 타들어가고 뒤를 쫓아가는 기분이었으며 출판 업무가 수시로 느려지는 게 짜증이 났다. 이런 식이면 어느 세월에 인류 세계의 완벽한 글쓰기의 성과를 다 갖출 수 있단 말인가? 그런데 어느 날 갑자기 나는 줄기차게 생산돼온 인류의 성과가 담긴 창고가 텅 비었음을(내가 좋아하지만 출판할 수 없는 썰렁하고 딱딱한 책만 남고) 깨달았으며 저도 모르게 아득한 시간을 넘어 지금은 살아 있는 몇몇 일류 저자 중 한 명이 돼서 성가시게도 "형님, 글 좀 빨리 써주실 수 없나요?"라는 소리를 듣고 있다.

이 간단한 계산법을 나는 내 독자로서의 세계에도 끌어들였으며 그러는 것이 당연히 (내가 생각하기에) 지혜롭고 유일하게 옳은 방식이었다. 지금까지 줄곧 나는 상당히 자연스럽게 그 시간의 비율에 따라 독서를 해왔다(책의 내용과 본질에 따라 선택적 독서를 한다면 사실 저절로 그 비율에 부합할 것이다). 아마도 시의성 있는 책을 좀더 읽었겠지만 그것은 내가 현재를 살아가는 것으로 인해 요구되는 대가이면서 내가 눈앞의 세계에 좀더 기울이는 관심과 이해의 방식인 셈이다. 어느 정도는 수준 낮은 책도 참고 읽어야 사람들이 지금 무슨 생각을 하고 무슨 착각을 하고 있는지 잘 파악할 수 있다. 그러나 책은 어쨌든 일반 매스 미디어와는 달라서 그 진정한 가치와 기능은 거기에 있지 않다. 솔직히 이 세계에서 진정으로 의미와 의의가 있으며 보고 기록할 가치가 있는 일은 생명이 고작 하루에 그칠 리가 없으므로 그것을 놓칠까봐 너무 두려워할 필요는 없다.

보르헤스는 자기가 요즘 책은 거의 안 읽는다고 여러 차례 공개적으로 인정한 바 있다. 나는 그처럼 그렇게 극단적이거나 방심하고 있지는 않다. 또 그런 일로 무슨 저항의 태도를 취할 생각도 않는다. 나는 내 훌륭한 책의 생산 공식을 명심하고 있을 뿐이며 오늘날의 그 훌륭한 책 5권을 취하는 데 급급해 다른 45권, 495권, 4995권의 책을 잃는 것은 원치 않는다. 그리고 내가 요즘 책을 적게 읽는 것은 다음과 같은 믿음 때문이다. 시간으로 하여금 흐르는 물이 스스로 맑아지듯 침전과 세척의 효과를 발휘하게 하고 끈질기게 기다리면 그것은 결국 그 5권의 책 이름을 말끔히 드러내줄 것이다. 나는 이렇게 하는 것이 타당하고 지극히 이성적이라고 생각한다.

시간은 유수처럼 빨리 지나가며 결코 인간에게 패하는 일이 없다. 우리가 애지중지하는 모든 것은 끝내 소멸하기 마련이다. 그것을 어느 곳, 어느 장치 속에 숨기더라도 말이다. 그래도 기나긴 세월, 책을 업으로 삼아온 이들은 현대의 도서 인쇄용 공업 용지가 얼마나 시간이 흐르면 자연 분해되는지, 그리고 옛날 사람의 수제 종이, 양피지, 죽간과 목간, 파피루스, 점토판 등은 각각 얼마나 오래 보존되는지 궁금해하며 따져보곤 했다. 내 기억이 틀리지 않는다면 움베르토 에코도 그런 궁금증을 표명한 적이 있다(원고 교정 단계에서 그가 병사했다는 소식을 들었다. 부디 그가 편안히 잠들기를. 하지만 그가 그냥 편안히 잠들 위인이 아니라는 것은 누구나 알고 있다). 물론 이것은 그리 중요한 문제가 아니다. 책의 재쇄, 재판과 관련한 문제는 여태껏 기술 분야와는 무관했다.

그런데 솔직히 말해서 인간은 무한히 긴 시간을 정말로 필요로 했던 적은 없었다. 그것은 차라리 우리가 순조롭게 사태를 생각하는 데 필요한 일종의 의식과 개념에 더 가깝다. 이와 관련해 게르첸이 한 말이 비교적 맞는다고 본다. 의미 있는 목표는 너무 멀어서는 안 되고 조금 가까워야 한다고 그는 말했다. 인간에게 의미 있는 길이의, 흐르고 소모되는 시간에 대해 책은 역시 상당한 저항과 보완의 힘을 갖고 있으며 또 그래서 발명되고 사용되어왔다. 어떤 의미에서 그것의 형태는 곧 씨앗으로서 꽤 오랫동안 보존이 가능하다. 듣자 하니 고대 이집트 유적에서 출토된 연꽃 씨앗은 꼬박 5000년의 세월을 넘어 아직까지도 싹이 나고 자랄 수 있다고 하는데, 다만 우리는 그렇게 사태를 생각하려고 할까? 그런 기회와 확률에 내기를 걸까? 혹은, 그것은 필요한 씨앗으로서 역시 애써 보존해야 하는 게 맞을까?

주톈신의 아래 대화를 나는 가히 오늘날의 고전급이라고 생각해 가슴속 깊이 새겨두고 있다. 그것은 그녀가 타이베이시립제1여자고등학교에 초청 강연을 가서 학생들과 나눈 대화다. 동문 관계가 얽혀 거절하기 어려웠던 그 강연의 대상은 엄선된 우수 문과생들이었다. 그래서 분명 타이완에서 가장 훌륭한 젊은 문학도들이 모여 경청을 하리라 기대되었고 실제로 그보다 더 좋을 수 없었다. 강연이 끝난 뒤에는 더 솔직한 질문과 대화가 이어졌는데, 학생들은 주톈신에게 읽어야 할 책을 추천해달라고 부탁했다. 주톈신은 본래 나처럼 책 추천 같은 것은 잘 못 하고 또 안 하는 사람이다. 하지만 차마 거절하기가 어려워서 여학생들의 나이와 요즘 타이완의 분위기를 고려해 비교적 재미있고 접근하기 쉬운 책을 골라 이야기했다.

"장아이링의 작품이 괜찮을 것 같네요."

"그녀는 죽지 않았나요?"

"그러면 **바이셴융**白先勇 1937~. 재미 화교 작가. 타이완대학과 아이오와 대학을 졸업하고 캘리포니아 주립대학 산타바버라 캠퍼스에서 중국문학 교수로 일했다. 단편소설집『타이베이 사람臺北人』이 20세기 100대 중국소설 중 7위에 올랐고 동성애자 소년을 주인공으로 한 자전적 장편소설『서자孽子』도 유명하다."

"너무 늦었어요!"

# 하지만 그들은 모두 죽었다


언젠가 소설가 펑네이궈馬內果가 자기 친구 이야기를 들려준 적이
있다. 모임에서 다들 돌아가며 개인사를 이야기한 뒤였는데, 희한
하게도 그 친구는 자기 아내와 딸을 전혀 신경 쓰지도 염려하지도
않았다고 한다. 그리고 변명처럼 말하길, "나는 벌써 죽은 것 아닌
가?"라고 했다. 그는 사람들을 둘러보며 다시 한번 "나는 죽었다니
까"라고 했다.

　사실 우리는 그가 무슨 말을 한 것인지 이해할 수 있다. 그는
자기가 그녀들에게 관심이 없는 것이 아니라, 때가 되어 그녀들에
게 관심을 가질 수 없게 되었다고, 심지어 관심이라는 마음의 작
용을 잃어버렸다고 말한 것이다.

　나는 벌써 죽은 게 아니냐는 것, 이것은 내가 그 도서 목록들
을 읽으면서 끊임없이 드는 생각이기도 하다. 여기에는 지울 수 없
는 어떤 이상한 부조리가, 인간은 태어나서 죽을 때까지 미리 죽
음을 의식하며 산다는 이해할 수 없는 부조리가 숨어 있다. 사람
이 남기는 것은 작품이지, 그 사람 본인이 아니며 작품 (헤밍웨이
가 말했듯이 운이 좋으면) 스스로 앞으로 나아가지, 저자 본인이 거
기에 딸려갈 수 있는 경우는 결코 많지 않다. 게다가 흔히 여러 오

해와 부주의와 무신경이 판을 치며 경건한 독자들 중에서도 책에 쏟는 성의와 같은 정도로 책을 쓴 사람을 대하는 이는 매우 적다. 심지어 그가 누구인지 몰라도, 불확실해도 무방하다는 태도다. 오늘날의 어떤 독자 관련 이론가들은(사실은 미국의 강단 학자들이다) 원작자는 아예 의식할 필요가 없다고, 그가 누구이고 무슨 생각을 했으며 그 책을 쓴 생각과 의도가 무엇인지는 전혀 중요하지 않다고 자신만만하게 주장하기도 한다. 그들은 우리가 그저 작품만 보고 또 각종 방식으로 작품을 읽고, 해석하고, 해체할 권리가 있다면서 스스로를 향락파라 불렀다.

이와 동시에 작품이 얻은 모든 영광과 대부분의 이익은 원저의 저자에게 못 돌아간다. 그가 죽었기 때문이다(베른 조약은 원저자의 권리를 사후 50년까지 보장하여 그 기간에 발생하는 이익은 그의 유족에게 넘겨주고 50년이 넘으면 이익을 공공의 소유로 돌리도록 저작권법을 개정했다. 우리는 부의 세계에서도 이렇게 하는 것을 고려해야 하지 않을까? 부자가 남긴 화폐가 50년이 지나는 날, 전부 자동으로 폐기되게 하는 것은 기술적으로 조금 어려워도 결코 불가능하지는 않다). 조금 극단적인 예로 빈센트 반 고흐가 있다. 지금 그의 그림은 툭하면 한 점에 수백만 달러로 거래되지만 그 돈을 가져가는 사람은 누구일까? 고흐는 생전에 그림 한 점을 팔아 50프랑을 받은 게 고작이었다. 그가 죽은 뒤에야 미친 듯이 폭등한 그림 가격(특히 최근에 더 그랬는데, 상당히 순수한 화폐 현상에 속한다)은 사실 명예의 역방향적 효과만 낳았다. 그것은 바로 고흐를 참을 수 없을 만큼 속된 인물로 뒤바꿔놓은 것이다. 그는 더 이상 외롭고 힘들었던 사람이 아니다. 프랑스 남부의 뇌를 녹여버릴 것처럼 뜨거운 햇빛은 오늘날에는 더 돈의 빛과 열과 흡사해졌고 그의 그림은 단지 일종의 금융 상품으로 부의 세계 속에서 교환된다. 하지만 그의 명예는 오르기는커녕 떨어졌으며 우리는 이미 그에게 보답을 했다고 착각하지만 실제로는 그런 적이 없다.

그래서 명예가 특수한 보상 체계로서, 다른 방식으로 보답받지 못하는 인간의 치열한 삶을 보상해 후대 사람들을 고무시킨다는 식의 주장은 실제로는 계속 의문시되어왔다. 나 자신은 그것을 일부러 원작자로부터 분리시키려 한다. 그것은 그를 설명해주지 못하고 그와 무관하며 그저 우리 시대가 붙인 특별한 주석이자 가이드로서 우리가 좋은 작품, 좋은 책을 찾는 데 도움이 될 뿐이다. 그리고 만약 우리가 개의치 않고 각종 조작과 계략으로 거짓 명성을 만들어내 그것을 더럽히고 대체한다면 그것은 우리 자신의 일이다. "우리에게 죄가 있으니 각자 책임져야 한다."

내가 잘못 보지 않았다면 타이완은 닥치는 대로 명예를 추구하는 새 단계에 막 들어섰으며 이것은 열띤 페이스북 사용의 결과다. 나는 새로 알게 된 위郁씨 성을 가진 친구가 한 말이 자주 떠오른다. 그는 "사람이 시비를 못 가리면 수치심이라도 알아야 하는 것 아닌가요?"라고 했다.

명예의 취약함과 미심쩍음을 지금에야 우리가 깨달은 것은 아니다. 그래서 나는 늘 돌이켜 이런 생각을 하곤 했다. 그 작가들은 도대체 왜 글을 쓴 것일까? 어떤 성과도 보장되지 않는 것을 알면서도 무엇에 의지하여 글쓰기에 매달린 걸까? 그들은 어쩌려던 것일까? 무엇이 계속 그들을 추동한 것일까? 더욱이 우리는 일반적으로 그들이 각 시대 인류 세계에서 가장 똑똑했던 이들이라고 생각하고(지금은 이렇게 생각하는 이들이 점점 줄어들고 있다) 그들을 천재, 하늘이 내린 선물, 별의 화신, 신들렸던 인물 등으로 부르기까지 한다. 정말로 그들이 그렇게 똑똑했다면(작품의 성과가 그들이 그랬음을 거듭 증명한다) 그렇게 누구도 이해 못 하고 별로 똑똑하지도 않은 일을 하면서도 보통은 평생 후회하지 않았던 것은 무척 흥미로운 일이다.

　인간의 사후 명예를 의문시했던 한나 아렌트는 당연히 훌륭하면서도 평생토록 칭찬과 혹평을 함께 들은 저자였다. 그녀는 저술 활동 말기에도 일관되게 이런 말을 했다.

　"당신이 뭔가를 써서 세계에 퍼뜨릴 때마다 그 글은 공공의 것이 됩니다. 누구나 마음대로 그것에 관해 이야기할 수 있고 또 그래야만 합니다. 자신은 항의할 여지가 없습니다. 당신의 사유가 어떤 대우를 받든 당신은 끼어들면 안 되며 남이 그것을 어떻게 대하는가를 보고 교훈을 얻어야 합니다."

# 명예의 보상에 의지하지 않는 글쓰기

미래와 관련하여 인간이 무엇을 믿느냐에는 어느 정도 선택의 가능성이 포함되어 있다. 미래는 아직 발생하지 않았으므로 실증할 길이 없고 또 부인할 수도 있어서 우리에게 상당한 선택의 여지를 부여한다. 하지만 인류의 각 세대와 거기에 속한 한 명 한 명의 다양하면서도 반복적인 추측과 기대가 이미 거대한 목록을 이뤄 우리가 고르도록 제공된 상태이기도 하다. 그 목록에는 다소 용감한 것도, 다소 허무한 것도, 다소 명랑하거나 서글픈 것도, 다소 헤아리기 힘든 개인적인 것이나 생물적이고 집단적인 것도 있다. 윌리엄 포크너는 노벨상을 받았을 때 뜬금없이(또 자기가 쓴 소설의 내용과 다소 상충되게) 이런 말을 했다. 자기는 인류의 종말을 믿지 않는다고, 어느 날엔가 인류의 목소리가 인적 없는 해안의 파도 소리처럼 공허하고 쓸쓸해지는 것도 믿지 않는다고 했다. 그리고 자기는 차라리 인류가 해낸 그 모든 것이 의미가 있을 뿐만 아니라 끊임없이 현실에 작용하는 것을 믿는다면서 "인간은 반드시 승리할 것"이라고 했다. 한편 레비스트로스는 과학적 기본 인식에 어긋나지 않게 말하길, 인간도 죽고 우주도 소멸하게 마련이어서 그날이 오면 우리가 가진 어떤 것도 남지 않겠지만(당연히 명예도,

그리고 특히나 명예는 그럴 것이다) 인간은 그 사실을 용감히 직시한 채 그런 의식하에 계속 일하고 생활해야 한다고 했다.

포크너의 단언은 비교적 이해하기 쉽고 말이 길어지기도 힘들다. 말로 표현하는 것 외에는 희망이 이뤄지기를 바라는 게 전부다. 그리고 레비스트로스의 발언은 듣기에 괴롭고 착잡하기는 하지만 흥미롭다. 물론 이것을 이백 스타일로 노는 것도 때가 있다느니, 또 그래서 지금 이 시간만이 진실되다느니 하는 생각과 바로 연결시키는 것은 최악의(머리가 최악이든 마음이 최악이든) 이해 방식이다. 레비스트로스는 성실한 학자였고 그가 세운 방대한 신화학의 체계는 향락적이지도 현재에 국한되지도 않았다. 더욱이 그는 자신이 평생에 걸쳐 이룩한 인류학의 놀라운 성과에 대한 사람들의 찬사와 호기심에 답하면서 그런 말을 한 것이었다. 우리가 보기에 확실히 레비스트로스는 성실하지만 기묘한 시간 의식으로 모든 것을 지금 이 시점으로, 인류의 현재적 삶의 위치로 돌리고서 미래의 단절과 그로 인한 허무로의 귀결을 이용해 시간에 끝을 설정함으로써 개인의 시간과 인류의 역사적 시간을 모두 유한하게 만들고 사람들로 하여금 마음과 일만 어지럽히는 갖가지 것에 대한 잡념을 모두 내려놓게 했다. 그렇게 되면 미래는 마치 현재가 돼버리는 듯하지만 어떤 얇디얇은 층으로 축소되거나 함몰되는 게 아니라 현재를 그 시간의 소실점까지 멀리 확대한다. 일종의 기묘한 두께를 지닌 현재인 셈이다. 그런 현재 속에서 인간은 영원함을 상실하기는 해도 더 많은 시간을 손에 움켜쥔다.

그런데 이렇게 되면 의의와 가치가 명백히 강한 타격을 입고 궁극적인 보장과 종교적인 보장을 잃어버리는 듯하다. 하지만 우리는 (어쩔 수 없이) 이런 생각을 해볼 수도 있다. 의의와 가치는 반드시 영원불멸이어야 하는가? 그것들은 정말로 그렇게 단조롭고 취약한가? 또 반드시 그렇게 거대해야만 하는가?

나 자신은 이에 대한 그레이엄 그린의 견해를 줄곧 선호해왔다. 그는 항상 더 구체적이고 실제적인 것에 주목했다. 『타버린 환자』라는 그의 작품에서 닥터 콜린은, 삶의 의의를 잃고 영혼조차 콩고의 숲으로 날아가버린 듯한 세계적인 건축가 퀘어리에게서 "당신은 장소를 잘못 찾았소. 당신은 자기가 찾으려는 것을 너무 크고, 너무 밝게 생각하는 것 같소"라는 이야기를 듣는다.

나는 레비스트로스가 한 명의 일하는 사람으로서의 시간 감각을 이야기했다고 생각한다(이와 비교해 포크너는 노벨상 시상식 무대의 정점에 서서 '인류'를 대표해 발언한 셈이라 조금 과장되고 그 신분에 대한 기대에 부응한 느낌이 없지 않다). 매일같이 일하는 사람에게 미래는 단지 공허하고 임의로 내용을 채워넣어도 되는 단어가 아니며 또 그럴 수도 없다. 일의 진행과 연관시키면 미래는 차라리 '다음에 일어날 일'에 가까우며 사람들의 지금 이 시점의 연속이자 실현이고 또 그 변화다.

글쓰기도 일종의 일이며 결코 허튼 생각이 아니다. 사람은 물론 시시때때로 허튼 생각을 하곤 하지만 일단 글쓰기에 들어가면 확실한 부분만, 확실한 사유로 전환해 계속 생각할 수 있는 부분만 남길 수밖에 없다. 그래서 '미래'는 글쓰기의 진정한 목표이기는 어려우며 우리는 거기에 서 있지 못해서 글쓰기에 필수 불가결한 조밀도가 모자라다. 다양한 작품의 내용 속에 각기 다른 정도로 미래의 요소가 필요하고 필수적인 까닭은, 내가 생각하기에는 단지 현재가 진행 중이어서, 우리가 지금 보고 생각하고 있는 것 하나하나가 보통 미완성이며 아직 정지되고 완전한 형태가 아니어서 그렇다. 마치 『주역』이 63번째 기제괘既濟卦(이미 완성됨) 뒤에서 64번째 미제괘未濟卦(여전히 미완성임)로 끝나는 것과 같다(공자는 이 때문에 『주역』의 저자가 우환을 겪으면서 계속 사태를 생각했던 사람이 분명하다고 단언했다). 사람이 어떠한 현재든 비교적 완벽하게 설명하려고 한다면 꼭 일정한 길이의 미래를 가미해야 한다. 작가는 심지어 미리 미래에 '밀입국'해 들어가 미래의 어떤 지점에 서서 현재를 돌아봐야 한다. 그것을 묘사하고, 설명하고, 또 가능하다면 그것을 실증하거나 효과적으로 반박하기 위해서.

우리가 또 스스로 어렵지 않게 귀결지을 수 있는 것은, 미래 요소의 증가가 흔히 같은 비율로 현재의 어떤 일과 현상에 대한 작가의 반대와 바로잡으려는 시도, 나아가 분노를 의미한다는 사실이다.

내가 말하려는 것은 바로 글쓰기의 진정한 주 관심사가 반드시 현재이고 현재일 수밖에 없다는 사실이다. 또 그 현재는 그 시간의 경과와 미래의 향방을 단절하지 않고서야 비로소 이해 가능한 현재, 그러면서도 왜 그런지를 포함하고 있는 두터운 현재다. 인간의 현재는 생물적 의미의 현재가 아니며 결국 인간이 진정으로 생각할 수 있고 쓸 수 있는 것은 오로지 그것, 인간이 그나마 갖고 있는 자기 일의 위치다.

물론 우리는 어떤 층위 그 이상에서 이런 말들을 하고 있으며 우리가 이야기하는 것은 단지 충분히 훌륭하고 진지한 저자들에 국한되어 있기는 하다. 한나 아렌트는 항상 인간이 전혀 예측할 수 없는 존재라고 말했고 그것은 그녀가 마지막까지 인류의 미래를 밝게 바라볼 수 있었던 진정한 이유였다. 그러나 대부분의 경우에 나는, 가장 예측할 수 없는 것은 인간의 지혜가 아니라 인간의 어리석음이라고 생각한다. 인간은 불가사의할 정도로 놀라운 상상력을 갖고 있긴 하지만(레오나르도 다빈치와 페데리코 펠리니, 서로 몇 세기 간격을 두고 살았던 이 두 이탈리아인이 전형적인 예다) 일단 어리석어지면 따라야 할 어떠한 논리나 인과관계도 돌아보지 않는다. 마치 손을 불에 갖다 대면 아프고 화상을 입는다는 것조차 모르는 사람처럼 돼버린다.

명예라는 거대한 보상 체계가 계속 미비하고 갈수록 불가능해져가는 것으로 인해 어떤 안 좋은 영향이 있을까? 단기적으로 보면 괜찮다고 나는 생각한다. 지켜보며 조금 괴롭고 쓸쓸하기야 하겠지만(그렇다. 사람이 시비와 선악에는 관심이 없어도 수치심은 알아야 한다) 그것이 정말로 훌륭하고 진지한 현역 저자들을 근본적으로 동요시킬 것이라고는 생각하지 않는다. 결국 우리가 신경 쓰고 나아가 시간의 단계마다 글쓰기의 성취를 가늠하는 척도로 사용하는 것은 역시 최고의 필력에 의한 성과일 따름이다. 내가 그들에게서 신뢰하는 것은 인격적인 부분이 아니다. 그들도 일반인과 마찬가지로 갖가지 유혹에 흔들리며 생명의 버틸 수 있는 한도가 있다. 내가 진정으로 신뢰하는 것은 그 일과 사람의 기본적인 관계다. 이것은 기나긴 글쓰기의 매일 반복되는 시간 속에서 필연적으로 모종의 세밀하고 뒤얽힌 '굴레'가 됨으로써 그 안에 부득이하게 원망의 요소가 있긴 하지만("빌어먹을, 내가 왜 애초에 이런 길을 택했을까?" 같은) 그래도 확실히 충실하고 흡족하며 정말 포기하거나 바꾸기 힘든 것이 다수 존재한다. 이를테면 글쓰기 자체가 인간에게 주는 보답인데, 그것은 일종의 은밀하면서도 뒤늦게 전달되는 진정한 보상인 동시에 형언하기 힘든 삶의 귀속감 혹은 보르헤스가 말한 '행복'이다. 만약 우리가 지금은 직업을 바꾸려 해도 이미 늦었다고 말한다면, 그것은 농담이나 자조이긴 하겠지만 일정 정도는 진지하고 엄숙하기도 하며 다른 요행을 바라는 여지는 전혀 없다. 새로 다른 길을 택해 다시 시작하면 지금 여기, 이 정도 수준에 이르는 것은 이미 늦었음을 알기 때문에 절대 직업을 바꿀리 없고 지금 일에 연연할 것이다.

사실 우리는 심지어 조만간 '반등'이 있을 것이라고 기대할 수도 있다. 무슨 일이 생길 것 같고 심지어 위험과 침탈이 있을 것 같다고 작가들이 느끼기 때문이다. 인류 세계의 감동적이고 용감하며 평화로운 시대에는 나오기 힘든 여러 작품은 다 그렇게 쓰였다. 한 예로 헤밍웨이는 자기 삶의 첫 번째 명예의 최저점에서 분노하듯, 또 거의 신의 도움을 받은 것처럼 단숨에 『노인과 바다』를 써냈다. 또 얼마 전에 타이완의 소설가 린춴잉의 소식을 들었는데, 줄곧 명리에 냉담했던 이 작가가 의분(사라지고 있는 훌륭한 것 중 하나이다)을 품고서 펜을 들기로 결심하고 범상치 않은 추동력으로 예상보다 훨씬 빠르고 순조롭게 글을 써내려간다고 한다. 『혹서猛暑』라는 제목의 그 신작을 나는 무척이나 기대하고 있다.

하지만 장기적으로 보면 어떨까? 단기적으로는 확실히 안 좋은 영향이 있을 것이다. 글쓰기 자체가 신인 작가를 '포획할' 여유가 모자란 상태에서 쭉정이만 많고 알맹이는 줄어들어 글쓰기의 현실적인 위상은 다음과 같이 천천히 변해갈 것이다. 오늘날 부가 권력과 명예를 양쪽 날개로 삼아 통치하는 이 세계를 살아가며 우리는 할리우드와 일본 애니메이션, 대중소설 업계에서 가끔씩 희미한 빛을 반짝이는 대단한 것들을 발견하곤 한다. 그것들은 다른 것들 속에 섞여 있지만 감출 수도 없앨 수도 없다. 나는 그것들이 어디에서 왔는지 완벽하게 알 것 같다. 본래는 일류 작가와 창작자가 될 수 있었던 이들이 만들어낸 게 분명하다고, 단지 그들은 사람이 더 많은 길을 먼저 택했을 뿐이라고 믿는다.

그것은 천부적인 재질의 일류 NBA 선수들의 경우와 같다. 만약 그들이 농구 대신 돈을 좀 덜 버는 육상 경주, 높이뛰기와 멀리 뛰기, 투척 경기, 나아가 다른 구기 종목에서 뛰었다면 아마 최고의 선수가 되었을 수도 있다.

# 마지막으로, 작가는 어떻게 살아가야 하나

본래는 이어서 글쓰기의 공공성에 관해 이야기할 생각이었다. 명예의 호소력이 나날이 미심쩍어지고 더 미약해지는 현실 상황에서 글쓰기의 내적 추동력은 무엇이냐는 질문에 면밀히 답하기 위해서였다. 하지만 그만두기로 결정했다(그래서 원고 다섯 페이지를 폐기했다). 내가 그런 말을 하면 그 훌륭한 작가들이 안 좋아할 것 같아서였다. 어쨌든 그것은 글쓰기라는 일을 위해 너무 "하명을 청하는 것"만 같다. 훌륭한 작가는 보통 완고한 면이 있어서 그런 것을 못 견뎌하거나 구역질을 느낀다. "제가 최선을 다해 여러분을 위해 봉사할 기회를 주시길 부탁드립니다" 운운하는 것은 선거 후보자에게나 어울리는 희한한 말이라는 것이다. 세상과 자신이 어긋난다면 작가는 차라리 글쓰기가 단순히 개인적인 일이라고, 그 모든 것을 자기 혼자 택하고 버티다가 끝낼 뿐이라고 말하리라 나는 믿는다.

글쓰기의 근본은 당연히 공공적이고 책은 공공의 형식이며 언어와 문자도 모두 공공적 의미가 있다. 만약 이 세계가 정말로 이 가능성을 완전히 상실하더라도 작가는 더 말하고 쓰기를 거절하는 것을 마지막까지 선택 항목으로 가질 것이다. 그 옛날에 소를 타고 표표히 관문을 벗어나 온전히 자기 자신으로 돌아간 현자, 노자처럼 말이다.

따라서 우리는 방향을 바꿔 사람들이 자주 언급하는 이 작은 문제에 관해 구체적으로 생각해보기로 하자. 과연 작가는 어떻게 살아가는 것이 옳을까?

글쓰기의 갖가지 진실을 드러낸, 자신의 흥미로운 대담록인 『구아바꽃 향기』에서 마르케스는 자신이 추구하고 의지하는 글쓰기 환경에 대해 이야기했는데, 그 대부분은 단지 개인적인 습관과 괴벽인 듯해 소로가 말한 것처럼 다른 사람에게는 불필요할 뿐만 아니라 과거에 들어본 적도 없을 것이다. 당시 마르케스는 멕시코에 있는 자신의 집에 '돌아갔다'. 그런데 그의 말에 따르면 방의 온도를 조금 따뜻하게 유지해야 했고(쉽게 졸음이 오지는 않았을까? 조금 서늘해야 정신이 맑지 않나?) 또 전동타자기를 세상에 하나밖에 없는 보물처럼 애지중지했으며 거의 낭비에 가깝게 종이를 써댔다고 한다. 심지어 그는 자기가 구아바꽃 향기에 이상할 정도로 집착한다는 것을 깨달았다. 한창 잘 써지던 소설이 아무리 해도 진도가 안 나가서 보니 대단히 중요한 것 하나가 빠져 있었고, 그것은 바로 공기 속의 구아바꽃 향기였다.

나는 그가 조금 지나친 게 아닌가 싶었다. 우리가 생애를 너무나 잘 알고 있는 탓에 그는 자기 작품 뒤에 숨는 것이 가장 불가능한 작가다. 그에게 명예는 기적처럼 크고 급작스럽게 주어졌다.

『백년의 고독』으로 엄청난 명예와 부를 거머쥐기 전까지 그는 오랫동안 백과사전 판촉이나 사람들의 선의에 기대어 불우한 나날을 보내야 했다. 이랬던 그가 어떻게 그런 것들을 요구하게 됐을까? 이런저런 것이 없으면 글을 못 쓴다고 까탈을 부리게 됐을까? 그냥 써도 된다. 포크너가 말한 것처럼 결국에 글쓰기는 한 자루의 펜과 몇 자루의 종이만 있으면 그만이다. 물론 포크너 자신도 여기에 담배와 약간의 술을 슬그머니 보태기는 했지만 말이다.

나는 만년에 세계 시민 혹은 문학공화국의 시민 같았던 나보코프가 글쓰기 장소로 애용한 스위스 호텔에 관해서도 자세히 알고 있다(상대적으로 그는 자신의 망명생활에 관해 별로 언급한 적이 없다. 가장 고집스러운 작가였던 그는 자신에 대한 다른 나라의 불공평한 대우에 불만을 품고 온종일 원망이나 늘어놓는 징징이가 아니었다). 나보코프는 또 말하길, 그 호텔과 그 일대의 다른 호텔들은 예전에 톨스토이 같은 구러시아 귀족 작가들이 머물던 곳이라고 했다. 그들은 기회만 있으면 얼음으로 뒤덮인 러시아를 빠져나와 그곳에서 따뜻한 온기와 자유로운 공기를 즐겼다고 한다.

어떤 사람들은 그런 작가들의 습관에 호기심을 느껴 찰스 디킨스, 다니자키 준이치로 같은 대단한 작가들의 옛 거주지를 일일이 찾아다니곤 한다. 글쓰기의 비밀과 작품의 실마리가 거기에 숨겨져 있기라도 한 것처럼 말이다. 확실히 어느 정도는 그렇기도 하다. 글쓰기의 실제 환경은 좋고 나쁨과 행운과 불행이 꼭 일정치는 않다. 그러나 우리는 대체로 다음과 같이 결론 내릴 수 있다. 첫째, 오래전에는 성공한 작가가 (성공하기 전에는 꼭 그렇지는 않았지만) 확실히 그 당시 사람들의 일반적인 생활 수준에 비해 상대적으로 조금 혹은 월등히 나은 생활을 했다. 이것을 더 단도직입적으로, 보편적인 관점에서 말하면 작가의 현실 사회에서의 지위와 경제력은 계속 하향 조정되는 와중에도 꽤 괜찮았다. 이어서 둘째, 솔직히 말해 작품의 성취는 작가의 생활 수준과는 아무 연관성도 없다.

작가는 일반인과 마찬가지로 더 나은 생활을 갈망하고 또 그럴 권리가 있으며 나아가 그들 자신의 발언에서 우리는 어느 것이 글쓰기에 관한 것이고 어느 것이 일반적인 생활에 관한 것인지 구별하기가 쉽지 않다. 나이 또한 또 다른 변동의 요소다. 예컨대『예기』의 시대에 사람들은 나이대마다 삶의 조건에 대해 각기 다른 수요와 그 수용력을 갖고 있었다. 평범한 사계절의 순환과 기온의 변화를 예로 들면 그것을 젊을 때는 흥미로워하거나 대수롭지 않게 넘기다가 일정한 나이에 이르면 생명의 유지와 생존에 대한 연속되는 시험이라고 간주해 그에 대한 대응으로 몸속의 어떤 것을 잘라내기도 했다.

편안한 글쓰기의 환경은 글쓰기를 안정되게 하고 집중력을 높이며 또 가능한 한 그래야만 하겠지만, 흥미롭게도 글쓰기라는 것은 그렇게 단순하지가 않다. 문학적 글쓰기는 특히나 더 그렇다.

너무 편안하고 나아가 요즘 사람들보다 월등히 우월한 생활 방식은 수학자나 물리학자에게는 순전히 좋은 일일지 모르지만, 문학 작가에게는 어떤 한계를 두지 않을 수 없다. 이 점은 푸시킨, 톨스토이 등도 경계한 바 있다. 푸시킨은 우크라이나 민중의 삶에 관한 고골의 소설에 주목했고, 톨스토이는 가난한 데다 부모의 빚까지 짊어졌던 체호프에 주목했다. 그들은 푸시킨과 톨스토이는 도저히 쓰지 못할 글을 써냈는데, 그것은 당연히 문학적 글쓰기의 기교가 아니라 그들이 살고 경험해 훤히 꿰뚫고 있었던 더 큰 세계가 낳은 산물이었다.

이것은 문학적 글쓰기의 기본적 사실인 동시에 문학사의 ABC다. 작가의 사회적 위치는 계속 하향 조정되어 결국 궁정에서 완전히 일반 사회 속으로 전락해 독립적인 신분을 획득했지만(혹은 그렇게 강요되었지만), 오히려 그로 인해 글쓰기 범주는 점차 일반인과 주변인, 나아가 무시되고, 버려지고, 차별받는 사람에게까지 확대되었다. 작가가 생활하는 곳이 어디든 그 세계는 활짝 열려 우리 시야 속으로 들어오게 되었다.

다른 한편으로 조금 냉정하게 보면 이런 우스갯소리도 옳다고 할 수 있다. 작가가 너무 잘살면 문학은 못 살게 되고 작가에게 희망이 생기면 문학적 글쓰기는 희망을 잃는다.

나 자신은, 진정으로 중요하고 거의 유일한 수요는 바로 한눈팔지 않는 글쓰기의 집중에 있다고 믿는다. 글쓰기는 확실히 극도로 순수한 집중이, 나아가 장시간의 지속적인 집중이 필요한 어렵고 심오한 일이어서 동시에 다른 목표를 추구하기가 대단히 어렵다(물론 일반적인 생활에 그럭저럭 대처하는 것은 문제가 아닐 수도 있겠지만, 작가는 일부러 그러는 척하지는 못한다). 막스 베버가 조언한 것처럼 작가는 그것이 자기 삶의 유일한 마신임을 정확히 인식하고 온 마음을 기울여 헌신해야 한다. 따라서 작가의 현실적 형편의 좋고 나쁨은 단지 운명의 문제일 뿐이며 기본적으로 그가 어느 시대, 어느 사회에 살고, 나아가 개별적으로 어떤 가정에서 태어나느냐에 따라 결정된다. 그리고 작가의 얼마 안 되는 여분의 심력과 지력智力으로는(시간인 것 같지는 않다) 보통 그 운명의 기본 설정을 바꾸기에 부족하며 또 바꿀 필요도 없다(정말로 유복한 상류 생활이 중요하다고 생각한다면 직업을 바꾸거나 신을 바꾸기를 바란다). 그래서 다음은 무슨 극단적인 단절이 아니라 사람의 침착하고 합리적인 자기 가치의 순서 배열이며 가능한 선택이다. 즉, 더 잘 쓰려 하는 것이 더 잘살고 싶은 것보다 선행한다.

앞에서 우리는 인간의 경제 문제가 향후에는 생존 한계선 아래쪽이 아니라 위쪽에서 일어날 것이라고 말한 바 있다. 그 포스트 문학, 포스트 글쓰기의 시대에는 명예가 무력해지고 끊임없이 변질되면서 글쓰기 영역의 하강 속도도 틀림없이 평균치를 크게 넘어설 것이다. 이와 관련해 나는 다음과 같이 건의하고 싶다. 글쓰기에 뜻을 둔 이들은 아직까지는 마음가짐부터 실제 생활 그리고 세상과의 관계 설정까지 스스로 생각하고 정리해 진지하고, 엄밀하고, 먼 곳을 지향하는 글쓰기를 해나갈 수 있다. 그러다가 정말로 그것이 전혀 불가능해지는 날이 오면 모두 떨쳐 일어나 글쓰기의 공공적 의의와 공공적 가치에 관해, 또 글쓰기가 세상과 사회와 각 개인의 미래에 얼마나 중요하고 필수 불가결하며 당연한 보상으로 사회로부터 얼마나 물질적 지원을 받아야 하는지 등에 관해 이야기하기로 (혹은 성난 목소리로 부르짖기로) 하자. 그리고 그 전까지는 계속 차분하게, 전심전력으로 훌륭한 글을 써나가기로 하자.

단일한 가치 선택의 경향을 띠고(서구권에 비해 상대적으로) 전형적인 경제인의 방식을 따르는 아시아, 특히 동아시아의 몇몇 사회는 거미줄처럼 복잡하고 다양한, 가치에 대한 신념의 끈질긴 방해 작용이 부족한 탓에 상대적으로 글쓰기 영역의 하강이 대단히 극심하다. 이것이 오늘날 우리가 처한 상황으로서 타이완이 그렇고 일본도 그러하다. 이것을 전 세계에서도 비교적 극단적인 사례로 봐야 할까, 아니면 전 세계를 선도하는 지표로 봐야 할까? 이 점에 있어서는 중국의 현황은 예외에 속한다. 현재까지 중국의 작가들은 전 세계에서 가장 나은 물질적 대우를 받고 있다. 내 기억에 타이완에서는 지난 반세기 동안 그런 적이 없었다. 일본에서는 있었다. 아마 미시마 유키오까지 그랬을 것이다. 그때는 작가의 황금시대로 웬만한 작가는 상류 생활을 누렸다.

2013년 겨울, 『끝』이라는 책의 출판 때문에 베이징에 갔을 때 나는 중국의 1980년대생 작가들과 대담회를 가질 기회가 있었다. 나는 중국의 그런 글쓰기의 호경기가 오래갈 것이라고 생각하지 않으며 13억5000만 명의 그 거대한 도서 시장이 빠르게 통속화될 것이라고 믿는다. 이것은 전 지구적 자본주의의 통치 논리에 의한 구조적인 현상이다. 이에 나는 그 젊은이들이 다소 곤란하고 부자연스러운 전환의 시점에 처해 있는 것이 염려스러웠다. 그들은 마치 실낙원 같은 과도하게 아름다운 기억과 기대가 남은 채 끊임없이 실의와 실망만 느끼면서 경쾌하지 못한 발걸음으로 서서히 무거워져가는 현실로 접어들 가능성이 크다(스스로 신체부터 정신까지 경쾌해질 방안을 마련해야 한다. 이탈로 칼비노가 예로 든, 날개 달린 신발을 신은 페르세우스처럼. 이것은 그의 최초의 당부였다). 나는 그들보다 긴 세월을 살았고 여러 사회가 서로 들쑥날쑥하다가 결국에는 유사해지는 오늘날 현실의 진행 과정에 유의해왔기에 그들에게 몇 가지 일을 상기시킬 필요가 있다고 생각했다. 그래서 듣기에 편할 리 없는, 「현재 중국의 글쓰기에서 보이는 세 가지 사치」라는 대담회 제목을 골랐다. 그 세 가지 사치는 바로 글쓰기 제재의 사치, 작가가 누리는 명예의 사치(국내와 국외를 포함해서) 그리고 당연히 글쓰기에 대한 물질적 보수의 사치였다. 사치의 의미는 '정상'보다 높고 많다는 것이어서 그렇게 계속 오래가기 어렵다. 그리고 사치의 가장 피할 수 없는 위험은 바로 습관이 된다는 것이다. 그 결과, 본래는 행운 내지 선물이었던 그것은 잘못하면 함정으로, 저주로 변할 수 있다.

아마도 그런 얘기를 해서 천벌이 내렸던 것인지, 그날 오후 대담회가 끝나자마자 나는 위출혈로 병원에 실려가 꼬박 이틀 동안 베이징의 의료 현장을 경험했고 무례하게도 광저우와 선전으로 내려가는 본래 일정을 취소했다. 그 탓에 지금까지도 나는 아직 광저우와 선전이 어떻게 생겼는지 모른다.

지금은 2016년 2월 1일 아침이다. 가장 최근의 흥미로운 뉴스는 타이베이시에 며칠 전 눈이 내린 것과, 일본 중앙은행이 제로 금리를 넘어 전대미문의 '마이너스 금리'를 선언한 것이다. 앞으로 일본의 각 은행은 은행의 역사가 막 시작됐을 때처럼 중앙은행에 화폐 보관료를 지불해야 한다. 물론 이것은 화폐를 시장으로 몰아내다시 소비를 크게 진작하려는 조치다. 이른바 '불완전 회복'의 견해는 결코 정확하지 않으며 다소 현실 회피의 느낌이 있다. 진정한 문제는 유효 수요의 구조적이고 장기적인 부족이다.

보르헤스의 아래 시를 읽어보기로 하자. 제목은 「시 두 편」인데 사실은 동일한 사물의 앞뒤 양면을 뜻한다. 내가 잘못 읽지 않았다면 분명 시인과 작가, 나아가 보르헤스 자신에 관해 말하고 있다. 다시 말해 그들이 이 세계에 가져다주는 선물과 소란, 그들의 기쁨과 부끄러움, 그들의 고집과 망설임, 그들의 낮과 밤이다.

앞면

당신은 자고 있었다. 지금 깨어났다.

찬란한 아침이 최초의 동경을 가져다준다.

당신은 진작 베르길리우스를 잊었다. 거기는 그의 시 작품이었다.

나는 당신에게 많은 것을 가져다준다.

그리스인의 사대 원소, 흙과 불과 물과 공기.

한 여인의 이름.

달의 친밀함.

지도의 은은한 색채.

도야와 정화의 기능을 갖춘 망각.

가려내고 다시 발견하는 기억.

자신은 죽을 리 없다고 느끼게 하는 습관.

헤아릴 수 없는 세월을 표시하는 시계판과 시침.

단향목의 향기.

우리가 다소 겉치레로 형이상학이라 부르는 염려.

당신의 손이 거머쥐려 하는 지팡이 손잡이.

포도와 벌꿀의 맛.


뒷면

잠든 한 사람을 떠올리는 것은

평범하고 흔하지만

마음을 떨리게 하는 일이다.

잠든 한 사람을 떠올리는 것은

바로 자신의 아침도 저녁도 없는

시간 세계에서의 끝없는 감금을

다른 이에게 강요하는 것이고,

바로 자신이 그것을 세상에 공개하는 어떤 이름과

옛날부터 누적된 인간 또는 사물에 얽매여 있음을

그것을 향해 표명하는 것이고,

바로 그를 어지럽히는 영원이고,

바로 그에게 세기와 별을 감당케 하는 부담이다.

바로 세월을 위하여

과거를 못 잊는 한 거렁뱅이를 다시 만들어내는 것이고,

바로 레테의 강을 모독하는 맑은 물줄기다.


명예에 관한(그리고 부와 권력에 관한) 나의 단순한 사색은 우선
여기에서 잠시 멈추기로 한다.

# 명예, 부, 권력에 관한 ——— 사색

초판 인쇄 2020년 6월 18일
초판 발행 2020년 6월 25일

지은이 탕누어
옮긴이 김태규
펴낸이 강성민
편집장 이은혜
마케팅 정민호 김도윤 고희수
홍보 김희숙 김상만 지문희 우상희 김현지

펴낸곳 (주)글항아리 | 출판등록 2009년 1월 19일 제406-2009-000002호
주소 10881 경기도 파주시 회동길 210
전자우편 bookpot@hanmail.net
전화번호 031-955-1936(편집부) 031-955-2696(마케팅)
팩스 031-955-2557

ISBN 978-89-6735-794-8 03100

이 도서의 국립중앙도서관 출판예정도서목록(CIP)은 서지정보유통지원시스템 홈페이지
(http://seoji.nl.go.kr)와 국가자료종합목록 구축시스템(http://kolis-net.nl.go.kr)에서 이용하
실 수 있습니다. (CIP제어번호 : CIP2020023812)

**www.geulhangari.com**